欧亚历史文化文库

总策划　张余胜
兰州大学出版社

元朝史事新证

丛书主编　余太山
陈高华　著

图书在版编目 (CIP) 数据

元朝史事新证/陈高华著. —兰州:兰州大学出
版社,2010.9
(欧亚历史文化文库/余太山主编)
ISBN 978-7-311-03520-4

Ⅰ.①元… Ⅱ.①陈… Ⅲ.①中国—古代史—元代—
文集 Ⅳ.①K247.07-53

中国版本图书馆 CIP 数据核字(2010)第 194757 号

总 策 划　张余胜

书　　名　元朝史事新证
丛书主编　余太山
作　　者　陈高华　著
出版发行　兰州大学出版社　　(地址:兰州市天水南路 222 号　730000)
电　　话　0931-8912613(总编办公室)　　0931-8617156(营销中心)
　　　　　0931-8914298(读者服务部)
网　　址　http://www.onbook.com.cn
电子信箱　press@lzu.edu.cn
印　　刷　兰州人民印刷厂
开　　本　700 mm×1000 mm　1/16
印　　张　24.75
字　　数　343 千
版　　次　2010 年 10 月第 1 版
印　　次　2012 年 4 月第 2 次印刷
书　　号　ISBN 978-7-311-03520-4
定　　价　74.00 元

(图书若有破损、缺页、掉页可随时与本社联系)

出 版 说 明

　　随着 20 世纪以来联系地、整体地看待世界和事物的系统科学理念的深入人心，人文社会学科也出现了整合的趋势，熔东北亚、北亚、中亚和中、东欧历史文化研究于一炉的内陆欧亚学于是应运而生。时至今日，内陆欧亚学研究取得的成果已成为人类不可多得的宝贵财富。

　　当下，日益高涨的全球化和区域化呼声，既要求世界范围内的广泛合作，也强调区域内的协调发展。我国作为内陆欧亚的大国之一，加之 20 世纪末欧亚大陆桥再度开通，深入开展内陆欧亚历史文化的研究已是责无旁贷；而为改革开放的深入和中国特色社会主义建设创造有利周边环境的需要，亦使得内陆欧亚历史文化研究的现实意义更为突出和迫切。因此，将针对古代活动于内陆欧亚这一广泛区域的诸民族的历史文化研究成果呈现给广大的读者，不仅是实现当今该地区各国共赢的历史基础，也是这一地区各族人民共同进步与发展的需求。

　　甘肃作为古代西北丝绸之路的必经之地与重要组

1

成部分,历史上曾经是草原文明与农耕文明交汇的锋面,是多民族历史文化交融的历史舞台,世界几大文明(希腊—罗马文明、阿拉伯—波斯文明、印度文明和中华文明)在此交汇、碰撞,域内多民族文化在此融合。同时,甘肃也是现代欧亚大陆桥的必经之地与重要组成部分,是现代内陆欧亚商贸流通、文化交流的主要通道。

基于上述考虑,甘肃省新闻出版局将这套《欧亚历史文化文库》确定为 2009—2012 年重点出版项目,依此展开甘版图书的品牌建设,确实是既有眼光,亦有气魄的。

丛书主编余太山先生出于对自己耕耘了大半辈子的学科的热爱与执著,联络、组织这个领域国内外的知名专家和学者,把他们的研究成果呈现给了各位读者,其兢兢业业、如临如履的工作态度,令人感动。谨在此表示我们的谢意。

出版《欧亚历史文化文库》这样一套书,对于我们这样一个立足学术与教育出版的出版社来说,既是机遇,也是挑战。我们本着重点图书重点做的原则,严格于每一个环节和过程,力争不负作者、对得起读者。

我们更希望通过这套丛书的出版,使我们的学术出版在这个领域里与学界的发展相偕相伴,这是我们的理想,是我们的不懈追求。当然,我们最根本的目的,是向读者提交一份出色的答卷。

我们期待着读者的回声。

总　序

　　本文库所称"欧亚"(Eurasia)是指内陆欧亚,这是一个地理概念。其范围大致东起黑龙江、松花江流域,西抵多瑙河、伏尔加河流域,具体而言除中欧和东欧外,主要包括我国东三省、内蒙古自治区、新疆维吾尔自治区,以及蒙古高原、西伯利亚、哈萨克斯坦、乌兹别克斯坦、吉尔吉斯斯坦、土库曼斯坦、塔吉克斯坦、阿富汗斯坦、巴基斯坦和西北印度。其核心地带即所谓欧亚草原(Eurasian Steppes)。

　　内陆欧亚历史文化研究的对象主要是历史上活动于欧亚草原及其周邻地区(我国甘肃、宁夏、青海、西藏,以及小亚、伊朗、阿拉伯、印度、日本、朝鲜乃至西欧、北非等地)的诸民族本身,及其与世界其他地区在经济、政治、文化各方面的交流和交涉。由于内陆欧亚自然地理环境的特殊性,其历史文化呈现出鲜明的特色。

　　内陆欧亚历史文化研究是世界历史文化研究中不可或缺的组成部分,东亚、西亚、南亚以及欧洲、美洲历史文化上的许多疑难问题,都必须通过加强内陆欧亚历史文化的研究,特别是将内陆欧亚历史文化视做一个整体加以研究，才能获得确解。

中国作为内陆欧亚的大国，其历史进程从一开始就和内陆欧亚有千丝万缕的联系。我们只要注意到历代王朝的创建者中有一半以上有内陆欧亚渊源就不难理解这一点了。可以说，今后中国史研究要有大的突破，在很大程度上有待于内陆欧亚史研究的进展。

古代内陆欧亚对于古代中外关系史的发展具有不同寻常的意义。古代中国与位于它东北、西北和北方，乃至西北次大陆的国家和地区的关系，无疑是古代中外关系史最主要的篇章，而只有通过研究内陆欧亚史，才能真正把握之。

内陆欧亚历史文化研究既饶有学术趣味，也是加深睦邻关系，为改革开放和建设有中国特色的社会主义创造有利周边环境的需要，因而亦具有重要的现实政治意义。由此可见，我国深入开展内陆欧亚历史文化的研究责无旁贷。

为了联合全国内陆欧亚学的研究力量，更好地建设和发展内陆欧亚学这一新学科，繁荣社会主义文化，适应打造学术精品的战略要求，在深思熟虑和广泛征求意见后，我们决定编辑出版这套《欧亚历史文化文库》。

本文库所收大别为三类：一，研究专著；二，译著；三，知识性丛书。其中，研究专著旨在收辑有关诸课题的各种研究成果；译著旨在介绍国外学术界高质量的研究专著；知识性丛书收辑有关的通俗读物。不言而喻，这三类著作对于一个学科的发展都是不可或缺的。

构建和发展中国的内陆欧亚学，任重道远。衷心希望全国各族学者共同努力，一起推进内陆欧亚研究的发展。愿本文库有蓬勃的生命力，拥有越来越多的作者和读者。

最后，甘肃省新闻出版局支持这一文库编辑出版，确实需要眼光和魄力，特此致敬、致谢。

余太山

2010 年 6 月 30 日

目录

1 《至正条格·条格》初探

2002 年,韩国的韩国学中央研究院工作人员在庆州调查古文书时,发现了元刊《至正条格》残本。2007 年 8 月,韩国学中央研究院主办的"蒙元时期法律文化及丽元交流研究"国际学术讨论会在首尔召开,会上公布了元刊《至正条格》残本的影印本和校注本(韩国学中央研究院 2007 年版)。校注本是由韩国庆北大学李玠奭教授、首尔大学金浩东教授和日本京都大学人文科学研究所金文京教授共同完成的。除了正文的校注外,还有 3 种附录和 4 篇论文[1]。

元刊《至正条格》残本的发现,对于元代社会历史和中国法制史的研究,都有重要的意义。元刊《至正条格》残本由《条格》和《断例》两个相对独立的部分组成。本篇拟对《至正条格》的《条格》部分(以下称为《至正条格·条格》)做初步的考察。抛砖引玉,衷心希望得到指正。

1.1 《至正条格》的编纂与流传

元朝建立后,很长时间没有修律,只是根据施政的需要,不断颁布各种条画和法令。到了元仁宗即位后,指定官员,汇集各种条画和法令,编成《大元通制》一书。《大元通制》分为 3 部分:"一曰诏制,二曰条格,三曰断例。"[2]《大元通制》完成于延祐三年(1316),正式颁布于英宗至治三年(1323)。此书久佚。20 世纪 30 年代北平图书馆将原内阁大库所藏明初墨格写本影印出版,但只有《条格》部分 22 卷,是一个

---

[1]金浩东:《〈至正条格〉之编纂及元末政治》;李玠奭:《〈至正条格〉之编纂及其法制史上的意义》;金文京:《有关庆州发现元刊本〈至正条格〉的若干问题》;安承俊:《有关〈至正条格〉的所藏及保存原委之考察》。

[2]《元史》卷 102《刑法志一》,中华书局 1976 年版。

残本。这个残本以《通制条格》之名行于世,受到研究者的重视。

元顺帝(1333—1368)即位之初,苏天爵上书要求续编《通制》,他说:"英宗皇帝始命中书定为《通制》,颁行多方,官吏遵守。然自延祐至今,又几二十年矣。夫人情有万状,岂一例之能拘,加以一时官曹才识有高下之异,以致诸人罪状议拟有轻重之殊,是以烦条碎目,与日俱增。每罚一辜,或断一事,有司引用,不能遍举。若不类编,颁示中外,诚恐远方之民或不识而误犯,奸贪之吏独习知而舞文。事至于斯,深为未便。宜从都省早为奏闻,精选文臣学通经术、明于治体、练达民政者,圆坐听读,定拟去取,续为《通制》,刻板颁行。"[1]文中提到"宜从都省早为奏闻",可知此文不是直接上奏皇帝,而是苏天爵任监察御史时向御史台上书,请求御史台建议"都省"(中书省)将此事向皇帝上奏。元末著名文臣欧阳玄作《至正条格序》,其中说:"至元四年(1338)戊寅三月二十六日,中书省臣言:'《大元通制》为书,缵集于延祐之乙卯,颁行于至治之癸未(亥)。距今二十余年。朝廷续降诏条,法司续议格例,岁月既久,简牍滋繁,因革靡常,前后衡决,有司无所质正。往复稽留,奸吏舞文。台臣屡以为言,请择老成耆旧文学法理之臣,重新删定为宜。'"[2]"台臣屡以为言",也就是御史台主管官员屡次就此建议,其中无疑有苏天爵的贡献。中书省臣的上奏发生了作用,"上乃敕中书专官典治其事,遴选枢府、宪台、大宗正、翰林集贤等官明章程习典故者,遍阅故府所藏新旧条格,杂议而圜听之,参酌比校,增损去存,务当其可。书成,为《制诏》百有五十,《条格》千有七百,《断例》千五十有九。至正五年冬十一月十有四日,右丞相阿鲁图……等人奏,请赐其名,曰:《至正条格》。上曰:'可。'既而群臣复议曰:'《制诏》,国之典常,尊而阁之,礼也……《条格》、《断例》,有司奉行之事也……请以《制诏》三本,一置宣文阁,以备圣览,一留中书,[一]藏国史院。《条格》、《断例》,申命锓梓示万方。'上是其议。"[3]《元史·顺帝纪》简要记录

---

〔1〕《滋溪文稿》卷26《乞续编通制》,中华书局1997年版。

〔2〕欧阳玄:《圭斋文集》卷7《至正条格序》,《四部丛刊》本。

〔3〕欧阳玄:《圭斋文集》卷7《至正条格序》。

了修纂的过程,可与上述文字相互补充。顺帝后至元四年(1338)三月,"命中书平章政事阿吉剌监修《至正条格》"[1]。后至元六年七月,"命翰林学士承旨脈哈、奎章阁学士嵬嵬等删修《大元通制》"[2]。至正五年(1355)十一月,"《至正条格》成"。至正六年四月,"颁《至正条格》于天下"[3]。需要说明的是,后至元四年三月这一工作启动时,尚无《至正条格》一名,上述"监修《至正条格》"云云,应是后人修史时任意改动造成的。[4]

由上文可知,《至正条格》作为书名,出于执政官员的建议。中书参知政事朵尔直班"以谓是书上有祖宗制诰,安得独称今日年号;又律中条格乃其一门耳,安可独以为书名。时相不能从,唯除制诰而已"[5]。书名用至正年号,表明修纂年代,还说得过去。此书和《大元通制》一样,由《制诰》、《条格》、《断例》3个部分组成,现在单以"条格"为书名,则是没有道理的。"时相"应指阿鲁图,他自称"素不读汉人文书,未解其义"[6],所以才会出现这样不合适的书名。所谓"唯除制诰而已",则指颁行时只有《条格》、《断例》两部分而言。《至正条格》由朝廷颁行,实际上便成为"有司奉行"的法典。现存元代政书《南台备要》(南御史台文书汇编)成书于《至正条格》之后,其中所收文书,不止一次引用《至正条格》作为依据。例如,有人提出,中书省派出人员"通报事情,办集公务,往往推称缘故及托病,不经由元行站道,辄乘站船,恣意远转,探觑亲戚,不行回还,以致公事迟慢。若不立法,深为未便"。中书省交刑部处理。刑部"检会到《至正条格》内"二款作为依据,提出处理意见,中书省同意施行。说明《至正条格》确为各级政府

[1]《元史》卷39《顺帝纪二》。
[2]《元史》卷40《顺帝纪三》。
[3]《元史》卷41《顺帝纪四》。
[4]金文京教授认为"删修《大元通制》之举与《至正条格》之编纂当是两回事"(《有关庆州发现元刊本至正条格的若干问题》)。从《至正条格》残本来看,它无疑是将《大元通制》修订补充而成的。元朝怎么可能同时进行两种性质相同的法典修订工作呢?
[5]《元史》卷139《朵尔直班传》。
[6]《元史》卷139《阿鲁图传》。

机构所遵循。[1]

明初修《永乐大典》，将《至正条格》收入。明人《文渊阁书目》载："元《至正条格》一部，三十八册。"[2]则此书明代尚在。《千顷堂书目》收"《至正条格》四册"，但系后人增补，不见于黄虞稷原书，难以据此推断《至正条格》存佚。[3]清乾隆朝修《四库全书》，其"史部四十政书类存目二"中收"《至正条格》二十三卷。《永乐大典》本。元顺帝时官撰，凡分目二十七……原本卷数不可考，今载于《永乐大典》者，凡二十三卷"[4]。此应是《至正条格》的《条格》部分（见下），修《四库全书》时从《永乐大典》辑出，已非完璧。但《四库全书》将它列入"存目"，此本没有保存下来。钱大昕作《元史艺文志》，在《史部·刑法类》著录"《至正条格》二十三卷"。与《四库》同。但钱氏是否看到过此书，尚难断言。[5]此后，这部书再未见著录，论者都以为已从世上消失。

1983—1984年，内蒙古文物考古所等单位在额济纳旗黑城遗址获得元代文书多种，其中有《至正条格》残页，"共有八张，用纸有宣纸和麻纸两种，刻文都是赵孟𫖯体大字，且字体书写风格相同，应是同一雕版两次印造的"[6]。方龄贵先生见到残叶图版后说："吉光片羽，藉以得识庐山真面，足为平生快事"，[7]反映了研究者的共同心声。韩国庆州的元刻残本发现，无疑给研究者带来了更大的惊喜。

韩国庆州发现的《至正条格》残本，《条格》、《断例》各1册，《条格》存12卷，《断例》存目录和13卷。两册版式基本相同，但《条格》每半页19行，行27字；《断例》每半页20行，行26字。两者显然不是同一版本。无论《条格》或《断例》，每遇"圣旨"、"皇帝"、"上位"等字样，必抬头一字或二字，这是刊刻于元代的有力证据。两者都有不少简体

---

〔1〕洪金富点校：《元代台宪文书汇编》，台北"中研院"历史语言所2003年版，第181页。

〔2〕杨士奇：《文渊阁书目》卷3《宿字号第一厨书目·刑书》，《四库全书》本。

〔3〕黄虞稷：《千顷堂书目》卷10《政刑类补》，上海古籍出版社2001年版。

〔4〕永瑢等：《四库全书总目》卷84《史部政书类存目二》，中华书局1965年版。

〔5〕钱大昕对自己见过的元代珍稀文献，一般都作文字记录。除《元史艺文志》外，他的著作中没有再涉及《至正条格》。

〔6〕李逸友：《黑城出土文书（汉文文书卷）》，科学出版社1991年版，第67页。

〔7〕方龄贵：《读黑城出土文书》，见《元史丛考》，民族出版社2004年版，第225页。

字,如:"与"、"铁"、"断"、"迁"、"戢"(职)等,这些都是元代民间坊刻本常见的现象。抬头和简体字,在元代坊刻《元典章》中也可以看到,但元代坊刻《元典章》错讹甚多,而此残本则错讹甚少。

元末沈仲纬在《刑统赋疏》中分别列举《条格》和《断例》的篇目,他说:"《条格》:祭祀、户令、学令、选举、宫卫、军防、仪制、衣服、公式、禄令、仓库、厩牧、关市、捕亡、赏令、医药、田令、赋役、假宁、狱官、杂令、僧道、营缮、河防、服制、站赤、榷货。"[1]沈仲纬此书有后至元五年俞淖和至正元年杨维桢两序,当时《至正条格》尚未成书,他所述无疑是《大元通制》中《条格》部分亦即《通制条格》的结构。《四库全书总目》记载,《至正条格》"凡分目二十七",其顺序与《刑统赋疏》所述完全相同,可见《至正条格·条格》的结构完全沿袭《通制条格》而成。

今存《通制条格》残本为19卷,即卷2、3、4《户令》,卷5《学令》,卷6《选举》,卷7《军防》,卷8《仪制》,卷9《衣服》,卷13《禄令》,卷14《仓库》,卷15《厩牧》,卷16《田令》,卷17《赋役》,卷18《关市》,卷19《捕亡》,卷20《赏令》,卷21《医药》,卷22《假宁》,卷27、28《杂令》,卷29《僧道》、卷30《营缮》。缺《祭祀》、《宫卫》、《公式》、《狱官》、《河防》、《服制》、《站赤》、《榷货》共8篇。除排列顺序与《刑统赋疏》所言大致相合。可以推知,卷30《营缮》以后,尚有《河防》、《服制》、《站赤》、《榷货》和《宫卫》等篇。以每篇1卷计,全书应有35卷,但也有可能更多。新发现的《至正条格》的《条格》部分,存12卷,即第23卷至第34卷,分别是:卷23《仓库》,卷24《厩牧》,卷25、26《田令》,卷27《赋役》,卷28《关市》,卷29《捕亡》,卷30《赏令》,卷31《医药》,卷32《假宁》,卷33、34《狱官》。在《通制条格》中,《仓库》篇是第14卷,而在《至正条格·条格》中,《仓库》篇是第23卷。也就是说,在前书中,《仓库》以前部分,从《祭祀》到《禄令》共9篇(缺《宫卫》)、13卷。多数1篇1卷,《户令》门占3卷;而在后书中,《仓库》篇以前部分占了22卷,多出9卷。多出的原因,不外有二:一是若干篇为2卷或更多,二是可能《宫卫》篇在原有的序列中。

---

[1]《枕碧楼丛书》本。

黑城出土《至正条格》残页 F20：W7 所载文字见于《通制条格》卷28《杂令·地内宿藏》，此页中缝有"条格卷四十一"等字。整理者李逸友先生认为："'杂令'之后还有'僧道'、'营缮'等章节，因此，可以推测出《至正条格》全书约在 45 卷以上。"[1]新发现《至正条格·条格》残本最后是卷 34《狱官》，按顺序后面尚有《杂令》、《僧道》、《营缮》、《河防》、《服制》、《站赤》、《榷货》等篇，可能还有《宫卫》[2]。即以每篇 1 卷计，《至正条格》的《条格》部分，应为 41 卷。但有的篇肯定不止1 卷，如《通制条格》的《杂令》为两卷，《至正条格》的《杂令》不会少于两卷，其他各篇亦有可能多于 1 卷。因此，《至正条格·条格》应为 42卷甚至更多，是可以肯定的。

1.2 《至正条格·条格》残本内容分析

如上所述，《至正条格·条格》残本共有 10 篇，其中两篇（《田令》、《狱官》）各 2 卷，其余各篇均为 1 卷，共 12 卷。《通制条格》残本中相同的有 9 篇，缺《狱官》篇。下面我们对《至正条格·条格》残本 10 篇逐一加以考察，重点是：（1）与《通制条格》相应篇目的异同；（2）若干新增条目的背景与意义。和《通制条格》一样，《至正条格·条格》分篇，每篇 1 卷或数卷，每卷有若干题目（下简称目），每目收 1 条或数条法令。韩国学中央研究院校注本（下简称校注本）将残本各卷条文顺次编号。为了叙述方便，本篇采用校注本的编号。《通制条格》则用方龄贵先生校注本（下简称方本）。方本各条同样顺次编号，本篇为叙述方便亦予采用。还应说明的是，校注本后附《通制条格》与《至正条格·条格》条文对照表"，将"至治三年以后条文"另列（第 360～366 页）。选择"至治三年"作为界限，显然因为《大元通制》正式颁布于是年，[3]但事实上此书在仁宗时已完成。检查现存《通制条格》残本，可知所收条令，时间最晚是卷 3《户令》中 1 条（方本第 40 条），时间是"延祐三年

---

〔1〕《黑城出土文书（汉文文书卷）》，第 70 页。

〔2〕《至正条格·条格》无疑应有《宫卫》门，它的排列位置是不清楚的。

〔3〕宇术鲁翀：《大元通制序》，见方龄贵《通制条格校注》卷首，中华书局 2001 年版。

三月"。也就是说,英宗时代并未对《大元通制》作补充。我们便以此为界限,在分析《至正条格·条格》各篇结构时,既要将沿用《通制条格》的原有条文和新增条文区别开来,还要在新增条文中将延祐三年三月以前与以后的条文区别开来。

1.2.1　仓库

《通制条格》卷14《仓库》篇有17目、29条,可分为仓库管理、运输、钞法3类。《至正条格·条格》卷23《仓库》篇有27目、36条,其中和《通制条格·仓库》篇相同的只有7条,新增29条。新增条文中,第18条年代漫漶不清,另有4条"至元"期间法令(分别是校注本第13条"至元三年"、第16条"至元二年"、第27条"至元二年"、第32条"至元元年")。元朝采用"至元"年号有两次,一次在世祖时,一次在顺帝时,后者常称为后至元。对于"至元"年号的文书,必须分辨是哪一个"至元"。以上5条,校注本均列入"年度未详"之列(第357~358页)。这里试逐一作考辨。

(1)第18条开头作"□□□年八月,刑□□□",从残存文字来看,所说应是行用库库官、库子倒换昏钞时作弊犯罪,"遇革"(遇赦革拨)的处理办法。与同卷的第25条、第26条以及同书卷28《关市》中有关条目相比较,可以断定是至顺三年八月条画中的1条。

(2)第16条开头是:"至元二年八月,户部呈:监察御史言。"元世祖忽必烈在至元五年始立御史台,置御史[1],可知此条"至元二年"只能是顺帝后至元二年。

(3)第27条开头是:"至元二年十一月户部备司计官言",其中涉及户部、绮源库和兵部。元世祖中统元年(1260)以兵刑工为右三部;至元元年别置工部,以兵刑自为一部;三年并为右三部。可知前至元二年没有兵部。又,绮源库全称为都提举万亿绮源库,"掌诸色段匹",至元二十五年始置。[2]因此,此件文书的时间只能在顺帝后至元时。

(4)第32条开头是"至元元年十二月初八日,中书省奏:'太府、利

---

〔1〕《元史》卷86《百官志二》。
〔2〕《元史》卷85《百官志一》。

用、章佩、中尚等监里行的官吏人等,三年一遍,要饱眼钱有。'"太府监中统四年置,利用监至元十年置,章佩监至元二十二年置,中尚监至元二十四年置。[1] 据此,这条文书的时间只能是后至元元年。

(5)第13条开头是"至元三年五月"。这是中书省的一件文书,内容是在京行用库烧毁昏钞事宜。揆之情理,亦应是后至元,但无明显证据,暂作"年度未详"处理。

综上所述,《至正条格·条格》新增条文29条,内"年度未详"1条。其余28条中,属于延祐三年三月以前的4条(由《通制条格》的《杂令》、《禄令》篇各转入1条,即校注本第30、33条),以后的24条,分别是泰定帝时期6条,文宗时期8条(天历2、至顺6),顺帝时期10条(元统2、后至元5、至正3)。时间最晚是第28条(至正四年二月二十二日),这是《至正条格·条格》残存各篇中时间最晚的一条。

《通制条格·仓库》篇的内容次序是仓库管理、运输和钞法。《至正条格·条格》卷24《仓库》篇排列次序有变化,先钞法,然后是运输和仓库管理。属于钞法的有14目、19条。目数和条数都为该卷的一半左右,比起《通制条格》来比重明显增多。其中有12条都是泰定以后新颁的。《通制条格·仓库》中有关钞法的条文主要是"倒换昏钞"和"烧毁昏钞"问题,《至正条格·条格》亦以此二者为重点,并突出行用库(纸钞的发行机构)的管理。有元一代以纸钞为流通货币,纸钞容易损坏,损坏的钞称为昏钞,可以到行用库倒换。行用库用料钞(好钞)换得昏钞,然后集中起来加以烧毁。在倒换昏钞和烧毁昏钞的过程中,官吏上下其手,弊端甚多,直接影响钞的发行与流通,在元代成为严重的社会问题。从《至正条格·条格·仓库》篇有关条目,可以看出元代后期倒钞和烧钞中存在的弊端和元朝政府试图解决问题的努力。

《元史·食货志》载,昏钞可赴行用库倒换,"所倒之钞,每季各路就令纳课正官,解赴省部焚毁,隶行省者就焚之……泰定四年,又定焚毁之所,皆以廉访司官监临。隶行省者,行省官同监"[2]。泰定四年

---

[1]《元史》卷90《百官志六》。
[2]《元史》卷93《食货一·钞法》。

(1327)的新法,他处未见记载,但在《至正条格·条格》的《仓库》篇中全文著录(校注本第 12 条)。两相比较,《元史·食货志》的文字过于简单,有欠准确处,应以《至正条格·条格》为准。元朝每年倒换和烧毁的昏钞在各种文献中很少有具体数字[1],《至正条格·条格·仓库》篇有两处记载。一是"至正二年四月初九日中书省奏:'御史台官文书里呈:在京等库至元五年夏季昏钞至元六万六千二百余定,'"(校注本第 17 条)。另一是第 15 条"至正元年二月二十四日,中书省、御史台奏:'……至元五年、六年七季昏钞一百一十八万余定亦未烧毁'"(校注本第 15 条)。由这两个数字可以了解昏钞数量之巨。应该指出的是,元代政书《宪台通纪续集》(编纂于至正十二年)亦收"至正元年二月二十四日"条文书,但不知何故删去了上引这句话。[2]

《通制条格·仓库》中有关运输和仓库管理的条文在《至正条格·条格·仓库》篇中大多删除(例如影响很大的"鼠耗分例"问题),很可能移到了他处。后者有关仓库管理的 8 目、9 条,大多为新增,突出了冒支怯薛袄子的问题。《通制条格·仓库》篇没有这方面的条文。但在卷 28《杂令》中有"冒支官物"目,内收"至大四年五月初七日中书省奏"1 条(方本第 613 条)。《至正条格·条格》将此条调入《仓库》篇,将目的名称改为"冒支怯薛袄子"(第 30 条),另增"支请怯薛袄子"、"冒关衣装赏钱遇革"两目两条(第 29 条"元统二年二月初七日",第 31 条"至顺三年八月"),都与冒支怯薛袄子有关。此外,"太府监计置"目有 1 条(第 28 条"至正四年二月二十二日")亦涉及怯薛歹袄子发放事。从中可以看出,冒支怯薛袄子(应即只孙服)在元朝后期已成为很严重的问题,这是过去怯薛研究中没有注意过的。

1.2.2 厩牧

《通制条格》卷 15《厩牧》篇有 5 目、9 条。《至正条格·条格》卷 24《厩牧》篇有 10 目、30 条,增加的幅度是很大的。其中与《通制条格》

---

〔1〕文宗至顺二年十月,"烧在京积年还倒昏钞二百七十余万定"(《元史》卷 35《文宗纪四》),可资比较。

〔2〕洪金富点校:《元代台宪文书汇编》,第 93 页。

·欧·亚·历·史·文·化·文·库·

《厩牧》相同仅4条。新增26条中由《通制条格》卷28《杂令》调来5条。按时间划分,26条中延祐三年三月以前10条,以后16条。16条分别是:仁宗延祐时期2条,泰定帝时期1条,文宗时期6条(至顺3、天历3),顺帝时期7条(元统3、后至元4)。

《通制条格·厩牧》的5目顺次是:"抽分羊马"(3条)、"鹰食分例"(3条)、"擅支马驼草料"(1条)、"冒支官钱粮"(1条)、"大印子马疋"(1条)。《至正条格·条格》的《厩牧》篇,先是"大印子马疋"(1条),"印烙军人马疋"(1条,新增),然后是"喂养马驼"(1条,新增)、"马驼草料"(2条,1条新增)、"宿卫马疋草料"(7条,全部新增)、"冒支马匹草料"(1条)、"监临乞索冒支遇革"(1条)。这5目所收条文都与驼马草料供应有关,可以说是《通制条格·厩牧》篇中"擅支马驼草料"、"冒支官钱粮"两目的扩充。蒙古人对马驼一类交通工具特别重视,官府、投下、怯薛都拥有大量马驼,饲养马驼的草料需要量很大,成了国家财政的重要支出。为此中央政府成立了"掌给马驼刍粟"的专门机构度支监。[1] 大德十一年(1307)十一月,"中书省臣言:'宿卫廪给及马驼刍料,父子兄弟世相袭者给之,不当给者,请令孛可孙汰之。今会是年十月终,马驼九万三千余,至来春二月,阙刍六百万束,料十五万石。比又增马五万余匹。此国重务,臣等敢以上闻。'有旨:'不当给者勿给'"[2]。可知怯薛的马驼草料供应是个巨大的数字,而且被当政者视为国之"重务",这个问题似乎尚未引起研究者的足够重视。《至正条格·条格·厩牧》篇以上诸目新增各条,提供了马驼草料供应的丰富资料。例如,"喂养马驼"目第39条,后至元六年度支监报告:"本监专一发遣喂养马驼等,并各枝儿大小怯薛丹马疋年例合用草料,约该价钞七十万定有余。"可知度支监不仅供应官府马驼草料,而且还要为"各枝儿"(各投下)和怯薛丹的马驼提供草料。草料价钞高达70万定有余,是个惊人的数字,由这个数额可以推知草料供应在国家财政中所占比重。另,"宿卫马匹草料"目共7条,3条分别是大德十一年、

---

[1]《元史》卷90《百官志六》。
[2]《元史》卷22《武宗纪一》。

至大四年、延祐二年,很可能是由他处转来的,但已无从查考。新增延
祐五年、天历元年、天历二年、元统二年4条。该目各条主题是严格制
度,防止有人用怯薛名义冒领或重领草料。这也是怯薛研究中被忽略
的问题。

在马驼草料诸目之后是"抽分羊马"和"阑遗"两目。"抽分羊马"
目共8条,与《通制条格·厩牧》篇相同仅1条。新增7条(内延祐三
年三月后5条),主要是羊马抽分办法和整顿抽分中弊端,而且规定了
抽分所得牲畜"回易作钞"的具体标准,羊价40两,马价4定,牛2定
(第54、57条)。这个标准对研究元末物价有参考价值。值得注意的
是"抽分羊马"目内1条"元统二年十月二十九日诏书内一款:怯薛歹
并各爱马羊马,并免抽分,其兴贩之数,不拘此例。"(第56条)"爱马",
蒙语音译,义为部,"各爱马"即蒙古各部。按,元统二年(1334)十月元
顺帝上文宗皇后不答失里"太皇太后"尊号,颁布诏书,大赦天下。[1]
此条应即上尊号诏书内一款。在蒙古国时代,即实行牲畜见百抽一之
法,一直实行。[2] 此条诏令的提出很值得研究。原因可能是:(1)顺帝
初即位,以此笼络人心,争取蒙古各部首领的支持。(2)文宗至顺年间
(1330—1331),草原大灾,牲畜大批死亡,牧民流散,[3]此为临时性救
灾措施。

"阑遗"意为无主之人或物,蒙语称为"不阑奚"。《通制条格》卷
15《厩牧》篇无"阑遗"目,但卷28《杂令》篇中有"阑遗"目,共收9条。
《至正条格·条格·厩牧》篇立"阑遗"和"隐藏阑遗官物遇革"两目,
前者收7条,后者1条。"阑遗"目中有5条由《通制条格·杂令》中的
"阑遗"转来,[4]内第59条"至元十八年二月初五日中书省奏",讲的
是"不阑奚人每"的处理办法,收在《厩牧》篇是不合适的。第61条"皇

---

〔1〕《元史》卷38《顺帝纪一》。

〔2〕陈高华、史卫民:《中国经济通史·元代经济卷》,中国社会科学出版社2007年版,第234
~235页。

〔3〕《元史》卷35《文宗纪四》。

〔4〕按,《至正条格·条格》校注本作4条(第59~64条)。内第59误将"至元十八年二月
初五日"条和"大德四年四月"条合并为一条,故应为5条。

庆元年五月"条两书均载,但《至正条格·条格》的文字有较多删节。[1] 另新增天历元年(1328)、至元元年有关法令各1条。"隐藏阑遗官物遇革"收至顺三年八月法令1条,可知直到元朝末年"阑遗"仍是大问题。[2]

《通制条格·厩牧》篇原有"鹰食分例"目,收3条,《至正条格·条格·厩牧》篇中没有这方面的条文。元朝皇帝重视养鹰飞放,每年都要举行,直至亡国。有关"鹰食分例"的法令似不应删除,颇疑因其内容与"厩牧"不合,因而有关条文转到其他篇中。

1.2.3 田令

《通制条格》卷16《田令》篇有20目、47条。《至正条格·条格》的《田令》篇则分两卷。卷25《田令》有7目、14条,内12条与《通制条格·田令》相同,新增2条。卷26《田令》有30目、52条,与《通制条格·田令》相同的有33条,新增19条。两卷共有37目、66条。内与《通制条格·田令》篇相同的有45条,新增21条,全都是延祐三年三月后法令。新增诸条分别是:仁宗延祐时期1条,英宗至治时期1条,泰定帝时期5条,文宗时期5条(天历1、至顺4),顺帝时期9条(元统3、后至元5、至正1)。

《通制条格·田令》涉及农村、农业生产和土地管理等诸多方面的政策,在《至正条格·条格·田令》中几乎全部保留了下来[3],也就是说,元朝在农村、农业生产和土地管理等方面的政策,在后期并没有大的变化。新增条目涉及不少重要问题,如:元仁宗延祐元年实行"经理"之法,实际是重新进行土地登记,这是元代经济史上的一大问题。《元史·食货志一·经理》云:"然期限猝迫,贪刻用事,富民黠吏,并缘为奸,以无为有,虚具于籍者,往往有之。于是人不聊生,盗贼并起,其弊反有甚于前者。仁宗知之,明年,遂下诏免三省自实田租二年。时汴

---

[1]在《通制条格》中,此条包括阑遗监"具到各项事理"和刑部对阑遗监各项建议(事理)的处理意见。《至正条格·条格》则将两者合一,作了删节。

[2]关于阑遗与"孛阑奚,可参看周良霄《"阑遗"与"孛阑奚"考》,载《文史》第12辑。

[3]仅删除两条,其中1条(方本第341页)内容与校注本第111条基本相同,但年代不同。

梁路总管塔海亦言其弊，于是命河南自实田，自延祐五年为始，每亩止科其半，汴梁路凡减二十二万余石。至泰定、天历之初，又尽革虚增之数，民始获安。"《至正条格·条格》卷26《田令》有"河南自实田粮"目，收两条文书，与此事有关。第99条："天历元年九月，诏书内一款：'河南地土合纳税粮，悉依旧额，其经理虚椿之数，并行革拨。'"第100条："至顺元年十一月，中书省奏：'延祐元年为河南、两淮地面里田土，多人种佃隐漏的上头，差官取勘到自实供首未纳粮田四十三万五千八百一十五顷有余田地，每亩纳粮三升，该征粮一百三十万七千四百四十余石。延祐五年奏准，每亩依乡原例，减口（半）教纳。八、九年有来，于内纳本色粮的也有，折纳轻赍钞的也有，每年通该粮六十五万五千余石。又堪开耕官民田土一十五万一千六百九十余顷，若是开耕，依例纳粮。天历元年九月十三日，钦奉诏书：'河南省地土合纳税粮，悉依旧额，其经理虚椿之数，并行革拨'，么道，行了文书来。河南省文书里说将来：'这河南的田土，虚椿之数，合钦依革拨。所据自实的田土，合无科征？'这般禀将来。又户部也与俺文书来。如今俺商量来，种田纳地税，做买卖纳商税，这的是累朝皇帝遵守的定制。中间果有虚椿之数，自合依着诏书革拨，自实的地土合纳粮有。天历二年合纳粮来，为那里灾伤的上头，如今教除免了。今年合征的粮，若依着元定来的，每亩全科三升呵，百姓每生受也者。权且教减半科纳。不通水路去处，除际留三年支持粮外，折纳轻赍呵，怎生？奏呵。奉圣旨：'那般者。'"这两条法令的可贵之处，一是明确记载了河南"经理"所得田土的数额为435815顷余，这是他处没有的。二是说明经理所得土地按每亩3升纳税。原来北方只征丁税，现在又征地税，这就是重并征税。三是文宗天历元年又下诏河南田土税粮悉依旧额，"其经理虚椿之数，尽行革拨"。但遭到河南行省和中书省的抵制，认为应该区别"自实"与"虚椿"，"虚椿"应革拨，"自实"应纳粮。皇帝同意。事实上，在经理时，"虚椿"与"自实"是很难分清的，如按上述意见执行，肯定很多"虚椿"的土地都在"自实"的名义下仍然保留在国家税册上。《元史·食货志》所说"至泰定、天历之初，又尽革虚增之数，民始获安"，应即指此，其实是不可尽信的。[1]

　　《通制条格》卷16《田令》有"拨赐田土"和"拨赐田土还官"两目，前者收"皇庆二年四月二十六日"和"皇庆二年十月二十三日"两条，后者收"大德七年四月"和"皇庆二年六月初六日"两条。[2]《至正条格·条格》只有"拨赐田土"目，将《通制条格》中上述两目合而为一，保留了3条（"皇庆二年四月二十六日"，"皇庆二年六月初六日"，"皇庆二年十月二十三日"），新增2条。另立"典卖系官田产"目，收"大德七年四月"条（第127条）。[3]"拨赐田土"目新增的第1条（第97条）是"元统二年四月二十八日，中书省奏"，文字很长，主旨是拘收赐田还官。户部上书："至元三十年以后，今岁续拨与了诸王、公主、驸马、百官、寺观等田数，其间寺观自有常住，百官已有俸禄，诸王公主各有分拨城池、岁赐钱帛，又复拨赐田粮，合拘收还官。"中书省的意见是："俺于文卷内照得，今岁拨赐地土数多，如今除世祖皇帝时分并有影堂的寺院里拨赐外"，将其余赐田分两类，一类赐田全部收回，一类赐田部分收回，共涉及公主、妃子、八哈失（师傅）、皇后、驸马、诸王、百官15人（寿宁公主、南加八剌公主、扎牙八剌公主、班丹公主、速哥八剌公主、奴伦妃子、班的苔八哈失、住奴皇后、塔失帖木儿驸马母亲道道、普纳公主、苔里海牙公主、大长公主、赵王、孛罗大王、拜住丞相），佛寺道观19处（庆寿长生观、明慧报恩寺、搠思丹姑姑寺、承天永福寺、崇恩寺、普安大万圣祐国寺、福藏司徒昭福寺、原教寺、畏兀儿哈蓝寺、永福寺、圣安寺、天庆寺、难的沙津爱护持、延洪寺、妙净寺、阿怜帖木儿八哈赤寺、失剌千姑姑至大寺、崇真万寿宫、永安寺）。[4]赐田就是皇帝赏赐给贵族官僚、寺院道观一定数量的田土，允许他们征收地租。所赐田土都是国有土地，也就是官田。赐田实际上意味着国家财政减少收入，因此，

---

〔1〕陈高华、史卫民：《中国经济通史·元代经济卷》，第153~156页。

〔2〕校注本以为"皇庆二年六月初六日"条见于《通制条格》卷16《田令》之"拨赐田土"目，不确。

〔3〕此条讲"系官房舍基地"典卖问题，《通制条格》收在"拨赐田土"中是不合适的。《至正条格》将此条另行立目，说明已知原来分类不妥。

〔4〕校注本，第59~61页，第97条。

又不断收回赐田。从忽必烈时代起,皇帝不断拨赐田土,但有关情况只有分散的、片断的记载,特别元朝后期的赐田情况,是很不清楚的。[1]这条记载,对于研究元朝赐田特别是后期赐田状况,有很高的价值。其中 15 处佛寺道观的名称,无疑又是元朝宗教史的珍贵资料。新增的第 2 条(第 98 条)是"至正元年正月初一日"诏书中的一款:"江南拨赐田土,每年令有司催办租粮,遇有水旱灾伤,逼令里正、主首陪纳,痛害百姓,十九消乏。今后各位下并诸王、驸马、近侍、官员及系官寺观一应拨赐田土,既已各有所属,除官收海运外,其余不许着落有司、里正、主首催办。"[2]据此可知赐田一般由"有司催办",虽遇水旱灾伤亦不得免。元顺帝的这项诏令是将"催办"的责任归于受赐者,这样一来,"有司、里正、主首"固然免除了责任,赐田佃户的命运绝不会变好,这是可以想见的。

　　土地买卖是《田令》的重要内容。《通制条格》中有"典卖田产事例"(5 条)。《至正条格·条格》卷 26《田令》将上述 5 条中之 4 条分立"典卖田产"(2 条,内 1 条原见《通制条格·田令》"妄献田土"目)、"典质合同文契"(1 条)、"僧道不为邻"(1 条)、"贸易田产"(1 条)等 4目。另立"典卖随地推税"(2 条)、"典质限满不放赎"(1 条)、"公廨不为邻"(1 条)等 3 目 4 条,均系延祐三年三月后文书。可见土地买卖问题在元朝后期日益突出,政府不得不多方设法加以规范。产去税存是土地买卖中一大问题,但在《通制条格·田令》中没有这方面的条目。《至正条格·条格》立"典卖随地推税"目,收"泰定三年十二月户部"文书一件(第 123 条),"元统二年十月二十九日诏书内一款"(第 124条),都是强调"典卖田土",必须"过割税粮","毋使产去税存,重为民困"。

　　《至正条格·条格》卷 26《田令》中"佃种官田"目收"至元六年七月初七日诏书内一款"(第 92 条),内容是浙西沙涂草地,原由灶户纳租办课,后拨付鲁王、朵儿只班公主等,"扰害灶民"。现"依旧令民管

　　〔1〕陈高华、史卫民:《中国经济通史·元代经济卷》,第 169～273 页。
　　〔2〕校注本,第 61 页。

佃纳课"。又,"新附军田土"目收"至顺元年十月户部"文书(第101条),内容是"黄花岭忠翊侍卫新附军人"屯田事。又有"探马赤地土"目,收"延祐七年七月十五日中书省"文书(第102条),内容是"探马赤军人典质与了人的地土"如何收赎事。又,"豪夺官民田土"目收"至元六年七月初七日诏书内一款"(第106条),列举权臣伯颜党羽夺占官民田、牧马草地的罪行。以上诸条,都是延祐三年三月后颁布的,对于灶户(盐户)、新附军、探马赤军以及元顺帝与伯颜的斗争都提供了有价值的新资料。

1.2.4 赋役

《通制条格》卷17《赋役》篇有14目、33条。《至正条格·条格》卷27《赋役》篇有31目、49条,与《通制条格·赋役》相同27条,新增22条,其中延祐三年三月以前的法令4条(由《通制条格·户令》篇和《杂令》篇各调入1条),以后的法令18条。[1] 18条分别是:仁宗延祐时期4条,英宗至治时期2条,泰定帝时期3条,文宗时期4条(天历2、至顺2),顺帝时期5条(后至元4、至正1)。

《通制条格》卷17《赋役》篇所收文书主要涉及税粮的征收和豁免,杂泛差役的摊派和免除。有关条目在《至正条格·条格》中大多保存了下来,说明元代后期赋役制度并无大的变化。新增条目中,突出的是投下扰民和差役均当问题。

投下(位下)倚仗权势,向属民横征暴敛,是元代社会一大痼疾,加剧了社会矛盾。元朝政府曾多次下令,加以限制,但收效甚微。《通制条格》"赋役"篇没有专门针对投下的条目。《至正条格·条格·赋役》篇新立"投下税粮"目收"至元六年十二月御史台"文书(第139条),讲的是赵王位下王傅"恃赖投下""扰民横科"问题。[2] 又新立"禁投下擅科扰民"目,收"延祐元年五月十七日中书省"文书(第154条,由《通制条格》卷28《杂令》、《扰民》转来),讲的是宗王瓮吉剌歹等部属"扰

---

〔1〕校注本以为第170条"至元七年四月"是新增(第84页未注出处,第363页对照表列为"不见《通制条格》条文")。实见《通制条格》卷17"滥设头目"目,方本第392条。

〔2〕此条文书中有晋宁、奉元两路名,均出现于元代中期,可知应为后至元六年。

民",下令"禁约,不教行"。又新立"禁投下横科"目共4条,都是针对投下额外加征赋税而发,条文均系新增。其中第156条"泰定四年闰九月刑部"文书、第157条"至顺三年十二月刑部"文书,分别说荆王、吴王位下人员"横科钱物",下令加以禁止。第155条"泰定二年闰正月诏书内一款"和第158条"至元五年二月刑部"文书,都是指斥投下人员"横科重并"、"额外厚敛重差",要求"有司"和监察部门"体究"。这些新立条目反映出投下"横科"在元朝后期仍是屡禁不止的严重社会问题。

在元代,杂泛差役是国家加在百姓身上的沉重负担。差役就是前代的职役,杂泛则是力役。元朝制度,将编户齐民分成若干类,如军、民、站、匠、僧、道等,统称为诸色人户,分别承担国家指定的各种封建义务,如军户出军、站户当站、民户交纳税粮科差等。杂泛差役本意诸色人户都要承担,但某些户或因负担过重、或因有势力者为之请求,获得免当杂泛差役的优待。这样一来,加重了其他户的负担,引起社会矛盾的尖锐化。杂泛差役的应当问题在有元一代争论不休,多次反复。[1]《通制条格·赋役》篇有"主首里正"(1条)、"杂泛差役"(6条)两目,都是讲杂泛差役承当问题,主旨是除边远出征军人并两都之间自备首思[2]站户外诸色户都要承担杂泛差役。《至正条格·条格·赋役》篇则立"均当杂泛差役"(9条,内4条新增)、"均当主首里正"(1条)、"差役轮流"(1条)、"差役不许妨农"(2条,内1条新增)、"海船船户当差"(1条,新增),共5目、14条,内新增6条。新增各条目反复重申上述除边远出征军人及两都之间自备首思站户外诸色户均当的原则,还特别要求"留守司所管的匠人每"(第166条"延祐元年十二月二十日中书省"文书)和"海道都漕运万户府所管船户"(第174条"至元元年十月初九日中书省"文书[3])都要与民一体均当杂泛差役。此外,"均当杂泛差役"目内的"泰定元年二月工部"文书,内容是黄河河工问

---

〔1〕陈高华、史卫民:《中国经济通史·元代经济卷》,第461~484页。

〔2〕首思,蒙语音译,指供应来往使臣的饮食。

〔3〕海道都漕运万户府成立于灭南宋之后,此条应为后至元元年事。

17

题(第168条)。元代黄河多次泛滥成灾,"黄河两岸地面,蒙古、色目、汉人相间置庄居处。凡遇水发,均被其害",而在修堵黄河时"其本管官司,妄分彼我,占恡人户,不令当役,止令汉人军民、站赤出备工物修理,不惟赋役不均,实恐一时人力不及,水害非轻"。也就是说,蒙古、色目人户在修河时不出人力、工物,只令汉人承当。工部要求黄河两岸"不以是何户内,与民一体均科修筑"。可知当时民族歧视,无处不在。工部的意见能否贯彻,其实是很有疑问的。顺帝至正十一年修治黄河引爆了全国规模的农民战争,民族矛盾的尖锐化应是一个重要的因素。

《至正条格·条格·赋役》有"回回纳税"目,内收第142条"延祐七年四月二十一日中书省"文书,内容是关于征收回回人户包银的决定。此事发生在《通制条格》成书之后。民间的法律文书汇编《元典章新集》收录了这项法令。元朝政府同时还下令在江南人户中征收包银。泰定二年,元朝政府下令取消江南人户包银,但对回回人户包银如何处理,史无明文。我根据镇江、湖州两地方志的记载,认为直到元末仍在征收回回人户包银。[1]《至正条格》载此文书,说明征收回回人户包银的决定在顺帝时仍然有效。

1.2.5 关市

《通制条格》卷18《关市》篇有10目、22条。《至正条格·条格》卷28《关市》篇,共26目、45条,内与《通制条格·关市》相同18条,新增27条(由《通制条格》"杂令"转来1条)。新增条中,延祐三年三月前4条(大德2,至大2),以后23条。23条中,仁宗延祐时期1条,英宗至治时期1条,泰定帝时期4条,文宗时期13条(天历1、至顺12),顺帝时期4条(后至元1、至正3)。

《通制条格·关市》篇以和雇和买、市舶为重点。《至正条格·条格》突出了市舶。市舶即海外贸易。《通制条格·关市》篇中有关市舶2目,即"市舶"与"下番",每目1条。"市舶"目载延祐元年颁发的市舶法则。元朝在至元三十年首次颁布市舶法则,对市舶各项事宜作出

---

〔1〕陈高华、史卫民:《中国经济通史·元代经济卷》,第413~414页。

规定。此后一度禁止。延祐元年重开市舶,对原有法则作了修改,重新颁布。《至正条格》将延祐元年市舶法则移到《断例》部分(见(至正条格·断例》卷12《厩库·市舶》),另设与市舶有关的 12 目,即"违禁下番"、"番船抽税"、"私发番船遇革"、"漏舶船只遇革"、"舶商迴帆物货遇革"、"番船私相博易遇革"、"拗番博易遇革"、"脱放漏舶物货遇革"、"冲礁阁浅抢物遇革"、"舶商身故事产"、"舶商杂犯遇革"、"抽分市舶",共 17 条。17 条中除"违禁下番"目之"至元二十五年八月"条(第 186 条)原载《通制条格·关市》篇之"下番"目外,其余 16 条均是新增的法令,颁布于延祐三年三月以后。16 条中,"番船抽税"1 条(第190 条),"私发番船遇革"3 条(第 191、192、193 条),内 190、191、192条均系"泰定四年闰九月"发布,系"刑部议得……都省准拟",应出于政府颁布的同一条画。第 193 条是至顺三年八月颁发的,同时发布的还有分属上述各目的 8 条(第 194、195、196、197、198、199、200、201条),亦是"刑部议得……都省准拟",无疑属于同一条画。《至正条格·条格》中与市舶有关的 12 目涉及的多种违法行为(如私发番船、漏舶、拗番博易等),在延祐元年的市舶法则中都有具体规定,没有多少新添的内容。事实上,12 目所收各条主要讲的是市舶诸违法行为"遇革"的处理办法。所谓"遇革",就是国家有大典下诏大赦,各种罪行便可减免,称为"革拨"。[1] 至顺三年八月,文宗图帖睦尔去世,皇后不纳失里在权臣燕铁木儿支持下主持政务。十月,宁宗懿璘质班嗣位,大赦天下。显然,刑部和中书省在八月间为大赦作准备,拟定了各种罪行"遇革"后的处理办法。但在《元史》的《文宗纪》、《宁宗纪》和《食货志·市舶》中都没有记载。

至顺三年八月以"遇革"为中心的诏令,并不以市舶为限。见于《至正条格·条格》的,还有卷28《关市》的"减价买物遇革"(第217条)和"船户脚钱遇革"(第 225 条),卷26《田令》之"占种官田遇革"(第 93 条),卷29《捕亡》之"捕盗未获遇革"(第 247 条),卷30《赏令》之"不应给赏遇革"(第 289 条),可知内容很广泛,有待进一步研究。

---

〔1〕方龄贵先生对此曾作论述,请看氏著《通制条格札记》,见《元史丛考》第 189 ~ 191 页。

　　《通制条格·关市》立"中宝"目,收"至大四年三月"的诏书一款:"诸人中宝,蠹耗国财",明令禁止。这是仁宗即位时颁发的诏书。《至正条格·条格·关市》立"禁中宝货"目,除收上述至大四年三月诏书(第204条)外,增收"至治三年十二月初四日"诏书一款(第205条)和"天历元年九月"诏书一款(第206条),都是重申禁止中宝。第205条是泰定帝即位后颁发的,第206条是文宗即位时颁发的。"中宝"又称"中献",与市舶有密切关系,即回回商人由海外采购宝物向朝廷进献,用以博取高额的回赐。"中宝"的赏赐曾为元朝中期财政的一大支出,新增的诏令说明中宝屡禁不止。事实上,泰定帝"即位之初,首知其弊,下令禁止,天下欣幸"。但到第二年"中书乃复奏给累朝未酬宝价四十余万定,较其元直,利已数倍,有事经年远者三十余万定,复令给以市舶番货。计今天下所征包银差发,岁入止十一万定,已是四年征入之数"[1]。可知诏令是一回事,实际又是一回事。又,《至正条格·条格·关市》篇的"和雇和买"目收"至正元年正月初一日诏书内一款"(第214条),其中说:"和雇和买……今后必须对物支价。其中献宝物者,不在此限",说明直到顺帝即位后"中宝"仍未停止。

　　《通制条格·关市·中宝》载"至大四年三月"诏书中说:"比者宝合丁、乞儿八苔私买所盗内府宝带,转中入官,既已伏诛。"方本据《元典章·圣政》改为"转入中官",并说:"日译本已检出。按,中官通指宦官。"今查《至正条格·条格》亦作"转中入官",与《通制条格》同,似难肯定文字有误。如盗窃内府之物转入中官(宦官)之手,很难说与"中宝"有什么关系。"转中入官"似指宝合丁等私买内府失窃的宝带,以中宝名义"入官"(进献),有欺骗皇帝的罪过,故败露后处死。

　　"和雇:两顺曰和,庸赁曰雇","和买,两平取物也"[2],原意是政府以公平合理的价格雇用百姓的车、船和购买各种物品。但实际上,和雇、和买都是政府强行摊派的,是变相的赋役。在元朝的官方文书中,常将和雇和买与杂泛差役并提。《通制条格》卷18《关市》篇立"和雇

---

　〔1〕《元史》卷175《张珪传》。
　〔2〕徐元瑞著、杨讷点校:《吏学指南》,浙江古籍出版社1988年版。

和买"目,收各类文书 8 条,中心是要求合理估价、及时发放。《至正条格·条格》卷 28《关市》篇的"和雇和买"目,收文书 8 条,与《通制条格》相同的有 6 条,另增两条。其中第 213 条"泰定二年五月户部"文书,内容是皇帝一行在上都期间和买物件事宜,其中涉及和买估价和报销办法,为他处所无,对于和雇和买研究是很有价值的新材料[1]。和雇和买是政府的行为。与《通制条格》不同,《至正条格·条格·关市》篇除了"和雇和买"目外,新立"豪夺民财"(第 215 条"至元二十八年三月诏书内一款"[2])、"禁减价买物"(第 216 条"至正元年正月初一日诏书内一款")、"减价买物遇革"(第 217 条"至顺三年八月刑部"文书)、"派卖物货遇革"(第 218 条"大德九年十一月刑部"文书)4 目,都是针对"有势之家"和衙门官吏把持行市、减价收物、派卖物货多要物价而发。此类条目的设立,说明权贵、官吏对市场的干预和掠夺已成为严重的问题。

1.2.6 捕亡

《通制条格》卷 19《捕亡》篇有 6 目、18 条。《至正条格·条格》卷 29《捕亡》篇有 13 目、22 条。两书相同的有 14 条,《至正条格·条格》新增 8 条。新增条目中,延祐三年三月前 2 条,以后 6 条,分别是:英宗至治时期 1 条,文宗至顺时期 2 条,顺帝时期 3 条(元统 2、后至元 1)。又,《通制条格·捕亡》的"大德六年九月"条转入《至正条格·断例》卷 10《厩库》。

新增条目中,有两条值得注意。一条是:"至顺三年四月刑部议得:'江湖水贼撑驾小船,假以打鱼为名,窥伺客旅梢泊去处,寅夜为盗劫取财物'",要求军官、军人加强警捕(第 236 条)。另一条是:"至元三年四月刑部议到监察御史言防御盗贼事理,都省准拟。"其中规定,"沿江上下捕鱼船只……明白附籍,编号印烙";"各处站船……于船头

---

[1]《至正条格·断例》卷 3《职制》篇"和雇和买违法"目,内收"延祐二年五月御史台"的一件文书,详述大都和买估价关钞程序,可参看。

[2]此条原见《通制条格·关市》篇"牙保欺蔽"目。按,此条内容实与"牙保"无关,《至正条格·条格》改立题目是比较合理的。

21

板上明白大字书写各站名号,每遇递送,定立往回程限";"各处官设写船埠头"要由"有税产无过人户承充";出卖船只要"明白具状……赴官告给公据,方许召主成交"(第 227 条)。顺帝后至元三年是多事之年。正月,广州增城县朱光卿反;二月,汝宁信阳州棒胡反,广西徭民反;四月,合州大足县韩法师反,惠州聂秀卿反。造反事件不断发生,社会动荡不安。正是在这样的背景下,元朝政府推出了上述"防御盗贼事理",旨在加强水上交通的管制。其中有关"捕鱼船只"的规定可以与至顺三年四月刑部的文书联系起来,是研究元末社会的很有价值的文献。另据记载,同年二月,"丙子,立船户提举司十处,提领二十处"[1],应亦与"防盗"有关。

关于"埠头"一词,有必要作些说明。《通制条格》卷 18《关市·牙行》收"皇庆元年三月中书省"文书,云:"御史台呈:'近年都下诸物价腾,盖因各处所设船行、步头,刁蹬客旅,把柄船户,以致舟船涩滞,货物不通。拟合严行督责各处濒河提调官司,常加禁治,于本土有抵业之人,量设二、三名,榜示姓名,以革滥设之弊。'刑部议得:'合准台拟。'"《至正条格·条格·关市》亦载此条(第 223 条)。方本对"步头"一词注云:"步头,即埠头,犹今船舶停靠之码头。"步头或埠头指船舶停靠的码头,是对的,但用码头来解释步头,在上述条文是讲不通的,显然还应有其他意义。《元典章新集》有一件"延祐六年九月"文书说:"今福建盐运司始因埠头郭荣告讦林勋盐梅,信从展转指攀收买私盐用度。"[2]这里埠头显然是郭荣的职务或称号。元代地方志《至顺镇江志》的"公役"门载:"杂役:迎接祗候船埠头五名。"[3]据此,则埠头为官府指派的杂役,与船有关。上引第 237 条"防御盗贼事理"云:"各处官设写船埠头,令里正、社长、主首举报住近江河有税产无过人户承充。凡遇写赁船只,须要辨验买船契据,知识船主住籍去处,梢水人等来历,因依询问客旅往来处所,验其官给文引,船主、埠头保识明白,方许承

---

[1]《元史》卷 39《顺帝纪二》。

[2]《元典章新集·户部·课程·林勋盐梅》。

[3]《至顺镇江志》卷 13《公役》,江苏古籍出版社 1990 年版。此条承党宝海同志提供,谨此志谢。

揽,附写文历,每旬具报所属官司。如遇失过盗贼,以凭稽考。"这就把埠头的职务说得很清楚了。埠头是官府指定的管理船只租赁的人员。上述"皇庆三月"条的"步头"(埠头),显然也是这个意思。

1.2.7 赏令

《通制条格》卷 20《赏令》篇共 10 目、31 条。《至正条格·条格》卷 30《赏令》篇共 18 目、43 条。两者相同的有 24 条,新增 19 条,其中延祐三年三月前 2 条(从卷 7《军防》调入 1 条),以后 17 条,分别是:仁宗延祐时期 4 条,英宗至治 1 条,泰定帝时期 1 条,文宗时期 4 条(天历 1、至顺 3),顺帝时期 7 条(元统 2、后至元 4、至正 1)。

值得注意的是,《至正条格·条格·赏令》篇新增"泛滥赏赐"目,共收 5 条,都是延祐三年三月以后的法令。元朝历代皇帝都对贵族功臣大加赏赐,作为对他们支持的回报。日久成风,贵族功臣甚至一般官僚往往主动要求赏赐。延祐五年六月,监察部门的一件文书中说:"近年以来,勾当里行的官人每,他每都要着名分,请着俸钱,因嫁着女孩儿,娶媳妇儿,或买田宅,为私己的勾当其间,互相结托,上位根底题奏,索要钱的哏多有。"御史台建议,"真个有功劳合赏的人每根底与赏有,其余因着私己的勾当索要钱物的,上位根底奏了,合住罢"。元仁宗表示同意(第 249 条)。但此禁令显然没有奏效,文宗天历二年正月(第250 条)、顺帝元统二年四月二十八日(第 251 条)、后至元二年六月十九日(第 252 条),中书省接连上奏,要求禁止此类事件发生。文宗、顺帝都表示同意。至正元年三月,顺帝又在诏书中重申:"国家常赋,量入为出,比年以来,各衙门及近侍之人,互相奏请,甚非节用之道。"(第253 条)可见这股歪风始终没有刹住。泛滥赏赐是元朝政治生活的一大特色,不但败坏了社会风气,而且是造成财政危机的重要因素。"泛滥赏赐"目所收文书,无疑是很有价值的。

元朝的官员致仕(退休)制度,在《元史·选举志》中有简单的叙述,主要内容是官员 70 致仕,三品以下官员致仕时于应授品级加散官一等。叙事止于仁宗皇庆二年(1313)。[1]《元典章·吏部》有"致仕"目,收有关法令6条,主要内容与《元史·选举志》相同,止于延祐元年闰三月。[2]《通制条格》卷6《选举》篇有"致仕"目,收"大德七年七月二十日中书省"文书,是《元典章》"吏部致仕"目的一条。[3] 但卷20《赏令》篇并无与致仕有关的条目。《至正条格·条格》卷30《赏令》篇首立"优礼致仕"目,内收"至顺二年十一月"户部上报的一件文书,开头援引诏书一款:"内外流官七十致仕,宣力既久,礼宜优遇。一品月给全俸,二品半俸,以终其身。三品至四品各赐二表里,五品至九品各赐一表里,与免本家杂役。但犯脏私公罪解职、杂职不与。"随后是户部落实诏旨内容的措施。这件文书明确规定,不同品级的官员致仕时有不同的待遇,这是《元史·选举志》和《元典章》的记载没有提到的,对于研究元代致仕制度来说,无疑是很有价值的材料。但这是重申过去的制度,还是文宗时的新政,尚有待研究。

《至正条格·条格·赏令》最后是"阑遗头匹"目,收"泰定二年二月二十四日宣徽院"文书(第290条),主要内容是"各怯薛、各枝儿里遍行文书",定期将不阑奚人口、头匹、钱物聚集在一起,"教他各主人每识认有来"。隐瞒者有罪,首告有赏。这件文书似是针对草原各部而发的,它和上面卷24《厩牧》篇中有关阑遗的文书一起,为阑遗(不阑奚)的研究提供了新的线索。

1.2.8 医药

《通制条格》卷21《医药》篇共5目、6条。《至正条格·条格》卷31《医药》篇共6目、9条。相同的6条,新增3条,内文宗时期1条,顺帝时期2条(元统、后至元各1)。

新增3条中,2条与试验太医有关。一条是"元统元年七月二十四日太医院"文书,上奏要"约请着监察御史"一同对"内外各衙门"等保送的"白身医人""出题试验",合格的"许充承应太医"(第294条)。

---

[1]《元史》卷84《选举志四》。
[2]《元典章》卷11《吏部五·职制二·致仕》。
[3]方本,第290~291页。

显然,当时通过各种关系到太医院谋求充当太医者颇多,太医院难以应对,只好求助于监察部门。又一条是顺帝"至元五年七月二十五日中书省"的文书,其中说:"近年各处来的太医人每,有认的人呵,觑面情交行了,将人医不痊,伤了性命有",重申"今后用太医呵,依先例试验了,端实省得呵,教用"。圣旨批准(第 295 条)。可见当时太医院内走后门成风。

"官员药饵"目载文宗"天历元年九月"太医院奏,"诸王百官怯薛歹每""索生熟药的多有"。"在前累朝皇帝时分些少药与有来。依着那,合与的,俺太医院官斟酌与呵,怎生?"文宗同意(第 297 条)。可知元朝太医院要为诸王、百官、怯薛歹提供生熟药,有助于了解太医院的活动。

1.2.9 假宁

《通制条格》卷 22《假宁》篇共 3 目、9 条。《至正条格・条格・假宁》篇共 5 目、10 条。相同 6 条,新增 4 条,都是延祐三年三月后的文书。其中仁宗延祐时期 1 条,泰定帝时期 1 条,顺帝时期 2 条(元统、至元各 1)。

《通制条格》的 3 目是"奔丧迁葬"、"曹状"、"给假",《至正条格・条格》5 目则是"给假"、"仓库不作假"、"外地迁葬假限"、"奔葬赴任程限"、"曹状"。新增的"仓库不作假"目收第 302 条"泰定四年八月御史台"的文书,内容是管钞的行用库不许作假,对研究元朝钞法有一定价值。新增的"丧葬赴任程限"目收第 307 条"延祐六年七月户部"文书,规定官员赴任时陆路(马行、车行)、乘驿、水路各有期限,"违限百日之外者,依例作阙",即取消资格。奔丧迁葬亦同。《元典章新集》"吏部职制官员迁葬假限"所收"至治元年五月"中书省文书内引此件,却作"违限百里外者作缺"。显然,《元典章》是不对的,应以前者为是。[1]

1.2.10 狱官

据《刑统赋疏》,《假宁》后应为《狱官》,但今存《通制条格》残本

---

〔1〕校注本未检出。

欧·亚·历·史·文·化·文·库

缺。《至正条格·条格》有《狱官》两卷,分别是:卷33《狱官》,15目、19条;卷34《狱官》,24目、45条。两卷共39目、64条。

64条中,以延祐三年三月为限。卷33《狱官》中,明确属于延祐三年三月以后有4条(第318、322、325、328条)。另有以"至元"纪年3条。第313条"至元元年四月"和第317条"至元三年十月"两条,都是"刑部议得……都省准拟"。忽必烈中统元年以兵、刑、工为右三部。至元元年,析工部,而兵、刑仍为一部。三年,复为右三部。七年,始别置刑部[1]。上述至元元年和至元三年两条中的"刑部",只能发生在顺帝后至元时期。另,第320条,"至元四年十一月,都省议得:'设官分职,各有攸司,趋事赴功,在于守法。今后拘该行省、宣慰司,凡遇各处申详刑名等事,若不据例与决,仍复作疑咨禀者,定将首领官吏口(究)治……'"。从忽必烈登基到至元四年(1267),行省主要因军事需要而设置,时设时废,还没有形成固定的制度,[2]此条内容,亦只能发生在后至元时期。因此,卷33《狱官》中属于延祐三年三月以后的法令共7条。卷34《狱官》中,延祐三年三月以后颁布的法令有11条(第329、330、334、335、336、339、347、349、357、366、367条)。也就是说,卷33和卷34《狱官》共有64条,其中延祐三年三月以后的法令共18条,分别是:仁宗时期7条,英宗至治时期1条,泰定帝时期1条,文宗时期5条(天历2、至顺3),顺帝时期4条(后至元3、至正1)。

卷33、34《狱官》篇主要内容是审判制度和监狱管理,对于研究元朝法制,具有重要价值。

卷33"恤刑"目,载"大德八年四月刑部"的文书,可称为"恤刑事理"(第311条)。其中历举元朝审判和监狱管理的种种弊端,提出针对性的改正措施。无论《通制条格》还是《至正条格·条格》,各条文字通常只摘取原始文件的一部分,比较简明。此条将原始文件全文登录,长达3000多字,就字数而言在《至正条格·条格》残本中堪称第一,其中涉及的很多问题都值得重视。例如,由于官员遇事迟延,监狱管理不

〔1〕《元史》卷85《百官志一》。
〔2〕陈高华等:《中国政治制度史》第8卷(元代),人民出版社1996年版,第109~110页。

善,"监察御史照刷出江西行省管下路分,至元二十九年正月至十二月终,死讫轻重罪囚一千一十一名,其余道分谅亦如是。所以近年完备结案者百无一二,盖为此也"。这是一个相当惊人的数字。据此,则全国每年因审判不及时死于狱中的罪犯应在万人以上。又如,"新囚入狱,每过一门,辄用粗棍于囚腰背痛捶三下,谓之摄牢棒,有因内损而致死者"。这和小说《水浒》中的"杀威棒"又有何异。[1]

元朝有一种"五府"会审制度。所谓"五府",即中书省、枢密院、御史台、大宗正府和刑部。中央和地方重大案件都由"五府"派官共同审理。[2]《至正条格·条格》卷34的"审理罪囚"目,收329、330两条,都与五府制度有关。第329条"延祐五年四月初九日中书省"的一件文书,其中说:"大都里诸衙门有的罪囚,不肯着紧归断,淹滞的上头,每季省、院、台、也可扎鲁忽赤等五府审囚官断见禁罪囚来。"也可扎鲁忽赤即大宗正府,刑部是中书省下属机构,所以不曾提及。文中说"每季",下文又说:"这五府官人每说:'俺依年例,则审断一季。'将次季见禁的罪囚,不肯审断",则大都的五府官是每季更换的。中书省指摘五府官工作不力,要求他们努力工作。第330条"至正二年四月初九日中书省"的文书,指责"五府官审囚官吏托故不聚,久淹囚人,明正其罪者百无一二,死于图圄者十有八九",要求五府官改正工作,"已委五府官审理未毕,不许别除。虽有除授,不许之任,亦不得别行差占"[3]。元朝政府设置五府会审制度,本为解决各级政府审讯淹延而发,但五府官同样出现因循拖延等常见的弊病,这是封建官僚机构的先天痼疾,无法摆脱的。同书的"推官理狱"目,收"皇庆元年二月刑部"的文书,其中说:"大都路见设推官二员,合推刑狱,置之不问。时与本路协力办事,其府狱并南北两兵马,三警巡院,大兴、宛平两县,应禁轻重罪囚数多,本路并不随事与决,须待五府官审断,以致淹延枉禁者有之,因而死于狱中者亦有之。"(第337条)可知五府审囚官设立后,地方负责刑

---

〔1〕水浒故事成型经过了漫长的过程,元代是其中一个重要阶段。

〔2〕陈高华:《元朝的审判机构和审判程序》,载《东方学报》(日本京都)第66册,1994年;又见《陈高华集》,上海辞书出版社2005年版,第142~144页。

〔3〕此件亦见洪金富点校:《宪台通纪续集》,第96页。

讯的官员便推卸责任。这些情况,都有助于"五府"制度研究的深入。

《元史·刑法志》一款:"诸有司非法用刑者,重罪之。已杀之人,辄脔割其肉而去者禁之,违者重罪之。"[1]按,此款源自元仁宗的诏令。《元史·仁宗纪》载:"(延祐三年六月)丁丑,敕:'大辟罪,临刑敢有横加刲割者,以重罪论。凡鞫囚,非强盗毋加酷刑。'"[2]此项诏令的原始文献,便收在《至正条格·条格》卷34"非法用刑"目第347条:"延祐三年六月初七日,李平章特奉圣旨:'罪过好生重,合陵迟处死的,为他罪过比敲的重上,审复无冤了,对众明白读了犯由,那般行来。合敲的人也审复无冤了,读了犯由呵,敲了来。他罪犯不已了也!又将他的肉剐割将去呵,这般体例那里有?遍行文书禁了者,犯着的人要重罪过者。更有罪过的人,指证明白,不肯招伏,合硬问的人,除强盗外,问事的官人并首领官每,圆聚着商量了,依着体例,合使甚么棒子,打多少杖数,明白立着札子,圆押者。不依体例,将本人头发鬏揪提着,脚指头上踏着,软肋骨里搠打着,精屈膝铁锁上、石头砖上、田地上一两日跪着问,么道,遍行文书禁了者。犯着的官吏根底,要重罪过者。'""大辟罪"指死刑,"敲"指斩首,两者实为一事。这件文书的意思是,"敲"(死刑)与"陵迟"不同,不能再"将他的肉剐割"。罪证确凿的犯人,官员经过商量用刑(杖、笞),要记录在册。各种酷刑,都要禁止。《元史·仁宗纪》说"临刑",《元史·刑法志》则说"已杀之人",两者对原诏理解明显有差异。而《元史·仁宗纪》说"非强盗毋加酷刑",则令人理解对强盗可用酷刑,更与原诏有别。

1.3 《至正条格·条格》和《通制条格》的比较研究

如上所述,《至正条格·条格》和《通制条格》一样,都由27篇构成。27篇的名称和顺序一样。每篇下分若干目,每目收1条或数条文书。两书的总体结构是完全相同的。各篇的主要内容没有大的变动,

---

[1]《元史》卷103《刑法志二·职制下》。
[2]《元史》卷25《仁宗纪二》。

如《仓库》篇主要内容是仓库管理、运输和钞法,《关市》篇主要以和雇和买与市舶为重点等。篇下的目,两书有较大的差别。《通制条格》9篇9卷共设90目,《至正条格·条格》9篇10卷共173目,增加将近1倍。这种增加主要是将《通制条格》各目细化的结果。例如《通制条格·关市》篇只有"市舶"1目,内载延祐元年市舶条例,而《至正条格·条格·关市》篇与市舶有关的则有12目,所收条文所涉市舶弊病在延祐元年市舶条例中都有反映。目的名称、排列的顺序都有不少变动。《通制条格》有些目的名称与条文内容不合,《至正条格·条格》作了调整。例如,《通制条格·关市》篇有"牙保欺蔽"、"牙行"两目,共5条;《至正条格·条格·关市》将其中4条合成"牙行欺蔽"目,取消了"牙行"目,另立"豪夺民财"目,收前者"牙保欺蔽"中与牙行无关的1条。又如,《通制条格·田令》中"拨赐田土还官"目,收"大德七年四月中书省"文书,内容是江浙行省报告系官房舍基地被官豪势要人等变买典兑问题,要求禁治,实与"拨赐田土还官"无关;《至正条格·条格·田令》为之另立"典卖系官田产"目。又如,《通制条格·厩牧》篇有"鹰食分例"目,与此篇名称显然不符,故《至正条格·条格·厩牧》篇予以删除。

两书所收条文差别颇大,现根据本篇第2部分的说明,列表如表1 - 1。

《通制条格》"为条一千一百有一"[1],而《至正条格·条格》则有1700条[2],多出600条,约为前者的一半强。由表1 - 1可知,《通制条格》的9篇(《仓库》、《厩牧》、《田令》、《赋役》、《关市》、《捕亡》、《赏令》、《医药》、《假宁》)共204条,《至正条格·条格》的相应9篇为310条,增加了106条,约为前书的一半左右。也就是说,两书9篇的条数之比和全书总的比例几乎相同。由表1 - 1又可知,两书9篇相同的条数为151,这就是说,《通制条格》的四分之三保存了下来。但对于《至正条格·条格》来说,上述9篇为310条,相同的151条只占到一半左

〔1〕字术鲁翀:《大元通制序》,载苏天爵:《国朝文类》卷36,《四部丛刊》本。
〔2〕《至正条格序》。

右。这9篇有的内容丰富(如《田令》),有的简单(如《医药》、《假宁》),对全书来说,应有代表性。因此,大体可以推断《至正条格·条格》全书的构成,应亦相去不远,即在1700条中,与《通制条格》相同的条目与新增的条目,各占一半左右。

表1-1 《通制条格》与《至正条格·条格》所收条文数比较

篇名	《通制条格》	《至正条格·条格》	相同条数	新增(1)	新增(2)
仓库	29	36	7	29	24
厩牧	9	30	4	26	16
田令	47	66	45	21	21
赋役	33	49	27	22	18
关市	22	45	18	27	23
捕亡	18	22	14	8	6
赏令	31	43	24	19	17
医药	6	9	6	3	3
假宁	9	10	6	4	4
狱官		64			18
总计	204	310+64	151	159	132+18

注:"新增(1)"是全部新增条数,"新增(2)"是延祐三年三月以后新增条数。又,《至正条格·条格·仓库》篇新增条中有1条年代难以断定,未统计在内。

《至正条格·条格》9篇的310条中新增159条,以延祐三年三月为界,以前的26条,以后颁布的为132条,另年代不明1条。以前的26条中,可考有11条是从《通制条格》残本其他篇调整过来的,其余15条由于《通制条格》的残缺,难以考定,估计应有相当大的比例。此外,《通制条格》9篇中有一些条文在编纂《至正条格》时移到《断例》部分,因之也不排除《大元通制》的《断例》有些条文转到《至正条格》的《条格》中。似可认为,《至正条格·条格》新增条文,凡是延祐三年三月以前的,主要甚至全部都是从《大元通制》的《条格》或《断例》收录的,只是根据需要加以调整而已。

延祐三年三月以后的 132 条,完全是新补的。132 条中,属于仁宗延祐时期 13 条,英宗至治时期 6 条,泰定帝时期 21 条,文宗时期 43 条,顺帝时期 49 条。也就是说,补充的条文,以顺帝朝最多,文宗朝次之。此书修订并完成于顺帝朝,多收这一时期的条文是可以理解的。值得注意的是,后至元六年,顺帝清算文宗图帖睦尔毒死明宗和世㻋(顺帝生父)的罪行,撤文宗庙主,这就意味着文宗被排除在了皇帝世系之外。然而,从《至正条格·条格》来看,对文宗时代的各种法令(其中一部分以文宗"圣旨"形式公布),显然还是认可的,并没有加以否定。这是研究元末政治时很值得注意的现象[1]。金文京教授认为:"顺帝和蒙古统治集团……抱有共同意愿,乃以《至正条格》和《六条政类》来取代《大元通制》和《经世大典》,用以否定英宗、文宗所推行的汉化政制,作为至正更始的标志"[2],似尚有商榷的余地。

《通制条格》各目所收条文,往往不按时间前后,次序颠倒,给人以杂乱的感觉;《至正条格·条格》则严格按年代前后排列。例如,两书的《田令》篇中都有"妄献田土"目,《通制条格》此目收 4 条,次序是:"大德八年正月"、"至大四年三月"、"至元二十八年十二月"、"至元七年正月";《至正条格·条格》此目也是 4 条,顺序是:"至元七年正月"、"大德八年正月"、"至治三年十二月"、"元统元年六月"。又如《通制条格》卷 22《假宁》"奔丧迁葬"目有 3 条,顺序是:"至元二十七年十二月"、"大德六年正月"、"大德元年二月";《至正条格·条格》卷 32《假宁》"奔丧迁葬假限"有 4 条,顺次是:"至元二十七年十二月"、"大德元年十二月"、"元统二年六月"、"至元二年五月"。编排方式的进步是很明显的。

在文字上,《至正条格·条格》多数条文作了不同程度的删改。可以分为几种情况。

(1)将文书起头的发文机构删去。如《通制条格·田令》:"大德七

---

[1]《至正条格·条格》卷 130《赏令·阑遗头疋》条还保留了"倒剌沙丞相"的名字(第 290 条)。倒剌沙是泰定帝的丞相,在上都拥立泰定帝之子为帝,后以叛逆罪被杀。

[2]金文京:《有关庆州发现元刊本〈至正条格〉的若干问题》。

年五月。中书省。户部呈：'诸私相贸易田宅……'都省准呈"（方本第349条）。《至正条格·条格·田令》作："大德七年五月，户部议得……"（第122条）按，此件文书开头原是"江西行省准中书省咨"，亦即中书省下发到各行省的文件。[1] 中书省是发文的单位。《通制条格》作了精简，只保留"中书省"3字。《至正条格·条格》进一步精简，把"中书省"也删去了。这样的删除，在《至正条格·条格》中是很普遍的。

（2）把圣旨、诏书开头的"钦奉"和结尾的"钦此"、"么道、圣旨了也"删去。元朝的圣旨大多用硬译体白话文，诏书和圣旨条画一般用文言文。[2] 前者结尾常用"么道，圣旨了也"，后者常用"钦此"。有的两者连用，即："么道，圣旨了也。钦此"。《通制条格》所收文书一般保留，《至正条格·条格》则都删去。如《通制条格·医药》篇"试验太医"目"延祐元年十一月二十二日御史台"文书，结尾是"么道，圣旨了也。钦此。"（方本第471条）《至正条格·条格》收此条时删去（第293条）。《通制条格·医药》"惠民局"目："大德三年正月钦奉诏书内一款"，结尾是"钦此"（方本第472条）。《至正条格·条格》载此条时"钦奉"、"钦此"均删去（第296条）。《通制条格·厩牧》篇和《赋役》篇有3条结尾都是："奏呵，'那般者。'么道，圣旨了也。钦此。"（方本第315、376、377条）在《至正条格·条格》中改为："奏呵，奉圣旨：'那般者。'"（校注本第40、165、163条）"么道，圣旨了也"改译："奉圣旨"，而"钦此"则删去了。其他一些条文中，"钦奉圣旨节该"之"钦奉"二字亦删去（见方本第326、334、335，482条，校注本第83、84、86、300条）。

（3）将文书引用的文件名称或有关机构删去。如：《通制条格·医药》"医学"目："大德八年十月，中书省。湖广行省咨：'湖南道廉访司申：训诲医生等事。'礼部移准太医院关：'如准所言，允当。'都省准拟。"（方注本第468条）《至正条格·条格》收此条，作："大德八年十

---

〔1〕《元典章》卷19《户部五·田宅·典卖·贸易田宅》。
〔2〕方龄贵：《通制条格行文体例初探》，见《元史丛考》第202～204页。

月,礼部移准太医院关,'训诲学生等事'。都省准拟"（第291条），把与文书转递有关的中书省、湖广行省、湖南道廉访司等机构都删去了。又如,《通制条格·田令》"典卖田产事例"内第345条："大德十年五月,中书省。御史台呈:'河南道廉访司申:近年告争典质田产……致使词讼壅滞。'礼部议得:……"《至正条格·条格》作"大德十年五月,礼部议得",当中与文书转递有关的中书省、御史台、河南道廉访司等机构,以及"礼部议得"的起因等文字全部删去（第119条）。

（4）将具体案例文字删除或精简。如《通制条格·田令》第346条："至大元年十月,中书省。枢密院呈:冠州贴军户张著告……"此案系军户田土纠纷,涉及人、事比较复杂,约300字。《至正条格·条格》作："至大元年十月,枢密院呈",开头删去中书省,当中删去具体情节百余字,只保留起因和结尾作为通例的文字（第118条）。

（5）删除不影响主要内容的部分文字。如《通制条格》卷4"户令均当差役"目第123条,中有:"上位道是:'可怜见,教省官人每为头里外大小,不拣谁开库的铺席做买卖的人每……'"《至正条格·条格》卷27"赋役均当杂泛差役"收此条,删去了"可怜见"3字（第160条）。《通制条格·田令》篇第350条中有:"及有探马赤人每,将自己养种收到物斛爱惜,却行营于百姓处取要搔扰。这言语是实那是虚? 如圣旨到日……"（方本第350条）《至正条格·条格·田令》删去了"这言语是实那是虚"等字（第80条）。又如《通制条格·假宁》篇"给假"目内1条:"至元十四年十二月二十九日,中书省。客省使也速忽都苫儿奏:'在先初十日、二十日、三十日,每月三次放假有来。如今那里官人每商量得,这三个日头断人呵,也中。如今初一日、初八日、十五日、二十三日、乙亥日,这日数里有性命的也不交宰杀有,人根底也不打断有。这日数里,放假呵,怎生?'奏呵,奉圣旨:'那般者。'钦此。"（方本第483条）。《至正条格·条格·田令》作:"至元十四年十二月二十九日,中书省奏:'在先,初十日、二十日、三十日,每月三次假有来。如今,初一日、初八日、十五日、二十三日、元命日,这日数里放假呵,怎生?'奏呵,奉圣旨:'那般者。'"删去了约50字（第301条）。

33

（6）由于政策变化作出改动。《通制条格·田令》"典卖田产事例"第 347 条："元贞元年十一月,中书省。陕西行省咨:'……不见各处军民典卖田宅,若与僧道寺观相邻,合无由问。'礼部照拟得:'僧道寺观常住田地,既系钦依圣旨不纳税粮,又僧俗不相干,百姓军民户计,虽与寺观相邻住坐,凡遇典卖,难议为邻……'都省准呈。"《至正条格·条格·田令》第 120 条作:"元贞元年十一月,陕西行省咨:……礼部议得:'僧道寺观田地既僧俗不相干,百姓虽与寺观相邻住坐,凡遇典卖,难议为邻'",少了"既系钦依圣旨不纳税粮"一句。这是元朝对待僧道寺观田地的政策发生了变化。

法典文字应力求简明、准确。应该承认,《至正条格·条格》所作各种删改,都是为了使文字简明,主题突出,是相当细致的,还没有发现明显损害原意的地方。但是,不少删改,略去了一些文字,也就略去了某些重要的信息。例如上面所举（5）"至元十四年十二月二十九日中书省"文书,略去了"客省使也速忽都苔儿","如今,那里官人每商量得,这三个日头断人呵,也中",以及"这日数里,有性命的也不交宰杀有,人根底也不打断有"。这些资料对于研究客省使以及元代审判制度、社会生活,都有一定价值。又如上面所举（3）略去某些文件和机构的信息,无疑也不利于政治制度的研究。

1.4 结语

上面我们对《至正条格·条格》残本作了一些讨论。可以认为,《至正条格·条格》的篇幅比起《通制条格》来有很大的增加,补充了大量新的条文,这些新的条文对于研究元代后期的社会历史具有很高的价值。《至正条格·条格》保留了《通制条格》的大量条目,有些作了调整,许多条目在文字上作了不同程度的修改。但是,全书的基本结构和各篇的主要内容并没有大的变化,因此,从"条格"角度来看,《至正条格》只能看成是《大元通制》的修订本,难以视为"新法典的制定"。

《至正条格》修纂期间,元朝上层政治势力不断发生激烈的斗争,这些斗争对此书的修纂有无影响,是值得认真探讨的问题。[1] 李玠奭教授分析了当时上层的斗争,认为:"编纂《大元通制》最大的目的就在于对没能充分地反映蒙古利益的《大元通制》条文进行删修,插入有关蒙古的条文,用以通过法典要保护蒙古统治集团的利益,理由就在于此。""《至正条格》的编纂有别于《大元通制》,乃积极试图把游牧民族的法文化传统输入到汉族法文化传统之中。"[2] 金文京教授亦有类似的看法。从上面我们对《至正条格·条格》残本各篇所做的分析,可以清楚看到的是,政府要求在各个方面加强对蒙古、色目人种种法外特权的限制,诸如驼马草料、怯薛祗子、拨赐田土、泛滥赏赐、投下横科等等,都是如此。当然,从根本上说,这些措施是为了元朝的长治久安,当然也为了蒙古统治集团的利益。但这些措施都是中原传统法制的体现,大多在《大元通制》中已经提出,并非什么新的因素,更与"游牧民族的法文化传统"无关,从《通制条格》到《至正条格·条格》,一脉相承,并无本质的变化。突出《至正条格》的蒙古因素,似乎缺乏足够的说服力。

(原载《中国史研究》2008 年第 2 期。)

---

〔1〕《至正条格·条格·田令·豪夺官民田土》收"至元六年七月初七日诏书内一款节该",指斥伯颜党羽恃势霸占官民田土房产,下令清查。这是此书中明确涉及政治斗争的一个例子。

〔2〕李玠奭:《至正条格之编纂及其在法制史上的意义》。

2 《元典章·户部》简论[1]

2.1 《元典章》的性质

《大元圣政国朝典章》,简称《元典章》,是一部元朝诏旨、条画和案例的汇编。全书共 60 卷,分门别类辑录各种诏旨、条画和案例,内诏令 1 卷,圣政 2 卷,朝纲 1 卷,台纲 2 卷,吏部 8 卷,户部 13 卷,礼部 6 卷,兵部 5 卷,刑部 19 卷,工部 3 卷。刑部篇幅最大,户部次之。另《大元圣政典章新集至治条例》,简称《元典章新集》,不分卷,内分国典、朝纲、吏部、户部、礼部、兵部、刑部、工部。亦以刑部篇幅最大,户部次之。《元典章》和《元典章新集》合为一书,传世有元刻本,现藏台北"故宫博物院"。[2]

关于《元典章》的成书时间,《元典章新集》前有文字云:"大元圣政典章自中统建元(1260)至延祐四年(1317)所降条画,板行四方,已有年矣。"[3]据此,则《元典章》所收文献止于延祐四年,刊行应在延祐四年或稍后。但现存元刻《元典章》卷 1《诏令》中收录了"仁宗皇帝"在延祐六年十月颁发的"授皇太子玉册诏",还有"今上皇帝"的"即位诏"(延祐七年三月)、"上太皇太后尊号诏"(延祐七年三月)和"至治改元诏"(延祐七年十二月)。"今上皇帝"无疑是元英宗。《元典章》其他部分所收诏旨、条画、案例亦有属于延祐五、六、七年者。元代民间常用的类书如《事林广记》曾不断重印,每次内容都有所变化。《元典

章》亦应如之。也就是说，《元典章》刊行于延祐四年，后来不断增添内容重出新版。现存元刻本应是英宗至治元年（1321）或二年发行的新版。[1]《元典章新集》目录之后有行书4行云："至治二年以后新例，候有颁降，随类编入梓行。不以刻板已成而靳于附益也。至治二年六月日谨咨。"[2]可知其刊行应在至治二年或稍后。

《元典章》的《户部》共13卷，各卷标题分别是："禄廪"、"分例"、"户计"、"婚姻"、"田宅"、"钞法"、"仓库"、"钱粮"、"课程"、"农桑"、"租税"、"差发"、"赋役"、"科役"、"钱债"，共15门。内"仓库"、"钱粮"两门合1卷，"赋役"、"科役"两门合1卷，其余每门1卷。15门可以分为3大类。第一类是有关户籍、婚姻和家庭财产的诏旨、条画和案例，即"户计"门、"婚姻"门和"田宅"门的一部分。[3] 第二类是有关农业生产的诏旨、条画和案例，即"农桑"门。第三类则是与经济管理制度有关的诏旨、条画和案例，除了第一、二类之外其余各门均属之，比重最大。《元典章新集》不分卷，《户部》下有"禄廪"、"钞法"、"仓库"、"钱粮"、"课程"、"赋役"、"劝课"、"田宅"、"婚姻"、"钱债"，共10门。与《元典章》相比，缺"分例"、"户计"、"租税"、"差发"、"科役"5门，"农桑"改为"劝课"门。《元典章》全书约93万字，《新集》约16万字，两者共计约110万字。《元典章》的"户部"13卷正文共20万字余。《元典章新集》的"户部"正文近3万字。两者合计约23万字，也就是说，"户部"的字数约为《元典章》和《元典章新集》总字数的五分之一。在《元典章》和《元典章新集》各部中，《户部》的字数仅次于《刑部》，位列第二。

《元典章》和《元典章新集》的编纂者佚名。对此书的性质，学术界历来有两种意见，一种认为是官修法典，一种认为是民间编纂刻印的书籍。我赞成后一种意见。元朝前期没有制定统一的法律，各级政府

─────────────

〔1〕从有些迹象看来，《元典章》最初成书，很可能在延祐四年以前。《永乐大典》中有《大德典章》的遗文。《大德典章》可能是《元典章》的前身。

〔2〕《元典章新集》。

〔3〕"田宅"门又列"官田"、"民田"、"荒田"、"房屋"、"家财"、"典卖"、"种佃"等目，"家财"所收都是家庭财产纠纷的案例。其余各目应归入第三类。

·欧·亚·历·史·文·化·文·库·

机构施政和审判时,遵行的是朝廷陆续颁发的诏旨、条画。此外,经由中书省审定的案例,亦可作为依据,因而各衙门的官吏便收集有关的诏旨、条画和各种案例,分类编纂,作为施政时的重要参考资料。元成宗时,郑介夫上书朝廷,对时政提出多种建议,其中之一是"定律"。他说:"今天下所奉以行者,有例可援,无法可守,官吏因得以并缘为欺。……内而省部,外而郡府,抄写格例至数十册。遇事有难决,则检寻旧例,或中无所载,则旋行议拟,是百官莫知所守也。"[1]事实上,元朝政府曾明令要求"中书省为头一切随朝衙门各各编类中统建元至今圣旨条画及朝廷已行格例,置簿编写检举。仍令监察御史及各道提刑按察司体究成否,庶官吏有所持循,政令不至废弛"。此项决定"已经遍行合属,依上施行去讫"。[2]因此,中外各级衙门编集格例,成为风气。王都中任浙东道宣慰副使,"时经制未立,公患吏易于舞[文],汇集条画、断例为八十帙,俾有所遵守而无以容其奸"。[3]徐泰亨"试吏平江"时,"宪府以时所引用断例不一,求文学吏整比之。君定自中统讫大德,为之纲目,条分理贯,简而易求,约而可守,览者便之"。[4]"太平狱曹"朱从善,"虽业吏,间涉书史。由国初至今诏令例格,纂集成编,恪遵绳矩,禅其官之不逮焉"。[5]这些都说明上述现象的普遍存在。这是一方面。另一方面,民间亦需要法律知识,了解政府的各种规定,知所趋避。当时在民间流传颇广的日用百科全书型的类书《事林广记》中,收录《至元杂令》和《大元通制》的部分条文,[6]便反映了这种需要。郑介夫又说:"民间自以耳目所得之敕旨条令,杂采类编,刊行成帙,曰《断例条章》,曰《仕民要览》,各家收置一本,以为准绳。"《断例条章》、《仕民要览》是民间自行编纂的法律文书汇编,显然是书坊的

〔1〕《上奏一纲二十目》,见陈得芝、邱树森等辑点:《元代奏议集录》(下),浙江古籍出版社1998年版,第82页。

〔2〕《元典章》卷首"大德七年中书省劄节文"。

〔3〕黄溍:《金华黄先生文集》卷31《正奉大夫江浙等处行中书省参知政事王公墓志铭》,《四部丛刊》本。

〔4〕黄溍:《金华黄先生文集》卷34《青阳县尹徐君墓志铭》。

〔5〕陶安:《陶学士集》卷15《送朱从善引》,《文渊阁四库全书》本,1225册。

〔6〕陈元靓:《事林广记》壬集卷9,中华书局影印元至顺刊本。

印刷品,才有可能家置一本。元代著名学者吴澄在《大元通制条例纲目后序》中说,英宗时颁行的《大元通制》,"为皇元一代之新律矣"。"吾郡张绍渐渍儒术,练习法律,为律吏师。《通制》未成书之时,编录诏条及省部议拟通行之例,随所掌分隶六部,题曰《大元条例纲目》。枚茎朗例,采拾该遍。由初逮今,垂四十载,功力勤甚。绍已自叙于前,而予嘉其可以辅《通制》之书,故又为之后序"。[1] 张绍是"练习法律,为律吏师"的人士,很可能本身就是吏员。他"编录诏条及省部议拟通行之例",目的显然是为了出版,用以满足政府官吏和民间两方面的需要。张绍的著作和郑介夫所说《断例条章》、《仕民要览》无疑是同一类型的作品,而吴澄说张绍的书将"诏条"和"省部议拟通行之例"汇集在一起,"随所掌分隶六部",这种以诏令和6部分类的体例,与《元典章》是完全一致的。

可以认为,此类衙门官吏和民间人士编纂的法律文书汇编在元代是为数甚多、相当流行的,作者佚名的《元典章》(包括《元典章新集》,下同)就是其中的一种。清朝修《四库全书》时,断定《元典章》"乃吏胥钞记之条格",[2] 可以说是有眼光的。但此类著作大多散佚,只有《元典章》有幸完整地保存了下来。

2.2 《元典章·户部》的价值

《元典章》是研究元史、中国法制史以及中国中古语言的重要文献,这是学术界公认的。从史料学的角度来看,它的学术价值,一在于涵盖面广,所收集的圣旨、条画、案例涉及元代社会生活的许多重要方面;二是它所收录的圣旨、条画、案例都是原始的第一手资料,其中很多为他处所无,仅见于此。这两方面的价值,在《元典章》的《户部》中,都有充分的体现。就涵盖面来说,《户部》所收资料主要反映元朝的经济管理制度,包括户籍、赋税、杂役、和雇和买、货币(钞法)、财政收支、借

---

〔1〕吴澄:《吴文正公集》卷11,明成化刊本;又见《吴文正集》卷19,《文渊阁四库全书》本,1197册。

〔2〕《四库全书总目》卷83《史部·政书类存目一》,中华书局1965年版。

·欧·亚·历·史·文·化·文·库·

贷、仓库管理等,此外还有农业生产、租佃关系、家庭婚姻、财产继承等
内容,是很广泛的。从资料的原始性来说,《户部》所收的圣旨、条画、
案例,一般都是原文照录,大体保持原来面貌(少数有删改,详下),是
可靠的第一手资料,而且有很多为其他文献所无。完全可以说,就研究
元代经济史和家庭婚姻史而言,《元典章·户部》是最重要的文献。下
面试举几个例子。

元朝海外贸易兴旺发达。当时称海外贸易为"市舶"。为了管理
市舶,元朝政府先后两次颁布有关法则。一次在元世祖末年,共 23 条。
这是在南宋各种有关市舶的政策法令基础上综合修订而成的。第二
次在仁宗延祐元年,22 条,则是在至元法则基础上调整修订的。宋朝
政府曾颁发过若干有关市舶的规定,但没有一个全面、完整的市舶条
例。至元三十年(1293)颁布的市舶法则可以说是现存的中国历史上
第一个完整的市舶条例,对市舶的各种问题都作出了明确的规定。这
份法则对此后的市舶管理有很大的影响。它在《元史》卷 94《食货志二
·市舶》中只有简要的摘录,有不少重要内容均被删节;而《元典章》卷
22《户部八·市舶》载有全文,从中可以看到元代市舶制度全貌。例
如,舶货抽分有关国家财政收入,是市舶管理中最重要的问题之一。
《元史》卷 12《世祖纪九》记,至元二十年六月,"定市舶货抽分例,舶货
精者取十之一,粗者十之五"。《元史》卷 94《食货志二·市舶》记,忽
必烈平江南后,舶货"以十分取一,粗者十五分取一",但未言此是何时
规定。同文又记:"二十年,遂定抽分之法",但无具体内容。同文叙述
三十年"市舶抽分杂禁"(即市舶法则),也没有提到抽分比例。而《元
典章》卷 22《户部八·市舶》"市舶则法二十三条"所载法则全文,明确
说:"比及定夺以来,止依目今定例抽分,粗货十五分中一分,细货十分
中一分。"由此可以断定,《元史》卷 12《世祖纪九》中"粗者十之五"有
误,应为"粗者十五取一"。也就是说,至元二十年规定舶货按精、粗分
别抽分之法,精者十取一,粗者十五取一,至元三十年制定法则时又加
以重申。

盐课是元朝财政收入的重要来源,元朝政府对盐业生产和流通、

盐课的征收十分重视,为此颁布了一系列政策法令。如至元二十二年
"设立常平盐局条画"、至元二十九年"办盐课条画"、大德四年(1300)
"新降盐法事理"、延祐五年"申明盐课条画"、延祐六年定"盐法通例"
等,对盐的生产和运销作出了具体细致的规定。[1] 这些政策法令,对
于了解元代盐的产销和盐课征收具有极其重要的意义。在其他文献
中,例如《元史》卷94《食货志二·盐法》,关于这些政策法令只有简单
片段的记载,其完整形态只有在《元典章》卷22《户部八·盐课》中能
找到。

　　元代的婚姻制度,呈现复杂多元的状态。在《元典章》卷18《户部
四·婚姻》中,有"婚礼"、"嫁娶"、"官民婚"、"军民婚"、"休弃"、"夫
亡"、"收继"、"不收继"、"次妻"、"驱良婚"、"乐人婚"、"服内婚"等
目,收录了元代婚姻制度的有关法令和大量案例,是研究元代婚姻、家
庭的最基本也是最可靠的资料,多数是其他文献中没有的。其中有关
收继婚和赘婿婚的资料最为可贵。"乐人婚"中"乐人嫁女体例"、"禁
取乐人为妻"等则对于了解元朝教坊司系统艺人的身份、地位具有重
要价值。

　　中国古代主要行用金属货币,而有元一代通行纸钞,这在中国古
代是很特殊的。元朝政府发行纸钞,作为流通的货币。纸钞在元代社
会经济生活中扮演着非常重要的角色。元代文献中有关钞法的记载
很多,《元史》卷93《食货志一·钞法》简明扼要,但不少重要内容被忽
略,其他文献中记载均较分散。《元典章》卷20《户部六·钞法》门共
收诏旨、条画、案例31则,其中有至元十九年的"整治钞法条画"、至元
二十四年的"至元宝钞通行条画"、大德二年的"倒换昏钞体例"、至大
四年(1311)的"住罢银钞铜钱使中统钞诏"等,都是元朝钞法的珍贵文
献。上述内容除了"倒换昏钞体例"见于《通制条格》之外,其余几件都
是其他元代文献中没有收录的。"钞法"门收录有关昏钞、伪钞、挑钞
的文书、案例非常丰富,对于研究这些问题有很高的价值。

　　元代高利贷盛行,其中回回人发放的高利贷,称为斡脱钱。斡脱钱

---

[1]《元典章》卷22《户部八·课程·盐课》。

·欧·亚·历·史·文·化·文·库·

利上加利,"谓之羊羔利,积而不已,往往破家散族,至以妻子为质,然终不能偿"[1]。斡脱钱在蒙古前4汗时期是一个严重的社会问题,忽必烈即位次年(中统二年,1261)下令:"止还一本一利",正式加以限制。[2] 元代文献中涉及斡脱钱者不少,但多为片言只语,或仅有具体事例。《元典章》卷27《户部十三·钱债》专门有"斡脱钱"目,内有5则,3则是至元二十年二月、至元二十九年七月和大德五年六月的圣旨,其余2则是大德年间江西行省和江浙行省有关斡脱钱的文书,对于了解世祖、成宗时期斡脱钱情况是至关重要的资料。

《元典章·户部》的其他记载,对于研究相关的问题,也都是很有价值的。例如元成宗大德元年起征江南夏税,元英宗延祐七年科征江南包银和回回人户包银,在《元史》中只有简略的记载,且有重大遗漏,而《元典章》卷24《户部十·租税》和《元典章新集·户部》却将有关的3件圣旨都加以收录,使我们对两件事有更全面的了解。[3] 其他还有很多,这里难以一一列举。

2.3 《元典章·户部》和《通制条格》的比较研究

为了说明《元典章·户部》的史料价值,我们可以将它和《通制条格》做一些比较。

《通制条格》是元代中期官修政书《大元通制》的一部分,对于研究元代社会和法制都有很高的价值,这是众所周知的。《大元通制》成书于元仁宗时,正式颁行于英宗至治三年。黄时鑑教授说:"大致在编订《大元通制》的同时,元廷还纂修了《大元圣政国朝典章》(简称《元典章》),……《元典章》是仿照《唐六典》编纂的元朝制度法令的大全,不是专门的法典,但其中包括了许多法典的内容。"[4] 方龄贵教授说:

---

〔1〕宋子贞:《中书令耶律公神道碑》,见苏天爵:《国朝文类》卷57。

〔2〕《元典章》卷27《户部十三·钱债·私债》"钱债止还一本一利"条。

〔3〕参看陈高华、史卫民:《中国经济通史·元代经济卷》,经济日报出版社2007年版,第412~418、446~451页。

〔4〕黄时鉴:《通制条格·点校说明》。

"《元典章》是一部大部头的政书,体例和《大元通制》不同,成书时间和《大元通制》相近,确年无考。关于它和《大元通制》的关系,不明。"[1] 关于《元典章》成书的年代,本篇第一部分已有说明,它和《大元通制》成书的年代确实是很相近的。但元廷纂修《元典章》之说于史无据,当然也难以称之为"政书"。方先生说两者的"关系不明",用语是很审慎的。如本篇上面所说,《元典章》是民间编纂刊行的法律用书,《大元通制》则是官修的一部政书,两者性质完全不同,可以说没有关系。作为官修的政书,收入《大元通制》的圣旨、条画、案例,其取舍是经过认真推敲的:"仁庙皇帝御极之初,中书奏允,择耆旧之贤、明练之士,时则若中书右丞伯杭、平章政事商议中书刘正等,由开创以来政制法程可著为令者,类编折衷,以示所司。……延祐三年夏五月,书成,敕枢密、御史、翰林、国史、集贤之臣,相与正是。"英宗即位后,又命大臣"暨议政元老,率其属众共审定"[2]。也就是说,《大元通制》的内容先后在朝廷中多次讨论审议,然后公诸于世,因此,具有法律的效力,为各级政府所遵循。与之相反,《元典章》是民间文人或胥吏编纂的,只供参考之用,因而取舍与《大元通制》便有明显的不同。它所收圣旨、条画、案例没有经过严格的审核,带有相当的随意性。我们可以举一些例子说明。

关于市舶法则。上面说过,元朝有两件市舶法则。《元典章·户部》收录的是至元三十年的市舶法则,而《通制条格》卷18《关市》收录的是延祐元年的市舶法则,未收至元三十年的法则。这是因为,延祐元年的市舶法则对至元三十年的法则做了重大修改,主要是抽分则例有变化。至元三十年的法则规定,舶货中粗货(一般货物)十五分抽一,细货(高档货物)十分抽一;而延祐元年法则改为粗货十五分抽二,细货十分抽二,加重了一倍。《通制条格》收入延祐元年法则,就是要照后一种抽分标准执行。如果收入至元三十年的法则,只会引起误会。《元典章》的编纂者也许没有见到延祐元年的法则,也许出于其他原

---

〔1〕方龄贵:《通制条格校注·前言》。
〔2〕孛术鲁翀《大元通制序》,见《通制条格校注》卷首。

·欧·亚·历·史·文·化·文·库·

因,只收录了已经过时的法则。[1]

关于收继婚。《元典章》卷18《户部四·婚姻》内"收继"目收录了至元八年十二月"小娘根底、阿嫂根底收者"的圣旨,另有"弟收兄嫂"案例7件,内6件发生在至元六年、九年、十年,均得到政府认可,只有延祐五年一起妇女夫死守志、公婆强令小叔收继案件,被判有罪。《通制条格》卷3《户令》内"收嫂"门没有收录至元八年十二月的圣旨,只收录案例8件,但与《元典章》"收继"门无一相同,而且其中7件都是因故"难议收继",只有一件弟收兄嫂,又要与人作婿,判决作婿无效。两相比较,差别是明显的。元朝前期政府允许甚至提倡收继(主要是弟收兄嫂)。但到元朝中期,政府对收继婚的态度已明显有所改变,不但不提倡,而且处处加以限制。《元典章》是民间编纂的,收录案例有很大随意性,因而收录大量前期允许收继的例子。《通制条格》的收录则体现元朝中期政府的婚姻政策。两者区别由此而来。[2]

由以上例子可以看出,《元典章》和《通制条格》所收法令和案例,标准是不同的。认真对两书的记载加以综合、分析,我们对于有关制度在元代的发展变化便会有比较全面的认识。又,从史料学的角度来看,则可以说两者有互补的作用。

有的文书,两书均收,但《元典章·户部》所收为原文,《通制条格》则做了修改,从中可看出制度的发展变化。例如《元典章》卷17《户部三·户计·分析》有一件文书,全文是:

【父母在许令支析】 至元八年七月,御史台承尚书省札付:来呈:"监察御史体究得,随处诸色人家,往往父母在堂,子孙分另,别籍异财,实伤风化。乞照详。"送户部讲究得:"唐律:'祖父母、父母不得令子孙分另别籍。'又旧例:'女真人,其祖父母、父母在日支析及令子孙别籍者,听。'又条:'汉人不得令子孙别籍,其支析财产者,听。'今照得仕民之家,往往祖父母、父母有支析文

---

〔1〕后来官修的《至正条格》,亦只收延祐元年法则,见《至正条格·断例》(影印本)卷12《厩库·市舶》,韩国学中央研究院2007年版。

〔2〕在《通制条格》颁布后不久,文宗至顺元年(1330)正式下令:"禁收庶母并嫂。"见《至正条格·断例》(影印本)卷8《户婚》。

字,或未曾支析者,其父母疾笃及亡殁之后,不以求医、侍疾、丧葬为事,止以相争财产为务。原其所由,自开创以来,其汉人等别无定制,以致相争,词讼纷扰如此。若依旧例,卒难改革。以此参详,随代沿革不同,拟合酌古准今,自后如祖父母、父母许令支析别籍者,听,违者治罪。"省府准拟,仰照验施行。

此文书亦见于《通制条格》卷3《户令·亲在分居》:

至元八年六月,尚书省。御史台呈:"监察御史体究得,随处诸色人等,往往父母在堂,子孙分另别籍异财,实伤风俗。"送户部讲究得:"旧例:'祖父母、父母不得令子孙别籍,其支析财产者,听。'今照得士民之家,往往祖父母、父母在日,明有支析文字,或未曾支析者,其父母疾笃及亡殁之后,不以求医、侍疾、丧葬为事,止以相争财产为务。以此参详,拟合酌古准今,如祖父母、父母在,许令支析者,听,违者治罪。"都省准拟。[1]

两相比较,可以看出,《元典章·户部》所载是原文,《条格》的文字显然是经过改写的。《元典章》中最后是"祖父母、父母许令支析别籍者,听",而《条格》则没有"别籍"二字。这一区别,不能视为文字的脱落,而应理解为政策的变化。以《唐律》为代表的中原法律传统强调祖父母、父母在不许别籍异财,如经祖父母、父母同意,子孙可以异财,但仍不得别籍。金朝法律因民族而异,女真人经祖父母、父母同意,子孙可以别籍异财。汉人则仍遵循《唐律》的规定。元初放宽对汉人的限制,只要祖父母、父母同意,子孙不仅可以异财,也可以别籍,即自立户头。《条格》删去"别籍"二字,说明到元朝中期又回到唐律和金律的原则上,即祖父母、父母在,可以异财,但不许别籍。[2] 如果不对《元典章》和《通制条格》加以比较,这个变化也许就难以说明了。

现存《通制条格》是明初写本,其中不免有漏字、错字,《元典章》是元代坊刻本,亦有类似问题。两者凡内容相同者,文字可以互校,取长

---

〔1〕方龄贵:《通制条格校注》,页112。
〔2〕刘晓:《试论累世同居共财在元代的发展及其特点》,载《中国经济史研究》2001年第1期。

补短。以《元典章·户部》补正《条格》之例,如《通制条格》卷16《田令·司农事例》收录大德二年三月圣旨节该,后面一段文字是:"这圣旨这般宣谕了呵,城子里达鲁花赤每总管每,好生用心禁约呵,觑面皮不教陪偿呵,咱每根底奏者。"[1]《元典章》卷23《户部九·农桑·栽种》"禁斫伐桑果树"条内容同,但"好生用心禁约呵",前多一"不"字。一字之差,意义大不相同。在蒙语硬译文体中,"呵"一般作为语气助词,相当于"如果"、"的话",也可以作为动词的附加成分,相当于"时"。上面一段话的意思是:圣旨宣布了时,城中达鲁花赤们,如果不用心禁治,如果照顾关系不让赔偿,都要上奏,听候处理。因此,加"不"才是正确的。当然,《条格》的记载有不少可用来校正《元典章》的文字,下面亦会谈到。

总之,《元典章·户部》和《通制条格》都有很高的史料价值,为探究元代史事所不可或缺。两书性质不同,内容取舍不一样。两者收录的诏令和案例,有互相补充的作用,文字亦可互校。这是我们讨论《元典章·户部》史料价值时必须重视的问题。

2.4 《元典章·户部》存在的问题

上面我们讨论了《元典章·户部》的史料价值。但必须指出的是,现在传世的元刻本《元典章》是民间书坊刻印的,疏漏和错讹颇多,在阅读和使用时必须注意。下面举一些例子。

(1)《元典章》卷15《户部一·禄廪》:

【官吏添支俸给】 尚书省送据户部呈:照拟到各项事理。至大二年十二月二十八日,玉德殿西耳房内有时分,昔宝赤大都丞相等奏:"天下诸衙门官吏俸钞不敷的上头,交俺商量了添与者,么道,行了诏书来……"

按,此件文书又见《秘书监志》卷2《禄秩》:

至大二年十二月二十八日,只儿哈郎怯薛第三日,玉德殿西

---

[1]方龄贵:《通制条格校注》,页473。

耳房内有时分,昔宝赤大都丞相、玉龙帖木儿丞相、宝儿赤朵列秃火者、太顺司徒、速古儿赤抹乞等有来。太尉脱脱丞相、太保三宝奴丞相、伯颜平章、忙哥帖木儿左丞(相)等奏:"天下诸衙门官吏俸钞不敷的上头,交俺商量了添与者,么道,行了诏书来……"〔1〕

两相比较,可知《元典章·户部》作了删节,而这种删节是不合理的。元朝制度,大臣向皇帝奏事时,必有怯薛成员在场。官方文件照例开头先要说明奏事时间、轮值怯薛班次、地点,其次是轮值怯薛人员名单,然后才是奏事大臣名单与奏事内容。从"昔宝赤大都丞相"到"速古儿赤抹乞"都是在场的怯薛成员,"太尉"以下才是奏事的大臣。官方文书中开头的怯薛轮值班次和怯薛成员、奏事大臣两种名单,是研究元代政治史的重要资料。《元典章》的编纂者任意删节,以致在场的怯薛成员成了奏事的大臣,这样便严重损害了这件文书的史料价值。

(2)《元典章》卷23《户部九·农桑·立社》:

【劝农立社事理】 至元二十八年尚书省奏奉圣旨节该:……今将圣旨定到条画开坐前去,仰依上劝课施行……

前项农桑水利等事,专委府州司县长官不妨本职提点勾当。若有事故差去,以次官提点。如或有违慢沮坏之人,取问是实,约量断罪。如有恃势不伏或事重者,申覆上司究治。其提点不得勾集百姓,仍依时月下村提点。……据每县年终比附到各社长农事成否等第,开申本管上司。却行开坐所管州县提点官勾当成否,编类等第,申覆司农司及申户部照验,才候任满,于解由内分明开写,排年考较到提点农事功勤惰废事迹,赴部照勘呈省。钦依见降圣旨,比附以为殿最。提刑按察司更为体察。

按,《通制条格》卷16《田令·农桑》亦收此条画,与上一段文字有几处不同。(A)"差去"作"差出"。(B)"如或有"作"如但有"。(C)"如有恃势不伏"作"若有恃势不伏"。(D)"其提点"作"其提点官"。(E)"开申本管上司,却行开坐……"作"开申本管上司,通行考较。其本管上司,却行开坐……"。以上5处差异,(B)、(C)文意差别不大,

---

〔1〕王士点、商企翁:《秘书监志》,浙江古籍出版社1992年版,第41页。"相"字衍。

不好判断。(A)、(D)、(E)则可以确定是《元典章》的疏漏。特别是(E),有严重的脱漏,以致文义难解。应以《条格》文字来校正。[1]

(3)《元典章》卷18《户部四·婚姻·军民婚》:

> 【军民户头得为婿】 至元十年六月,枢密院:会验军户召到女婿,已有奏奉圣旨条画,遍行随路,钦依去讫。今照得各处见申,军户召到养老、出舍女婿,因而争告,事发到官,于内多无婚书,虽有元立媒证,其间情弊不无,或有身死事故,难以归结,深为未便。枢府议得,今后若有军民召女婿,须受合同户主婚亲人写立婚书,于上该写"养老"、"出舍年限"语句,主婚、媒证人等书名画字,如此明白,不致争差。外,据正军、贴户承继元户军民户头者,得与人家作养老、出舍女婿。仰依上施行。

《通制条格》卷4《户令·嫁娶》亦收此件,文字有删节:

> 至元十年闰六月,枢密院。照得各处军户召到养老、出舍女婿,争讼到官,多无婚书,深为未便。议得,今后若有军民招召女婿,须管令同户主婚亲人写立婚书,于上该写"养老"、"出舍年限"语句,主婚、媒证人等书画押字。外,据贴户、正军承继本户军名为户头者,不得与人家作养老、出舍女婿。[2]

这一段文字涉及元朝的军户制度。元朝的军户有专门的户籍。军户的义务是出丁充军。军户分正军户、贴军户,正军户和若干贴军户共出一军,一般是正军户出军,贴军户出钱资助,正军户就成了户头,即所谓"军名户头"。但有时正军户家中没有合适的丁男,便由贴军户出军,正军户资助,这时贴军户便成了户头。待正军户家有合适的丁男可以出军,再加以轮换。元朝政府采取多种措施,保持军户户籍的稳定,实际上也就是保持军队有充足的兵源。落实到婚姻制度,元朝政府采取的一项措施便是不许"承继本户军名为户头"的正军或贴军"与人家作养老、出舍女婿",因为如与他人作养老、出舍女婿,势必脱离原来的

---

〔1〕《至正条格·条格》(影印本)卷25《田令·农桑事宜》亦载此条画,文字与《通制条格》同。

〔2〕方龄贵:《通制条格校注》,页177。

户籍,影响军籍的稳定。因此,《条格》的文字是正确的。《元典章》所云"得与人家作养老、出舍女婿"是错的,漏了"不"字,意义完全不同。还应指出,《元典章》的"军民户头"也是不对的,应以"军名户头"为是。《元典章》还以"军民户头得为婿"为此件文书的标题,更是不通。说明编纂者不是一时的疏漏,而是不理解此则文书的涵义。

(4)《元典章》卷18《户部四·婚姻·军民婚》:

【军殁妻女嫁例】 元贞二年,江西等处行中书省准枢密院咨:准中书省照会:"来呈,'江西行省咨,龙兴万户府申,新附军人崔福妻阿王将女梅姑嫁与民户张提领为妻。切照军人户下女儿,系已籍定军属。本省参详,军人正身亡殁,户下弟侄儿男,理合承替军役,所据抛下妻室,若有必合收继者,依例收继。如有应收之人,拟合照依腹里婚嫁军人妻女,从其所愿相应等事。具呈照详。'得此,送礼部照拟得:'宜从江西行省所拟相应。'"

《通制条格》卷4《嫁娶》收上述文书的后半部分:

元贞元年十二月,中书省。枢密院呈:"军人正身亡殁,户下弟侄儿男,理合承替军役,所据抛下的妻室,若有必合收继者,依例收继,如无应收之人,从其所愿。"礼部照拟得:"宜从所拟。"都省准呈。[1]

元朝政府规定军人死后,抛下妻室"依例收继",其用意亦是保证军户的稳定,有人承当军役。这条规定是具有强迫性的。只在没有"应收之人"时,才允许军人抛下的妻室"从其所愿",改嫁他人。"如有应收之人"就不能"从其所愿",因而《元典章》明显是错的。《通制条格》作"如无应收之人"是对的。"有"、"无"一字之差,意义完全相反。还应指出的是,此件起因是军人女儿嫁与民户,"军人户下女儿,系已籍定军属",显然嫁与民户亦受限制。但江西行省的处理意见则针对军人亡殁抛下妻室再嫁而发,完全不提军人女儿问题,中间似有脱文,惜已无从查考。《元典章》以"军殁妻女嫁例"为题,显然是不合适的。

上面几个例子,有的是任意删改,有的是错字、漏字,足以说明《元

---

〔1〕方龄贵:《通制条格校注》,页176。

典章·户部》的编纂工作是相当草率的。有些错讹之造成,很可能由于编纂者对有关制度不甚了了所致。应该指出的是,以上数例都有其他文献可用来校证,错误易于发现。《元典章·户部》中还有一些记载,无其他文献可以校证,虽然明显有误,但难以补正,只好存疑。洪金富先生作《元典章点校释例》,[1]对《元典章》中两例进行讨论,其中一例为《户部四·婚姻》的"叔收嫂,又婚元定妻"条。此条记载"因《元典章》编者剪裁原文过甚,诸人关系因而晦涩不明,益以抄者梓者误抄误刻,后人读来更感迷离,难以究诘"。洪先生对此作出了解读,但承认并不圆满,"亦有懈可击"。诚如洪先生所言:"惟《典章》文书,戛戛乎其难者多,稍一不慎,即有句读错误之嫌。"根据我们的体会,在《元典章》的各部分之中,《户部》的解读难度可能更大一些。

2.5 《元典章·户部》的整理

20 世纪以来,《元典章》的研究和整理工作一直受到国内外学术界的重视。学术大师陈垣先生可以说是最早认识《元典章》价值的学者,他的成名作《元也里可温考》(1917 年)已大量引用《元典章》的资料。1930 年他发表《沈刻元典章校补》一书,筚路蓝缕,对《元典章》的整理有开创之功。日本京都大学人文科学研究所从 20 世纪 50 年代起,组织一批著名学者参加的《元典章》读书班,经过 10 余年的努力,完成了《元典章·刑部》校定本,产生了很大的影响。此后,中国内地、中国台湾、日本和美国,都有学者从事《元典章》的研究和整理,取得了可喜的成绩。

从上个世纪 90 年代后半期起,中国社会科学院历史研究所成立了陈高华主持的《元典章·户部》读书班,参加者主要是历史所和北京大学的青年研究者,以及日本、韩国的进修生,后来还有别的人员参与。原来的意思是想通过集体讨论的方式,培养青年研究者阅读、利用《元典章》的能力,同时也对《元典章·户部》进行整理。读书班断断续续

---

〔1〕载《中国史研究》2005 年第 2 期。

进行了将近 10 年,到 2007 年告一段落。在阅读、讨论过程中,我们对《元典章·户部》的重要价值有了更多的认识,也深感此书存在问题很多,以及整理之不易。

《元典章·户部》整理中遇到的问题,可以归纳为以下几个方面。(1)脱漏和任意删改之处甚多,校正的难度很大。这从上面举的一些例子可以看出来。(2)所收文书中约有 150 件诏令类文书用蒙语硬译公牍文体写成,句法乖戾,难以卒读。(3)所收案例大多用吏牍文字写成,短的寥寥数语,长的多达两三千字,反复征引各级政府文书,层次甚多,不易分辨。(4)许多内容涉及元朝特有的各种制度(如上述婚姻与军户制度),如不了解有关制度,点校工作亦难以做好。

《元典章》的整理作品,已有多种,除上述《刑部》外,《台纲》、《兵部》亦都有点校本。我们的整理工作,称为《元典章·户部校释》。在体例上分为 4 个部分。首先是经过校正和标点的"正文"。其次是"参考文献",即收录与"正文"史源相同,可以互相参照的有关资料,如《元史》、《通制条格》等书的记载,以资比较。三是"校注",可分 3 类。一类是文字校勘的记录。一类是特殊词汇的解释,包括职官、民族、制度、地名、人物、元代惯用语汇等。还有一类是对文书往来关系(上下级、同级、中央和地方等)的说明。四是"解说",主要讲述我们对"正文"的理解和认识。采用这样的体例,是一种尝试。整理工作由陈高华、张帆、刘晓负责。部分成果已经陆续发表。如上所说,《元典章》的整理,有一些特殊的困难。我们的工作肯定有许多不妥之处,衷心希望得到批评指正。

(原载《中华文史论丛》总 90 辑[2008 年第 2 辑]。)

·欧·亚·历·史·文·化·文·库·

51

3　元代灾害发生史概述

　　有元一代,各种自然灾害频繁发生,对社会生活各个方面都有重大的影响。研究元朝的历史,这个时代的自然灾害状况是不容忽视的问题。但是,在相当长的时间内,这个课题没有得到应有的重视。上个世纪 30 年代,邓云特的《中国救荒史》对元代各种灾害有简单的叙述。[1] 在此以后,除了岑仲勉的《黄河变迁史》论及元代河患之外[2],几乎是空白。进入 80 年代,这个课题才逐渐为研究者所注意。高文德、赵经纬等对元代赈恤制度加以研究。[3] 王晓清就元代灾害经济进行论述。[4] 尹钧科等的《北京历史自然灾害》对元大都的各种灾害做了分析。[5] 王培华发表两篇论文,分别讨论了元代北方的蝗灾和水旱灾。[6] 邱树森研究元代黄河河患和治河策略。[7] 闻黎明论述大德七年山西地震。[8] 韩国学者崔允精以元代救荒著作《救荒活民类要》为据,探讨元代的救荒政策。[9] 本书作者曾发表《元代的流民问题》[10]

---

〔1〕商务印书馆 1937 年初版,三联书店 1958 年再版。

〔2〕人民出版社 1957 年版。

〔3〕高文德:《元代赈恤制度浅淡》,载《中国民族史研究》第 1 辑(中央民院出版社 1987 年版)。赵经纬:《元代的天灾及其影响》,载《河北师院学报》1994 年第 3 期。赵经纬、赵玉坤:《元代赈灾物资来源浅述》,载《河北师大学报》1998 年第 2 期。

〔4〕《元代前期灾荒经济简论》,载《中国农史》1987 年第 4 期。

〔5〕中国环境科学出版社 1997 年版。

〔6〕《元代北方水旱灾害时空分布特点与申检体覆救灾制度》,载《社会科学战线》1999 年第 3 期;《试论元代北方蝗灾群发性韵律性及国家减灾措施》,载《北京师范大学学报》1999 年第 1 期。

〔7〕《元代河患与贾鲁治河》,载《元史论丛》第 3 辑,中华书局 1986 年版。一些水利史论著中亦有涉及,不一一列举。

〔8〕《大德七年平阳太原的地震》,载《元史论丛》第 4 辑,中华书局 1992 年版。

〔9〕《元代救荒书与救荒政策》,载《元史论丛》第 9 辑,中国广播电视出版社 2004 年版。

〔10〕载《元史论丛》第 4 辑,中华书局 1992 年版。

和《元代的禳灾活动》[1],分别对这两个与灾害有密切关系的问题,加以讨论。但总的说来,这方面成果不多,很多问题还有待深入。

灾害史的研究,主要包括灾害发生史和灾害对策史两大部分。本篇主旨是综合各种资料,对元代灾害发生的情况做比较全面的论述。至于元朝灾害对策史即官方和民间的救荒措施,则将另文讨论。

3.1 大蒙古国前4汗时期(1206—1259)的灾害状况

1206年,成吉思汗建立大蒙古国,是元朝历史的开始。窝阔台汗六年(甲午,1234),蒙古灭金,控制了原金朝统治的北方农业区,这一地区当时称为"汉地"。蒙金战争延续20余年,造成了巨大的破坏。而正如中国古代哲人所说,大兵之后,必有凶年。金朝灭亡以后,"汉地"连年灾荒不断,丙申(窝阔台汗八年,1236),"燕境大旱而蝗。"[2]到戊戌(窝阔台汗十年,1238)年,旱蝗更甚。"戊戌,……秋七月,大蝗,居人之乏食者十八九。"[3]"戊戌飞蝗为菑,赵境民大饥。"[4]这一年八月,"陈时可、高庆民等言诸路旱蝗,诏免今年田租,仍停旧未输纳者,俟丰岁议之"。"七月……以山东诸路灾,免其税粮。"[5]窝阔台汗即位后,接受耶律楚材的建议,在"汉地"立10道课税所,陈时可即燕京课税所的长官。高庆民亦应是课税所长官。他们有征收赋税的职责,旱蝗成灾,征税必然困难,因此上报灾情。在窝阔台汗时代,蒙古朝廷中处理"汉地"事务,耶律楚材起重要的作用。陈时可等人的意见要通过耶律楚材才能引起窝阔台汗的重视。因而有的记载说:"戊戌,天下大旱蝗。上问公(耶律楚材——引者)以御之之术,公曰:今年租赋,乞权行倚阁。上曰:恐国用不足。公曰:仓库见在可支十年。许之。"[6]可见这一年的旱蝗灾造成的破坏是深重的。

---

〔1〕收在《揖芬集——张政烺先生九十华诞纪念文集》(社科文献出版社2002年版)内。

〔2〕杨奂:《还山遗稿》卷上《洞真真人于先生碑》,《四库全书》本。

〔3〕张文谦:《刘文贞公行状》,见《全元文》第22卷,江苏古籍出版社2001年版,第282页。

〔4〕李谦:《王公夫人李氏墓铭》,见沈涛:《常山贞石志》卷16,清道光二十二年刊本。

〔5〕《元史》卷2《太宗纪》。

〔6〕宋子贞:《中书令耶律公神道碑》,见苏天爵:《国朝文类》卷57。

·欧·亚·历·史·文·化·文·库·

戊戌以后,"蝗旱连岁,道殣相望"。[1]当时河北军阀割据,山头林立。这些军阀都要向朝廷交纳贡赋。真定(今河北正定)是军阀史氏的地盘。"戊戌、己亥间,仍岁蝗旱",史氏"复假贷以足贡数"。蝗旱连年,百姓穷困,无力交纳租赋。史氏只好从回回商人处借高利贷来应付蒙古汗廷的勒索。[2]"岁己亥(1239),相、卫蝗,野无青草,民乏食。公诉于执政大臣呼图克,分军储粮五千石以起饿者,用是民无流殍。"[3]"相"指彰德(今河南安阳),"卫"指辉州(今河南辉县)。可知当时旱蝗灾从今河北中部到今河南北部大片土地,都有旱蝗灾。从丙申到己亥,河北一带的旱蝗灾至少延续了4年之久。

窝阔台汗去世,贵由汗嗣位。在位3年,死于戊申(1248)。"是岁大旱,河水尽涸,野草自焚,牛马十死八九,人不聊生。"[4]这段文字所说主要应是北方草原的灾情。在第四代大汗蒙哥统治时期(1251—1259),灾害仍时有发生,如壬子年(1252)以后,卫(今河南辉县)曾出现"大旱"。[5]蒙哥汗死,忽必烈即位(1260),建元中统,诏书中说:"百姓困于弊政久矣,今旱暵为灾,相继告病,朕甚悯焉。"[6]亦可证明在此以前旱灾肆虐,成为一大难题。

有关蒙古前4汗时期社会经济状况的记载比较贫乏。但从上面列举的一些事例来看,蒙古国统治下的"汉地"和北方草原,自然灾害都是很严重的。这一时期"汉地"经济凋敝,民不聊生,除了政治腐败之外,自然灾害的破坏,也是不能忽视的。

3.2 元世祖时期(1260—1294)的灾害状况

元世祖忽必烈即位后,积极推行"汉法",即中原传统的治理方式,

---

〔1〕元好问:《遗山先生文集》卷22《史邦直墓表》,《四部丛刊》本。
〔2〕王恽:《秋涧先生大全集》卷48《忠武史公家传》,《四部丛刊》本。
〔3〕胡祇遹:《紫山大全集》卷15《蒙古公神道碑》,《四库全书》本。
〔4〕《元史》卷2《定宗纪》。
〔5〕王恽:《秋涧先生大全集》卷47《真常真人行状》。
〔6〕张光大:《救荒活民类要·经史良法》,《北图古籍珍本丛刊》影印明刻本。按,此段文字不见于《元史》和《元典章》。

取得了明显的成效。在忽必烈统治下,北方的社会经济逐步得到恢复,实现了全国的统一,文化亦有所发展。忽必烈时代(1260—1294)是元朝的黄金时代。但是忽必烈时代也是自然灾害多发的时代,地方性的局部自然灾害,可以说无年无之。这一时期自然灾害以旱蝗为首,水灾次之,虫、雹又次之,地震亦有数次。

3.2.1 水灾

据《元史·世祖本纪》(卷4～17)和《五行志》(卷50)统计,世祖在位期间,至少有25年发生过程度不同的大小水灾,遍布全国各地。水灾可分两类,一是河水泛滥,一是雨水过多,即所谓"淫雨"或"霖雨",当然河水泛滥常因"淫雨"或"霖雨"引起。全国统一以前,北方影响较大的水灾有数次,一是至元元年(1264)"顺天、洺磁、顺德、大名、东平、曹、濮州、泰安、高唐、济州、博州、德州、济南、滨棣、淄莱、河间大水";[1]一是至元五年,"以中都、济南、益都、淄莱、河间、东平、南京、顺天、顺德、真定、恩州、高唐、济州、北京等处大水,免今年田租"[2]这两次水灾,涉及今天河北、山东广大地区,但具体情况不很清楚。还有一次发生在至元九年六月壬辰(初六),"是夜,京师大雨,坏墙屋,压死者众"[3]全国统一以后,北方水灾仍时有发生。如至元二十六年六月,"济宁、东平、汴梁、济南、棣州、顺德、平滦、真定霖雨害稼,免田租十万五千七百四十九石"[4]以上地名包括今河北(真定、平滦)、山东(济宁、东平、济南、棣州)、河南(汴梁、顺德)广大地区。其中仅平滦路的水灾,即"坏田稼一千一百顷"[5]同年,大都路、霸州等处亦有水灾。此后数年北方水灾主要发生在腹里(中书省直辖地区)的中部,即今河北省。二十七年十一月,"易水溢,雄、莫、任丘、新安田庐漂没无遗。命有司筑堤障之"。次年,八月,"大名之清河、南乐诸县霖雨害

---

〔1〕《元史》卷5《世祖纪二》。

〔2〕《元史》卷6《世祖纪三》。

〔3〕《元史》卷7《世祖纪四》。按,《元史》卷50《五行志一》记:"至元九年六月丁亥,京师大雨。""丁亥"与"壬辰"相距6天。

〔4〕《元史》卷15《世祖纪十二》。

〔5〕《元史》卷50《五行志一》。

稼,免田租万六千六百六十九石"。九月,"景州、河间等县霖雨害稼,免田租五万六千五百九十五石"。"以岁荒,免平滦屯田二十七年田租三万六千石有奇。""保定、河间、平滦三路大水。"[1]雄州、新安属保定路,莫州、任丘,景州、河间属河间路,都在今河北省中部。大名路在河北省南部,平滦路则在河北省东部。可知这一带当时是水灾多发地区。至元二十九年闰六月辽阳行省多处雨雹害稼,影响很大(见下面关于雹灾的叙述)。

忽必烈统治时期,北方水灾最突出的问题是黄河决口。至元二十年(癸未,1283),"秋,雨潦,河决原武,泛杞,灌太康,自京北东,潴为巨浸,广员千里,冒垣败屋,人畜流死"[2] 至元二十三年十月,"河决开封、祥符、陈留、杞、太康、通许、鄢陵、扶沟、洧川、尉氏、阳武、延津、中牟、原武、睢州十五处"[3] 至元二十五年五月,"汴梁大霖雨,河决襄邑,漂麦禾"。"河决汴梁,太康、通许、杞三县,陈、颍二州,皆被其害。"[4]至元二十七年六月,"河溢太康,没民田三十一万九千余亩"。十一月,"河决祥符义唐湾,太康、通许,陈、颍二州大被其患"[5] 数年之内,黄河接连决口,造成百姓生命财产的重大损失。

统一以后,南方水灾很多。至元二十四年(丁亥,1287),"是岁……浙西诸路水,免今年田租十之二"。次年四月,尚书省臣上奏说:"今杭、苏、湖、秀四州复大水,民鬻妻女易食",请求予以救济。[6] 诗人元淮作《水灾行》,诗序中说:"丁亥六月十九日,霖潦大作,苏、湖、常、秀与溧阳,圩田与禾苗悉为水毁,黎民绝食,渔舟衔尾过江乞食于中州。"诗中说:"只今斗米值万钱,纵有金珠无处觅。哀哉田夫遭此荒,苏湖富户吃糟糠。富户吃糠犹可为,贫民山中掘野蓏。"[7]元淮诗是此次浙西水灾的可贵记录。至元二十七年水灾很普遍。正月"无为路大

〔1〕《元史》卷16《世祖纪十三》。
〔2〕姚燧:《牧庵集》卷28《南京路总管张公墓志铭》,《四部丛刊》本。
〔3〕《元史》卷14《世祖纪十一》。
〔4〕《元史》卷15《世祖纪十二》。
〔5〕《元史》卷16《世祖纪十三》。
〔6〕《元史》卷15《世祖纪十二》。
〔7〕《金囷集》,《涵芬楼秘笈》本。

水"。二月,"晋陵、无锡二县霖雨害稼"。五月,"江阴大水"。七月,"江西霖雨,赣、吉、袁、瑞、建昌、抚水皆溢,龙兴城几没"。八月,"广州清远大水"。十月,"尚书省臣言:江阴、宁国等路大水,民流移者四十五万八千四百七十八户……凡出粟五十八万二千八百八十九石"[1]。由流民之多和赈粟数量之大可以想见这场水灾的规模。至元二十九年六月,"甲子,平江、湖州、常州、镇江、嘉兴、松江、绍兴等路水,免至元二十八年田租十八万四千九百二十八石"。"丁亥,湖州、平江、嘉兴、镇江、扬州、宁国、太平七路大水,免田租百二十五万七千八百八十三石。"两条记载涉及9路1府,面积广大。至元三十年五月,"诏以浙西大水冒田为灾,令富家募佃人疏决水道"[2]。从以上记载来看,南方水灾发生在浙西地区(包括平江、湖州、常州、嘉兴、杭州、镇江、建德7路和松江府)居多,江西、江东等处次之。浙西多水害,与太湖有关。浙西"这几路的地方中心里有一个太湖有,那周围有的山水尽都流入那湖里去有"。太湖水经淀山湖(在松江)入海。宋代太湖水利有专人管理。入元以后,无人管理,军官和"蛮子有气力的富户"(南方有势力的富户)围湖造田,湖水排泄受阻。"为那般上,太湖的水每年有雨的时节溢出来,那几路的百姓每的田禾被水湛了的缘故,因这般有。"[3]因此,在世祖末年,便开始浚治太湖。

3.2.2　蝗灾

　　蝗灾一旦发生,对于农业生产的破坏是毁灭性的。忽必烈时代的官员胡祗遹写道:"飞蝗扑绝子复生,脱卵出土顽且灵。有如巨贼提群朋,群止即止行且行。过坎涉水不少停,若奔期会赴远程。开林越山忘险平,倍道夜走寂无声。累累禾穗近秋成,利吻一过留枯茎。……咄哉妖虫竟何能,火云赤日劳群氓。"[4]据《元史·世祖本纪》(卷4～17)与《五行志》(卷50)统计,世祖在位30余年中,至少有22年发生过规模

---

〔1〕《元史》卷16《世祖纪十三》。

〔2〕《元史》卷17《世祖纪十四》。

〔3〕任仁发:《水利集》卷3引"至元三十年十一月初二日中书省奏章",《续修四库全书》影印明钞本。

〔4〕《紫山大全集》卷4《后捕蝗行》。

不等的蝗灾。蝗灾分布在长江以北,遍及腹里、河南、陕西等地,尤以腹里(包括今河北、山东、山西及内蒙部分地区)最为严重。河南行省北部亦不少,河南行省南部的徐州(今江苏徐州)、邳州(今江苏邳县)、宿州(今安徽宿州)则偶有发生。从时间上说,至元二年到至元九年间,蝗灾最为频繁。至元二年七月,"益都大蝗,饥"。"是岁……西京、北京、益都、真定、东平、顺德、河间、徐、宿、邳蝗、旱。"〔1〕这次蝗灾很厉害,"至元二年……徐、宿大蝗。移公(陈祐——引者)督捕,役农民数万。度其势猝不能歼,秋稼垂成,即散遣收获自救"〔2〕数万农民仍不能将蝗群消灭,其势之盛,可想而知。至元三年,"是岁……东平、济南、益都、平滦、真定、洺磁、顺天、中都、河间、北京蝗"。至元四年,"是岁……山东、河南北诸路蝗"。至元五年六月,"东平等处蝗"。至元六年六月,"丁亥,河南、河北、山东诸郡蝗。癸巳,敕:真定等路旱、蝗,其代输筑城役夫户赋悉免之"〔3〕据元朝官员胡祗遹说:"至元六年,北自幽蓟,南抵淮汉,右太行,左东海,皆蝗。朝廷遣使四出掩捕"〔4〕至元七年三月,"益都、登、莱蝗、旱,诏减其今年包银之半"。五月,"南京、河南等路蝗,减今年银丝十之三"。七月,"山东诸路旱、蝗"。十月,"以南京、河南两路旱、蝗,减今年差赋十之六"〔5〕不少记载都提到七年蝗灾,可见其予人印象之深。如:"七年,河朔大蝗,卫独不为灾"〔6〕"七年,会上以蝗、旱为忧,俾[李德辉]录山西、河东囚。"中国古代的天人感应观念,认为刑罚不当,会产生戾气,引起灾害的发生。元代杂剧《窦娥冤》写的就是这样一个故事。忽必烈下令"录囚",就是要以平反冤狱来感动上天,化解灾情〔7〕至元六年,高良弼任河南转运使。"明年夏,旱、蝗,公……亟发仓以粜,众赖以生存,执政龁之。

〔1〕《元史》卷6《世祖纪三》。
〔2〕王恽:《秋涧先生大全集》卷54《陈公神道碑》。
〔3〕《元史》卷6《世祖纪三》。
〔4〕《紫山大全集》卷4《捕蝗行》。
〔5〕《元史》卷7《世祖纪四》。
〔6〕王恽:《秋涧先生大全集》卷51《塔必公神道碑》。
〔7〕姚燧:《牧庵集》卷30《李忠宣公行状》。

是岁至八月,不雨。"高良弼设坛祈祷,居然下雨,"蝗尽死,秋以无害"[1]。至元八年四月,"以至元七年诸路灾,蠲今岁丝料轻重有差"。六月,"上都、中都、河间、济南、淄莱、真定、卫辉、洺磁、顺德、大名、河南、南京、彰德、益都、顺天、怀孟、平阳、归德诸州县蝗"[2]。这一年五月十六日,监察御史魏初上奏说:"比闻朝廷以山东蝗、旱,民多阙食。已差官给粮赈济,及倚阁悬欠税粮,其民固已幸矣。"[3]另据王恽说,"八年,蟊蝗为灾",朝廷命太一道掌门李居寿在岱宗(东岳泰山)等处"设驱屏法供,秋乃大熟"[4]。魏初和王恽的文字都说明这一年蝗灾的普遍,引起了朝廷的重视。至元九年二月,元朝政府"以去岁东平及西京等州县旱、蝗、水潦,免其租赋"[5]。此后,蝗灾相对减轻,有几年未见记载。至元十五年起又逐渐出现。至元十六年四月,"大都等十六路蝗"。六月,"左右卫屯田蝗蝻生"[6]。至元十七年五月,"真定、咸平、忻州、涟海、邳、宿诸州郡蝗"[7]。至元二十二年四月,"大都、汴梁、益都、庐州、河间、济宁、归德、保定蝗"。七月,"京师蝗"。至元二十五年七月,"真定、汴梁路蝗"。八月,"赵、青、冀三州蝗"。至元二十六年七月,"东平、济宁、东昌、益都、真定、广平、归德、汴梁、怀孟蝗"。至元二十七年四月,"河北十七郡蝗"[8]。以后几年又趋低潮,只有少数地区发生蝗灾。

3.2.3 旱灾

据《元史·世祖本纪》(卷4~17)和《五行志》(卷50)统计,忽必烈在位期间,至少有28年在不同地区发生程度不等的旱灾。总的来说,这一时期旱灾主要发生在长江以北广大地区,遍及腹里和河南、陕西、甘肃、辽阳诸行省,包括今河北、山东、山西、甘肃、辽宁、内蒙以及江

〔1〕萧㪺:《勤斋集》卷4《高公墓志铭》,《四库全书》本。
〔2〕《元史》卷7《世祖纪四》。
〔3〕《青崖集》卷4《奏章一一》,《四库全书》本。
〔4〕《秋涧先生大全集》卷47《太一五祖演化贞常真人行状》。
〔5〕《元史》卷7《世祖纪四》。
〔6〕《元史》卷10《世祖纪七》。
〔7〕《元史》卷11《世祖纪八》。
〔8〕以上见《元史》卷13、15、16《世祖纪十、十二、十三》。

苏北部等地。其中比较严重的是至元十九年(壬午)和二十年(癸未)。十九年八月,"真定以南旱,民多流移"[1] 胡祗遹说,"至元壬午秋旱,米涌贵,人绝食,禁糜黍作酒,因以除酒课焉"[2] 这次大面积旱灾延续到二十年,"燕南,河北、山东"大旱,"民流徙就饶",达数万人[3]。

所谓"就饶",就是"转徙于南"。元朝政府担心劳动力大量流动对北方经济不利,派人"于河上以扼之"[4]。至元二十年中书省的一件文书中说:"照得近岁天旱,中原田禾薄收,物斛价高,百姓艰食,诸处商贾搬贩南米者极多"[5],也说明这次遭受旱灾的主要在北方。值得注意的是,旱灾与蝗灾往往同时发生,如至元七年三月,"益都、登、莱蝗、旱"。七月,"山东诸路旱、蝗"。同月,"南京、河南诸路大蝗"[6] 十月,"以南京、河南两路旱、蝗,减今年差赋十之六"[7] 南方旱灾只是在个别地方发生。

3.2.4 雹灾

根据《元史·世祖本纪》(卷4~17)和《五行志》(卷50)的记载,世祖时代至少有19年发生过雹灾。多数年份有雹灾的不过一两处,但中统三年、四年和至元二年、二十四年、二十六年、三十一年均有多处。忽必烈统治时期发生雹灾的地区大多在黄河以北,两淮之间次之。江南未见记载。一般来说,雹灾和水、旱、蝗灾不同,发生在较小范围内,破坏性相对也少一些。但雹有时大如鸡卵,有时和狂风、暴雨结合在一起,成为"风雹"、"雨雹",便会造成较大的破坏。至元二十九年闰六月,"辽阳、沈州、广宁、开元等路雨雹害稼,免田租七万七千九百八十八石"[8] 按,上述4路都在辽阳行省境内,元代中期辽阳行省税粮总

〔1〕《元史》卷12《世祖纪九》。
〔2〕诗题,见《紫山大全集》卷4。
〔3〕姚燧:《牧庵集》卷28《南京路总管张公墓志铭》。
〔4〕王思廉:《河东廉访使程公神道碑》,见苏天爵:《国朝文类》卷67。
〔5〕《元典章》卷59《工部二·造作·杂贩客船不许遮当》。
〔6〕《元史》卷50《五行志一》。
〔7〕《元史》卷7《世祖纪四》。
〔8〕《元史》卷17《世祖纪十四》。

数是 72066 石[1],忽必烈时期应大体相同。也就是说这一年辽阳行省因遭灾免除了全部税粮,按照元朝制度"损,八分以上"才得全免,可以想见这次"雨雹"波及的范围很广,但这样大的雹灾是很罕见的。

3.2.5 地震

至元二十一年九月,"京师地震"。二十七年二月,"泉州地震"。同年八月癸巳(二十三日),"地大震,武平尤甚,压死按察司官及总管府官王连等及民七千二百人,坏仓库局四百八十间,民居不可胜计"[2]。武平路原名北京路,至元七年改大宁路,至元二十五年改此名。后又复为大宁。属辽阳行省,路治大定县,在今宁城县西。另有记载说:"是岁地震,北京尤甚,地陷,黑砂水涌出,死伤者数万人。"[3]可知这次地震面积很广,震级很高,武平是震中所在,造成居民生命财产的很大破坏。至元二十八年,"八月己丑,平阳路地震,坏庐舍万八百区"[4]。平阳路治临汾(今山西临汾)。这次地震的震级也是比较高的。

此外,还有虫灾、霜灾、风灾等。有的草原牧区还发生过大风雪。

胡祗遹说:"中统建元以来,三十年间无大旱、大水、虫蝗之灾厄。"[5]在忽必烈当政的 30 余年间,自然灾害时有发生,但总的来说,没有发生影响巨大的灾害,全国经济生活基本上仍是正常运转的。但在忽必烈统治的末期,即 13 世纪 80 年代末到 90 年代前期,各种自然灾害明显增多。至元二十九年十月,御史台的一件文书中说:"比年以来,水旱相仍。"[6]成宗初年,赵天麟说:"顷年以来,水旱相仍,蝗螟蔽天,饥馑荐臻,四方迸苦,转互就食。……延及京畿,亦尝如是。"[7]大体上反映了当时的情况。

---

〔1〕《元史》卷 93《食货志一·税粮》。

〔2〕《元史》卷 13《世祖纪十》、卷 16《世祖纪十三》。

〔3〕杨载:《赵公行状》,见赵孟頫:《松雪斋文集》附录,《四部丛刊》本。

〔4〕《元史》卷 50《五行志一》。

〔5〕《紫山大全集》卷 22《论积贮》。

〔6〕《元典章》卷 27《户部十三·私债·放粟依乡原例》。

〔7〕《太平金镜策·树八事以丰天下之食货·课义仓》,见陈得芝、邱树森等辑点:《元代奏议集录》,第 357 页。

3.3　元成宗至宁宗时期(1295—1332)的
灾害状况

　　忽必烈以后,成宗到宁宗(1295—1332)的 30 余年间,是各种灾害多发时期,几乎每年都要发生多种灾害。就地区而言,大江南北无地无之,边疆地区也时有发生,其中尤以岭北行省为多。就灾害种类而言,水、旱、蝗、雹,可以说无年无之,特别是地震比前一阶段明显增多,还出现了大疫、海溢、大风雪等灾。大德六年(1302)十二月,“御史台臣言:自大德元年以来,数有星变及风水之灾,民间乏食。……而今春霜害麦,秋雨伤稼”。[1] 大德十一年春,武宗即位。九月,“御史台臣言:……粤自大德五年以来,四方地震水灾,岁仍不登,百姓重困”。[2] 仁宗延祐二年(1315)正月,“御史台臣言:比年地震、水、旱,民流盗起……”[3] 泰定三年(1326)八月,监察御史建言:“比者燕南、山东等处连年水旱,黎民缺食。加之今岁夏、秋,水潦非常,禾稼伤损,民庶嗷嗷,糊口不给,秋耕失所,岁计何望。千里萧条,无复麦种。饥饿之民,疮痍未复。荐罹荒歉,初则典质田宅,鬻卖子女,今则无可典卖矣。初则撅取草根,采剥树皮,今则无可采取矣。是饥民望绝计穷之时也。”[4] 泰定四年正月,“御史辛钧言:……今水、旱民贫,请节其费”。七月,“御史台臣言:内郡、江南,旱、蝗荐至,非国细故”。[5] 御史台是元朝的监察机构,负有劝谏皇帝的责任。由历年御史台的言论,亦可以看出灾变之频繁。元朝皇帝和大臣不时集议赈灾、御灾之策。灾害及灾害对策已经成为元朝政治生活的重要内容。

　　这一阶段有 3 次影响很大的自然灾害,先后发生。

　　第一次是大德七年山西的大地震。大德七年八月辛卯(初六)“夜,地震,平阳、太原尤甚。村堡迁徙,地裂成渠,人民压死不可胜计。

---

〔1〕《元史》卷 20《成宗纪三》。

〔2〕《元史》卷 22《武宗纪一》。

〔3〕《元史》卷 25《仁宗纪二》。

〔4〕张光大:《救荒活民类要·救荒一纲》。

〔5〕《元史》卷 30《泰定帝纪三》。

遣使分通道赈济，为钞九万六千五百余定，仍免太原、平阳今年差税，山场河泊听民采捕"。[1] "七年八月辛卯夕，地震，太原、平阳尤甚，坏官民庐舍十万计。平阳赵城县范宣义郇堡徙十余里。太原徐沟、祁县及汾州平遥、介休、西河、孝义等县地震成渠，泉涌黑沙。汾州北城陷，长一里，东城陷七十余步。"[2] 这次地震造成的损失极为惨重，"城邑乡村屋庐俱摧，压死者不可胜计"，[3] 出现多处地裂、地陷、山崩、滑坡现象。有的记载说"压杀者二十余万人"。[4] 地震主要发生在太原路（路治阳曲，今山西太原）和平阳路（路治临汾，今山西临汾），相当于今山西的中部和南部。据研究，震中应在霍州（今山西霍县，在临汾北，属平阳路）附近。据当时学者萧𣂏说，地震造成的破坏，"汾晋尤甚，涌堆阜，裂沟渠，坏墙屋，压人畜，死者无数。延、庆次之，安西又次之"[5]延指延安路，治肤施（元代属陕西行省，今陕西延安）。庆指庆阳府（元代属陕西行省，今甘肃庆阳）。安西即安西路，路治所在即今陕西西安。这是对平阳、太原以西地区的影响。在平阳、太原以东，大都（今北京）在八月亦发生地震。[6] "八月初六之夕，京师地震者三，市庶恟恟，莫知所为。越信宿，而卫辉、太原、平阳等处驰驿报闻者接踵，虽震有轻重，而同出一时，人民房舍十损八九，震而且陷，前所未闻。"[7] 可知大都、卫辉路均有震。卫辉路治汲县，今河南卫辉市。大德七年三月，元朝派遣奉使宣抚循行各道，其中刘敏中前往山北辽东道。刘敏中亲身体验了这次地震。他说："尊依巡历回至大宁路，乃以八月初六日戌时地震。土人云：'本处自至元二十七年八月二十三日地震之后，至今时时震动未已。'当时不以为虑，数日访之，旁郡以及上都、隆兴皆然，而太原、平阳为甚。九月，复历上都、隆兴等处，其震不时复作，未见

---

〔1〕《元史》卷21《成宗纪四》。

〔2〕《元史》卷50《五行志一》。

〔3〕吴澄：《吴文正公集》卷26《天宝宫碑》。

〔4〕霍章：《大帝庙碑》，见胡聘之：《山右石刻丛编》卷30，清光绪辛丑（1901）刻本，山西人民出版社影印，1988年。

〔5〕《勤斋集》卷4《地震问答》。

〔6〕程钜夫：《雪楼集》卷5《拂林忠献王神道碑》，陶氏涉园影洪武本。

〔7〕郑介夫：《太平策·因地震论治道疏》，见《元代奏议集录》第126页。

止息。"[1]刘敏中这段话很重要。一是说明平阳、太原地震波及上都（开平，今内蒙正蓝旗）、隆兴（路治高原，今河北张北）一直到大宁路（路治大定，见前）。二是说明大德八年平阳、太原地震与至元二十七年武平路（大宁路）地震有明显的联系，至元二十七年武平地震的次年爆发平阳地震，而这次平阳、太原地震直接引发武平（大宁）的地震，很可能在同一地震带上。此外，曹州（今山东菏泽）儒学毁于大德七年地震。[2] 根据以上记载，这次地震至少涉及今山西、陕西、甘肃、河北、山东、内蒙广大地区。现代地震学界估计，这次大地震是 8 级地震，烈度为 11 度，在历史上是罕见的。[3] 大地震发生以后，余震不断，"岁癸卯秋，河东、关中地震，月余不止"。[4] 大德八年正月，"是月，平阳地震不止，已修民屋复坏"。大德九年四月，"乙酉，大同路地震，有声如雷，坏官民庐舍五千余间，压死二千余人。怀仁县地裂二所，涌水尽黑，漂出松柏朽木。遣使以钞四千定、米二万五千余石赈之"。[5] 怀仁县属大同路，在路治大同（今山西大同）之南。大同地震"可以看作是在大德七年八月平阳、太原地震的影响下爆发的"。[6]

第二次是"丁未大饥"。丁未是大德十一年，这一年正月，成宗铁穆耳病死，武宗海山嗣位。事实上这次饥荒在大德十年（丙午，1306）已经发生，十一年达到高峰，延续到至大元年，先后有 3 年之久。"丙午，江淮大饥。"[7]"大德十年丙午岁春夏间，江浙大饥，吾邦与邻郡皆然，景象恶甚。""本州归附三十余年，多遇丰岁，民各安生，亦曾间有艰籴之时，然止是小歉，不至大伤。唯有今年，凶荒特甚。……即今饥民充塞道涂，沿门乞食，气命如丝，菜色雷腹，行步颠倒，一村一保之间，儿号妇哭，所不忍闻。"[8]刘埙是江西南丰人，江西灾情亦相当严重，江浙

〔1〕《中庵集》卷7《奉使宣抚回奏疏》，《北图古籍珍本丛刊》影清抄本。
〔2〕王一较：《康熙曹县志》卷18，清康熙十二年（1673）刻本。
〔3〕国家地震局震害防御司：《中国历史强震目录》，地震出版社1995年版。
〔4〕苏天爵：《滋溪文稿》卷8《萧贞敏公墓志铭》。
〔5〕《元史》卷21《成宗纪四》。
〔6〕闻黎明：《大德七年平阳太原的地震》，载《元史论丛》第4辑。
〔7〕姚燧：《牧庵集》卷24《吕君神道碑》。
〔8〕刘埙：《水云村泯稿》卷14《呈州转申廉访分司救荒状》，清道光刊本。

更可想而知。到了大德十一年,灾情更有进一步发展。这一年七月,
"江浙、湖广、江西、河南、两淮属郡饥,于盐、茶课钞内折粟,遣官赈之。
诏富家能以积粟赈贷者,量授以官"。八月,"浙东、浙西、湖北、江东郡
县饥,遣官赈之"。"江南饥,以十道廉访司所储赃罚钞赈之。"九月,
"江浙饥,中书省臣言:'请令本省官租,于九月先输三分之一,以备赈
给。……'"同月,"敕弛江浙诸郡山泽之禁"。开放山泽,用意是允许
百姓捕捞狩猎,以补粮食之不足。十月,因"江浙岁俭",减少每年北运
的海漕粮。同月,"杭州、平江水,民饥,发粟赈之"。十一月,"杭州、平
江等处大饥,发粮五十万一千二百石赈之"。十二月,"山东、河南、江
浙饥,禁民酿酒"。[1] 官方文献中这一连串记载,可以看出这一年灾情
之普遍,其中江浙(浙西、浙东)显然特别严重。这一年江南行台的文
书中说,"江南田禾不收的上头,百姓每哏忍饥有"。[2] 一些民间的记
载,对于当时灾情有更清晰的记述:"大德丁未之岁,江南北大旱,饿莩
载道路。"[3]饥荒蔓延,以致出现了人吃人的悲惨景象:"越民死者殆
尽,人相食以图苟安。"[4]"越"指浙东而言。大饥之年引发大批流民,
社会为之动荡不安。"丁未,岁祲,人相食。君(兰溪姜泽——引者)往
籴七闽。时流民所在成群,动以数百计,乘间钞道,莫敢如何。"[5]"大
德丁未,岁恶,人相食。府君(金华宋守富——引者)出籴于杭。无赖
男子结为队伍,夜半推人门,称相公,杀戮卤掠呼号相闻,里中惴惴不自
保。"[6]兰溪、金华都属浙东婺州路。这场饥荒延续到至大元年(戊申,
1308)。这一年正月,"绍兴、台州、庆元、广德、建康、镇江六路饥,死者
甚众。饥户四十六万有奇"。绍兴、台州、庆元均属浙东,广德、建康、
镇江属江东,都是江浙行省的组成部分。六月,"中书省臣言:江浙行
省管内饥,赈米五十三万五千石,钞十五万四千定,面四万斤"。九月,

---

〔1〕《元史》卷22《武宗纪一》。

〔2〕《元典章》卷3《圣政二·救灾荒》。

〔3〕徐一夔:《始丰稿》卷12《吴君墓志铭》,《四库全书》本。

〔4〕吾衍:《闲居录》,《武林往哲遗著》本。

〔5〕宋濂:《宋文宪公全集》卷10《姜府君墓碣铭》,《四部备要》本。

〔6〕宋濂:《宋文宪公全集》卷50《先大父府君神道表》。

"中书省臣言：……江浙饥荒之余，疫疠大作，死者相枕藉。父卖其子，夫鬻其妻，哭声震野，有不忍闻"〔1〕以上是官方的记载。另有民间记载说，"岁丁未，浙江大祲。戊申，复无麦。民相枕死"〔2〕"当丁未、戊申间，闽、越饥疫，露骸横借，行商景绝。"〔3〕"方大德之末，天下旱、蝗，饥疫洊臻，发粟之使相望于道。而吴、越、齐、鲁之郊骨肉相食，饿莩满野，行数十里不闻人声。"〔4〕总的来看，这次延续3年之久的"大饥"，中心是浙东，浙西、江东、江西、福建、山东亦受影响，主要应是旱灾、蝗灾造成的，又引起"疫疠"，因而破坏性极大。

第三次是泰定、天历北方旱灾。"泰定之际，关陕连岁大旱，父子相食，死徙者十九。"〔5〕泰定四年（1328）二月，改元致和。七月，泰定帝病死。元文宗夺取帝位，改元天历，后又改至顺。"天历、至顺之间，天下大旱蝗，民相食。"〔6〕元朝官方记载说，"陕西自泰定二年至是岁（天历元年——引者）不雨，大饥，民相食"〔7〕天历二年（1329）正月，"丙戌，陕西大饥，行省乞粮三十万石，钞三十万定。诏赐钞十四万定，遣使往给之"。四月，"戊戌，以陕西久旱，遣使祷西岳、西镇诸祠"。"癸卯，陕西诸路饥民百二十三万四千余口，诸县流民又数十万，先是尝赈之，不足，行省复请令商贾入粟中盐，富家纳粟补官，及发孟津仓粮八万石及河南、汉中廉访司所贮官粮以赈，从之。"元代陕西行省大部分地区人烟稀少，而饥民和流民如此众多，是很惊人的。同年四月，"丙辰，河南廉访司言：河南府路以兵旱民饥，食人肉事觉者五十一人，饿死者千九百五十人，饥者二万七千四百余人。乞弛山林川泽之禁，听民采食，行入粟补官之令，及括江淮僧道余粮以赈。从之"〔8〕河南府路治洛阳，即今河南洛阳，属河南行省，邻近陕西。同年五月，"庚辰，陕西行

〔1〕《元史》卷22《武宗纪一》。
〔2〕宋濂：《宋文宪公全集》卷48《胡长孺传》。
〔3〕刘壎：《水云村泯稿》卷8《南丰州知州王公墓志铭》。
〔4〕程钜夫：《雪楼集》卷23《书柯自牧自序救荒事迹后》。
〔5〕揭傒斯：《揭傒斯全集·文集》卷8《吕公墓志铭》，上海古籍出版社1985片版。
〔6〕《揭傒斯全集·文集》卷8《甘景行墓志铭》。
〔7〕《元史》卷32《文宗纪一》。
〔8〕《元史》卷33《文宗纪二》。

省言,凤翔府饥民十九万七千九百人,本省用便宜赈以官钞万五千定"。六月,"命中书集老臣议赈荒之策。时陕西、河东、燕南、河北、河南诸路流民十余万,自嵩、汝至淮南,死亡相藉,命所在州县官以便宜赈之"。[1] 可知关陕旱灾已蔓延到北方广大地区。张养浩奉命到陕西救济灾民,"路出河南,流民寖遇。抵新安、硖石,则纵横山谷,鹄形菜色,殊不类人,死者枕藉,臭闻数里"。[2] 他为此写下了《哀流民操》:"哀哉流民,为鬼非鬼,为人非人",表达了他对流民的同情。[3] 当时北方农业区特别是陕西遭受的损害是巨大的。这次大灾到至顺元年才逐渐有所缓和。

除了以上几次影响很大的集中发生的灾害以外,这一阶段还有两种持续发生的灾害也是特别值得注意的。

首先是黄河不断泛滥。见于《元史》诸帝《本纪》(卷18~37)和《五行志》(卷50)、《河渠志》(卷65)记载的即有30余次,即:元贞二年(1296)九月,"河决河南杞、封丘、祥符、宁陵、襄邑五县"。[4] "十月,河决开封县。"[5] 大德元年"三月,归德徐州,邳州宿迁、睢宁、鹿邑三县,河南许州临颍、郾城等县,睢州襄邑,太康、扶沟、陈留、开封、杞等县,河水大溢,漂没田庐"。"五月,河决汴梁,发民夫三万五千塞之。"[6] 七月,"河决杞县蒲口"。[7] 大德二年"六月,河决杞县蒲口,凡九十六所,泛溢汴梁、归德二郡"。[8] 大德二年七月,"汴梁等处大雨,河决坏堤防,漂没归德数县禾稼庐舍。免其田租一年,遣尚书那怀、御史刘赓等塞之。自蒲口首事,凡筑九十六所"。[9] 按,河决蒲口应是

〔1〕《元史》卷33《文宗纪二》。
〔2〕《归田类稿》卷24《祭李宣使文》,元元统刻本。
〔3〕《归田类稿》卷23。
〔4〕《元史》卷19《成宗纪二》,卷50《五行志一》。
〔5〕《元史》卷50《五行志一》。
〔6〕《元史》卷50《五行志一》。《元史》卷19《成宗纪二》记五月河决汴梁,但无三月河溢的记载。
〔7〕《元史》卷19《成宗纪二》。
〔8〕《元史》卷50《五行志一》。
〔9〕《元史》卷19《成宗纪二》。

"大德元年夏"的事[1],以上两条分别见于《元史·成宗纪》和《元史·五行志》的记载,应为一事,即河决蒲口以后,继续扩大,元朝政府内部经过一番争论之后决定塞蒲口。"成宗大德三年五月,河南省言:河决蒲口儿等处,浸归德府数郡,百姓被灾。差官修筑计科……役夫七千九百二人。"[2]这是蒲口塞河后再次决口。"复之明年,蒲口复决,障塞之役,无岁无之。"[3]大德九年六月,"汴梁阳武县思齐口河决"。"八月,归德府宁陵、陈留、通许、扶沟、太康、杞县河溢。"[4]据后来工部报告:"大德九年黄河决徙,逼近汴梁,几至浸没"[5],可知此次黄河泛滥相当严重。因此,大德十年正月,"发河南民十万筑河防"。[6] 大德十一年(丁未),"丁未之秋,河决原武,东南注汴"。[7] 此次河决不见于《元史》有关纪、志,尚有待考订。

武宗至大二年,"七月,河决归德府,又决汴梁封丘县"。[8] 皇庆元年(1312)"五月,归德睢阳县河溢"。[9] 皇庆二年六月,"河决陈、亳、睢三州,开封、陈留等县"。[10] 延祐二年六月,"河决郑州,坏汜水县治"。[11] 延祐三年六月,"河决汴梁,没民居"。[12] 延祐七年六月,汴梁路荥泽县、开封县决口 3 处。[13] "是岁……河决汴梁原武,浸灌诸县。"[14]至治二年"正月,仪封县河溢伤稼,赈之"。[15] 泰定元年七月,

---

〔1〕字术鲁翀:《尚公神道碑》,见苏天爵:《国朝文类》卷 68。

〔2〕《元史》卷 65《河渠志二》。

〔3〕字术鲁翀:《尚公神道碑》,见苏天爵:《国朝文类》卷 68。

〔4〕《元史》卷 50《五行志一》。按,《元史》卷 21《成宗纪四》记八月"归德、陈州河溢",无六月河决记载。

〔5〕《元史》卷 65《河渠志二》。

〔6〕《元史》卷 21《成宗纪四》。

〔7〕苏天爵:《滋溪文稿》卷 23《王公行状》。

〔8〕《元史》卷 50《五行志一》、卷 23《武宗纪二》。

〔9〕《元史》卷 50《五行志一》、卷 24《仁宗纪一》缺载。

〔10〕《元史》卷 50《五行志一》、卷 24《仁宗纪一》。

〔11〕《元史》卷 50《五行志一》、卷 25《仁宗纪二》。

〔12〕《元史》卷 25《仁宗纪二》、卷 50《五行志一》无此记载。

〔13〕《元史》卷 65《河渠志二》。

〔14〕《元史》卷 27《英宗纪一》。按,《元史》卷 50《五行志一》载:"是岁,河灌汴梁原武县。"

〔15〕《元史》卷 28《英宗纪二》、卷 50《五行志一》。

"奉元路朝邑县、曹州楚丘县、大名路开州濮阳县河溢"[1]。泰定二年五月,"河溢汴梁,被灾者十有五县"。七月,"睢州河决"。[2]泰定三年"二月,归德府属县河决,民饥,赈粮五万六千石"。"七月,河决郑州阳武县,漂民万六千五百余家,赈之。"十月,"癸酉,河水溢,汴梁路乐利堤坏,役丁夫六万四千人筑之"。十二月,"亳州河溢,漂民舍八百余家,坏田二千三百顷,免其租"。[3]泰定四年五月,"睢州河溢"。六月,"汴梁路河决"。八月,"汴梁路扶沟、兰阳县河溢,没民田庐。并赈之"。"是岁……汴梁诸属县霖雨,河决。"[4]致和元年(即天历元年,1328)三月,"河决砀山、虞城二县"。[5]至顺元年六月,"黄河溢大名路之属县,没民田五百八十余顷"。[6]曹州济阴县河堤亦有缺口。[7]至顺三年五月,"汴梁之睢州、陈州,开封、兰阳、封丘诸县河水溢"。[8]

综上所述,这一时期(1295—1333)黄河决口比起前一阶段来明显增多,差不多平均每年一次,有几次造成的破坏已相当严重。黄河决口集中在中段即元朝汴梁路和归德府境内,相当于今河南省北部和河南、江苏、山东交界地区。元朝政府虽然也不断组织力量进行治理,但总的来说是因循苟且,得过且过,不很得力的,因而也就种下了很深的隐患,在下一阶段成为严重的问题。

其次是漠北草原的自然灾害。漠北草原的自然条件是很严酷的,伴随着严寒而来的暴风雪以及长期的干旱时有发生,都会导致水草的枯竭,牲畜倒毙,牧民挣扎在死亡线上。为了生存,他们往往被迫迁徙。这在中国古代历史上是屡见不鲜的。元朝以前,牧民为逃避灾荒的迁徙,有时向西,有时向南。这种迁徙经常导致战争的发生。元朝实现了

---

[1]《元史》卷29《泰定帝纪一》,卷50《五行志一》。

[2]《元史》卷50《五行志一》,卷29《泰定帝纪一》。

[3]《元史》卷30《泰定帝纪二》,卷50《五行志一》记二月、七河决,十月河溢缺载。

[4]《元史》卷30《泰定帝纪二》。又,《元史》卷50《五行志一》载,泰定四年十二月"夏邑县河溢"。

[5]《元史》卷50《五行志一》。按,《元史》卷30《泰定帝纪二》未载。

[6]《元史》卷34《文宗记三》,卷50《五行志一》。

[7]《元史》卷65《河渠志二》。

[8]《元史》卷36《文宗记五》,卷50《五行志一》未载。

前所未有的统一,漠北草原牧民遇到严重的灾荒便纷纷南来,到"汉地"亦即中原农业区寻求救援。这一时期漠北草原发生两次大灾。第一次大灾发生在大德十一年到至大元年。大德十一年,漠北大雪,牧民"往往以其男女弟侄,易米以活"[1]大批草原牧民被迫向"汉地"迁徙。至大元年二月,"和林贫民北来者众,以钞十万定济之,仍于大同、隆兴等处籴粮以赈,就令屯田"。三月,"以北来贫民八十六万八千户,仰食于官,非久计,给钞百五十万定,币帛准钞五十万定,命太师月赤察儿、太傅哈剌哈孙分给之,罢其廪给"。闰十一月,"北来民饥,有鬻子者,命有司为赎之"[2]元朝设和林行省,管理漠北广大草原,"和林贫民"即指因饥荒南来的贫苦牧民。漠北人口缺乏统计,但草原的生态环境能负担的人口是有限的,一般认为成吉思汗建国时不会超过10万户、百万口。随着形势的发展,漠北户口肯定有很大增加,但南迁竟达86万余户,若以每户4口计则有350余万口,实在是惊人的数字。元世祖时,"汉地"居民总数不过130余万户,北来贫民数量如此之大,给"汉地"必然带来很大的压力。到至大三年六月,"和林省臣言:贫民自迤北来者,四年之间靡粟六十万石、钞四万余定、鱼网三千、农具二万。诏尚书、枢密差官与和林省臣核实,给赐农具田种,俾自耕食,其续至者,户以四口为率给之粟"[3]仁宗皇庆元年二月,"敕岭北行省赈给阙食流民"[4]这次大灾引发的流民问题至此告一段落,持续了近5年。第二次大灾发生在元仁宗时代:"延祐间,朔漠大风雪,羊马驼畜尽死,人民流散,以子女鬻人为奴婢。"[5]延祐四年十月,"遣官即兴和路及净州发廪赈给北方流民"。这是一次新的南来流民潮的来临,由此可以推知漠北草原新的大灾应发生在延祐三年或四年。延祐五年四月,"遣官分汰各部流民,给粮赈济"。六月,"遣阿尼八都儿、只儿海分汰净州北地流民,其隶四宿卫及诸王、驸马者,给资粮遣还各部"。

〔1〕刘敏中:《中庵集》卷4《顺德忠献王碑》。
〔2〕《元史》卷22《武宗纪一》。
〔3〕《元史》卷23《武宗纪二》。
〔4〕《元史》卷24《仁宗纪一》。
〔5〕《元史》卷136《拜住传》。

延祐六年,四月,"命京师诸司官吏运粮上都、兴和,赈济蒙古饥民"。同年还有多起赈济蒙古贫民的措施[1] 延祐七年六月,"赈北边饥民,有妻子者钞千五百贯,孤独者七百五十贯"[2] 大批牧民南来对于社会来说是不安定的因素,元朝政府大力推行遣返活动。英宗至治二年十二月,"给蒙古流民粮、钞,遣还本部"[3] 泰定元年三月,"给蒙古流民粮、钞,遣还所部"[4] 六月,"赈蒙古饥民,遣还所部"。遣返活动拖了很长时间,天历二年、至顺元年还在进行。漠北草原是"兴王根本之地",连续发生严重的天灾,意味着根本动摇。对于元朝来说,不仅是经济上的沉重负担,也是政治上的残酷打击。

3.4 元顺帝时期(1333—1368)的灾害状况

元朝最后一个皇帝元顺帝妥欢贴睦尔在位期间(1333—1368),屡次出现全国性的灾害,其中有破坏性特大的灾荒,直接引发了全国规模的农民战争,导致了朝代的更迭。

顺帝统治的前10年,和前一阶段一样,各种灾害多发,比较严重的有元统元年(1333)六月的京畿水灾,"大霖雨,京畿水平地丈余,饥民四十余万"。元统二年五月,"江浙大饥,以户计者五十九万五百六十四"[5] 至元二年,"是岁江浙旱,自春至于八月不雨,民大饥"。至元三年六月,"辛巳,大霖雨,自是日至癸巳不止。京师,河南、北水溢,御河、黄河、沁河、浑河水溢,没人畜、庐舍甚众"。辛巳是十二日,癸巳是二十四日,这场大雨连下10余日,引起北方很多河流泛滥成灾。至元五年三月、五月、六月、八月不断有"达达民饥"、"爱马人民饥"加以赈济的记载,有的还提到"大风雪"[6] "达达"即蒙古,"爱马"是蒙语,意为"部"。可见在至元四年至五年之间,漠北草原又发生了风雪灾

〔1〕《元史》卷26《仁宗纪三》。
〔2〕《元史》卷27《英宗纪一》。
〔3〕《元史》卷28《英宗纪二》。
〔4〕《元史》卷29《泰定帝纪一》。
〔5〕《元史》卷38《顺帝纪一》。
〔6〕《元史》卷39《顺帝纪二》。

害。至元六年七月,"达达之地大风雪,羊马皆死。赈军士钞一百万定,并遣使赈怯列干十三站,每站一千定"[1]。显然,在至元五年至六年间,漠北草原继续发生"大风雪"。这样连年的灾荒,对草原的破坏是极大的。至正二年(1342)北方部分地区旱情严重,"彰德、大同二郡及冀宁平晋、榆次、徐沟县,汾州孝义县,忻州皆大旱,自春至秋不雨,人有相食者"[2]。这一时期,苏天爵上疏说:"爰自去岁以来,不幸天灾时见,或值旱干,或遇霖雨,河水泛滥,年谷不登,以致江浙、辽阳行省,山东、河北诸郡,元元之民,饥寒日甚。始则质屋典田,既不能济,甚则鬻妻卖子,价值几何。朝廷虽尝赈恤,数日又复一空。朝餐树皮,暮食野菜,饥肠暂充,形容已槁。父子不能相顾,弟兄宁得同居。壮者散为盗贼,弱者死于途路。闻之亦为寒心,见者孰不陨涕。"[3]大范围的多种灾荒,加速了劳动者的赤贫化,导致社会的动荡不安。

至正四年(甲申)、五年(乙酉)间,各种灾害更趋严重。据官方记载,淮河以北,腹里所辖河北、山西、山东以及河南行省所辖汴梁路等接连发生水灾,"饥民有相食者"。曹州、胶州等处旱。归德府等处蝗。济南大疫。在南方,福州大旱,"自三月不雨至于八月"。邵武、镇江等处旱。福州、邵武、延平、汀州有大疫。东平路、汉阳府、莒州蒙阴县、蓟州等处地震。温州路"飓风大作,海水溢,地震"。此外南北都有一些地方发生地震[4]。由于腹里地区灾荒蔓延,许多灾民流入元朝都城大都。当时生活在大都的高丽士人李穀在至正五年五月写了一篇《小圃记》,叙述他在赁屋小圃种菜3年,第一年丰收,第二、三年因灾害相继,一年不如一年。"予尝以小揆大,以近测远,谓天下之利,当耗其大半也。[四年]秋果不熟,冬阙食,河南北民多流徙,盗贼窃发,出兵捕诛不能止。及春饥民集京师,都城内外,呼号丐乞,僵仆不起者相枕藉。庙堂忧劳,有司奔走,其所以设施救活,无所不至。至发廪以赈之,作粥以食之,然死者已过半矣。由是物价涌贵,米斗八九千。今又自春末至

---

〔1〕《元史》卷 40《顺帝纪三》。

〔2〕《元史》卷 51《五行志二》。

〔3〕《滋溪文稿》卷 26《乞免饥民夏税》。

〔4〕《元史》卷 41《顺帝纪四》,卷 51《五行志二》。

夏至不雨,视所种菜如去年,未知从今得雨否?"[1] 另据官方记载,五年四月,"大都流民,官给路粮,遣其还乡"。[2] 可见流民已成为大都的突出社会问题,而这完全是由腹里灾荒造成的。

这两年间最严重的灾荒要数河南行省南部的特大旱灾和大疫,以及黄河的决口。至正五年诗人廼贤由江南前往大都途中,经过河南,根据见闻,写下了《颍州老翁歌》:"河南年来数亢旱,赤地千里黄尘飞。麦禾槁死粟不熟,长镵挂壁犁生衣。……市中斗粟价十千,饥人煮蕨供晨炊。木皮剥尽草根死,妻子相对愁双眉。""今年灾虐及陈、颍,疫毒四起民流离。连村比屋相枕藉,纵有药石难扶治。一家十口不三日,藁束席卷埋荒陂。"余阙为此诗写的后记中说:"至正四年,河南北大饥,明年又疫,民之死者过半。……然民罹大困,田莱尽荒,蒿蓬没人,狐兔之迹满道。"余阙当时任御史,在河南目睹大灾带来的惨相。[3] 陈州属河南行省汴梁路,今河南淮阳。颍州属河南行省汝宁府,今安徽阜阳。明朝开国皇帝朱元璋是淮东濠州(今安徽凤阳)人,濠州属河南行省安丰路,颍州与濠州两地都在淮河以北,相去不远。至正四年(甲申),朱元璋17岁。"值四方旱蝗,民饥,疫疠大起。"一月之内,父母、长兄相继死亡。"值天无雨,遗蝗腾翔,里人缺食,草木为粮。"无奈之下,只好出家为僧。但寺院亦缺乏粮食,"居未两月,寺主封仓,众各为计,云水飘扬"。朱元璋只好游食四方。由朱元璋的遭遇亦可见此次大疫不限于《颍州老翁歌》所说的陈、颍,灾情十分惨烈。[4] 这场"疫毒"、"疫疠",来势凶猛,显然是一种恶性传染病。另有记载说:"乙酉年后,北方饥,子女渡江转卖与人为奴为婢。"显然,江北许多饥民逃到江南,衣食无着,只好出卖子女来苟全性命。[5] 此后稍有缓解,但到至正七年(丁亥),又是大旱之年。"丁亥岁,河南自正月至七月无雨,流民相于

〔1〕《稼亭集》卷4,《韩国历代文集丛书》本。

〔2〕《元史》卷41《顺帝纪四》。

〔3〕《金台集》卷1,《元人十种诗》本。

〔4〕《洪武实录》卷1,江苏国学图书馆藏抄本。朱元璋:《明太祖集》卷14《皇陵碑》,黄山书社1991年版。

〔5〕孔克齐:《至正直记》卷3《乞丐不为奴婢》,上海古籍出版社1987年版。

道,哭声满野。"[1]数年大旱加以大疫,对河南行省南部造成了严重的破坏。

黄河决口是另一起巨大的灾难。元统元年、至元元年、至元三年、至正二年都曾发生"黄河水溢",但范围不大。至正四年正月,"河决曹州,雇夫万五千八百修筑之"。"是月,河又决汴梁。"[2]到五月,形势进一步恶化:"夏五月,大雨二十余日,黄河暴溢,水平地二丈余,北决白茅堤。六月,又北决金堤。并河郡邑济宁、单州、虞城、砀山、金乡、鱼台、丰、沛、定陶、楚丘、武城(成武),以至曹州、东明、钜野、郓城、嘉祥、汶上、任城等处皆罹水患,民老弱昏垫,壮者流离四方。水势北侵安山,沿入会通、运河,延袤济南、河间,将坏两漕司盐场,妨国计甚重。"[3]白茅堤在今山东曹县西北,金堤在今河南兰考东北。从上面列举的地名来看,此次黄河泛滥涉及济宁路(单州、虞城、砀山、金乡、鱼台、丰、沛、钜野、郓城、嘉祥、任城)、东平路(汶上)、曹州(定陶、楚丘、成武)、大名路(东明),均属腹里(中书省直辖地区),大体相当于今山东西南以及河南、安徽、江苏交界处,而且漫入联系南北的大动脉会通河和运河,逼近济南(路治历城,今山东济南)、河间(路治河间,今河北河间),面积广阔,造成了生命财产的巨大损失。"比年以来,黄河失道,泛滥曹、濮间,生民垫溺,中原雕耗,莫此为甚。"[4]"河南北诸郡灾于水,民死亡不可胜计。"[5]面对这场巨大的灾难,元朝上层争论不休,束手无策。"河决白茅堤,又决金堤,方数千里,五年不能塞。"[6]直到至正九年元朝政府才下决心治河,经过一段时间筹备之后,在至正十一年四月正式动工,征调民工15万,军人2万。十一月,工程结束,"河乃复故道,南汇于淮,又东入于海"[7]。

至正十一年五月,刘福通在颍州起义,揭开了绵延20余年的全国

〔1〕陈基诗题,《夷白斋稿》外集卷上,《四库全书》本。
〔2〕《元史》卷41《顺帝纪四》。
〔3〕《元史》卷66《河渠志三》。
〔4〕王喜:《治河图略》,见陈得芝、邱树森等辑点:《元代奏议集录》第336页。
〔5〕宋禧:《庸庵集》卷12《送王巡检赴岑江序》,《四库全书》本。
〔6〕《元史》卷138《脱脱传》。
〔7〕《元史》卷66《河渠志三》。

农民战争的序幕。刘福通起义与黄河决口有密切关系。"先是,中书省右丞相脱脱在任,灾异叠见,黄河变迁。至正十一年,遣工部尚书贾鲁役民夫一十五万,军二万,决河故道,民不聊生。河南韩山童首事作乱……渐致滋蔓,陷淮西诸郡。继而湖广、江西、荆襄等处,皆沦贼境。"[1] 黄河泛滥,使两岸人民挣扎在死亡线上,"济宁、曹、郓,连岁饥馑,民不聊生"。[2] 元朝政府用强制的手段,大量征调民工修河,无异雪上加霜。"韩山童等因挟诈,阴凿石人,止开一眼,镌其背曰:'莫道石人一只眼,此物一出天下反',预当开河道埋之。掘者得之,遂相为惊诧而谋乱。"[3] 韩山童是栾城(今河北栾城)人,"祖、父以白莲会烧香惑众,谪徙广平永年县(今河北永年)"。十一年,即在修河工程开动后不久,他便以宋徽宗八世孙自命,聚众起事。但事机不密,被当地官府发觉,"山童就擒"。其徒刘福通逃到淮西,在五月间"以红巾为号,陷颍州"。[4] 如上所述,颍州正是至正四、五年大旱、大疫的中心地区,这一带有大量像朱元璋一样饥寒交迫的流民。刘福通的到来,犹如火种,立刻引起了燃烧两淮的熊熊烈火,而且迅速扩展,成为全国规模的农民战争。

在中国历史上,任何一场大规模的持久的农民战争,都有其深刻的社会根源。元末农民战争绵延 10 余年,遍及全国,"其致乱之阶非一朝一夕之故,所由来久矣"。[5] 从根本上说是由于地主剥削农民,导致严重的贫富分化,"人物贫富不均,多乐从乱"。"贫者从乱如归。"[6] 但无可否认,不断发生的各种自然灾害,都在不同程度上加剧了阶级矛盾,而顺帝时期特大的旱、疫和河灾,则对元末农民战争起着直接导火线的作用。

---

〔1〕陶宗仪:《辍耕录》卷 29《记隆平》,中华书局 1959 年版。

〔2〕《元史》卷 186《成遵传》。

〔3〕叶子奇:《草木子》卷 3 上《克谨篇》,中华书局 1959 年版。由于元朝政府的严密部署,修河期间民工并未造反,此次工程得以顺利完成。但这些听到民谣的民工,在遣散以后,有很多人参加农民起义军,是可以想见的。

〔4〕《元史》卷 42《顺帝纪五》。

〔5〕《元史》卷 66《河渠志三》。

〔6〕叶子奇:《草木子》卷 3 上《克谨篇》。

　　元顺帝统治的中、后期,爆发了全国性的农民战争,通常称为元末农民战争(1351—1368)。在农民战争期间,各种灾害多发、高发,特别突出的是"大疫"增多,而政府和民间的救灾工作则完全陷于瘫痪,因此由灾害引起的"大饥"连年不绝。最突出的是至元十八年到二十年间京师大饥疫和至元十九年北方的蝗灾。十八年七月,"是月,京师大水、蝗,民大饥"[1]"冬,京师大饥,人相食。"[2]"至正十八年,京师大饥疫。时河南北、山东郡县皆被兵,民之老幼男女避居聚京师,以故死者相枕藉。[宦者朴]不花欲要誉一时,请于帝,市地收瘗之。……至二十年四月,前后瘗者二十万,用钞二万七千九十余定,米五百六十余石。"[3]有的记载对死亡人数估计更高:"京师大饥,民殍死者几百万,十一门外各掘万人坑掩之。"[4]诗人张翥时在大都做官,"戊戌七月",他写了一首题为《书所见》的诗,其中说:"沟中人唼尸,道上母抛儿。""城南官掘穴,日见委尸盈。"[5]大都城简直成了人间地狱。

　　至元十九年五月,"是月,山东、河东、河南、关中等处,蝗飞蔽天,人马不能行,所落沟堑尽平,民大饥"。七月,"是月,霸州及介休、灵石县蝗"。八月,"蝗自河北飞渡汴梁,食田禾一空"。"是月,大同路蝗。"[6]蝗虫"食禾稼草木俱尽,所至蔽日,碍人马不能行,填坑堑皆盈。饥民捕蝗以为食,或曝干而积之。又罄,则人相食"[7]。这样严重的蝗灾,在历史上并不多见。蝗灾主要发生在北方农业区即"汉地",这一地区是元军与农民起义军激烈交战的地方,又遭遇大灾,真是赤地千里了。

　　在各路农民军打击下,元朝统治处在风雨飘摇之中。群雄割据,道路阻隔,江南财赋来源断绝。至正十八、九年的特大灾荒,造成"汉地"社会经济的全面崩溃,更使其落入摇摇欲坠的境地。朱元璋在南方兴

〔1〕《元史》卷45《顺帝纪八》。
〔2〕《元史》卷51《五行志二》。
〔3〕《元史》卷204《宦者·朴不花传》。
〔4〕权衡:《庚申外史》卷下,《学海类编》本。
〔5〕《蜕庵集》卷1,《四部丛刊续编》本。
〔6〕《元史》卷45《顺帝纪八》。
〔7〕《元史》卷51《五行志二》。

起,举兵北伐,很快便攻下大都,完成朝代的更替。其中有政治、军事的原因,也有包括自然灾害在内的经济因素。

（原载《中国社科院学术咨询委员会集刊》第 3 集,社科文献出版社 2007 年版。）

4　元朝的常平仓和义仓

常平仓起于汉朝，义仓起于隋朝。常平仓，"其法：丰年米贱，官为增价籴之，歉年米贵，官为减价粜之"[1]。义仓则是"丰年贮蓄，歉年食用"[2]。实行常平仓和义仓，"使饥不损民，丰不伤农，粟直不低昂，而民无菜色，诚救荒之良法也"[3]。常平仓是政府设置管理的，义仓是在政府监督下由民间自行管理的。在元代，常平仓和义仓，仍被视为救荒的重要措施。本篇拟就其实施过程和实际效果，做初步的探讨。

4.1　常平仓、义仓的设立过程

金朝在所统治的北方农业区曾普遍设立常平仓。[4]蒙古国初期，北方农业区（当时称为"汉地"）社会动荡，政治混乱，无论是蒙古国的统治者，或是各地的军阀，都不关心民间的疾苦，当然也没有人想到救荒的措施，各地的常平仓均已废弛。

蒙哥汗即位，汗弟忽必烈被委以治理"汉地"的重任。忽必烈不断征召"汉地"的知名人士，访求治道。受征召者无例外地向他进言，要以中原传统的制度即所谓"汉法"，治理"汉地"，其中有些人便提到了常平仓法。庚戌年（1250），亦即蒙哥即汗位、忽必烈受命治理"汉地"之年，原金朝进士魏璠应征到漠北，向忽必烈"条陈三十余事"，提出："汉之常平，宋之讲筵，万世可常行也。"[5]以后，姚枢受征召向忽必烈

---

〔1〕《元史》卷96《食货志四》。

〔2〕《通制条格》卷16《田令》。

〔3〕《经世大典序录·赋典·常平义仓》，见苏天爵：《国朝文类》卷40。

〔4〕《金史》卷50《食货志五》。

〔5〕王恽：《秋涧先生大全集》卷82《中堂事记上》。

上书,"为条三十",其中之一是"广储蓄复常平以待凶荒"[1]。此外,汪古部人月合乃"赞卜只儿断事官事,以燕故城为治所,月合乃概然以治道自任,政事修举。……性好施予,尝建言立常平仓"[2]。月合乃的父亲曾在金朝做官,他本人显然受到中原传统文化的影响,故会提出立常平仓的建议。燕京断事官(蒙语称札鲁忽赤)是蒙古国管理"汉地"的最高行政长官。一方面,忽必烈幕府中有人主张推行常平仓;另一方面,燕京断事官幕僚中亦有人对此持积极态度。因此,"汉地"不少地区相继建立了常平仓,设置了相应的管理机构。"丙辰,刑部尚书冯公以君(徐玉)廉干,奏充提举河东南路常平仓事,凡一路鳏寡孤独及脱着民籍之户,皆兼领之。君赈贫救急,乐于为善。"[3]丙辰是蒙哥汗六年(1256)。徐玉提举河东南路常平仓事是"奏充"的,亦即得到蒙古汗廷同意的。河东南路辖区大致相当于今山西南部,面积颇广。元世祖时,监察御史王恽建议"复先帝常平之制,就各路已有之仓,令有司预为修理。……又会验得常平仓国家自丁巳年初立,明年戊午,宣德西京等处霜损田禾,谷价腾涌,百姓阙食,官为减价出粜,民顿以安"[4]。丁巳年是蒙哥汗七年(1257),可见在丙辰、丁巳之间"汉地"已经设立常平仓,并设置相应的官员进行管理。王恽称之为"先帝常平之制",证之以徐玉官职的"奏充",似可认为,蒙哥汗曾为建立常平仓颁发正式的诏令。此次建造的常平仓库房为数相当可观(见下)。但是,以民间自行管理为特征的义仓,在蒙古前4汗时期,似乎没有实行过。

中统元年(1260)三月,忽必烈在开平称帝。四月,谋士郝经上《便宜新政》,"条奏当今急务"。其中之一是"罢诸路宣课、盐铁官冗员。罢常平仓,虽曰常平仓,实未尝有益于民,但养无用官吏数千百人"[5]。

---

〔1〕《牧庵集》卷15《姚文献公神道碑》。

〔2〕《元史》卷134《月合乃传》。

〔3〕王博文:《故河东南路提举常平仓事徐君墓碣铭》,见胡聘之编撰:《山右石刻丛编》卷27。

〔4〕《秋涧先生大全集》卷88《论钞息复立常平仓事》。王颋《元代粮仓考略》(《安徽师大学报》1981年第2期)根据《秋涧先生大全集》记载指出,蒙哥时代已立常平仓。韩国崔允精的博士论文《元代赈恤制度研究》(南京大学,2003)中提到了《徐君墓碣铭》。

〔5〕《陵川文集》卷34。

·欧·亚·历·史·文·化·文·库·

常平仓的官吏有数千百人之多,可见已在蒙古国统治下的"汉地"普遍设立。这一年七月,在燕京(今北京)立行中书省。十月,在行省研讨政务时,"常平救荒之法,以次有议焉"[1]。但具体内容不详。同年十一月,蒙古国"发常平仓赈益都、济南、滨棣饥民"[2]。则此时常平仓尚存在。但情况很快发生变化。"至元三年,(马亨)进嘉议大夫、左三部尚书,寻改户部尚书。……亨又建言立常平、义仓,谓备荒之具,宜亟举行。而时以财用不足,止设义仓。"[3]从这则记载来看,当时已不存在常平仓,马亨才会有此建议。可以认为,中统元年十一月以后,常平仓曾被废除,后来又重新恢复。但"时以财用不足,止设义仓",则有不同的说法。

元代中期官修政书《经世大典》说:"国朝自至元六年诏立义仓于乡社,又置常平仓于路府。"[4]明初修《元史》,《食货志》主要据《经世大典·赋典》编纂而成,其中说:"常平仓世祖至元六年始立。……义仓亦至元六年始立。"则义仓和常平仓都在至元六年(1269)推行。[5]可以肯定的是,义仓的设立与元朝政府推行社制有密切的关系。至元六年八月,"诏诸路劝课农桑,命中书省采农桑事列为条目。仍令提刑按察司与州、县官相风土之所宜,讲究可否,别颁行之"[6]。据《元史·食货志》记载,"义仓亦至元六年始立。其法:社置一仓,以社长主之。丰年每亲丁纳粟5斗,驱丁2斗,无粟听纳杂色,歉年就给社民"[7],讲的就是"条目"的内容。这种按丁纳粟的办法弊病甚多:一是驱丁(奴隶)虽则身份低下但与良人"口腹无殊",在灾年"岂可半食哉!"二是历

---

〔1〕王恽:《秋涧先生大全集》卷80《中堂事记上》。

〔2〕《元史》卷4《世祖纪一》。

〔3〕《元史》卷163《马亨传》。

〔4〕《经世大典序录·赋典·常平义仓》,见苏天爵:《国朝文类》卷40。

〔5〕《元史》卷96《食货志四·常平义仓》。

〔6〕《元史》卷6《世祖纪三》。

〔7〕《元史》卷96《食货志四·常平义仓》。按,《元典章》卷30《礼部三·人病祷祭不禁》引至元六年八月"条画"云:"立定社外,其诸聚众作社,并行禁断。""条画"即上述"条目",其中有立社文字,但全文已佚。参见植松正:《元代条画考(二)》,《香川大学教育部研究报告》第一部第46号(1979.3)。《食货志》此段文字无疑出自六年八月"条画",见本篇第3部分。

来丁指成年男子，"计丁出纳，则妇人不纳，岂不食哉!"[1] 至元七年二月，中书省发布经过各方面讨论修订而成的"劝农条画"，其中规定：

> 每社立义仓，社长主之。如遇丰年收成去处，各家验口数每口留粟一斗，若无粟抵斗存留杂色料，以备俭岁，就给各人自行食用。官司并不得拘检借贷动支，经过军马亦不得强行取要。社长明置文历，如欲聚集收顿，或各家顿放，听从民便。社长与社户从长计议，如法收贮，须要不致损坏。如遇天灾凶岁不收去处，或本社内有不收之家，不在存留之限。[2]

义仓储存粮食的标准，至元六年原定亲丁 5 斗，驱丁 2 斗，七年《条画》改为每口 1 斗。元代北方农村一般来说每家 5 口，也就是说大体上是每户 5 斗。[3] 这个改动是很大的。也就是说，义仓始立于至元六年，七年作了必要的修订，重新颁布。

《元史·食货志》明确说常平仓和义仓都始立于至元六年，而王恽在《上世祖皇帝论政事书》中说："常平仓设自至元八年，随路收贮斛粟约八十余万。"[4] 后来，他在呈送御史台转呈中书省的《便民三十五事》中又说"至元八年设立常平仓"。[5] 王恽一直关注常平仓的建设，在至元五年到八年任监察御史期间曾两次就此事提出建议。[6] 以上两文又是呈送皇帝和中书省的，所说必然有据。此外，元朝中书省的一份文书说："至元八年奏准随路常平仓收籴粮斛"，仍行文户部，命行下合属，验"每月时估，以十分为率，添答二分，常川收籴"[7]。亦可证明八年说之可信。这和上述《经世大典》、《元史》的六年说不一样。

前面提到，马亨建议行常平仓和义仓，结果是只设义仓。这和六年说也有区别。似可认为，至元六年是元朝政府下令设置常平仓、义仓之

---

〔1〕赵天麟：《太平金镜策》卷4《树八事以丰天下之食货·课义仓》。参见本篇第3部分。

〔2〕《元典章》卷21《户部七·义仓·义仓验口数留粟》。

〔3〕胡祗遹：《紫山大全集》卷23《匹夫岁费》。

〔4〕《秋涧先生大全集》卷35。

〔5〕《秋涧先生大全集》卷90。

〔6〕《秋涧先生大全集》卷88《论钞息复立常平仓事》，《秋涧先生大全集》卷89《论宣课折纳米粟实常平仓状》。

〔7〕《元典章》卷21《户部七·义仓·设立常平仓事》。

年,而正式推行,义仓在七年,常平仓更晚一点,在至元八年。

忽必烈的政治理念不同于蒙古国前4汗。他在称帝前即征召"汉地"人才,咨询治道,并在"汉地"部分地区进行改革试验;即位以后逐步推行"汉法",建立中原传统模式的封建王朝。重视农业生产,推广救荒措施,便是"汉法"的组成部分。常平仓和义仓正是在这样的背景下得以实施。

4.2　常平仓的运行与废弛

元代官修政书《经世大典》记,至元九年正月"省札,随路可以添盖常平仓处所。户部议,若于随路添盖,虽官买木物,必须役民,即日春初,恐夺农务。如已后丰稔,故房不敷,陆续添盖。先将各路元有及可以续添间数,开呈省照","总计元有厫仓一千五百二十间。真定等路一十四处七十九万二千五户,一千四百间,元有九百八十间,今添四百二十间","每间约储粮千石"[1]。"元有"无疑是蒙哥汗时代的常平库房。由此记载,一则可知蒙哥汗时代常平仓已有相当规模,二则说明元朝政府此次建立常平仓颇有雄心。王恽在任监察御史期间所上的一篇事状中说:"切见随路起盖常平仓敖二千余间,已是功毕。"[2]王恽在至元五年起任监察御史,九年调任其他职务。此篇事状应作于至元九年调任以前。他所说"二千余间"应包括原有和新盖在内。按每间千石计,"二千余间"可储粮二百万石以上。这是一个颇为庞大的数字。

常平仓库盖成后,需要解决存储的粮食问题。元朝政府建立常平仓,打算贮存多少粮食,或者说,常平仓按什么标准贮备粮食,这是研究中必须注意的问题。上面说可以储藏二百多万石,是仓库的容积,事实上常平仓受各种条件限制,不可能完全利用。元朝政府的设想不可得知。王恽在建议实施常平仓时说:"常平一立,除屯田粮及正税外,复有百万余石之谷积于中而壮于外。"[3]他的意见是常平仓应贮粮百万

〔1〕《大元仓库记》,《广仓学窘丛书》本。
〔2〕《秋涧先生大全集》卷89《论宣课折纳米粟实常平仓状》。
〔3〕《秋涧先生大全集》卷88《论钞息复立常平仓事》。

石以上。常平仓设立后，王恽说，"窃见至元八年设立常平仓，验随路户数收贮米粟，约八十万石，以备缓急接济支用"[1]。可知常平仓的储备是按户数收贮的，总数曾达80万石。据统计，至元八年，"天下户一百九十万六千二百七十"[2]。这是元朝政府控制的"汉地"户数。考虑到当时存在大量逃户，似可认为，常平仓是按每户5斗的标准贮存的。

常平仓的基本原则是丰年增价籴粮，歉年减价粜粮。储存的粮食从哪里来？原来的设想是："官为和籴，以实仓廪。"[3]"和籴"就是政府出资，购买百姓的粮食。所谓"和"，是两相情愿的意思。元朝政府常在边境实行"和籴"，或用货币、或以盐引作代价，以解决驻军粮食问题。对于常平仓，则由政府出钱购置，为此还规定，"和籴"时"验每月时估，以十分为率，添答二分，常川收籴。……并不得椿配百姓"[4]。但作为政府行为，由官吏执行，弊端甚多。王恽说："近年上都、中兴、西京等处和籴粮斛，所委官吏，往往作弊，官钱既为欺隐，粮斛又不数足。随复差辍省部官打算追征，经隔数年，不能结绝。"为此他建议"趁夏麦收成及向前秋收，将农民六色课程约量折纳粟豆等物，公私实为两便，免致有欺隐紊烦之弊"。元代"汉地"农民的负担，主要有科差（户税）、税粮（土地税），此外还有诸色课程，即各种税，包括盐课、酒醋课、商税等。王恽主张将农民负担的"六色课程"折成粮食交纳，供常平仓储备之用。他的意见是否被采纳，已不可知。但据元朝官员胡祗遹说，至元八年常平仓初建时，"丝银听从民便，照依时估折纳粟麦，以实常平仓，使农无以粟易钞贱粜之损，官无高价和籴坐为奸人之飞耗"[5]。元代"汉地"的一项重要赋税称为科差，按户交纳。科差包括包银和丝料两项，前者交白银，后者交丝。胡祗遹所说，即百姓可以将应交的丝、银按市场价格折成粮食，交到常平仓。这和王恽的建议是很

〔1〕王恽：《便民三十事》，又见王恽《秋涧先生大全集》卷35《上世祖皇帝论政事书》。
〔2〕《元史》卷7《世祖纪四》。
〔3〕王恽：《秋涧先生大全集》卷89《论宣课折纳米粟实常平仓状》。
〔4〕《元典章》卷21《户部七·义仓·设立常平仓事》。
〔5〕《紫山大全集》卷22《论积贮》。

相似的,都是将农民的部分赋税负担折合粮食充常平仓之用。但这种做法是普遍还是部分施行,也是不清楚的。元朝中期编纂的政书《经世大典》中记,"至元六年始立常平仓。……八年,以和籴粮及诸河仓所拨粮贮焉。二三年定铁法,又以铁课籴粮充焉"〔1〕。如上所述,和籴粮指政府用钱钞或盐引购买(换)民间粮食。河仓是政府的粮库,收储的是各地交纳的税粮,很可能即指上面所说丝银、课程折合的粮食。铁课是政府的一项税收,元朝曾一度用铁课收入来籴粮补充常平仓。也就是说,常平仓实际上是政府拨粮(用丝银或课程折合粮食),或是由政府出面在民间购买粮食,总之是由政府维持的。王恽所说常平仓收贮80万石应是至元八年初建常平仓时的数字。至元八年前后,"国家岁计粮储,必须百有余万,方可足用"〔2〕。则当时元朝政府每年收储的粮食(主要是百姓交纳的税粮)为百余万石,常平仓储存的粮食相当于政府仓廪储粮的一半以上。

关于常平仓的管理,至元十八年中书省的一件有关常平仓的文书中说:"委自本处正官不妨本职提调,拟合设仓官、攒典、斗脚,就于近上不作过犯内公同选差,除免各户杂役。仍按月将先发价钞已未收籴支纳见在数目,开坐申部呈省。"〔3〕这应是重申过去的规定,但原始文书已不可见。由此可知,常平仓由各地正官(县尹、州尹等)负责,常平库的工作人员(库官、攒典、斗脚)则从民间选充。元朝将百姓划分户等,按丁力财产分为三等九甲。"近上"即上等户。元朝百姓一般都要承当杂泛差役,杂泛是力役,差役就是前代的职役,包括里正、主首、库官、库子等名目。〔4〕 也就是说,选充常平仓工作人员的标准一是上等户,二是没有犯罪记录。他们的工作没有报酬,但可以免当杂泛差役(当库官库子可免充里正、主首)。常平仓的库官、攒典、斗脚实际上是一种百姓承当的差役。

至元十八年或稍后,王恽任行台治书侍御史期间,上《便民三十五

〔1〕《大元仓库记》;《元史》卷96《食货志四·常平义仓》。
〔2〕《秋涧先生大全集》卷89《弹漕司失陷官粮事状》。
〔3〕《元典章》卷21《户部七·义仓·设立常平仓事》。
〔4〕参见陈高华:《元代役法简论》,载陈高华《元史研究论稿》,中华书局1991年版。

事》，其中之一是"复常平仓"。王恽说："窃见至元八年设立常平仓……近年已来，起运尽绝，甚非朝廷恤民救荒本意。"他建议"向前收成去处，依前收籴，以实常平，恐亦恤民平估之一策也"[1]。则此时常平仓已废弛，空有其名。至元十九年，中书省专门就常平仓颁发文书，其中说："近年以来，有司灭裂，加之势要人等把柄行市，积塌收籴，侵公害私。除别行禁约外，都省今拟依旧设立用官降一样斛槛升斗，验各处按月时估，依上添答价值，常川收籴，画便支价，并无减克。贫家阙食者仰令依例出粜。"[2]这件文书下发到各地，效果如何并不清楚[3]。至元二十一年十月，元朝政府下令，"立常平仓，以五十万石价钞给之"[4]。"五十万石"虽低于原来的80万石，仍是相当可观的数目，元朝政府显然试图重新启动常平仓建设。但"汉地"居民不到200万户，常平仓储存80万石，摊到每户头上不到5斗。全国统一以后在籍的有1300余万户，常平储蓄50万石，摊到每户头上不过4升，实在太少。至元二十六年闰十月，"武平路饥，发常平仓米万五千石"[5]。世祖末年连年发生灾荒之地甚多，但明确提到常平仓仅此一起，似反映出常平仓粮有限。至元二十九年王恽向忽必烈提出治理国家的16条建议，第10条是"复常平以广蓄积"。其中说："今仓廪具存，起运久空，甚非朝廷救荒恤民本意。"[6]大概就在王恽上书前后，胡祇遹也说，"常平仓既立，即今空无一粟"[7]。可见到世祖末年，常平仓已名存实亡了。

成宗大德七年（1303年），郑介夫上《太平策》，其中谈到常平仓："汉立常平仓，谷贱增价而籴以利农，谷贵时减价而粜，民以为便，二千年间皆则而效之。朱文公尝行于浙东，最为得法。……备荒之策，无出此者。"但他认为，"然此法不可行于今矣。何也？贪官污吏，并缘为

---

〔1〕《秋涧先生大全集》卷90。

〔2〕《元典章》卷23《户部七·义仓·设立常平仓事》。

〔3〕《至顺镇江志》卷13《公廨》云："常平仓，在府治。……归附后废，至元十九年复置。"并收录了上述中书省文书。

〔4〕《元史》卷14《世祖纪十一》。

〔5〕《元史》卷15《世祖纪十二》。

〔6〕王恽《秋涧先生大全集》卷35《上世祖皇帝论政事书》。

〔7〕《紫山大全集》卷22《论积贮》。

奸。若官入官出,民间未沾赈济之利,且先被打算计点之扰。及出入之时,又有克减百端之弊,适以重困百姓也"[1]。政治的腐败是常平仓难以实行的根本原因。郑介夫这段话实际上也说明,常平仓此时已经陷于全面废弛。武宗至大二年(1309),灾害相继,百姓流离。元朝政府想通过改造钞法来摆脱财政危机。这一年九月,颁行至大银钞,诏书中提出:"随处路府州县,设立常平仓以权物价,丰年收籴粟麦米谷,值青黄不接之时,比附时估,减价出粜,以遏沸涌。"[2]"尚书省部斟酌路府州县大小,名数多寡,议给常平仓本钞,各处便宜撥拨官仓。如无仓廒去处,官为起盖。"[3]但是,就在这一年的十月,"御史台臣言:'常平仓本以益民,然岁不登,遽立之,必及害民。罢之便。'……有旨:'其与省臣议之'"[4]。台、省商议的结果史无明文,但很明显的是常平仓一事再无人提及。仁宗皇庆二年(1313年),郭贯任淮西廉访使,"建言'宜置常平仓,考校各路农事'"[5],没有得到响应。泰定四年(1327)正月,"燕南廉访司请立真定常平仓,不报"[6]。

文宗天历二年(1329)十月,"命所在官司设置常平仓"[7]。成书于文宗至顺四年(1333,即顺帝元统元年)的《镇江志》(即《至顺镇江志》),记载了至元十九年和至大二年有关常平仓的诏令文书,却没有提到天历二年设常平仓的诏令。而且,该书在丹阳、金坛两县常平仓条下,都注"今废"[8]。显然,此次诏令在地方上根本不起作用。早在大德十一年,监察部门的官员就提议将本部门收存的赃款罚款用来救济灾民,皇帝同意[9]。后来,江南行御史台的一位监察御史说:"常平之举,我朝每形于诏旨,盖所司奉行有所未至,而未效其事,岂非国用浩

〔1〕陈得芝、邱树森等辑点:《元代奏议集录(下)》,第79~80页。
〔2〕《元史》卷23《武宗纪二》。
〔3〕《至顺镇江志》卷13《公廨》。
〔4〕《元史》卷23《武宗纪二》。
〔5〕《元史》卷174《郭贯传》。
〔6〕《元史》卷30《泰定帝纪二》。
〔7〕《元史》卷33《文宗纪二》。
〔8〕《至顺镇江志》卷13《公廨》。
〔9〕《元典章》卷3《圣政二·救灾荒》。

繁,籴粮之本未暇及欤!"他认为常平仓未能实行主要是缺少籴粮的钱钞。因此,建议将监察部门即"三台"(中央御史台、南台、西台)追到的赃款、罚款移作常平的本钱。文宗至顺年间(1330—1331),张光大重编《救荒活民类要》,认为这位御史所说是"良策"。他还补充建议:"愿为僧道者,每度牒一道,以免丁钱约量出米若干,永着为令。在城者输之于路仓,属县者纳之于县廪,方许簪剃。如此攒积,以为常平之本";"二者兼行,则常平籴本立矣"[1]。他的主张在当时似乎并没有引起重视。

元顺帝即位(1333)后,连年灾荒,各种社会矛盾日益尖锐。为了维持统治,元朝政府不得不采取一些应对的措施,其中之一便是发挥常平仓的作用。据《元史·顺帝纪》的记载,元统二年(1334)四月,"成州旱饥,诏出库钞及发常平仓米赈之"。五月,"是月,中书省臣言:'江浙大饥,以户计者五十九万五百六十四,请发米六万七百石、钞二千八百定,及募富人出粟,发常平、义仓赈之,并存海运粮七十八万三百七十石以备不虞。'从之"[2]。后至元元年(1335)十一月,元朝政府又"立常平仓"[3]。后至元六年十一月,"是月,处州、婺州饥,以常平、义仓粮赈之"[4]。至正三年(1343),"是年,诏立常平仓"[5]。至正四年六月,"巩昌陇西县饥,每户贷常平仓粟三斗,俟年丰还官"[6]。常平仓的出现是相当频繁的。至正二年(1342)纂修的庆元(今浙江宁波)地方志《至正四明续志》中也有顺帝初年实行常平仓的记载。一处提到"元统二年发下官本中统钞一百二十一定四十三两三钱三分,每年照时直籴谷,就于广盈仓收贮,别无定额"[7]。另一处则是,"至正元年九月,奉省札,钦遵诏旨,设立常平仓,谷贱则增价以籴,贵则减价以粜,随宜以

---

[1]《救荒活民类要》,《一纲二十目常平》。在此以前,郑介夫曾提出僧道纳粮换取度牒的建议。

[2]《元史》卷38《顺帝纪一》。

[3]《元史》卷38《顺帝纪一》。

[4]《元史》卷40《顺帝纪三》。

[5]《元史》卷41《顺帝纪四》。

[6]《元史》卷41《顺帝纪四》。

[7]王元恭:《至正四明续志》卷3《城邑·公宇》,《宋元四明六志》本(清咸丰四年[1854])。

济其民。今各处没官财产,系官赃罚,阙官子粒,并入粜补官、散济不尽钞数,从宜举行。将元拨粜粜数目、立仓处所,每季登答申呈,以凭点视"。庆元路共有常平本钱(包括上级元发本钱、没官赃罚钞、阙官子粒钱、阙官子粒米)554 定 39 两多,粜到稻谷 2506 石多[1] 以上《至正四明续志》的两条记载,无疑是可信的,但在《元史·顺帝纪》中都找不到相应的记载。由这两条记载,可知在庆元原来的常平仓已不存在,而在顺帝当政以后确曾启动常平仓的重建。但是,重建常平仓的规模是有限的。据统计,庆元路有 24 万余户、51 万余口[2],而至正二年购置的常平仓粮只有稻谷 2506 石多,平均每口可以分摊的稻谷只有半升左右,每户 1 升右右,如折合为成品粮就更少了。这和上面所说始设常平仓时大体按每户 5 斗计,相去太远,真正发生饥荒时没有多大用处。庆元重建的常平仓显然是不合格的官样文章,其他地区亦可想而知。

至正七年,卢琦奉"使司札使,前往延建四路点视常平仓"。"使司"指福建宣慰使司都元帅府,这是行省的分治机构(福建地区归江浙行省管辖)。"延建四路"指福建的延平路、建宁路、汀州路等。可知福建很多地区都设有常平仓,而分管福建地区军政事务的宣慰使司都元帅府把常平仓的管理作为自己的一项工作,派遣专人前去检查。卢琦"点视"以后指出,常平仓"诚良法也。然近年以来,但见其害,而不见其利。盖法立弊生,以至于此"。他列举常平仓施行中的 8 种弊病,要害是官吏与地方豪强"相与为奸邪",欺上瞒下,中饱私囊。他的结论是:"愿罢各处常平,悉归征元本还官。"[3] 卢琦所说,可与《至正四明续志》记载相印证,元顺帝时确曾推行常平仓,但其实际效果是令人怀疑的。此外,至正七年或稍前,上海县尹刘辉曾"劝豪右出粟五百四十三石充义仓及常平仓本"[4]。"豪右出粟"的做法,和政府出资的原则相违,能否实行亦是可疑的。没有多久,全国规模的农民战争爆发,常

---

〔1〕王元恭:《至正四明续志》卷 6《赋役·常平仓》。"阙官子粒"应指地方官员阙位,其职田收入即归公。

〔2〕《元史》卷 62《地理志五》。

〔3〕《圭峰集》卷 2《建言常平》。

〔4〕缪荃孙等:《江苏省通志稿金石志》卷 23《上海令刘侯去思碑》,民国十六年刊本。

平仓也就彻底消失了。

4.3　义仓的运行与废弛

义仓始于至元六年,已见前述。义仓的建立是政府"劝农"措施的组成部分,至元二十三年六月、至元二十八年元朝政府两度重新颁布包括有建立义仓条款在内的《劝农条画》[1]。至元二十八年三月的另一件诏书中说:"义仓旧例,丰年蓄其有余,歉岁补其不足。前年使民运赴河仓,有失设置义仓初意。今后照依元行法度收贮,以备饥岁,官司不得拘检。"[2]同年六月,元朝政府颁布行政法规《至元新格》,其中一款是:"诸义仓本使百姓丰年贮蓄,歉年食用,此已验良法。其社长照依元行,当复修举。官司敢有拘检烦扰者,从肃政廉访司纠弹。"[3]连续发布的诏令,都对义仓加以肯定。因此,世祖时期,元朝的地方行政官员和监察部门的官员,常以建立义仓作为自己的政绩。例如,张懋,"(至元)十六年,改授怀远大将军、吉州路总管。……新府治,设义仓,虽能吏不过也"[4]。畅师文,"(至元)二十四年迁陕西汉中道巡行劝农副使。置义仓,教民种艺法"[5]。赵世延,"(至元)二十九年,转奉议大夫,出佥江南湖北道肃政廉访司事,敦儒学,立义仓"[6]。义仓初建时限于"汉地",随着全国统一,南方也逐渐推广开来。上述3人中,畅师文在陕西,张懋在江西,赵世延在湖北,可知忽必烈在位期间义仓在大江南北已相当普遍。至元二十五年"大司农言:……积义粮三十一万五千五百余石"[7]。二十八年"司农司上诸路……义粮九万九千九百六十石"[8]。"义粮"即义仓贮存之粮。就全国范围来说,这些

---

〔1〕《通制条格》卷16《田令・农桑》,《元典章》卷3《圣政二・救灾荒》。
〔2〕《元典章》卷3《圣政二・救灾荒》。
〔3〕《元典章》卷3《圣政二・救灾荒》,《通制条格》卷16《田令・理民》。
〔4〕《元史》卷152《张子良附张懋传》。
〔5〕《元史》卷170《畅师文传》。
〔6〕《元史》卷180《赵世延传》。
〔7〕《元史》卷15《世祖纪一二》。
〔8〕《元史》卷16《世祖纪一三》。

・欧・亚・历・史・文・化・文・库・

"义粮"数量应该说是很有限的。至元二十九年、三十年间,元朝政府先后动用"义仓粮"赈济山东德州、河北真定等处饥民,三十年五月动用2574石,同年九月动用5900余石[1]。在一些地方义仓多少有点成效。

从世祖至元末年起,不断有人就义仓实施问题向政府提出建议。首先,山东"东平布衣"赵天麟在至元末年上《太平金镜策》,其中一项是"课义仓"[2]。他说:

> 钦奉至元六年八月间圣旨条画内一款该,每社立一义仓,社长主之。每遇年熟,每亲丁留纳粟五斗,驱丁二斗半。年粟不收,许纳杂色。官司并不得拘检借贷勒支。后遇歉岁,就给社民食用。社长明置收支文历,无致损耗。钦此。臣窃见自是以来二十余年于今矣,然而社仓多有空空如也之处。顷年以来,水旱相仍,蝗螟蔽天,饥馑荐臻,四方逃苦,转互就食。……彼隋立义仓之后而富,今立义仓之后而贫,岂今民之不及隋民哉,意者劝督未及、义风未行、天气未和、人事未尽以致之哉?

赵天麟对至元六年八月的《圣旨条画》中有关妇女和驱丁的规定提出批评,已见前述。他提出自己的义仓运作方案:

> 凡一社立社长、社司各一人,社下诸家共穿筑仓窖一所为义仓,凡子粒成熟之时纳则计田产顷亩之多寡而聚之。凡纳例,平年每亩粟率一升,稻率二升。凡大有年,听自相劝督而增数纳之。凡水旱螟蝗,听自相免。凡同社万一丰歉不均,宜免其歉者所当纳之数。凡饥馑不得已之时,出则计排家口数之多寡而散之。凡出例每口日一升,储多每口日二升,勒为定体。凡社长、社司掌管义仓,不得私用。凡官司不得拘检借贷及许纳杂色,皆有前诏在焉。如是则非惟共相赈救,而义风亦兴矣。

赵天麟上书的内容,带来了一些问题:(1)本篇前引《元史·食货志》的文字,亲丁五斗,驱丁二斗。赵天麟则说亲丁五斗,驱丁二斗半。

---

[1]《元史》卷17《世祖纪一四》。
[2]《太平金镜策》卷4《树八事以丰天下之食货·课义仓》。

赵说是否有据？元朝北方民户的税粮每丁二石，驱丁一石，正好减半。[1] 从税粮数来看，义粮征收时驱丁减半是可能的。但如没有其他证据，两说只好存疑。(2)如本篇第一部分所述，至元七年二月"劝农条画"中已将义仓计丁纳粟改为按口纳粟，赵天麟有什么必要对已经作废的计丁纳粟之法大加批评，这实在令人不解，有待进一步研究。也许，赵天麟所在的山东地区仍然实行义仓计丁纳粟之法？(3)赵天麟提出自己的方案，即各社义仓按田亩数纳粟。北方"汉地"农民一般每户5口，耕地百亩。百亩"好收则七八十石，薄收则不及其半"，应付日常生活和政府赋役已捉襟见肘，艰难度日。[2] 按赵的方案，则平年每户须纳粟一石，比起计口纳粟(以5口计)来增加了一倍，加重了农民的负担。

赵天麟关于义仓的说法，留给我们不少疑问，这可能因为他是"布衣"，了解情况有限，提出建议亦不切合实际。但他所说"社仓多有空空如也之处"，"今立义仓之后而贫"，是值得注意的。显然，即使在忽必烈当政的后期，政府宣布义仓是"已验良法"的时代，义仓的实施效果也是有限的。

忽必烈死后，成宗铁穆耳即位。中书右司员外郎王约上书言22事，全面提出政治改革的建议，其中之一是"立义仓"。[3] 可惜内容不详，但至少说明义仓仍是人们关心的问题。成宗大德七年，郑介夫上《太平策》，在论述"备荒"时指出："伏靓《至元新格》，诸义仓本使百姓丰年储蓄，俭年食用，此已验良法，其社长照依原行，当复修举。文非不明也，意非不嘉也，越十三载未见举行。朝廷泛然言之，百官亦泛然听之，不过虚文而已。"可见在许多地方，义仓只停留在表面上，实际上并未认真实施。郑介夫认为，就救荒而言，官办的常平仓不如民间的义仓，应该加强管理，认真推行："宜于各处验户多寡，或一乡一都，于官地内设立义仓一所，令百姓各输己粟，自掌出入之数，不费官钱，可免考

---

〔1〕参见陈高华：《元代税粮制度研究》，载《元史研究论稿》。
〔2〕胡祗遹：《紫山大全集》卷23《匹夫岁费》。
〔3〕《元史》卷178《王约传》。

较。民入一石之粟,自得一石之价,不费于公,亦无损于私。虽不若官支价钱之为便,然为仿古酌今之良法也。……若令自愿,必无应者,亦须官为立式,有地百亩之家,限以一岁出粟一石,如有好义愿自多出者听。"百亩之家岁出一石,这和赵天麟的计田出粟之法是相同的。他还认为:"夫收支出入,既无预于有司,若其规画未至,必须助以官府之力。"也就是说,义仓虽是民办,必须由政府指导帮助,才能成功。[1]

从以上这些建议来看,从世祖末年到成宗当政时期(13 世纪末到 14 世纪初)义仓的实施处于停滞状态,而赵天麟等人的意见实际上并没有引起朝廷的重视。

仁宗皇庆二年元朝政府"复申其(义仓——引者)令"[2]。延祐四年(1317 年)二月,"敕郡县各社复置义仓"[3]。泰定二年九月,"以郡县饥,诏运粟十五万石贮濒河诸仓,以备贮救,仍敕有司治义仓"[4]。但多数官员对此并不重视,他们"因仍岁月,幸满而去",根本没有"为民远虑"的打算。[5] 总的来说,义仓仍是"名存而实废"[6]。当然,也有少数比较有作为的地方官员和监察官员,对义仓的建立采取积极的态度。元仁宗时,王结任顺德路总管,作《善俗要义》,下发到农村各社,"务令百姓通知"[7]。此书"十一曰:聚义粮",其中说:

> 义仓者丰年贮蓄,俭岁食用。此朝廷之甲令,而近古之良法也。今岁稍有收成,随社人户合照依《条画》,各验口数,每口存留义粮一斗,或谷,或杂色物斛。社众商议于本社有抵业信实之家,如法收贮,勿致损坏。
>
> 傥遇凶年,还验原纳口数,支散食用。所在官司,过往军马,不敢支升合。

〔1〕陈得芝、邱树森等辑点:《元代奏议实录(下)》,第 79~80 页。

〔2〕《元史》卷 96《食货志四·常平义仓》。

〔3〕《元史》卷 26《仁宗纪三》。

〔4〕《元史》卷 29《泰定帝纪一》。

〔5〕张养浩:《为政忠告·牧民忠告·救荒》,《四部丛刊》本。张养浩是元代中期有名的好官,《牧民忠告》是他为县尹时作。此书专有《救荒》一章,但其中没有提到义仓。

〔6〕《元史》卷 96《食货志四·常平义仓》。

〔7〕《文忠集》卷 6。

若有被灾人户田禾不收,不在存留之限。此乃有备无患之道,诸人亦当思患而预防之也。

可以想见,在王结主持下,顺德路的义仓会得到一定的发展。元英宗至治年间(1321—1323),马称德任奉化(今浙江奉化)知州,"兴利补弊,无一事不就正"。其中之一是"义仓之积至八千余石"[1]。顺帝后至元丙子(1336)高伯温任长清(今山东长清)县尹,"建义仓百有余区,实以粟千二百二十斛"[2]。但这样的官员是不多的,而且所建义仓的规模也是很小的。

从成宗到顺帝半个世纪左右时间内,有一些动用义仓赈济灾民的记载。成宗大德元年常德(今湖南常德)洪水成灾,廉访司官与地方官"发义仓积,下其估以廪饿人"[3]。至治元年(1321)十一月,"巩昌成州饥,发义仓赈之"[4]。泰定元年十月,"延安路饥,发义仓粟赈之,仍给钞四千定"。十二月,"温州路乐清县盐场水,民饥,发义仓粟赈之"[5]。泰定四年六月,"发义仓粟,赈盐官州民"[6]。顺帝元统元年十一月,"江浙旱饥,发义仓粮,募人入粟以赈之"。二年三月,"杭州、镇江、嘉兴、常州、松江、江阴水旱疾疫,敕有司发义仓粮,赈饥民五十七万二千户"。五月,"是月,中书省臣言:'江浙大饥,以户计者五十九万五百六十四,请发米六万七百石、钞二千八百定,及募富人出粟,发常平、义仓赈之,并存海运粮七十八万三百七十石以备不虞。'从之"[7]。需要指出的是,有元一代是中国历史上多灾的朝代,特别是中、后期,连年灾荒,政府的赈粮、赈钞,无年无之。就赈粮而言,发义仓粮赈济灾民的记载屈指可数,正好反映出义仓衰败的事实。

义仓被认为是救荒良法,但事实上却难以推行,原因何在呢? 张光大在《救荒活民类要》中说:"百姓困于义仓,民间但见其害而不见其

〔1〕李洧孙:《知州马称德去思碑记》,见《全元文》第11册,第150页(卷376)。

〔2〕程鼎:《高公伯温德政碑》,见《全元文》第13册,第268页(卷459)。

〔3〕姚燧:《牧庵集》卷5《武陵县重修虞帝庙记》。

〔4〕《元史》卷27《英宗纪一》。

〔5〕《元史》卷29《泰定帝纪一》。

〔6〕《元史》卷39《顺帝纪二》。

〔7〕《元史》卷38《顺帝纪一》。

利。"他归纳为四大弊端,即"掌仓之弊"、"点检之弊"、"出贷之弊"和"回收之弊"。"今之掌仓者非革闲之吏贴、祗候,则乡里无籍之泼皮,请托行求,公纳贿赂,投充是役,上以苟避差役,下以侵削小民。"其结果是:"观其数则亿万有余,考其实则百十不足。官司视为具文,奸吏因缘为私。故自立义仓以来,辗转繁文,州县徒有几千万石之名,饥荒之岁,民不沾惠。"〔1〕张光大强调"掌仓者"不得其人,这是对的。但更重要的是,义仓一旦建立,便为官府所控制,官吏凭借权势,便可为所欲为。"掌仓者"敢于胡作非为,亦因有上面的纵容和支持。按照原来的设想,歉年百姓可以领回自己的存粮。事实上每次义仓粮的发放,都要由政府来决定,而且可以挪作他用,这就为官吏和"掌仓者"提供了贪污作弊的许多机会。官府控制是义仓衰败的根本原因。

义仓的弊病在当时的文学作品中也有反映。散曲作家刘时中的《〔正宫〕端正好·上高监司》是一篇以灾荒为题材的作品,其中说:"江乡相,有义仓,积年系税户掌。……无实惠尽是虚桩,充饥画饼诚堪笑,印信凭由却是谎,快活了些社长知房。"〔2〕元末高明的南戏《琵琶记》中,蔡伯喈上京赶考,其妻赵五娘在家侍奉公婆,遭遇灾荒,"上司官点义仓,支谷赈济贫民"。但义仓的粮食都被里正、社长吃了,临时借了谷子来应付上司。上司追查,里正招道:"说道义仓情弊,中间无甚蹊跷。稻熟排门收敛,敛了各自将归。并无仓廪盛贮,那有账目收支?纵然有得些小,胡乱寄在民居。官司差人点视,便籴些谷支持。上下得钱便罢,不问仓廪空虚。……年年把当常事,番番一似耍嬉。"赵五娘好不容易领到一分义仓粮,又被里正在半路上夺了回去。〔3〕《琵琶记》写的是汉代故事,反映的是元代农村的生活真实。

4.4　结语

在元朝,常平仓和义仓的推行,是和元世祖忽必烈的名字联系在

---

〔1〕《救荒活民类要·立义仓》。
〔2〕隋树森编:《全元散曲》,中华书局1981年版,第670页。
〔3〕张宪文、胡雪冈辑校:《高则诚集》,浙江古籍出版社1992年版,第129页。

一起的。忽必烈采用"汉法",进行政治体制改革,实施包括常平仓、义仓在内的救荒政策,便是其中一个组成部分。

常平仓、义仓推行不久,即告废弛。元朝政府多次下令,重新启动,但收效甚微。有元一代,常平仓、义仓在救荒中的作用是很小的。政治腐败,官吏贪婪,是元代常平仓、义仓衰败的根本原因。在封建官僚体制下,本来可以有益于百姓的措施常常会走向反面,元代常平仓、义仓的实施过程亦是一例。

(原载《中国古代灾害史研究》,中国社科出版社 2007 年版。)

5 元代水利灌溉事业初探

水利事业与国计民生关系至大。中国历史上的水利事业,大体可以分为4个方面。一是黄河和长江的治理,二是漕运河道的开通,三是海塘的修筑,四是水利灌溉事业的兴办。元朝时间不长,但在水利事业的4个方面都取得了一定的成绩,对于当时的社会经济起了积极的作用。本篇拟就元代的水利灌溉事业做初步的考察,至于其余几个方面的研究,希望能在以后进行。

5.1 元朝的水利法规和水利机构的设置

元代农学家王桢说:"灌溉之事,为农务之大本,国家之厚利也。"[1]发展农业生产,必须兴修水利,这对于农业民族来说是不言自明的道理;但是从事游牧的蒙古人,对此是很难理解的。蒙古国前4汗(成吉思汗、窝阔台汗、贵由汗、蒙哥汗)时期,北方农业区原有的灌溉工程大多遭到破坏,政府漠不关心,一个例外是京兆三白渠的兴修(见下)。变化是从忽必烈即位以后开始的。忽必烈在为藩王时,便注意招集"汉地"人才,咨询治道,对于农业的重要性有所认识。即位以后,"首诏天下,国以民为本,民以衣食为本,衣食以农桑为本",[2]并下令各路委派劝农官,接着又成立劝农司。观念的重大改变,使得水利灌溉事业也进入了朝廷的议事日程。

中统三年(1262),中书左丞张文谦推荐郭守敬"习水利,巧思绝人",忽必烈召见。郭守敬"面陈水利六事",除第一事浚通"中都旧漕

---

〔1〕王桢著,王毓瑚校:《农书·农桑通诀之三·灌溉篇》,农业出版社1981年版,第42页。
〔2〕《元史》卷93《食货志一·农桑》。

河"主要解决运输的需要外,其余五事都是修治灌溉工程。据他估计,成功后每处工程可灌田千余顷至三千余顷不等。"每奏一事,世祖叹曰:任事者如此,人不为素餐矣。授提举诸路河渠。"次年,"加授银符、副河渠使"。[1] 由此事可知,忽必烈对水利灌溉工程的兴修有浓厚兴趣。不久,郭守敬追随张文谦前往中兴(今宁夏银川,原西夏都城),修复当地的灌溉渠道有功,在至元二年(1265)被提升为都水少监。

至元七年(1270),忽必烈下令设司农司,作为中央主管农业生产的机构。司农司成立后,发布《劝农立社事理条画》,其中一款专门谈水利灌溉问题:"随路皆有水利,有渠已开而水利未尽其地者,有全未曾开种并刓可挑撅者,委本处正官壹员,选知水利人员一同相视,中间别无违碍,许民量力开引。如民力不能者,申覆上司,差提举河渠官相验过,官司添力开挑。外据安置水碾磨去处,如遇浇田时月,停住碾磨,浇溉田禾。若是水田浇毕,方许碾磨依旧引水用度,务要各得其用。虽有河渠泉脉,如是地形高阜不能开引者,仰成造水车,官为应副人匠,验地里远近,人户多寡,分置使用。富家能自置材木者,令自置。如贫无材木,官为买给,已后收成之日,验使水之家均补还官。若有不知造水车去处,仰申覆上司关样成造。所据运盐运粮河道,仰各路从长讲究可否,申覆合干部分定夺,利国便民,两不相妨。"[2]从中可以看出:(1)元朝政府鼓励民间自行举办小型水利灌溉工程,对"民力不能者",官府给予资助。(2)提倡使用水车,解决"高阜"的灌溉问题。元代灌溉工具的发达(见后),与此有关。(3)对于不利于灌溉的一些问题,如水碾磨的使用和运盐运粮河道的通行,提出处理的原则。前者是"水田浇毕,方许……引水用度",后者是"从长讲究","两不相妨"。盐是国家大利之所在,漕运粮食是京师命脉之所倚,都是首先要保证运输通畅的。现在将水利灌溉提到了与漕运、盐运同等重要的地位。这些内容,实际上就是元代的水利灌溉法规。

---

〔1〕《元史》卷164《郭守敬传》。
〔2〕方龄贵:《通制条格校注》卷16《田令》,第459页。

至元九年二月,忽必烈"诏诸路开浚水利"。[1] 诏旨的全文是:

谕各路达鲁花赤、管民官、管站、打捕鹰房、僧、道、医、儒、也里可温、答失蛮头目、诸色人等:

近为随路可兴水利,遣官分道相视见数,特命中书省、枢密院、大司农司集议得,于民便益,皆可兴开。为此,今降圣旨,仰大司农定立先后兴举去处,委巡行劝农官于春首农事未忙、秋暮农工闲慢时分,分布监督,本路正官一同。开挑所用人工,尽附近不以是何人户,如不敷,许于其余诸色人内差补。外据修堰渠闸一切物件,必须破用官钱者,仰各路于系官差发内从实应付。具申省部,务要成功。先从本路定立使水法度,须管均得其利。拘该开渠地面诸人不得遮当,亦不得中间沮坏。如所引河水干碍漕运粮、盐,及动碾磨使水之家,照依中书省已奏准条画定夺,两不相妨。若已兴水利未尽其地,或别有可以开引去处,画图开申大司农司定夺兴举。劝农官并本处开渠官,却不得因而取受非搔扰。[2]

这是继《劝农立社事理条画》以后,元朝政府颁布的有关水利灌溉事业的专门诏令。从中可以看出,大司农建立以后,曾经选派官员对北方各地的水利灌溉状况,作过全面的调查。在此基础上,制订了兴修水利灌溉工程的计划。诏令中对工程的举办季节、工程动用人工的办法,以及工程的经费,都有具体的规定。诏令重申了以前《条画》中对水利灌溉与漕运、盐运、碾磨用水加以协调的原则,还要求工程建成后"定立使水法度"。可以看出,《条画》主要是针对民间的小型水利灌溉工程而发的,而诏令则是针对大、中型由政府主办的水利灌溉工程而发的,两者实际上有互相补充的作用。在如此相近的时间内,接连发布有关水利灌溉的命令,反映出元朝政府对这一事业的重视,而其中各项规定都是比较切实可行的,对于元朝的水利灌溉工程建设,起了有益的作用。

元朝政府中设有都水监,"秩从三品。掌治河渠并堤防水利桥梁

---

〔1〕《元史》卷7《世祖纪四》。
〔2〕《元典章》卷23《户部九·农桑·兴举水利》。

闸堰之事"。[1] 水利灌溉工程的举办与维修,是都水监工作的一个重要方面。如前所述,郭守敬因修治中兴水渠有功而升任为都水少监,说明这一机构的设立应在至元二年或以前。忽必烈推行"汉法",官制大多沿袭金朝,都水监便是一例。郭守敬任都水少监以前曾提举诸路河渠副使,可知应有河渠提举司或类似名称的机构的设置,此机构应在都水监之下。后来,都水监曾一度废除,至元二十八年重建,从此一直是中央的常设机构。重建后的都水监以当时已任太史令的郭守敬兼领监事。后来出任都水监的有以开辟海运闻名的罗璧。[2] 水利学家任仁发在元代中期曾任都水少监。[3] 成宗大德八年(1304)五月,为了浚治吴淞江,元朝政府在平江(今江苏苏州)立"行都水监以董其程"。[4] 这是一个临时性的机构,工程结束后即撤销。[5]

都水监之外,又有都水庸田司。成宗大德二年二月,"立浙西都水庸田司,专主水利"。[6] 设司的地点是平江,"专一修筑田围,疏浚河道"。[7] 所负责的,主要是浙西地区的水利。七年(1303)二月撤销。[8] 上述行都水监的设置,显然为了临时填补空缺。泰定三年(1326)正月,"置都水庸田司于松江,掌江南河渠水利"。[9] 文宗天历元年(1328)九月,因"殊无实效"而革罢。顺帝至正元年(1341)复立。[10] 浙西是元代经济最发达的地区,生产的粮食很大一部分用来供应大都(今北京),对国家关系极大,而浙西的农业生产又与以太湖为中心的水利灌溉密不可分。元朝政府在浙西设置行都水监、都水庸田

---

〔1〕《元史》卷90《百官志六》。

〔2〕《元史》卷166《罗璧传》。

〔3〕王逢:《梧溪集》卷6《谒浙东宣慰副使致仕任公及其子台州判官墓》,《知不足斋丛书》本。

〔4〕《元史》卷21《成宗纪四》。

〔5〕武宗至大元年(1308)正月,"从江浙行省请,罢行都水监,以其事隶有司"(《元史》卷22《武宗纪一》)。

〔6〕《元史》卷19《成宗纪二》。

〔7〕姚文灏编辑、汪家伦校注:《浙西水利书校注·元书·复立都水庸田司》,农业出版社1984年版,第77页。

〔8〕《元史》卷21《成宗纪四》。

〔9〕《元史》卷30《泰定帝纪二》。

〔10〕《大元官制杂记》,《广仓学窘丛书》本。

司,主要就是对以太湖为中心的水利灌溉工程进行管理。元朝政府还曾置都水分监、行都水监,负责修治黄河之事。顺帝至正十二年,又"立都水庸田使司于汴梁,掌种植之事"。[1] 这时全国农民战争爆发,南北海运不通,北方粮食紧张。在汴梁(今河南开封)设立这个机构,是为了发展农业生产,与浙西情况不同。

《元史》说:"元有天下,内立都水监,外设各处河渠司,以兴举水利、修理河堤为务。"[2]但从现有文献来看,设立河渠司的地方似乎并不多。文宗时,"陕西屯田总管兼管河渠司事",[3]可知当地有河渠司之设。内蒙额济纳旗曾发现元代亦集乃路河渠司文书,时间是至治二年(1322),说明此处在元代中期尚设有河渠司。[4] 兴元路(治今陕西兴元)曾设河渠司,但后来在裁减"繁冗之官"时被撤销。[5] 怀孟路广济渠(见下)设河渠司,"寻亦革罢"。[6] 但《元史·百官志》中没有关于河渠司的记载,号称"目前国内外最大的一部"中国古代职官词典中亦没有元代河渠司的条目。[7] 事实上,除了上面这些分散的记载外,《元典章·吏部·内外文武正从职品》"从五品"条有"河渠大使,达鲁花赤同",下开"成都路、沙州路、兴元路、永昌西凉府",也就是说有4路、府设河渠司,司的正官是大使和达鲁花赤。同条又有"安西路河渠营田司达鲁花赤,使",亦可视为河渠司之一。"从六品"条下则有"怀孟路广济河渠大使",这一河渠司专门管理广济渠,所以品级较低。[8]《元典章》此目关于河渠司的记载,使我们得以了解这一机构的品级地

〔1〕《元史》卷42《顺帝纪五》。
〔2〕《元史》卷64《河渠志一》。
〔3〕《元史》卷65《河渠志二》。
〔4〕斯坦因所获黑城(亦集乃古城)文书中有元代河渠司文书,参见(陈)高华:《"亦集乃路河渠司"文书和元代蒙古族的阶级分化》,载《文物》1975年第9期,第87~90页。新近出版的《俄藏黑水城文献》(上海古籍出版社1997年版)中,收有《至顺元年(1330)河渠司官庠粟蚕麦收成呈状》,编号TK249。
〔5〕蒲道源:《顺帝闲居丛稿》卷17《与蔡逢原参政第二书》,中国社会科学院历史研究所藏钞本。
〔6〕《元史》卷65《河渠志二·广济渠》。
〔7〕《中国历代官制大辞典》有河渠署(隋、唐、宋),无河渠司(北京出版社1994年版)。
〔8〕《元典章》卷7《吏部一·官制》。

位,但其中显然是有脱漏的。

元代制度,地方官职衔中有"兼管"字样,以重责任。南、北路、府、州、县长官均兼劝农事,江北又兼诸军奥鲁,这是见于《元史·百官志》并为很多碑铭文字上的官员职衔所清楚表明了的。实际上,不少地方的长官又兼"知渠堰事",如山西解州、闻喜县、绛州等[1]。至正元年,浙西重立都水庸田使司,"各处农事正官给衔知渠堰事,听受使司节制"。[2] 但是《元史·百官志》中对此缺乏记载。"劝农"之外,又要加上"知渠堰",反映出元朝政府对水利灌溉的重视。

5.2 元朝水利工程的成就

元代大型水利灌溉工程以陕西、宁夏、浙西、四川比较突出,其他地区亦有一定的建设。

陕西关中地区历史上最重要的水利灌溉工程是郑白渠。郑渠(郑国渠)修于秦始皇时,白渠修于西汉,都是利用泾水灌溉。郑渠、白渠都起自瓠口(今陕西泾阳西北),向东行,白渠在郑渠之南。郑渠注入洛水,白渠注入渭水,二渠灌区相连,后人合称为郑白渠。郑白渠对关中的粮食生产起过巨大的作用。唐代郑渠的作用不大,白渠下分3支,即太白渠、中白渠和南白渠,故又有三白渠之称。宋、金二代都对三白渠进行治理。"自元伐金以来,渠隄缺坏,土地荒芜。陕西之人虽欲种莳,不获水利,赋税不足,军兴乏用。"[3] 窝阔台汗十二年(1240),命梁泰充宣差规措三白渠使,拨2000户及木工20人、官牛1000头,修建渠堰,就地屯田。这些人户是蒙古军在"军前所获有妻少壮新民"。[4] 这是蒙古国时期唯一由政府主持的水利灌溉工程。"大德八年,泾水暴涨,毁隄塞渠,陕西行省命屯田府总管夹谷伯颜帖木儿及泾阳尹王琚

〔1〕胡聘之编撰:《山右石刻丛编》卷34《解州重修孔庙记》、卷35《闻喜县汤王庙记》及卷39《重修兴国禅寺演法传灯碑铭》。

〔2〕姚文灏编辑、汪家伦校注:《浙西水利书校注·元书·复立都水庸田司浚江河》,第83页。

〔3〕《元史》卷65《河渠志二·三白渠》。

〔4〕《元史》卷65《河渠志二·三白渠》。

·欧·亚·历·史·文·化·文·库·

疏导之。起泾阳、高陵、三原、栎阳用水人户及渭南、栎阳、泾阳三屯所人夫,共 3000 余人兴作,水通流如旧。其制编荆为囷,贮之以石,复填以草以土为隄,岁时葺理,未尝废止。"至大元年,王琚为西台御史,建议在宋代丰利渠上"更开石渠"。"自延祐元年(1314)兴工,至五年渠成。是年秋,改隄至新口。"[1]为什么泾水要不断开凿新渠?这是因为泾水长"千有余里,皆在高地","夫五县当未凿渠之前,皆斥卤硗确不可以稼,自被浸灌,遂为沃野,至今千有余年,民赖其利。但渠初凿之时,渠与河平,势无龃龉。岁月漱涤,河低渠高,遂不可用"。"尝考古今渠利之废,盖因河身渐低,渠口渐高,水不能入,是白公不容不继于郑渠,丰利不得不开于白公之后也。""丰利渠口去水又已渐高",于是又不得不开新渠,[2]称为洪口渠。但这一工程质量较差,天历二年、至正十四年均曾加修理。至正二十年又加修治,据说"凡溉农田四万五千余顷"。[3]

西夏立国,重视水利。"其地饶五谷,尤宜稻麦。甘、凉之间,则以诸河为溉,兴、灵则有古渠曰唐来,曰汉源,皆支引黄河。故灌溉之利,岁无旱涝之虞。"[4]兴即兴庆府,元改宁夏路,治今宁夏银川。灵即灵州,今灵武。这一地区在汉、唐时期都修建有水利灌溉工程,到西夏时更有发展。西夏为蒙古所灭,渠隄荒废。至元元年,张文谦"以中书左丞行省西夏中兴等路",[5]郭守敬随之前往。"先是,西夏濒河五州,皆有古渠。其在中兴州者,一名唐来,长袤四百里;一名汉延,长袤二百五十里。其余四州,又有正渠十,长袤各二百里,支渠大小各六十八,计溉田九万余顷。兵乱以来,废坏淤浅。公(郭守敬)为之因旧谋新,更立闸堰,役不踰时,而渠皆通。"[6]"汉延"即"汉源"。这些水渠的修复,对于当地农业生产的恢复,起了有益的作用。明代王邦瑞说:"唐来诸

---

〔1〕《元史》卷 66《河渠志三·泾渠》。
〔2〕李好文:《长安志图》卷下《泾渠总论》、《建言利病》,《经训堂丛书》本。
〔3〕《元史》卷 66《河渠志三·泾渠》。
〔4〕《宋史》卷 486《夏国传下》,中华书局 1977 年版。
〔5〕《元史》卷 157《张文谦传》。
〔6〕齐履谦:《知太史院事郭公行状》,见苏天爵:《国朝文类》卷 50。

渠,前人绩伟矣。……今所治者,皆元人郭守敬遗法。大约导河为首渠,又导为支渠,又藉为沟浍,达于亩亩,首尾绵亘,至二、三百里。条分缕析,至千万派而后家至户到,公私沾足。"[1] 王邦瑞所说可与元代记载相印证,同时可见郭守敬修治之后,直至明代,仍蒙其利。

元代的浙西,包括 7 路(平江、嘉兴、湖州、杭州、常州、镇江、建德)1 府(松江),是全国最富庶的地区。浙西农业生产对水利灌溉的依赖很大;而浙西的水利灌溉,以太湖为中心。宋朝很重视太湖的水利,有多种措施。在全国统一以后的一段时间内,元朝政府对太湖水系的治理没有给予足够的重视。元代中期,任仁发说:"国家收附江南三十余[年],浙西河港、围岸、闸窦,无官整治,遂致废坏。一遇水旱,小则小害,大则大害。""以致苏、湖、常、秀之良田,多弃为荒芜之地。"太湖的主要排水道吴淞江"日就淤塞",成为最严重的问题。[2] 造成湖、河淤塞废坏的原因很多,其中最突出的,一是缺乏认真的管理,二是权势之家围湖造田。"此湖(太湖)在宋时委官差军守之,湖旁余地,不许侵占,常疏其壅塞,以泄水势。今既无人管领,遂为势豪绝水筑堤,绕湖为田。湖狭不足潴蓄,每遇霖潦,泛溢为害。"[3] 太湖附近的淀山湖、练湖亦"多为豪户围裹成田"。世祖忽必烈末年,曾动用民夫 20 万疏掘"太湖、练湖、淀山湖等处,并通江达海河港,又加以修筑围岸,自此岁获丰收"。但由于管理不善,没有多久,"大盈等浦涨塞如旧,吴淞江面淤淀愈增"。[4] 元代"江浙税粮甲天下,……而其地极下,水钟为震泽(太湖)。震泽之注,由吴松江入海。岁久,江淤塞,豪民利之,封土为田,水道淤塞,由是浸淫泛溢,败诸郡禾稼"。[5] 成宗大德八年五月,"中书省臣言:'吴江、松江实海口故道,潮水久淤,凡湮塞良田百有余里,况

〔1〕陈子龙、徐孚远、宋征璧等选编:《明经世文编》卷 228《宁夏图略序》,明崇祯本,中华书局影印,1962 年。

〔2〕姚文灏编辑、汪家伦校注:《浙西水利书校注·元书·任都水〈水利议答〉》,第 61~62 页;《浙西水利书校注·元书·任都水言开江》,第 59 页。

〔3〕《元史》卷 65《河渠志二·淀山湖》。

〔4〕姚文灏编辑、汪家伦校注:《浙西水利书校注·元书·吴执中言顺导水势》,第 74~75 页。

〔5〕《元史》卷 130《彻里传》。

海运亦由是而出,宜于租户役万五千人浚治,岁免租人十五石,仍设行都水监以董其程。'从之"[1] 这次浚治吴淞江,实际上出于任仁发的建议。[2] 行都水监的设置,说明元朝政府对此事的重视,工程名义上由江浙行省平章彻里主持,真正的负责人就是任仁发。自大德八年(1304)十一月始,到九年二月结束,"西自上海县界吴淞旧江,东抵嘉定石桥洪,迤逦入海,长三十八里一百八十一步三尺,深一丈五尺,阔二十五丈"。[3] 这次疏浚以后,浙西"稍得丰稔"。

但不到20年,"又复壅闭,势家愈加租占,虽得征赋,实失大利。……旧有河港联络官民田土之间,借以灌溉者,今皆填塞"。至治三年,元朝政府对太湖排水问题作了全面的调查,提出具体方案。泰定元年,动用民工4万余人,仍由任仁发负责施工,在次年正月完成。这次工程一是"疏浚通海故道",清除"新生沙涨碍水处所";二是"立闸以节水势",取得了一定成效。[4] 又过了10余年,到顺帝至正元年,江浙行省上奏:"浙西水利,近年有司失于举行,堤防废弛,沟港湮塞,水失故道,民受重困。"于是又动员10余万人,"撩漉吴松江沙泥",浚治河渠及诸塘。[5] 有元一代最后一次大规模浚治太湖排水工程,是由割据浙西的张士诚主持的。至正十一年,元末农民战争全面爆发。不久,张士诚崛起于淮东,进取浙西,名义上归附元朝,实际上则是割据一方。至正二十四年,张士诚动员兵民10万(一说20万),浚治太湖水系的河渠,重点是整治常熟以东的白茅港。明太祖洪武九年(1376),"长洲县民俞守仁等诣县,状诉:苏州之东,松江之西,皆水乡,地形洿下。上流之水迅发,虽有刘家港,难泄众流之横溃。张氏开白茅港,与刘家港分杀水势。自归附以来,十余年间,并无水害"。[6] 可见张氏这一措施确有成效。据明代方志记载,"张太尉庙,在白茆市,洪武四年建。相传

---

〔1〕《元史》卷21《成宗纪四》。
〔2〕王逢:《梧溪集》卷6《谒浙东宣慰副使致仕任公及其子台州判官墓》。
〔3〕苏天爵:《元朝名臣事略》卷4《平章武宁正宪王》引《吴松江记》,姚景安点校,中华书局1996年版,第71页。
〔4〕《元史》卷65《河渠志二·吴松江》。
〔5〕姚文灏编辑、汪家伦校注:《浙西水利书校注·元书·复立都水庸田司浚江河》。
〔6〕王鏊等:《姑苏志》卷12《水利下》,明嘉靖增刻本。

张士诚浚浦有功,民祀之"[1] 张士诚为朱元璋所灭,然而入明之后,白茅港百姓仍为之立庙,可见此事确为当地带来了好处。

淮西的芍陂(今名安丰塘,在安徽寿县南部),是创始于汉代的著名水利灌溉工程,历代都曾加以修治。宋、元战争中,两淮是双方激烈交战之地,芍陂也受到破坏。元朝统一全国以后,在芍陂设立屯田。至元二十四年,千户刘济"以二千人与十将之士屯田芍陂,取谷二十余万,筑堤三百二十里,建水门、水闸二十余所,以备蓄泄。凿大渠自南塘抵正阳,凡四十余,以通转输"[2] 刘济死于至元二十八年。在他死后,芍陂屯田进一步扩大,屯户近15000,水利工程亦相应有所扩充。元朝政府又在淮东淮安路(路治今江苏淮安)立屯田,利用洪泽湖水灌溉。董守义曾任洪泽屯田万户,"初,屯之陂塘多仍其旧,隘不足以容水。公渐开之,广袤四十五里。作木岸二百五十丈于塘口,御风浪之冲,而水利无复遗患。然地势卑下,行潦时至,庐舍岁忧漂流。公乃循堤置闸,闸有驿以容守者,凡廿二所,皆有名"[3] 芍陂、洪泽的屯田是与水利的兴修密不可分的。

在西南方面,元代有两项重要的灌溉工程。一是整治都江堰。都江堰是中国历史最著名的水利工程之一。秦朝李冰修都江堰,灌溉四川平原,"民用以饶"。但"历千数百年,所过冲薄荡啮,又大为民患"。后至元元年(1335)十一月,四川肃政廉访司佥事吉当普在调查研究以后,对都江堰全面进行整治。都江堰的主要工程鱼嘴分水堤建筑在岷江江心,作用是分流引水,自李冰至元代,一直用竹笼垒砌。此次整修,采用条石垥工砌鱼嘴,条石之间用铸铁锭扣联,并用桐油麻丝拌以石灰嵌缝。在鱼嘴首部"以铁万六千斤铸为大龟,贯以铁柱,而镇其源",用来抵抗水流的冲击和木筏的碰撞。对易崩的堤岸则砌大卵石保护,并在堤上种植杨柳和蔓荆以加固。"所至或疏旧渠而导其流,以节民力;或凿新渠而杀其势,以益民用。遇水之会,则为石门,以时启闭而蓄

〔1〕冯汝弼:《嘉靖常熟县志》卷4《祠祀志》,明嘉靖十八年(1539)刻本。

〔2〕虞集:《道园学古录》卷13《福州总管刘侯墓碑》,《四部丛刊初编》本。

〔3〕虞集:《万户董公神道碑》,载沈涛:《常山贞石志》卷23,清道光壬寅(1842年)刊本。

之。"这次工程是都江堰建成后的一次大修,在技术上有重大改革。修成以后,对川东地区农业用水有很好的作用:"常岁获水之用仅数月,堰辄坏,今虽缘渠所置碓硙纺绩之处以千万数,四时流转而无穷。"[1]另一项是云南昆明池水利工程。元代,云南成为中央政府管辖下的一个行省。至元十年,元朝以张立道为大理等处巡行劝农使,"其地有昆明池,介碧鸡、金马之间,环五百余里,夏潦暴至,必冒城郭。立道求泉源所自出,役丁夫二千人治之,泄其水,得壤地万余顷,皆为良田"[2]昆明池即滇池,位于善阐(今云南昆明)南,金马山与碧鸡关之间。当时昆明池口堵塞,所以水及城郭,土地废弃。张立道浚治昆明池西南海口河,降低昆明池水位,露出池滨大片陆地,垦为农田。但海口河两岸高山,水流平缓,泥沙淤积,河床逐渐加高,因此后来仍有疏浚之事。成宗大德五年六月,"开中庆路昆阳州海口"[3] 元代中庆路治昆明,昆阳州属中庆路,在昆明池南,即今晋宁县。这条记载便说明海口河在继续治理。[4]

两广地区的水利建设,以雷州较为突出。元成宗时,乌古孙泽为海北海南道廉访使。"雷州(路治今广东海康)地近海,潮汐啮其东南,陂塘碱,农病焉。而西北广衍平袤,宜为陂塘,泽……教民浚故湖,筑大堤,竭三溪潴之,为斗门七,堤竭六,以制其赢耗;酾为渠二十有四,以达其注输。渠皆支别为闸,设守视者,时其启闭,计得良田数千顷,濒海广潟并为膏土。"[5]

怀孟路(治河内,今河南沁阳)有广济渠。原来当地即有水渠,创修于三国魏末,隋、唐均曾加以疏治。世祖中统二年,怀孟路劝农官王秉(一作允)中等加以修治。"渠四道,长阔不一,计六百七十七里,经济源、河内、河阳、温、武陟五县,村坊计四百六十三处。渠成甚益于民,

〔1〕李梦生标校:《揭傒斯全集·文集》卷7《大元勅赐修堰碑》。按,《元史》卷66《河渠志三·蜀堰》即据揭文改写而成。

〔2〕《元史》卷167《张立道传》。

〔3〕《元史》卷20《成宗纪三》。

〔4〕关于昆明池工程,请参看方国瑜:《滇池水域的变迁》,见方国瑜:《滇史论丛》第1辑,上海人民出版社1982年版。

〔5〕《元史》卷163《乌古孙泽传》。

名曰广济。……五县民田三千余顷咸受其赐。"但过了几十余年,"因豪家截河起隁,立碾磨,壅遏水势。又经霖雨,渠口淤塞,堤隁颓圮"。天历三年,又重新加以修治[1]

以上历举的是元代由政府主持修建的大、中型水利灌溉工程。在元朝政府有关农业水利的法令推动下,有些地方官员关心所辖地区内的水利灌溉事业,有所作为,顺德路(路治邢台,今河北邢台)总管王结便是其中的一个。他编写的《善俗要义》中便有"兴水利"一目:"自昔水田号为常稔,盖旱干则引水灌溉,霖雨则开堰疏放,宜收数倍于陆田,而粳糯又比谷麦常贵。邢台、南和等县濒澧河乡村,从前分引沟渠浇灌稻田,近水农民久蒙利益。然闻南和、任县之境,澧河上下,尚有水势可及之处,居民惮于改作,不知开引调度,湮塞农利,良可惜也。仰濒河有地之家,果然水势可及,当计会通晓水利之人,凿渠引水,改种稻田。若独力难成,或无知水利者,可采画地形水势,陈说堪以兴修事理,申告上司,添力开挑。"[2]王结对辖境的水利灌溉状况有清楚的了解,而且采取提倡和支持的态度。庆元路(路治鄞县,今浙江宁波市)前代修建了多项水利工程。元代中期,奉化州知州马称德开浚新河,置立堰埭,"潴水灌溉田数十万亩";又建戚家堰,"于堰之上畔开河一条,……分为四派",灌溉两万余亩。元代后期,庆元路总管王元恭对鄞县它山堰的水渠进行淘浚,使灌溉通畅。[3]陕西西乡(今名同)"县北之田濒于溪涧,霖雨流溢,迤东禾稼淹溺不收,民居垫隘,积年不能治。侯(西乡达鲁花赤燕立帖木儿)于富室谕借工及粮,开渠筑堤,泄水于河,城东之田遂倍蓰收,屋宇爽垲,无复水患"[4]从以上几个例子可以看出,元代不少地方官员对于兴办水利灌溉事业是颇为热心的。类似的记载尚有不少。

元代举办的水利工程,大多是前代已有工程的修复或扩建,完全

---

〔1〕《元史》卷65《河渠志二·广济渠》。王秉中修渠,又见王恽:《秋涧先生大全集》卷81《中堂事记中》。

〔2〕《文忠集》卷6。

〔3〕王元恭:《至正四明续志》卷4《河渠》。

〔4〕蒲道源:《顺斋闲居丛稿》卷16《西乡宣差燕立帖木儿遗爱碣》。

新修的很少。秦、汉以来,各个朝代的中央政府,一般都重视水利灌溉事业,先后兴建了大量水利灌溉工程,对于农业生产发挥了重要的作用。王桢说:"天下农田灌溉之利,大抵多古人之遗迹。……皆能灌溉民田,为百世利,兴废修坏,存乎其人。夫言水利者多矣,然不必他求别访,但能修复故迹,足为兴利。"[1]前代的水利工程,大都经过精心的设计筹划,加以适当的治理,便有事半功倍之效。王桢的话很有见地,显然反映了当时农学家、水利学家的共同想法。从总体来看,元朝的水利灌溉工程规模并不很大,作用也是有限的。王桢说:"天时不如地利,地利不如人事,此水田灌溉之利也。方今农政未尽兴,土地有遗利。夫海内江淮河汉之外,复有名水万数,枝分派别,大难悉数。内而京师,外而列郡,至于边境,脉络贯通,俱可利泽。或通为沟渠,或蓄为陂塘,以资灌溉,安有旱暵之忧哉!"[2]如果水利灌溉能有大的发展,水利资源得到充分的利用,人们战胜自然灾害的力量就会大大增加。但是元代的水利灌溉事业是有限的,因而"旱暵之忧"仍是严重的问题。从中期起,水旱灾荒接连不断,遍及全国多数地区,成为激化社会矛盾的重要原因之一。我们既要看到元代水利灌溉事业所取得的成绩,但是又不能作过高的估计。

这里想就《元史·河渠志》做一些分析。《元史》诸志是分两次编成的,《河渠志》亦不例外。《河渠志》共3卷,其1、2两卷是第一次编纂的,卷3则是第二次的作品。前两卷主要依据元代中期编纂的《经世大典》,卷3主要依据的应是元末编纂的《六条政类》。无论《经世大典》或是《六条政类》,都是根据政府的公文案牍稍加整理而成,《元史·河渠志》明显保留了两书的原来面貌,没有认真加以融合剪裁,问题甚多。比较严重的缺陷是:(1)同一工程散见各目,头绪不清。泾水工程见于卷2有"三白渠"、"洪口渠"2目,卷3又有"泾渠"1目。太湖水系工程分见卷2"吴松江"、"淀山湖"2目。(2)内容遗漏。即以本篇所述太湖水系修治情况而言,很多内容不见于《河渠志》。其他如郭守敬

---

〔1〕《农书·农桑通诀之三·灌溉篇》。
〔2〕《农书·农桑通诀之三·灌溉篇》。

修西夏水渠、芍陂重建等,也都没有记载。在研究元代水利时,《元史·河渠志》无疑是最重要的基本资料,但也有不足之处,要认真加以考订补充。

5.3 元朝水利工程丁夫的征募和工程的管理

兴修大、中型水利灌溉工程,所需劳动力常在万人以上,多的达 10 万,甚至更多。用什么方法动员劳动力,是个很大的问题。元代常见的办法,一是摊派,二是雇募。

工程的劳动力一般称为丁夫。政府在决定兴办某项工程以后,便在工程受益人户或工程所在地区内摊派丁夫。可以太湖水系的治理为例。大德八年之役,"浙西苗粮户内起夫一万五千名,自备什物,每名工役一年免粮一十五石。其军、站除赡役地外,依上科着。僧、道、也里可温、答失蛮不分常住,并权豪、官员,不以是何投下不纳官粮之家,以地五顷着夫一名。……其着夫人户杂泛差役权行蠲免"。[1] 泰定元年之役"其丁夫于旁郡诸色户内均差,依练湖例,给佣直粮食"。[2] 而镇江练湖疏治时,"人日支钞一两、米三升"。[3] "诸色户内均差"的具体办法是:"不分是何人户,实有纳苗田一顷五十亩,差夫一名"。[4] 由泰定元年的规定可以推知,大德八年一定也采取的是类似的办法。所谓"苗粮户"就是有"纳苗田"的人户。元朝制度,军户、站的土地,都有一定数量可以免交税粮,以此作为津贴军、站役之用。"其军、站除赡役地外,依上科着",就是说除了政府规定免交税粮的土地外,其余土地要和民户一样按规定比例差夫。僧、道、也里可温(基督教士)、答失蛮(伊斯兰教士)的寺院常住土地,一般亦可免税;[5] 对于他们,以及"权豪、官员,不以是何不纳官粮之家",不能按"纳苗田"来计算,便采取"以地五顷着夫一名"的办法,比起

---

〔1〕姚文灏编辑、汪家伦校注:《浙西水利书校注·元书·立行都水监》,第 79 页。

〔2〕《元史》卷 65《河渠志二·吴松江》。

〔3〕《元史》卷 65《河渠志二·练湖》。

〔4〕姚文灏编辑、汪家伦校注:《浙西水利书校注·元书·泰定初开江》,第 82 页。

〔5〕元代寺院土地免税有很复杂的规定,请参看陈高华《元代佛教与元代社会》,载拙著《元史研究论稿》,第 362~384 页。

·欧·亚·历·史·文·化·文·库·

"苗粮户"来,显然是很优待的。太湖水系的修理,采用普遍摊派的方式,因而得到免粮和免当杂泛差役的照顾,而且当役者还有钞、米作为报酬。丁夫所得的钞、米,是由国家支付的。

丁夫摊派有时只限于水利工程的受益人户。广济渠重修时,"令河阳、河内、济源、温、武陟五县使水人户,自备工力,疏通分水渠口,立闸起隈"。[1] 泾水渠隈的历次修治,"丁夫就役使水之家","于使水户内差拨"。[2] 原来规定"一顷三十亩为限,取夫一名",后来因"地广民稀",改为"加地一倍",即二顷六十亩"出夫一名"。也就是说,出夫一名,便可得到用水浇田一顷三十亩或二顷六十亩的权利。凡是"无夫之家",就要"买水浇溉"。[3] 使水人户出工是与用水联系在一起的,因此他们要自备工力,得不到报酬。至治三年浙西各处筹划"疏浚通海故道",常熟州、昆山州计划"用工二万七千四,日役夫四百五十六,宜于本州有田一顷之上户内,验田多寡,算量里步均派,自备粮赴功疏浚";嘉定州"该工百二十六万七千五十九,……乞依年例,劝率附河有田用水之家,自备口粮,佃户佣力开浚"。[4] 后来元朝政府没有采用这些建议,而是在泰定元年实行"诸色户内均差"之法(见上)。但由这些建议可以看出,受益人户(使水人户)摊派丁夫的基本原则是"验田多寡,算量里步均派",各地应是相同的。但建议中所说"于本州有田一顷之上户内"均派,和泾水灌渠显然不同。泾水灌渠"上户之家不过二名,下户或三户或五户出夫一名",[5]并不限于"一顷之上户"。由建议还可知,使水人户出夫"自备口粮"也应是各地相同的。

雇募劳动力的情况不多,只是一种辅助手段。至治元年修泾水灌渠时,因采石料需要石工、丁夫、金火匠,"丁夫就役使水之家,雇匠佣直使水户均出"。[6]

---

〔1〕《元史》卷65《河渠志二·广济渠》。
〔2〕《元史》卷65《河渠志二·洪口渠》。
〔3〕李好文:《长安志图》卷下《用水则例》。
〔4〕《元史》卷65《河渠志二·吴松江》。
〔5〕李好文:《长安志图》卷下《用水则例》。
〔6〕《元史》卷65《河渠志二·洪口渠》。

大、中型水利灌溉工程需要大量劳动力,通常由地方政府或水利主管部门出面组织,强制施行,骚扰百姓,弊病甚多。元朝末年,盐官(今浙江海宁)人周文英上书论"三吴水利",提出:"惟开浚之法,付之有司,例将有田之家差夫动扰,犹为未便。乞从省府差委谙通水利官诣沿海各处相视合浚港浦,具数计工,拟议申闻。或都水监分官前来,或选省府能官,于浙间富户内劝率百十家,斟酌远近及功绩巨细,照依舍粮赈饥例,优以官禄,拟定品级,令其开浚,迄其成功,考其等第。如工役轻省者,量行优叙;如功绩重大者,优以一官。激劝勉励,庶几劳而无怨,扰不及众。假如凶年,劝令富户捐粮赈济,不过救一岁一处之灾,尚优以官,推此恩例,成此美绩,则可弭浙西数郡久远之灾,宁不伟欤!"[1]周文英的建议,是要改官办为民办,以官爵为报酬,鼓励富户兴建水利灌溉工程。而富户负责工程以后,必然采取出资雇劳力的办法。此法如能推行,无疑是灌溉工程建设史上的一大改革。但是,"时有重惜名爵之论,遂不报"。[2]

水利灌溉工程建成后,管理的好坏至关重要。工程的管理主要是两个方面,一是堤隄渠闸的经常维修,一是水的合理分配。为此必须有专门的管理机构或人员。前面提到至元九年诏旨中要求各路"定立使水法度",至元十一年九月二日大司农司的一件文书中称,"先后讲究定条画使水法度",[3]可见当时已制订出全面的《使水法度》条画,遗憾的是已经散失。现存有泾水诸渠的《洪堰制度》与《用水则例》。"石阻河流为洪","洪堰"就是堤堰的意思。《洪堰制度》对堤堰渠闸的维修保护有具体的规定,如:"令各县差富实人夫二名,五县计一十名看堰,若有微损,即便补修。""体知得人户偷开斗口(渠道上的出水口),故使渠岸颓毁,望令温水偏入其地,亦有懒堕不肯修理。仰巡监官、斗门子预为催督利户(指出夫役之家)修理渠口,或令石砌木围,无致损坏,透漏费水。""凡修渠堰,自八月兴工,九月工毕,春首则植榆、柳、

〔1〕姚文灏编辑、汪家伦校注:《浙西水利书校注·元书·周文英三吴水利》,第88页。周文英一说常熟人。
〔2〕姚文灏编辑、汪家伦校注:《浙西水利书校注》引《洪武苏州府志》(第88页)。
〔3〕李好文:《长安志图》卷下《渠堰因革》。

以坚堤岸。"为此又规定"先于七月委差利户各逐地面开淘应于行水渠道,须管行水通快"。"每遇春首令各斗利户逐其地面广栽柳、榆,以坚堤岸,免至当时修理,及禁诸人不得斫伐。"《用水则例》主要是用水须申请。"凡用水先令斗吏入状,官给申帖,方许开斗。""斗吏"就是上文的"斗门子",泾渠"立斗门以均水,总为斗一百三十有五"。斗门就是出水口。"凡水出斗,各户自以小渠引入其田,委曲必达。"放水有时间。"自十月一日放水,至六月遇涨水歇渠,七月住罢。"每夫(出丁夫者)有定额。"每夫一名溉夏、秋田二顷六十亩,仍验其工给水。"行水有顺序。"行水之序,须自下而上,昼夜相继,不以公田越次,霖潦辍功。"违令作弊有罚。"诸违官禁作奸弊者断罚有差"。按照大司农司的制度,"若有违犯水法,多浇地亩,每亩罚小麦一石"。北方产量很低,通常每亩不过数斗,这一处罚是很重的。后来调整为"不做夫之家"罚小麦五斗,"兴工利户每亩二斗五升"。"外据犯罪每亩笞七下,罪止四十七下。"此外,"凡搀越盗用,渠岸修筑不牢,浇溉不应地土,渠吏蔽匿不申,及砍护岸树木、无故于三限行立者皆有罪罚"。三限是闸名,泾渠最重要的分水枢纽,所以加意采取保护措施。[1]

其他水利灌溉工程亦有类似的规章制度。兴元"渠堰在在有之,无虑数十"。"堰之修理无抛弃渗漏之水,水之分依无浇溉不均之田,视夫水之多寡以为水额,强不得以欺弱,富不得以兼贫。浇溉之法,自下而上。间有亢旱之年,而无不收之处。"[2]广济渠"遇旱,视水缓急,撤闸通流,验工分水以灌溉;若霖雨泛涨,闭闸退还正流。禁治不得截水置碾磨,栽种稻田"。[3] 山西赵城霍泉水渠,"旧立条款,班班若日星",违犯者"科罚无虚示也"。[4]

应该看到,由于整个国家机器日益腐败,难以实施认真的管理,特别是专门的水利机构常被无理撤销,再加上权豪多方谋取私利,各地的《使水法度》往往不能认真执行,"日久法禁弛而人弊滋","分争讼

〔1〕李好文:《长安志图》卷下《洪堰制度》、《用水则例》。
〔2〕蒲道源:《顺斋闲居丛稿》卷17《与蔡逢原参政第二书》。
〔3〕《元史》卷65《河渠志二·广济渠》。
〔4〕胡聘之编撰:《山右石刻丛编》卷31《重修明应王殿之碑》

阅,奸弊百出"。[1] 泾渠的使水人户中有的甚至提出"愿不用水而免其役","有司以故事恒规,不敢辄许"。[2] 本来利民的事业到头来却成了加在百姓身上的沉重负担。

王桢说:"灌溉之利大矣,江、淮、河、汉及所在川泽,皆可引而及田,以为沃饶之资。……或设机械而就假其力,或用挑浚而永赖其功。"[3] 又说:"若沟渠陂堨,上置水闸,以备启闭。若塘堰之水,必置涵窦,以便通泄。此水在上者。若田高而水下,则设机械用之,如翻车、筒轮、戽斗、桔槔之类,挈而上之。如地势曲折而水远,则为槽架、连筒、阴沟、浚渠、陂栅之类,引而达之。"[4] 元代水利灌溉工程的设施和灌溉工具的制作,都已达到相当完善的程度,而且有新的发明创造。这里想特别讲一下水力灌溉机械问题。根据王桢的记载,当时水利灌溉的机械有翻车(龙骨车)、筒车、水转翻车、牛转翻车、驴转翻车、高转筒车、水转高车、连筒、戽车、刮车、桔槔、辘轳等多种名目,有的用人力,有的用兽力和水力。牛转翻车和"水转翻车皆出新制",高转筒车乃"近创捷法",应是元代或稍前的发明。[5] 元朝农业水利管理机构很重视水车的制作使用,前举至元七年《条画》中,便强调"成造水车",而且"官为应副人匠";"贫无材木"者,还可"官为买给",收成后补还。地方官如王结也很注意水车的推广:"如地高,泉脉不能上流,仰成造水车,设机汲引,浇灌田苗。有不解制造者,亦听申覆上司,开样颁降。"[6] 水车的普遍应用推广,对于缺水高地的灌溉起了很好的作用。在南方,水车还用来排除田中积水,浙西"农家日夜踏车,车水出田,子女脚皮生跰"。[7] 多种灌溉机械的制作和推广,应视为元代水利灌溉事业的成就。

(原载《香港中文大学中国文化研究所学报》新第 6 期[1997 年]。)

〔1〕蒲道源:《长安志图》卷下《泾渠图说序》。
〔2〕蒲道源:《长安志图》卷下《泾渠总论》。
〔3〕《农书·农器图谱十三·灌溉门》,第 321 页。
〔4〕《农书·农桑通诀之三·灌溉篇》,第 41 页。
〔5〕《农书·农器图谱十三·灌溉门》,第 326~339 页。
〔6〕《文忠集》卷 6。
〔7〕姚文灏编辑、汪家伦校注:《浙西水利书校注·元书·潘应武言决放湖水》,第 65~66 页。

6　元代大都的皇家佛寺

6.1

　　金代中都佛教兴起,寺院林立,但在蒙古军攻占中都是时,不少佛教寺院遭到破坏,例如著名的"闵(悯)忠、崇国二寺","俱为兵毁";[1]大庆寺亦遭"摧残"。[2] 蒙古国统治"汉地"后,在相当长一段时间内,全真道受到重视,而佛教则相对受到冷落,破坏了的寺院未能恢复,残存的佛寺如大庆寺也为"军民人匠之所占据"。[3] 到了蒙哥汗时代(1250—1259),情况发生了变化,蒙古统治者转而倾向佛教,先后由蒙哥汗和他的兄弟忽必烈主持的"僧道辩论",佛教取得了明显的优势。忽必烈继承汗位(1260)后,继续推行崇佛抑道的方针。至元十八年(1281)他下令禁毁道经,是对道教的沉重打击,许多道观因此改成了佛寺。与此同时,原金中都地区许多破坏了的佛寺得到重建,大都新城内外还新建了不少佛寺[4]。忽必烈以后的元朝诸帝,无例外地都是佛教的忠实信奉者。由于统治者的大力提倡,佛教在有元一代得到空前的发展,所以当时有人说:"盖佛之说行乎中国,而尊崇护卫,莫盛于本朝。"[5]

　　元朝新建的佛寺,有的是贵族、官僚捐献,有的是僧人募化而成,还有一些则是历代皇帝发起修造的。后一类由皇帝主持修造的佛寺,可

---

〔1〕危素:《危太朴文续集》卷3《澄慧国师传戒碑》,《嘉业堂丛书》本。
〔2〕王万庆:《海云和尚道行碑》(拓本)。
〔3〕王万庆:《海云和尚道行碑》(拓本)。
〔4〕札马剌丁等:《元一统志》卷1《大都路》,赵万里辑本。
〔5〕危素:《危太朴文集》卷5《扬州正胜寺记》。

以称为皇家佛寺,当时一般则称之为"官寺"。皇家佛寺地位特殊,影响很大,主要集中于大都地区。它的存在,是元代佛教的一大特色,值得认真研究。

<h1 style="text-align:center">6.2</h1>

大都皇家佛寺的兴建,始于忽必烈统治时期。至元七年十二月,由忽必烈皇后察必发起在大都城西郊高良河畔修建的大护国仁王寺,可以说是元代皇家佛寺的滥觞。至元十六年十二月,忽必烈在大都城内建圣寿万安寺,民间俗称白塔寺,流传至今。此外,忽必烈下令修建的还有兴教寺和宣文弘教寺。[1] 自此以后,元朝历代皇帝都要在大都兴建佛寺,为自己祈福,成为一种特有的传统。元成宗修建了天寿万宁寺,元武宗修建的是崇恩福元寺,元仁宗修盖了大承华普庆寺,元英宗造了大永福寺和大昭孝寺,泰定帝修的是天源延圣寺,元文宗修建了大承天护圣寺。只有元朝的末代皇帝顺帝,没有为自己建成佛寺,这显然因为社会混乱和全国农民战争爆发之故。[2] 这些皇家佛寺多数在城内或近郊,也有少数在西山风景区。

营建皇家佛寺,"金帛谷粟,一出于国之经费。受役庬徒,则民与兵"。[3] 每代皇帝都力求胜过前代,为此耗费了大量人力物力。圣寿万安寺的"佛像及窗壁皆金饰之,凡费金五百四十四两有奇,水银二百四十斤"。其他耗费不难想见。[4] 崇恩福元寺"大殿……玉石为台,黄金为跌,塑三世佛。后殿五佛,皆范金为席,台与跌与前殿一"。"至其榱题桷桷,藻绘丹碧,缘饰皆金,不可赀算。楯槛衡纵,杆陛承宇,一惟

---

〔1〕兴教寺见程钜夫《雪楼集》卷7《凉国敏慧公神道碑》,《顺天府志》卷7引《大都图册》。宣文弘教寺见泰定三年(1326)九月中书省臣奏(《元史》卷30《泰定帝纪二》)。关于此寺记载极少,清人朱彝尊认为即西山宏教寺。参看于敏中等:《日下旧闻考》卷103《郊坰》。
〔2〕顺帝至正十四年(1354)"建清河大寿元忠国寺以江浙废寺田归之"(《元史》卷43《顺帝纪六》)。但此寺未见于其他记载,疑未建成。
〔3〕虞集:《道园学古录》卷25《大承天护圣寺碑》。
〔4〕《元史》卷15《世祖纪十二》。

玉石,皆前名刹所未曾有。"〔1〕由这二例可以了解皇家佛寺建造之奢侈。皇家佛寺是国家的建设工程,因此常常动员军队服役。英宗在寿安山修大昭孝寺(今卧佛寺),役使军人3000名以上;而修建大承天护圣寺,役使军人达4300人。再加上民夫和工匠,修造佛寺花费的劳动力无疑是很惊人的。巨大的人力物力耗费,给百姓带来了很大的痛苦。英宗修大昭孝寺时,监察御史锁咬儿哈的迷失等4人"上章极谏,以为东作方始,而兴大役,以耗财病民,非所以祈福也"。结果两人被杀,两人杖责贬逐。〔2〕 泰定三年(1326)十月,中书省臣言:"养给军民,必籍地利。世祖建大宣文弘教等寺,赐永业,当时已号虚费。而成宗复构天寿万宁寺,较之世祖,用增倍半。若武宗之崇恩福元、仁宗之承华普庆,租榷所入,益又甚焉。英宗凿山开寺,损兵伤农,而卒无益。夫土地祖宗所有,子孙当共惜之。臣恐兹后籍为口实,妄兴工役,徼福利以逞利欲,惟陛下察之,帝嘉纳焉。"〔3〕兴建皇家佛寺,是国家财政的沉重负担,给军民带来很大的骚扰,以致在统治集团中引起了强烈的反对意见。但是元朝历代皇帝并不因此中止,英宗用杀逐谏臣之法以杜绝众人之口,可见当时围绕建寺之争论达到何等激烈的程度,而泰定帝的"嘉纳"不过是一句空话。

元代一般寺院的经费,主要依靠土地上的收入(地租)来维持,此外也经营商业和高利贷。寺院的土地来源有4:一是前代遗留下来的,二是贵族、官僚和民间的捐赠,三是购买(更多是仗势兼并)民间的土地,四是皇帝的赐予。但是第四种来源对大多数寺院来说是不存在的。皇家佛寺的经费来源,与一般寺院不同,主要靠皇家的拨赐,其次是贵族、官僚和民间的捐献。每所皇家佛寺建成后,统治者都要拨赐大量土地和财物。大圣寿万安寺落成后,"上(忽必烈——引者)临视,大喜,赐京畿良田亩万五千,耕夫指千,牛百,什器备"〔4〕仁宗"赐大普庆寺金千两,银五千两,钞万定,西锦、彩缎、纱、罗、布、帛万端,田八万亩,邸

〔1〕姚燧:《崇恩福元寺碑》,见苏天爵:《国朝文类》卷22。
〔2〕《元史》卷124《塔本传附锁咬儿哈的迷失传》。
〔3〕《元史》卷30《泰定帝纪二》
〔4〕程钜夫:《雪楼集》卷7《凉国敏慧公神道碑》。

舍四百间"。[1] 不久,该寺又得到赐予的益都(今山东益都)田百七十顷。[2] 英宗赐大永福寺"金五百两,银二千五百两,钞五十万贯,布、帛万匹"。[3] 大护国仁王寺建成后,"中宫(指忽必烈后察必——引者)乃斥粃食营产业以半殖之,已而效地献利者随方而至"。据元代中期统计,该寺有水田旱地 10 万顷以上,此外还有许多山林、河泊、津渡、陂塘、酒馆、矿冶(玉石、银、铁、铜、盐、硝碱、白土、煤炭),隶属于寺院从事各项生产的有 37000 余户。这些产业分布在全国各地。[4] 文宗建大承天护圣寺,赐益都等处田土 16 万 2000 余顷,又超过了大护国仁王寺。[5] 元代皇家佛寺占有土地如此之多,这在中国历史上是极罕见的。

元代一般寺院的土地资产,都是寺院自行管理。大的寺院中设有庄主、园主等职事人员,便是负责土地经营的;而大都皇家佛寺的土地和其他资产则是由政府设置专门机构进行管理的。大护国仁王寺建成后不久,就设置了大护国仁王寺总管府,总理一切财产。对于分布在各地的土地资产,则设立提举司、提领所分治。[6] 大护国仁王寺总管府后改名会福总管府,以后建造的新寺,也都建立相应的总管府,如管理圣寿万安寺的是寿福总管府,管理承华普庆寺的是崇祥总管府,管理承天护圣寺的是隆祥总管府(后升隆祥使司)等。这些总管府秩正三品,"凡钱粮之出纳,营缮之作辍,悉统之"。管理这些总管府的机构是太禧宗禋院,从一品。[7] 皇家佛寺的土地一般采取租佃的形式,由总管府征收地租。这些总管府凭借皇家佛寺的权势,在征收地租时特别残暴,寿福总管府"田入隶浙西数郡,此岁浙西被水,有司按实当检放,而院(总管府一度改院——引者)犹责偿未已"。[8] 由此一例,可

〔1〕《元史》卷 24《仁宗纪一》。
〔2〕《元史》卷 25《仁宗纪二》。
〔3〕《元史》卷 27《英宗纪一》。
〔4〕程钜夫:《雪楼集》卷 9《大护国仁王寺恒产之碑》。
〔5〕《元史》卷 34《文宗纪三》。
〔6〕程钜夫:《雪楼集》卷 9《大护国仁王寺恒产之碑》。
〔7〕《元史》卷 87《百官志三》
〔8〕柳贯:《柳待制文集》卷 11《刘彦明墓志铭》。

见其余。

6.3

元朝诸帝建造佛寺,目的在于为自己和家人祈福。佛寺建成后,举行"佛事"(佛教仪式)便是他们的主要工作。元成宗大德年间,"佛事"的名目已有 500 余,后来不断增加,"岁费千万,较之大德,不知几倍"[1]。

皇家佛寺大多设有神御殿。"神御殿,古原庙也,以奉安先朝之御容。"所谓原庙,指皇室祭祀祖先的太庙之外别立之庙,起于汉代。宋代列帝神御之殿原来分散在各寺观之中,后来都迎入宫中,建殿供奉[2]。金朝供奉已故诸帝"御容"的原庙也设在宫中[3]。到了元代,已故列帝的"御容"都在皇家佛寺中建殿供奉。神御殿又称影堂,影即指"御容"而言。"影堂所在:世祖帝后大圣寿万安寺,裕宗帝后在焉。顺宗帝后大普庆寺,仁宗帝后亦在焉。成宗帝后大天寿万宁寺。武宗及二后大崇恩福元寺,为东西二殿。明宗帝后大天源延圣寺。英宗帝后大永福寺。也可皇后大护国仁王寺。"[4]裕宗是忽必烈之子真金,曾立为太子,但死在忽必烈前。顺宗是真金的第二子答剌麻八剌,武宗、仁宗之父。真金和答剌麻八剌生前都没有当上皇帝,但因儿子称帝,故得追谥庙号,也和列代皇帝一样建有神御殿。"也可皇后"即忽必烈之母唆里禾帖尼。她受到特殊的崇敬,因而也建有神御殿。可以看出,各代帝后的神御殿都设在他们自己建造的佛寺中。泰定帝没有神御殿。这是因为在他死后发生政变,帝位为武宗之子图帖睦尔(文宗)所夺。图帖睦尔认为泰定帝的即位是不合法的,不许进入太庙,当然不会为他设置神御殿。泰定帝建造的天源延圣寺也就成了文宗之兄明宗和世㻋的神御殿所在。有讽刺意义的是,文宗自己死后也遭受到同样的

〔1〕《元史》卷202《释老传》。
〔2〕《宋史》卷109《礼志一二》。
〔3〕《金史》卷33《礼志六》。
〔4〕《元史》卷75《祭祀志四》。

命运。继立的顺帝是明宗的儿子,他先为文宗在承天护圣寺建造神御殿,但不久便宣布文宗是谋害明宗的凶手,从太庙中撤去神主,承天护圣寺中的文宗神御殿当然也不能保留了。神御殿每年定期举行祭祀典礼。设置神御殿,这是皇家佛寺特殊地位的一个标志。

皇家佛寺中的圣寿万安寺、兴教寺还是朝廷百官"习仪"的地方。每逢元旦、天寿节(皇帝生日)、皇帝即位等重大典礼,3 日以前都要在圣寿万安寺或兴教寺排练,以免到时出错。[1] 由此可见皇家佛寺规模宏大,类似宫殿,同时也说明这些佛寺与国家机构之间关系的密切。

在中国古代,寺院往往是城市中居民集会、游赏的场所,这是它们的一项社会职能。皇家佛寺富丽庄严、规模宏大,很自然便成为大都居民游赏的名胜。其中最有名的是承天护圣寺。它坐落在玉泉山下、西湖之畔,水光山色,与佛殿楼阁相互辉映,"休夸天上瑶池,只此人间兜率",被称为"西湖景"。[2] 此况一直继续到明代。

6.4

元文宗至顺二年(1331)五月太禧宗禋院上奏:"累朝所建大万安等十二寺,旧额僧三千一百五十人,岁例给粮。今其徒猥多,请汰去九百四十三人。"[3]据此,则累朝所建皇家佛寺的僧人定额,平均为 260人左右,但实际已在 340 人以上。这里所说的显然是指持有正式度牒的僧人,如果加上为佛寺及上层僧侣服役的道人、行者之流,皇家佛寺的人员数目是很可观的。

元代的佛教寺院都有严密的组织。寺院的住持通常是要经所在地区各寺院的上层僧侣集会"公同推举"的。[4] 但皇家佛寺的住持,则都由皇帝亲自指定当时有名的大德高僧担任。从现有的一些记载来看,被指定主持大都新建皇家佛寺的主要是律宗的僧人,他们主要出

---

〔1〕《元史》卷 67《礼乐志一》。

〔2〕《朴通事谚解》卷上,《奎章阁丛书》本。

〔3〕《元史》卷 35《文宗纪三》。这里所说的"十二寺",包括一部分在外地建造的皇家佛寺。

〔4〕请参看我写的《元代佛教与元代社会》,载《中国古代史论丛》1981 年第 1 期。

·欧·亚·历·史·文·化·文·库·

自宝集寺。宝集寺位于大都南城（原金中都），始建于唐。辽、金二代，宝集寺是这一地区律宗的中心。入元以后，仍保持重要的地位。"至元二十二年，世祖皇帝建圣寿万安寺于新都，诏拣公开山主之，仍命同门圜融清慧大师妙文主领祖刹（指宝集寺——引者）。……吾寺自拣、文二师分主大刹，若圣寿万安、天寿万宁、崇恩福元、天源延寿，洎覃怀之龙兴，以至海内十六名刹，何啻千百，虽支分派别滋多，实皆出于宝集。"[1]据此可知，万安、万宁、福元、延寿诸皇家佛寺的住持，都出自宝集寺。"拣公"即知拣，是一位得到忽必烈宠遇的律宗僧人。"帝问拣坛主云：'何处有佛？'拣奏云：'我皇即是佛。'帝云：'朕如何是佛？'拣云：'杀活在于手，乾坤掌上平。'"[2]知拣显然长于逢迎，能够博得忽必烈的欢心，所以会被选中住持万安寺。知拣的弟子德谦，"初以诏居万宁寺，后以诏居崇恩寺。万宁成宗所创，崇恩武宗所创也。两居大寺，前后一纪。……自以重居官寺，久佩恩荣，而浮图之道恬退为高，乃以让其弟子，退居幽僻"[3]。可见德谦的弟子继续主持官寺，但其名号已不可知。宝集寺系统之外，另一位律宗僧人法闻曾受命主持大普庆寺。[4]

被挑选成为大都皇家佛寺住持的，还有华严宗的僧人。成宗建五台山大万圣佑国寺，以洛阳白马寺的华严宗僧人文才主之。文才死，其弟子了性奉诏居万宁寺。文宗建大承天护圣寺，"召五台山万圣寺释师惠印，特赐荣禄大夫、司徒，主教于寺"[5]。惠印应亦与文才有关。白马寺的住持法洪奉召进京，先主西山龙泉寺，后改大永福寺，迁主寿安山大昭孝寺。法洪应与文才同是华严宗僧人。[6]

金、元之际，原中都地区禅宗有很大势力。蒙古国初期很活跃的万松和海云，都是禅宗僧人，他们与蒙古汗庭有密切的联系。忽必烈太子

---

〔1〕《宗原堂记》，见熊梦祥：《析津志辑佚·寺观》，北京古籍出版社1983年版。

〔2〕释念常：《历代佛祖通载》卷21，《大正大藏经》本。

〔3〕释念常：《历代佛祖通载》卷22。

〔4〕释念常：《历代佛祖通载》卷22。

〔5〕虞集：《大承天护圣寺碑》。

〔6〕许有壬：《至正集》卷47《释源宗主洪公碑铭》。

真金的名字,就是海云起的。但是,忽必烈称帝后,采取抑禅扶教的方针,禅宗的势力有所下降。皇家寺院住持的选择,显然是贯彻这一方针的结果。关于忽必烈对待禅、教的态度,竺沙雅章教授已有很好的研究,这里就不多说了。

（原载《世界宗教研究》1992 年第 2 期。）

7 元代南方佛教略论

元代佛教兴盛,与当时的政治、经济、文化有密切的关系,对后代佛教的发展,亦有很大的影响。近年元代佛教史的研究有不少进展,但尚有许多问题有待深入。本篇拟就元代南方佛教的若干问题,提出自己的一些看法,希望得到指正。

7.1 元朝管理南方佛教的机构

元朝政府为了管理南方佛教,先后设置过总摄所、总统所、行宣政院和广教总管府。

至元十三年(1277)正月,南宋朝廷投降,元军进入临安(今杭州)。二月,元朝皇帝忽必烈"诏谕临安新附府州司县官吏士民军卒人等",旨在安抚江南百姓。要求他们"各守职业,其勿妄生疑畏"。其中提出:"前代圣贤之后,高尚儒、医、僧、道、卜筮,通晓天文历数,并山林隐逸名士,仰所在官司,具以名闻。名山大川,寺观庙宇,并前代名人遗迹,不许拆毁。"[1]可见元朝政府平定江南之初,便重视对佛教庙宇和僧侣的保护。至元十四年二月,"诏以僧亢吉祥、怜真加、加瓦并为江南总摄,掌释教"[2] 亢吉祥即华严宗僧人行育,[3]怜真加即河西僧人杨琏真加,加瓦又作加瓦八,族属不详。当时设立的管理南方佛教的官方机构称为江淮释教都总摄所,亢吉祥(行育)、杨琏真加、加瓦(加瓦八)3人被任命为该机构的负责人,即总摄。后来,在至元二十四年

---

〔1〕《元史》卷9《世祖纪六》。
〔2〕《元史》卷9《世祖纪六》。按,中华书局点校本《元史》作"亢吉祥、怜真加加瓦",误。见竺沙雅章《宋元佛教文化史研究》第184页,日本汲古书院2001年版。
〔3〕竺沙雅章:《宋元佛教文化史研究》,第168~193页。

或稍早,改为江淮释教都总统所,杨琏真加为总统,行育和加瓦八仍为总摄,地位在杨琏真加之下。[1]

元朝继承前代制度,设置专门机构,管理佛教事务。中央原设总制院,至元二十五年改宣政院,"掌释教僧徒及吐蕃之境而隶治之"。[2]地方路、府、州、县则设僧录司、僧正司、都纲司等。此外又有总统所、总摄所。至元二年二月,"诏谕总统所:'僧人通五大部经者为中选,以有德业者为州郡僧录、判、正副都纲等官,仍于各路设三学讲、三禅会'"。[3] "至元二年二月,钦奉圣旨条画内一款:僧人每三年一次试五大部经。仰总统所选择深通经义有名师德,于各路置院,选试僧人,……仍将选中僧人,造簿申总统所类攒,呈省闻奏。"[4] 以上两条出于不同文献的记载,是一回事,但文字取舍有所不同,可见忽必烈称帝后在中央曾设置总统所管理佛教事务。现存白话碑文亦涉及总统所。至元二十一年的《大都崇国寺圣旨碑》中说"宣授大都路僧录司承奉总统所札付该",[5]大德十年(1306 年)的《长清灵岩寺下院榜示碑》中说"帝师下诸路释教都总统所"。[6] 和上述记载相印证,可以说明总统所的全名是诸路释教都总统所,其地位在各路僧录司之上,帝师之下。似可认为,这是总制院或宣政院之下管理汉地佛教事务的机构,但是,《元史·百官志》中对此并无记载。

至元十八年举行佛道辩论,佛教方面有"诸路释教泉总统"。[7] 至元二十二年至二十四年忽必烈组织蕃汉僧人校勘佛典,参与其事者有"圣寿万安寺都总统"拣吉祥、"宣授诸路释教都总统"昭吉祥、"宣授诸路释教都总统"远丹巴、"资德大夫释教都总统"合台萨里。[8] "圣寿

---

〔1〕关于江淮总摄所改为总统所的时间,我在《再论元代河西僧人杨琏真加》中有所说明。见本书第 8 篇。

〔2〕《元史》卷 87《百官志三》。

〔3〕《元史》卷 6《世祖纪三》。

〔4〕《通制条格》卷 29《僧道·选试僧人》。

〔5〕蔡美彪:《元代白话碑集录》,科学出版社 1955 年版,第 33 页。

〔6〕蔡美彪:《元代白话碑集录》第 53 页。

〔7〕释念常:《历代佛祖通载》卷 21。

〔8〕释庆吉祥等:《至元法宝勘同总录》卷首,《频伽藏》本。

万安寺都总统"可能是皇家佛寺圣寿万安寺的僧官,其余几位"诸路释教都总统"、"释教都总统"无疑都是中央总统所的官员。以上这些人物的头衔足以证明释教诸路总统所的存在。圣寿万安寺则因地位特殊亦设都总统一职。至元三十年十月,"僧官总统以下有妻者罢之"。[1]可见僧官中确有总统。

中央设有诸路释教总统所有如上述。在地方上则设总摄所,管理数路或更大地面的佛教事务。江淮摄教总摄所便是如此。至元二十八年二月,"以陇西四川总摄辇真术纳思为诸路释教都总统"。[2]可见陇西四川亦设总摄所。见于记载的还有白云宗总摄所。白云宗原设僧录司,后改为总摄所,说明地位提高(见下)。这是以宗派设置僧官,与地区僧官有别,但亦足以说明总摄所地位在僧录司之上。辇真术纳思由陕西四川总摄所改任诸路释教都总统,是由地方升到中央总统所任职,陕西四川总摄所不变。杨琏真加则是另一种情况,他由总摄升为总统,江淮释教都总摄所升级为都总统所,总摄所不再存在。但从现有文献来看,总统所、总摄所只在少数地区设置,不是普遍存在的。

白云宗总摄所"秩从二品",[3]地方上的总摄所(如江淮总摄所)应相同。上引释教都总统合台萨里阶资德大夫,这是文散官正二品。中央和地方的都总统所亦应秩正二品。[4]

在忽必烈任命的3位江南总摄中,真正掌权的是杨琏真加。他到南方后,活动频繁,气焰熏天,南方一般民众只知杨总摄(统)而不知尚有行育和加瓦二位总摄。杨氏在南方的活动,主要有:(1)发掘南宋历朝帝后攒宫(棺木临时停放之所),在宋故宫废址上建造5寺1塔,这些举动意在厌胜,防止南宋再起。(2)崇佛抑道,将许多道观强行改为佛寺。(3)崇教抑禅,抬高禅宗以外其他佛教宗派的地位。这些作为,实际上都是贯彻忽必烈的方针(见下)。与此同时,他"倚恃权势,肆行

---

〔1〕《元史》卷17《世祖纪十四》。
〔2〕《元史》卷16《世祖纪十三》。
〔3〕《元史》卷22《武宗纪一》。
〔4〕合台萨里又作乞台萨里,畏兀儿人,名翻译家阿鲁浑萨里之父,见赵孟頫《松雪斋文集》卷7《全公神道碑》,浙江古籍出版社1986年版。

豪横",强占房屋土地,攘夺财物,"私庇平民不输公赋",导致极大的民愤。[1] 但由于杨氏能忠实贯彻忽必烈的意图,因而一直得到信任,并从总摄升为总统。

至元二十八年正月,权臣桑哥下狱,作为桑哥的党羽,杨琏真加很快亦随之失势。元朝另外成立了江南行宣政院,"管理江南诸省地面僧寺功德词讼等事",秩从二品。[2] 江南行宣政院作为宣政院的派出机构,取代江淮释教都总统所。[3] 从至元二十八年成立到元朝灭亡,江南行宣政院中间曾两度废罢,共13年,实际存在约63年。与总统所、总摄所不同,行宣政院院使由俗人担任,一般由行省或行御史台主要官员迁转或兼任。[4] "惟我圣朝尤崇重像教,乃为置总统之师,又置行宣政院之官,以理其寺事。位望略同省府,又以省臣之最贵者领之。"[5] 行省有理问所,其职责是审理刑狱,正四品。江浙行宣政院则"设崇教所,拟行中书省理问官,秩四品,以理僧民之事"。[6] 这就是说,行宣政院的地位和行省相近。为了管理南方佛教,元朝政府先设总统所,后设行宣政院,都是其他地区没有的,[7] 而且地位很高,说明对南方佛教是特别重视的。

行宣政院的职责,主要是两个方面。一是处理僧人或僧俗词讼。元代僧人在户籍上自成一类,称为僧户,与其他户(民、军、站户等)有别。凡僧人之间词讼一般由崇教所处理,刑事案件除外。僧俗词讼则需会同地方官府或其他衙门共同处理,这就是所谓"约会制"。另一职责是各寺院主持的任命。"初步统计,从大德七年到至正末年(1303—1367)间,奉行宣政院命任名刹住持者有38人,其中得到帝师赐予封号

---

〔1〕佚名:《庙学典礼》卷3,《四库全书》本。《元史》卷202《释老传》。关于杨琏真加的活动,可参看我写的《略论杨琏真加和杨暗普父子》,见《元史研究论稿》,第385~400页。

〔2〕张铉:《至正金陵新志》卷6《官守志》,《四库全书》本。

〔3〕行宣政院成立后,江淮总统所仍存在一段时间,大德三年(1299)才废止。

〔4〕邓锐龄:《元代杭州行宣政院》,载《中国史研究》1995年第2期。

〔5〕虞集:《至正二年重修净慈报恩光孝禅寺记》,见《净慈寺志》卷1《兴建一》。

〔6〕《元史》卷92《百官志八》。

〔7〕元末曾在"西番"设行宣政院,情况不详。见《元史》卷92《百官志八》。

者19人,占了一半,禅教不分,而以禅师受封者最多。"[1]现在尚无法说明哪些寺院主持由行宣政院来选派,但可以肯定的是:(1)一些重要寺院如列名"五山"的杭州灵隐寺、净慈寺,以及属于天台宗的上、下天竺寺等,其历任主持完全由行宣政院决定。(2)有一些规模不大的寺院,也由行宣政院指派主持。例如:"至正壬午,江南行宣政院举师(以中智及——引者)出世昌国之隆教。"[2]昌国州即今舟山,在元代经济、文化都比较落后。隆教寺曾遭火灾,元朝统一后重建,在当地亦不过是个普通寺院。[3] 由此来看,行宣政院选派主持的范围是很广的。还值得注意的是,有不少寺院,还通过行宣政院,得到了皇帝颁发的护持诏书。例如,"至治壬戌,径山虚席,三宗四众,咸谓非师(元叟行端——引者)莫能负荷其任,相率白于行宣政院,请师补其处。事闻于朝,泰定甲子,降玺书作大护持"[4]护持诏书是以皇帝的名义,宣布某一寺院可以免除赋役,不许他人侵犯其利益。得到护持诏书,就意味着该寺院享有种种特权。行宣政院掌握了对僧人的审判权、许多寺院主持的任命权,还能为寺院争取护持诏书,因而就能牢牢控制南方的佛教僧人和寺院。

文宗天历元年(1328)十一月,罢行宣政院。至顺二年(1331)二月,成立广教总管府16所,"以掌僧尼之政"。"秩正三品,府设达鲁花赤、总管、同知府事、判官各一员,宣政院选流内官拟注以闻,总管则僧为之。"[5]广教总管府16所与监察系统的肃政廉访司诸道大体相同,总分有所调整,如后者的浙东、福建和浙西、江东4道被并成前者的浙东福建道和浙西江东道[6]。显然,广教总管府是参照肃政廉访司设置的,两者的品秩也是相同的。分设广教总管府,目的大概是为了加强管理。但到文宗去世、顺帝即位以后,元统二年(1334)正月便罢广教总

---

〔1〕邓锐龄:《元代杭州行宣政院》。

〔2〕宋濂:《宋文宪公全集》卷28《径山和上及公塔铭》。

〔3〕冯福京:《大德昌国州志》卷7《叙寺》,《宋元四明六志》本。

〔4〕黄溍:《金华先生文集》卷41《径山元叟禅师塔铭》。

〔5〕《元史》卷35《文宗纪四》。

〔6〕《元史》卷86《百官志二》。

管府,重立行宣政院。[1] 广教总管府存在时间太短,没有多少作为。有的记载说:"天历初,朝廷新设广教都总管府,遴选名山主僧,一归至公。"[2]又有记载说:"至顺壬申,本无以教府之命,来住此山(庆元延庆寺——引者)。"[3]"教府"即广教都总管府。显然,选派寺院主持仍是它的重要职责。

　　元朝在路、府、州、县各级地方设僧录、僧正、都纲司。元仁宗即位后,在至大四年(1311)二月"罢总统所及各处僧录、僧正、都纲司"。[4]"总统所"指中央的总统所。此次废罢以后,南方各地再没有僧司衙门。现在传世的元代方志中,只有《大德昌国州志》载当地有僧正司,[5]《延祐四明志》、《至正四明续志》、《至顺镇江志》、《至正金陵新志》都没有僧司衙门的记载。《大德昌国州志》成书在废罢以前,其他方志成书都在废罢以后,所以不同。南方有些佛教宗派(白云宗、头陀教)亦经许可成立僧司衙门,将在下文述及。

7.2　江南佛教的宗派

　　元代江南佛教有许多不同的宗派。从大的方面来说,可以分为汉地佛教和藏传佛教两大系统。汉地佛教是江南固有的,藏传佛教则是元代传入的。

　　和北方一样,江南固有的汉地佛教一般分为禅、教两大类。宋元时期民间流行的百科全书型类书《事林广记》中有关佛教部分的标题便是《禅教类》。禅指禅宗,教则包括禅宗以外的各宗派,有天台宗、华严(贤首)宗、慈恩(法相)宗、密宗、律(南山)宗等,[6]但密宗事实上已消亡。也有人将律宗从教中分离出来,析为禅、教、律三大类。元人袁桷

---

〔1〕《元史》卷38《顺帝纪一》。
〔2〕宋濂:《宋文宪公全集》卷28《别峰同公塔铭》。
〔3〕王元恭:《至正四明续志》卷10《释道》。
〔4〕《元史》卷24《仁宗纪一》,《元典章》卷33《礼部六·革罢僧司衙门》。
〔5〕冯福京:《大德昌国州志》卷5《叙官》。
〔6〕陈元靓:《事林广记》续集卷3《禅教类》,中华书局影印元至顺刊本。

说:"今之言佛教者有三,禅以喻空,教以显实,律则摄其威仪,禁妄绝非。"[1]"然其法不过析而为三,有禅僧,有律僧,有讲僧。故于其寺亦三,曰禅寺,曰律寺,曰讲寺。"[2] 禅宗寺院称为禅寺,僧人称为禅僧。律宗寺院称为律寺,僧人称为律僧。其他宗派寺院统称为讲寺,僧人称为讲僧。但在元代江南,律宗已趋于衰落,"若三宗鼎列,而律最微者,在僧为难能故也"。[3]

南宋时,江南佛教中势力最大的是禅宗。"宋南渡之初,东南禅门之盛,冠绝于一时。"[4] 南宋朝廷曾为佛教寺院制定五山十刹制度,"以京辅佛寺,推次甲乙,尊表五山,为诸刹纲领"。[5] 蒙古灭金以后,在一段时间内,北方禅宗的领袖人物,如曹洞宗的万松、临济宗的海云,都受到蒙古上层的尊崇,禅宗的声势远在佛教其他宗派之上。忽必烈原来也尊崇禅宗,但后来对待佛教各宗派的态度有所改变。至元八年,"侍讲徒单公履知上于释崇教抑禅,乘是隙言儒亦有是科,书生类教,道学类禅"。[6] 可知至迟到此时,忽必烈已明确采取"崇教抑禅"的方针。全国统一以后,这一方针在江南亦加以推行。忽必烈以江南"教不流通"为由,从北方选派了禅宗以外各宗派僧侣30人,来到江南开讲,设立"御讲三十六所"。[7] 庆元(今浙江宁波)有"官讲所,在东南隅景德弥陀寺。讲主一员,僧五十员,岁收诸寺讲粮米一千六百石",[8] 应即"三十六所"之一。如上所述,他任命的3位江淮释教总摄,以华严宗僧人行育为首,这实际上也有同样的意义。杨琏真加在南宋宫殿废址上建造5座寺院,分别属于禅宗、慈恩宗、天台宗、白云宗和藏传佛教,显然为了抬高其他宗派,使之和禅宗平起平坐。[9] 至元二

〔1〕《清容居士集》卷25《兴福头陀院碑》,《四部丛刊》本。

〔2〕方回:《桐江续集》卷36《建德府兜率寺兴复记》,《四库全书》本。

〔3〕刘仁本:《羽庭集》卷6《定海县真修寺事迹记》,北图藏清抄本。

〔4〕王祎:《王忠文公集》卷6《木岩禅师语录序》,《四库全书》本。

〔5〕田汝成:《西湖游览志》卷3《南山胜迹》,上海古籍出版社1958年版。

〔6〕姚燧:《董公神道碑》,见苏天爵:《国朝文类》卷61。

〔7〕释念常:《历代佛祖通载》卷22。张铉:《至正金陵新志》卷11《祠祀志》。

〔8〕王元恭:《至正四明续志》卷10《释道》。

〔9〕《再论元代河西僧人杨琏真加》。

十五年,忽必烈召集江南禅、教双方的代表人物,到大都"问法",实际上是组织双方进行辩论。结果宣布"升教居禅之右",使南方禅宗受到很大打击。[1] 因此,江南天台宗等各宗派的地位明显上升。浙东天台国清寺的变化是很有代表性的。国清寺是天台宗的祖庭,"或据而有之,且易教为禅"。天台宗僧人性澄向宣政院申诉,"卒复其旧",也就是仍归属于天台宗。[2] "从教入禅今古有,从禅入教古今无",但这时却发生了禅宗僧人改投他宗的现象,令人为之感叹。[3]

元初曾发生佛、道之争。经过几次辩论之后,忽必烈对道教加以严厉处理,焚烧大批经典,没收部分道观的房舍、田产。对于禅、教之争,忽必烈虽然倾向于教,但对禅宗只是加以抑制而已,并未采取激烈的措施。但忽必烈以后的元朝诸帝,对于禅、教之间的矛盾都不感兴趣,任由它们自行发展。因此,禅宗在江南仍有很大的势力。元代中期,江南禅宗出了两个重要人物。一个是中峰明本,一个是笑隐大䜣,两人都属于禅宗中的临济宗。中峰明本(1263—1323)居杭州天目山师子院,以苦行和学识受到海内外僧众的普遍尊奉,"身栖谷岩,名闻庙朝",声望之高,江南佛教界无人出其右。许多达官贵人、社会名流拜倒门下称弟子,其中有高丽国王王璋和著名文坛领袖赵孟頫。他死后被追赠为普应国师。[4] 笑隐大䜣(1284—1344)曾为杭州中天竺寺住持。天历二年,元文宗将自己称帝前在集庆(今江苏南京)的旧居改为大龙翔集庆寺,以大䜣为住持,"特界三品文阶,以冠法号"。顺帝时"遣使持诏,加释教宗主兼领五山寺"。"五山寺"即上述"五山十刹"中之"五山"。实际上就是江南禅宗的领袖。享有这个头衔的,在江南佛教界只有他一人。[5] 可以认为,忽必烈的"崇教抑禅"方针虽曾发生一定的影响,但禅宗在江南佛教中的主导地位并未动摇,正如元代著名学者虞集所

〔1〕释志磐:《佛祖统记》卷48。刘仁本:《羽庭集》卷2《送大卦圯上人序》。
〔2〕黄溍:《金华先生文集》卷41《上天竺湛堂法师塔铭》。
〔3〕释如惺:《大明高僧传》卷2《本无传》,《频伽藏》本。
〔4〕郑元祐:《侨吴集》卷11《元普应国师道行碑》,《北图古籍珍本丛刊》本。
〔5〕黄溍:《金华先生文集》卷42《龙翔集庆寺笑隐禅师塔铭》。

说:"国家崇尚佛乘至矣,而禅宗惟东南为盛".[1]

江南原有佛教其他各宗派中,天台宗势力较大。以杭州佛寺来说,著名的上天竺、下天竺、南天竺等大寺都属于天台宗。此外,"天台之学,独盛于四明".[2] 僧人性澄在忽必烈时代为争取国清寺回归天台宗到大都奔走,成宗时"入觐于上京,赐食禁中,复以国清为言,宣政院为奏请降玺书加护"。至治辛酉(元年,1321)应召入大都,受英宗多次召见,升座说法,"仍降玺书加护,进号佛海大师,一时文学侍从之臣皆赋诗以美之".[3] 可见这位天台宗僧人与朝廷关系之密切。禅宗、天台宗以外的其他宗派势力都很微弱。属于慈恩宗的佛寺有杭州的仙林寺、开化寺等.[4] 属于华严宗的寺院有杭州高丽慧因寺,[5]绍兴宝林寺[6]。属于律宗的有杭州的昭庆寺、明庆寺。这些宗派都没有出现有影响的人物。

元代江南还有两个活跃的佛教宗派,一个是白云宗,一个是白莲宗,都属于佛教净土宗。净土宗以念佛号(南无阿弥陀佛或阿弥陀佛)为修行内容,简便易行,在民间广泛流行,但亦因此遭到其他宗派的歧视和排挤。白云宗和白莲宗都是宋代创立的,在元代经历了曲折的过程,它们的遭遇和上述佛教各宗派有明显的不同。

白云宗创始于北宋末年,南宋时颇为兴盛,主要流行于两浙地区。但它遭到某些自命正统的僧侣和文人的排斥,视为异端,未能为官方承认。其首领乞敕额,不仅遭拒绝,而且被流放,庵宇拆除.[7] 入元以后,白云宗僧人道安迅速向江淮释教都总摄所报告刊印《大藏经》的计划,总摄所"准给文凭,及转呈檐八上师引觐。皇帝颁降圣旨,护持宗

〔1〕《道园学古录》卷48。

〔2〕马泽修、袁桷撰:《延祐四明志》卷16《释道考上》,《宋元四明六志》本。

〔3〕黄溍:《金华先生文集》卷41《上天竺湛堂法师塔铭》。

〔4〕竺沙雅章:《宋元佛教文化史研究》第46~5I页。

〔5〕李蓂:《慧因寺志》卷7《碑记》,《武林往哲遗著》本。

〔6〕宋濂:《宋文宪公全集》卷28《别峰同公塔铭》。

〔7〕丁国范:《元代的白云宗》,载《元史论丛》第4辑。

门"。道安并得到白云宗僧录的头衔。[1] 檐八又作胆巴,西番人,是当时仅次于帝师的佛教领袖人物,得到忽必烈的宠信。从此,白云宗与朝廷建立了密切的联系。杨琏真加在宋故宫废址上建5寺,以其中般若寺属白云宗,[2]将白云宗与禅宗、天台宗等并列。此后,白云宗又被批准成立摄所,秩从二品。[3] 元仁宗时,白云宗主沈明仁授"荣禄大夫、司空",秩从一品。[4] 声势之显赫,一时无两。但白云宗兴盛以后,其首领和徒众多为不法之事,民愤很大,不断有人要求取缔。延祐七年(1320年)沈明仁终因"不法坐罪",[5]白云宗虽然继续存在,但已走向衰落了。[6]

白莲宗是南宋初年昆山(今江苏昆山)茅子元创立的,一度被视为异端,茅子元被流放。宋、元之际,白莲宗发展很快,"当时北起开平(今内蒙古自治区正蓝旗东),南抵柳州,东达松江,西至成都,东南及于福建建宁,以至辇毂下、太庙旁,都有白莲教的踪迹。其徒众之多,影响之大,可想而知"。[7] 但是主要流行在江南的福建、江西、江东等地。至大元年武宗下令"禁白莲社,毁其祠宇,以其人还隶名籍"。[8] 武宗去世,仁宗继位,在白莲宗僧人普度活动下,至大四年闰七月便下诏恢复了白莲宗的合法地位。[9] 至治二年(1322年)英宗又下令"禁白莲佛事",[10]但仍在民间流行。在元朝末年爆发的农民战争中,白莲宗被起义者用来作为宣传、组织群众的一种形式。

〔1〕《普宁藏》臣字函《普贤行愿品》卷尾道安题记,原载日本《增上寺三大藏经目录·元版(刊记)》第193号,第331、332页。转引自李富华、何梅:《汉文佛教大藏经研究》,宗教文化出版社2003年版,第318页。

〔2〕周密:《癸辛杂识》续集卷下《奸僧伪梦》,中华书局1988年版。

〔3〕《元史》卷21《成宗纪四》,卷22《武宗纪一》,卷23《武宗纪二》。

〔4〕《元史》卷25《仁宗纪二》。

〔5〕《元史》卷27《英宗纪一》。

〔6〕参见丁国范:《元代的白云宗》。

〔7〕杨讷:《元代白莲教研究》,上海古籍出版社2004年版,第41页。

〔8〕《元史》卷22《武宗纪一》。

〔9〕果满:《庐山复教集》卷上《抄白全文》、《宣政院榜》。见杨讷:《元代白莲教资料汇编》,中华书局1989年版,第186~188页。

〔10〕《元史》卷28《英宗纪二》。

此外,南方还有头陀教,即北方的糠禅[1],亦为汉地佛教的一个宗派,与禅宗关系密切。头陀教的特点是苦行。大德二年,北方头陀教宗师李溥光上奏说:"今江南田地里俺一般的头陀禅师每多有,管的头目人无的上头,无头脑一般有",要求成立管理机构。成宗下令:"腹里、江南田地有的头陀禅师每根底交这李溥光为头管着者。"[2]因此,李溥光奉旨"来南,阐扬教事,椎轮湖山葛岭之西,大兴栋宇,以聚其徒。既而正智通辩禅师空庵焦公溥照,实来都提点江南诸路,筑室佛殿之右"[3]。"湖山葛岭"指西湖葛岭,这位焦溥照就是江南头陀教的都提点。至大二年,又立湖广头陀禅录司[4]。但不久废。江南头陀教的情况,不很清楚。

藏传佛教产生于吐蕃(今西藏及邻近地区),传入西夏。13世纪中期,吐蕃归附蒙古,藏传佛教进入蒙古宫廷。忽必烈称帝后,以藏传佛教萨迦派领袖八思巴为帝师,藏传佛教从此为历朝皇帝所尊奉,其地位在汉地原有佛教各宗派之上。忽必烈任命的3位江淮释教总摄中,杨琏真加是河西人,信奉藏传佛教。他到江南后,积极引进藏传佛教。他在南宋故宫废址上建造5寺,其中尊胜寺"正殿佛皆西番形象,赤体侍立,虽用金装,无自然意",无疑是藏传佛教寺院。与5寺一起还有一座"西番佛塔"[5]。杨琏真加强行将杭州孤山上的道观四圣延祥观和西太乙宫改造为佛寺万寿寺,很可能也是一座藏传佛教寺院。杭州灵隐寺前飞来峰上有大量藏传佛教石刻造像,多为杨琏真加或其后行宣政院官员所建[6]。杭州吴山宝成寺石壁有大黑天(麻曷葛剌)造像一龛,建于至治二年。大黑天是藏传佛教信仰的战神,为元朝皇室所尊奉[7]。据元代杭州人郑元祐记,杭州钱塘门外石函桥,"河西僧三宝者

〔1〕温玉成:《金元糠禅述略》,载《元史论丛》第5辑,中国社科出版社1993年版。

〔2〕《元典章》卷33《礼部六·头陀教》。

〔3〕任士林:《松乡文集》卷2《头陀甘露泉记》,《四库全书》本。

〔4〕《元史》卷23《武宗纪二》。

〔5〕郭畀:《云山日记》,《横山草堂丛书》本。

〔6〕熊文彬:《元代藏汉艺术交流》,河北教育出版社2003年版,第139~161页。

〔7〕宿白:《元代杭州的藏传密教及其有关遗迹》,见《藏传佛教寺院考古》,文物出版社1996年版,第365~387页。

累石与砖为西番塔,旧无有也"[1]。此塔今已不存。此类"西番"样式的佛教建筑当时应为数不少。

江南原有佛教各宗派之中,亦有一些僧人积极学习藏传佛教学说。著名的如上述天台宗僧人性澄,"以秘密教不传于东土,因禀戒法于胆巴上师。既入其室而受觉海圆明之号,又从哈尊上师传习法门而究其宗旨"[2]。胆巴事迹已见上述。哈尊上师就是南宋末代皇帝赵㬎,[3]降元后"学佛法于土番"[4]。江南僧人竟然向南宋末代皇帝学习藏传佛教的秘密教法,实在令人费解,不知其中是否有其他原因。

但总的来说,藏传佛教进入江南,主要凭借政治的权势,缺乏足够的社会基础,因而并没有得到发展。

7.3 大藏经的出版

有元一代,曾先后刊行多种《大藏经》,其中多数是在江南刊印的,有《碛砂藏》、《普宁藏》、河西字《藏经》、《毗卢藏》等。

《碛砂藏》始刊于南宋宁宗、理宗时期,因刊刻于长洲县东陈湖碛砂延圣院而得名。当时从事这项事业的主要是延圣院的僧人和附近的信徒。理宗宝祐六年(1258)延圣院发生火灾,经板损失严重。元代重新刊刻,成宗大德年间,《碛砂藏》的刊印工作全面恢复。

《普宁藏》的刊印由佛教白云宗主持。宋、元之际,浙西部分寺院上层人物因"湖州路思溪法宝寺大藏经板泯于兵火,只字不存",便"同声劝请"白云宗刊印《大藏经》。白云宗僧人道安与众商议,决心完成此项工作。"又蒙江淮诸路释教都总摄所护念,准给文凭,及转呈檐八上师引覩。皇帝颁降圣旨,护持宗门,作成胜事。"忽必烈为此还授道

---

[1]《遂昌杂录》,《续百川学海》本。
[2] 黄溍:《金华先生文集》卷41《上天竺湛堂法师塔铭》。
[3] 释念常:《历代佛祖通载》卷22。王尧:《南宋少帝赵㬎遗事考辨》,见《西藏文史考信集》,中国藏学出版社 1994 年版,第 67~88 页。
[4]《元史》卷15《世祖纪十二》。

安为白云宗僧录。[1] "颁降圣旨,护持宗门",即颁发保护白云宗不许地方官府和其他人等损害其利益的护持诏书。可知《普宁藏》的刊印从一开始便得到来自官府的支持。"始自丁丑,讫于庚寅,凡一十四载。"[2] 丁丑是至元十四年,庚寅是至元二十七年。现存残本刊刻时间的最早记载是至元十五年(戊寅)。

《毗卢藏》,北宋末南宋初福州开元寺刊印,全书500余函。开元寺是一所禅宗寺院。入元以后,成宗大德八年至十年间(1304—1306)曾用开元寺版修补印造。[3] 仁宗延祐二年建宁路建阳县后山报恩万寿堂"募众雕刻毗卢大藏经板"。[4] 报恩万寿堂是白莲宗的堂庵。[5] 为什么开元寺刊行的佛经会转由白莲宗堂庵刊刻,现在尚不清楚。日本镰仓净妙寺的太平妙准"曾于嘉历元年(1326)派他的徒弟安禅人入元,搜求福州版《大藏经》",[6] 应即《毗卢藏》。元白莲宗刊刻的《毗卢藏》残本在中国、日本都有发现。元朝末年,福州东禅寺曾"补刊开元《藏经》板,仍印施之",[7] 亦应是《毗卢藏》。

至元三十一年四月,元成宗铁穆耳嗣位。十一月,"罢宣政院所刻河西《藏经》板"。[8] "河西《藏经》"即西夏文字《藏经》,由此可知在忽必烈时代曾有雕刊河西字《藏经》之举。铁穆耳为什么罢刻,原因不明。而在《碛砂藏》所收《大宗地玄文本论》后有一篇松江府僧录管主八的题记,其中说:"钦靓圣旨,于江南浙西道杭州路大万寿寺雕刊河西字《大藏经》三千六百二十余卷,《华严》诸经忏板,至大德六年完备。"[9] 可知河西字《藏经》在成宗大德六年雕版完成,曾多次印行,现

---

〔1〕《普宁藏》臣字函《普贤行愿品》卷尾道安题记。原载日本《增上寺三大藏经目录·元版(刊记)》第193号,第331、332页。转引自李富华、何梅:《汉文佛教大藏经研究》第318页。

〔2〕《普宁藏》臣字函《普贤行愿品》卷尾如志题记。原载日本《增上寺三大藏经目录·元版(刊记)》第193号,第332页。转引自李富华、何梅:《汉文佛教大藏经研究》第323页。

〔3〕李富华、何梅:《汉文佛教大藏经研究》第217页。

〔4〕毗卢藏《大宝积经》卷首题记。转引自杨讷《元代白莲教研究》第105页。

〔5〕《元典章》卷33《礼部六·白莲教》。

〔6〕木宫泰彦:《日中文化交流史》,胡锡年译,商务印书馆1980年版,第404~405页。

〔7〕宋濂:《宋文宪公全集》卷11《净慈顺公逆川瘗塔碑铭》。

〔8〕《元史》卷18《成宗纪一》。

〔9〕转引自王国维《两浙古刊本考》卷上《杭州府刊板》,《海宁王静安先生遗书》本。

在有不少残本传世。[1] 万寿寺是杭州西湖孤山上的一所佛寺,系杨琏真加将道观改造而成。杨琏真加是西夏人,万寿寺雕刊河西字《藏经》,显然与他有关。除了雕刊的河西字《藏经》之外,元代还有用活字版刊印的河西字《佛经》,但这类《佛经》与雕版河西字《藏经》之间的关系,现在尚不清楚。

此外,"兴圣慈仁昭懿寿元皇太后命刻《大藏经》板于武昌"。雕完成后运到大都,印刷流通。[2] 兴圣慈仁昭懿寿元皇太后名答己,是武宗海山和仁宗爱育黎拔力八达的母亲。武昌《大藏经》雕版的时间应在武宗至大年间(1308—1311)。

上面对元代江南刊印的几种《藏经》作了简要的介绍。可以看出,元代江南《藏经》刊印事业是很兴盛的,《藏经》刊印的兴盛反映出佛教影响的扩大。

元代各种《藏经》的刊刻,除武昌《大藏经》情况不明外,其余都在寺院中进行,已见上述。有关寺院为此成立专门的机构,一般称为经局。《普宁藏》经局多达140余人。[3] 经局成员主要是僧人,分工负责选板、校勘和化缘等工作。从事雕刻的则是民间的技工,其首领称为"刊字作头",也是经局的成员。还有少数高级僧侣和官员列名其中,称为"观缘"、"劝缘",应是募集经费之意。刻经的费用主要来自两个方面。一方面是民间信徒们自愿捐献钱钞或实物,刻经一卷或数卷,积少成多。这在各种《大藏经》经卷的题记中都有反映。另一方面是达官贵人的募集和捐助。武昌《大藏经》是皇太后下令刊刻的,其费用或是皇太后的私财,或是官府支付。其余几部藏经的刊刻,杨琏真加和管主八起了很大的作用。杨琏真加的事迹已见上述。《普宁藏》开始雕印时,他便施入宝钞,后来又出任《普宁藏》经局的"都劝缘"。河西字《藏经》的雕印也与他有密切关系。有一种《碛砂藏》佛经的扉画上有

〔1〕史金波:《西夏佛教史略》第九章《二,河西字大藏经的刻印》,宁夏人民出版社1988年版。

〔2〕程钜夫:《雪楼集》卷18《大慈化弹寺大藏经碑》。

〔3〕李富华、何梅:《汉文佛教大藏经研究》第330～334页。

一行文字:"都功德主江淮诸路释教都总统永福大师杨琏真加。"[1]"功德主"是寺院在政治上、经济上的靠山,可知《碛砂藏》的雕印在经费上肯定亦得到了他的支持。管主八是河西党项人,号广福大师,任松江府僧录,是一位地方僧官。"平江路碛砂延圣寺大藏经版未完,遂于大德十年闰正月为始,施财募缘,节续雕刊,已及一千余卷。""又见江南闽浙教藏经板较直北教藏缺少秘密经论律数百卷,……于大都弘法寺取到经本,就于杭州路立局,命工刊雕圆备,装印补足。"[2]现存《碛砂藏》经卷有"劝缘掌局功德主行宣政院所委官前松江府僧录管主八"、"主缘刊大藏经僧录管主八"等题记,[3]可以证明他确曾为雕补《碛砂藏》经版在经费上做出努力。而他刊雕的"秘密经论律数百卷",后来则用来补《普宁藏》和《碛砂藏》之不足。据《碛砂藏》的《大乘理趣六波罗蜜多经》卷7《永兴大师辇真乞剌题记》,他于至正二十三年(1363年)"发心将故父管僧录遗下秘密经板一部,舍入平江路碛砂寺大藏经坊一处安顿,永远印造流通"。[4]《普宁藏》中亦有秘密经典,与《碛砂藏》相同,均出自管主八刊刻之经版,[5]可知管主八对《普宁藏》、《碛砂藏》刊刻有很大的贡献。此外,畏兀儿人(维吾尔族的先民)亦黑迷失官至行省平章、集贤院使,是一个虔诚的佛教徒,他任《毗卢藏》的"都劝缘",显然曾为这部藏经的雕刊做过贡献。[6] 江浙行省参政张文虎、江西行省左丞朱文清、行宣政院使张闾都曾捐资雕刊《碛砂藏》,张文虎曾为经局"大檀越"(大施主),张闾为经局"劝缘都功德主"。[7]

元代几种《大藏经》的印刷和流通有几种不同的方式。一种是朝廷和权贵出资印刷,免费赠送各地寺院。一种是僧官出资印造,赠送各

〔1〕李际宁:《中国版本文化丛书·佛经版本》,江苏古籍出版社2002年版,第140页。

〔2〕《碛砂藏》的《大宗地玄文本论》卷3后管主八题记。见王国维《两浙古刊本考》卷上《杭州府刊板》。

〔3〕李富华、何梅:《汉文佛教大藏经研究》第265、275页。

〔4〕转引自李际宁:《中国版本文化丛书·佛经版本》第123页。

〔5〕李富华、何梅:《汉文佛教大藏经研究》第348页。

〔6〕杨讷:《元代白莲教研究》第107页及书前《大宝积经》图版。

〔7〕李富华、何梅:《汉文佛教大藏经研究》第264~269页。

地寺院。还有一种是各地寺院出资订购。

至大四年正月，武宗死，仁宗嗣位。二月，"罢江南所印佛经"[1]。可知武宗朝曾以朝廷名义在江南大量印造佛经（以朝廷名义大规模印造的只能是《大藏经》），所印造的是哪一种《大藏经》不清楚，"罢运"的原因不明。但这些佛经显然已经印就，"罢运"之后，大概就在江南散发了。河西字《大藏经》雕刊完成以后，元成宗、武宗、仁宗3朝都曾下令印造，总数在百部以上[2]。文宗天历二年十二月，"命江浙行省印佛经二十七藏"[3]。武昌《大藏经》经版运到大都后"印本流传天下，名山巨刹则赐之"。袁州（今江西宜春）慈化寺便得赐一部[4]。皇家印造的其他《大藏经》亦应如此。以上都是朝廷印经的例子。高丽忠宣王王璋是元朝的驸马，元仁宗皇庆二年（1313）他将王位让给儿子，自己长期居住在大都（今北京）。王璋是虔诚的佛教徒，仁宗皇庆元年派遣咨议参军洪瀹等人"届古杭印造大藏尊经五十藏，施诸名刹"[5]。王璋派人印造的是《普宁藏》。现存《普宁藏》佛经《付法藏因缘经》后有王璋的题记，讲述自己印造佛经五十藏的缘由。

僧官印造《大藏经》，可考者有二人。一是上述松江府僧录管主八。他"累年发心印施汉本《大藏经》五十余藏，四大部经三十余部，经论律疏钞五百余部"，以及其他经典"不计其数"。河西字《大藏经》雕成后，"管主八钦此胜缘，印造三十余藏，及大华严经、梁皇宝忏、华严道场忏仪各百余部，焰口施食仪轨千有余部，施于宁复、永昌等路寺院，永远流通。装印西番字乾陀般若白伞三十余件，经呪各十余部，散施土蕃等处流通"[6]。另一人是光明禅师李慧月，陇西（今甘肃陇西）人。陇西原是西夏的辖地，他的族属亦应和管主八一样，是党项人。据李慧月自述，他出家以后，"先游塞北，后历江南。福建路曾秉于僧权，嘉兴

---

〔1〕《元史》卷24《仁宗纪一》。
〔2〕史金波：《西夏佛教史略》第205~208页。
〔3〕《元史》卷33《文宗纪二》。
〔4〕程钜夫：《雪楼集》卷18《大慈化禅寺大藏经碑》。
〔5〕《高丽国相元公置田碑》，载《慧因寺志》卷7《碑记》。
〔6〕《碛砂藏·大宗地玄文本论》卷3后，管主八题记。

137

府亦预为录首"。可知他曾在福建和嘉兴任僧官,"秉于僧权"比较模糊,"预为录首"应是任嘉兴路的僧录。"忖念缁衣之滥汰,惟思佛河之难逢,舍梯己财,铺陈惠施,印造十二之大藏",以及其他。"印造十二之大藏"指印造十二部《大藏经》。李慧月印造的是《普宁藏》和《碛砂藏》。[1]

寺院购置亦相当可观。北方临济宗雪堂禅师名重一时,"若京师之开泰、大名之临济、汴梁之慧安、嵩阴之罗汉、丰州之法藏、洛阳之发祥、潞邑之胜觉、京兆之开元、西京之护国、郑州之洞林,皆礼请住持。书疏送至,辄忻然受之。……今上(指成宗铁穆耳——引者)在潜邸,师尝奉命持香礼江浙名蓝。法航所至,州、府寮属作礼供养,日积弊(币)赟,购所谓五千余卷满二十藏,为函一万有奇,浮江逾淮,輦运毕至。凡所统十大寺,率以全藏授,仍请卫法玺书,寺给一通"。[2] 他所购置的应是《普宁藏》。至元二十六年山东灵岩寺曾派人到江南杭州寻求《大藏经》,听说普宁寺"已具经律论完本,遂购而航致之"。[3] 当时大都弘法寺亦刊印《大藏经》,即有名的《弘法藏》。为什么北方寺院舍近求远,都到南方去购买? 原因是《弘法藏》价格过于昂贵。"京师宏法寺素有板本,惟其楮墨之工,为费不赀,故所在名刹倾竭资产有不能致者。"[4]《普宁藏》显然价格低廉,因而销路较好。日本寺院亦遣人来中国购买《大藏经》,有的购买《普宁藏》,有的则"携带黄金百镒从元朝买来了福州版《大藏经》"。[5]

7.4　元代江南佛教与中外文化交流

在历史上,中国的佛教一直与境外的佛教有着密切的交往。元代这种交往仍很频繁,江南的佛教尤为突出。与江南佛教有来往的国家

---

〔1〕李际宁:《中国版本文化丛书·佛经版本》"西夏遗民李慧月的法宝因缘"。
〔2〕李谦:《洞林寺藏经记》,见方履籛《金石萃编补正》卷4,清光绪石印本。
〔3〕张起岩:《灵岩寺创建龙藏殿记》,见《净慈寺志》卷16《古迹一》。
〔4〕李谦:《洞林寺藏经记》。
〔5〕《日中文化交流史》第406页。

是日本、高丽,此外有西天(印度)。

唐、宋时期中日两国佛教交流相当频繁。元代仍有大量日本僧人来华求法。据日本学者木宫泰彦统计,"史册留名的入元僧竟多达二百二十余人"。他所依据的主要是日本佛教文献。[1] 笔者曾辑录中国各家诗文集中有关 14 世纪来华日僧资料,名字可考者 23 人,见于木宫泰彦著作中《入元僧一览表》者 4 人,《入明僧一览表》者 1 人,余 18 人未曾提及。18 人中有不少应是元代来中国的。[2] 完全可以认为,"想此外还有不少遗漏,但已足看出元代渡海僧如何之多了"。[3]

元代日本海船到中国,一般都由庆元(今浙江宁波)登陆。入元的日本僧人都是禅僧,入元以后主要是参拜著名的佛寺,访求大德高僧,从事修禅。从现有的记载来看,他们的活动,一般都在江南范围之内,以两浙(浙西、浙东)、江东为主,旁及江西、福建等地。只有少数人到过北方的寺院。当时天目山的中峰明本在江南佛教界享有盛誉,不少日本僧人专门前去参谒。江南寺院刊印的各种《大藏经》(主要是《普宁藏》)也由他们带回日本,有的一直保存到现在。入元僧澄圆"入庐山东林禅寺,从普度禅师受慧远白莲之教,从受《莲宗宝鉴》、《龙舒净土文》等书。他在元亨元年(1321)归国,在堺建旭莲社,以把庐山之风带进日本的净土宗而知名"。[4] 通过入元僧的介绍,白莲宗对日本佛教产生了影响。入华日本僧人中不少人有较好的文学艺术修养,他们除了修禅之外,还与中国的文人学者交游,互相切磋。名诗人虞集、丁复、郑元祐、王逢、杨维桢、王冕、僧良琦等都有关于日本僧人的诗篇。日本僧人铦仲刚,到过杭州、平江(今江苏苏州)、集庆(今江苏南京)等地,与虞集、丁复、郑元祐、僧良琦等都有交往,得到很高的评价。虞集是当时文坛领袖,誉之为"海国圭璋"、"无双国士",作诗 10 首为之送行,可见其赞赏的程度。日本僧人进得中向王逢介绍了菅原道真"飞

〔1〕木宫泰彦:《日中文化交流史》第 420～462 页。
〔2〕《十四世纪来中国的日本僧人》,载《文史》第 18 辑(1983 年)。
〔3〕木宫泰彦:《日中文化交流史》第 421 页。
〔4〕竺沙雅章:《关于白莲宗》,载《世界宗教研究》1992 年第 2 期。同氏:《宋元佛教文化史研究》第 437 页。

梅"的故事,还抄录王逢的著作《杜诗本义》带回本国。遗憾的是,在日本文献中尚未发现有关铦仲刚和进得中的记载。[1] "明朝相别思无尽,万里海天飞白鸥。"名画家、诗人王冕的诗句,表达了对日本友人的深情厚谊。入元僧还从中国带回不少名画,保存在日本寺院之中。其中有些画家(如牧溪、颜辉等)的作品在中国已失传或极罕见,而在日本得以保存下来。这些名画的传入,对日本绘画产生了相当大的影响。

元代有一批江南僧人先后到了日本。其中著名的有一山一宁、清拙正澄、明极楚俊、竺仙梵仙等。一山一宁奉元成宗之命出访日本,清拙正澄、明极楚俊、竺仙梵仙则都是因日本方面邀请而渡海的。他们到日本后受到朝廷、贵族和民间的崇敬,对于日本的佛学、文学、书法、绘画等方面都有不同程度的影响。

前面说过,高丽忠宣王王璋曾遣使者到杭州印造《大藏经》,施诸名刹。此外王璋还与江南佛教有多种因缘。杭州的慧因寺又称高丽寺,已见上述。慧因寺入元以后逐渐衰落,王璋大力予以支持,购买良田充寺院常住,"永充饭僧之供",并亲自出面疏请名僧任慧因寺主持。在他的请求下,元仁宗向慧因寺颁发了护持诏书,宣布寺院享有免除各种赋役的特权,不许他人侵犯寺院的利益。[2] 王璋对天目山中峰明本十分崇敬,"遣参军洪瀹赉书币叙弟子礼,期请上命南来参叩"。延祐六年"秋九月,王奉御香入山,谒师草庐咨诀心要,请师升座为众普说。师激扬提唱万余言。王复求法名别号,师名王以胜光,号曰真际。王因建亭师子岩下以记其事"。[3] 王璋此次到江南,除了拜谒明本之外,"至宝陀山而还"。[4] 宝陀山即佛教圣地普陀山。王璋到普陀山显然也为了求法,可惜没有记载留下来。武宗在位时,王璋将福建建宁路白莲宗都掌教萧觉贵引见给皇太子爱育黎拔力八达,还曾"于本国创

---

〔1〕《十四世纪来中国的日本僧人》。菅原道真是日本平安时代著名政治家、文学家,性爱梅,传说他"被诬,谪宰府。未几,梅夜飞至"。日本福冈太宰府的天满宫,是奉祀菅原道真的地方。天满宫大殿前左侧,至今仍保存传说中的"飞梅",供人观赏。

〔2〕李翥:《慧因寺志》卷7《碑记》。

〔3〕祖顺:《中峰和尚行录》,见释明本:《天目中峰和尚广录》卷30,《频伽藏》本。

〔4〕郑麟趾:《高丽史》卷34《忠宣王世家》。

建寿光寺白莲堂,普劝僧俗长幼各各志诚持念南无阿弥陀佛,共结胜缘"[1] 白莲宗自此传入高丽。

有元一代,高丽僧人来华求法者颇多,不少人来到江南。名僧普愚于至正六年"游燕都",后到湖州霞雾山,从石屋清珙禅师受佛法。石屋属禅宗中的临济宗。"回至燕都,道誉腾播,天子闻之,请开堂于永宁寺,赐金襕袈裟、沉香拂子。皇后、皇太子降香币,王公士女奔走礼拜。"回到高丽后,被尊为王师[2] 高丽晚期流行的汉语教科书《朴通事》着重叙述大都社会生活,其中对普愚的事迹亦有记述:"南城永宁寺里听说佛法去来。一个见性得道的高丽和尚,法名唤步虚,到江南地面石屋法名的和尚根底,拜他为师傅,得授衣钵。回来到这永宁寺里,皇帝圣旨里开场说法里。"[3] 另一方面,元朝江南的僧人亦有前往高丽。高丽忠烈王二十七年(元大德五年,1301)"江南僧绍琼来,遣承旨安于器迎于郊,琼自号铁山"[4] 绍琼是应高丽僧人冲鉴之邀到高丽的,冲鉴"拂衣游诸方,□留吴楚,闻铁山琼禅师道行甚高,迎之东还。师(冲鉴——引者)执侍三载,琼公甚期待之。琼公辞归,师主龙泉寺,始取百丈禅师《禅门清规》行之"。后被尊称为圜明国师[5] 有的高丽僧人还与江南僧人通过海舶,结为文字之交。"中吴蒙山异禅师尝作《无极说》,附海舶以寄之。师(高丽僧混丘——引者)默领其意,自号无极老人。"[6]

元代杭州吴山西南有一座西天寺,是延祐六年江浙行省左丞相脱脱为"以开山住持僧西天高达摩实理板的达之请"建造的[7] "杭之吴山西南行数百步,其势委而复起,曰清平山,右旋而东,浮屠居焉,曰

〔1〕果满:《庐山复教集》卷下《高丽国王劝国人念佛疏》,见杨讷:《元代白莲教资料汇编》,第190页。

〔2〕李穑:《明高丽太古寺园证国师碑》,见刘喜海:《海东金石苑》卷8。郑麟趾:《高丽史》卷38、39《恭愍王世家一、二》。

〔3〕《朴通事谚解》卷上。

〔4〕郑麟趾:《高丽史》卷32《忠烈王世家五》。

〔5〕危素:《危太朴文续集》卷3《高丽林州大普光禅寺碑》。

〔6〕李齐贤:《益斋集》卷7《宝鉴国师碑铭》,《粤雅堂丛书》本。

〔7〕丁敬:《武林金石记》卷3《西天元兴寺铜钟题记》,西泠印社印本。

西天寺。延祐丙辰岁,赠太师中书右丞相和宁忠献王脱脱始来江浙为丞相,时会西天高达摩实理板的达师驻锡兹山,王见而异之曰:'此佛祖上乘人也,涉流沙万里东来,而适与吾遇,非夙缘乎!'乃厚出金帛施之,俾拓地创业,建大招提,且为修息之所。越二年,王还朝。师居山中益久,一日,谓其徒曰:'吾归西天矣。'遂拂袖出,莫知所之。后有见之秦陇间者,时已百余岁矣。"〔1〕"西天"即印度。高达摩实理板的达"涉流沙万里而来",正说明他是一个印度僧人。元代杭州有专门为印度僧人建造的一座寺院,不能不说是中印佛教文化交流中一件很有意义的事情。

(原载《中国社科院学术咨询委员会集刊》第 2 辑,社科文献出版社 2005 年版。)

---

〔1〕贡师泰:《玩斋集》卷 9《重修清平山西天元兴寺碑》。

8　再论元代河西僧人杨琏真加

　　河西僧人杨琏真加是元代佛教史上的重要人物,其声势显赫一时。过去我写过《略论杨琏真加和杨暗普父子》(以下称《略论》),[1]对他的活动有所论述。近年元代佛教史的研究,有新的进展。学习中外学者的论著,有一些体会,愿对上文做一些补充。

8.1　杨琏真加任江南总摄的时间

　　至元十三年(1276)二月,元军下南宋都城临安(今浙江杭州),南宋亡,但余部仍在抵抗,延续了数年。在平定南宋的过程中,元朝便着手在南方建立行政管理机构,推行有关的政策法令。与此同时,忽必烈很重视对江南宗教加以控制。十三年二月对临安等新附州县官民颁发的诏书中,宣布对寺观庙宇加以保护,并要地方官府将包括僧、道在内的知名人士,"具以名闻"。四月,"召嗣汉天师张宗演赴阙"。[2] 十四年正月,"赐嗣汉天师张宗演演道灵应冲和真人,领江南诸路道教"。同年二月,忽必烈"诏以僧亢吉祥、怜真加、加瓦并为江南总摄,掌释教"。[3] 所谓"江南总摄",是江南诸路释教都总摄所的长官名称,忽必烈成立这个机构管理江南佛教事务,以此3人为首,主持总摄所的工作。这样,元朝管理江南佛道二教的体制,在下临安的第二年,便已建立起来。需要说明的是,中华书局点校本《元史》卷9以"怜真加加瓦"

---

〔1〕《西北民族研究》1986 年 1 期,后收入《元史研究论稿》,第 385 ~ 400 页。
〔2〕《元史》卷 9《世祖纪六》。
〔3〕《元史》卷 9《世祖纪六》。

为一人,研究者往往以此立论,讨论有关问题[1]。但近年日本学者中村惇、竺沙雅章的研究,证明怜真加、加瓦是二人。这是很有意义的考证[2]。

"嗣汉天师张宗演"是江南道教正一派的领袖。在忽必烈任命的3位"江南总摄"中,亢吉祥即华严宗僧人行育,女真人[3]。怜真加即杨琏真加,是河西人。加瓦又作加瓦八(见下面征引的大藏经局人员名录),族属不详,但肯定不是汉人或南人。可以看出,忽必烈对南方的佛道二教的态度是不同的。道教由江南土生土长的正一派领袖管理,而佛教则委派来自北方的非汉族僧人管理。为什么会有此不同? 主要原因在于正一派早和蒙古有联系。蒙哥汗九年(己未,1259)忽必烈率军进攻武昌时,曾派人渡江到江西龙虎山,潜访正一派首领张可大(张宗演之父),张可大要来人向忽必烈回报说:"后二十年,天下当混一",意思是忽必烈会统一天下[4]。当时南北正处于激烈的战争状态,忽必烈居然专门遣人与正一派联络,说明他早已看到宗教势力在南方的重要地位。而张可大的此番言语,显然已意识到南宋国运难以持久,为正一派的前途计,意在博取忽必烈的好感。忽必烈果然对此铭记在心,下临安不过二月,便召张可大之子张宗演入朝,赐给种种优遇,予以管理江南道教的重任。相形之下,对于江南佛教,忽必烈显然心存疑忌,要派遣北方的僧侣加以控制了。

我在《略论》中指出,杨琏真加是河西人。河西是个地理概念,就其族属而言,是唐兀人,亦即前代西夏的主体民族党项人。这一点现在可以说已无异议。《略论》中又说"《元史·世祖纪》提到他的名字始于至元二十一年"。现在可以确定至元十四年二月任命的江南总摄是3人,其中怜真加无疑即杨琏真加,也就是说,《元史·世祖纪六》早在至

---

〔1〕如欧阳光《宋元诗社研究论稿》中关于六陵冬青之役的考订,广东高等教育出版社1996年版,第139页。

〔2〕竺沙雅章:《宋元佛教文化史研究》,第184页。

〔3〕关于行育的情况,见竺沙雅章《元代华北的华严宗》,载《宋元佛教文化史研究》,第168~212页。

〔4〕《元史》卷202《释老传》。

元十四年就有关于杨琏真加的记载,首见于二十一年之说是错误的。但是,在出任总摄以前,此人的经历如何,可以说至今仍是个谜。元代后期,郑元祐作笔记《遂昌山人杂录》。郑本杭州人,后居平江(今江苏苏州),所记大多为亲身见闻。其中一条说:

> 河西僧冯某者,与杨琏真珈生同里,幼同学,情好盖甚,相同而相得也。杨在江南事掘坟,遂以书招冯出河陇来江南。既至,遂以杭富贵家十坟遗冯,使之发掘。冯父子皆僧也,……杨琏真珈败后,五十年间,此曹无一存者。冯之父居杭西湖北山,与余对邻,而其子则居明庆寺之东。[1]

杨琏真加为河西即唐兀人,又可增一证据。由此可知,杨琏真加原籍应为"河陇",亦即河西走廊地区,幼年在家乡上学(可能是一般学校,也可能指寺院中习读经书)。《略论》中曾指出,杨琏真加有妻、子并非偶然,在元代河西僧人有妻、子是普遍的现象,上述"冯父子皆僧也"亦可作为旁证。

8.2 从总摄到总统

从至元十四年二月出任总摄起,到二十八年受桑哥案牵连被撤职查办止,杨琏真加主管江南佛教事务长达十四五年。在此期间,其地位前后有所变化。上面说过,忽必烈最初任命3位江南总摄的次序是亢吉祥(行育)、杨琏真加、加瓦(加瓦八)。亢吉祥(行育)为首。至元十六年十二月白云宗僧人道安为《普宁藏》经卷所作题记中提到"江淮诸路释教都总摄扶宗弘教大师、江淮诸路释教都总摄永福大师"。[2] "扶宗弘教大师"就是行育,"永福大师"就是杨琏真加。行育在杨琏真加之前。题记中没有第三位总摄加瓦(加瓦八),很可能他此时尚未来到杭州。而至元二十七年十月白云宗僧人如志在《普宁藏》经卷所作题

---

〔1〕《遂昌山人杂录》,《读画斋丛书》本。

〔2〕原载日本《增上寺三大藏经目录·元版(刊记)》第193号。日本学者小川贯弌在《白云宗大藏经局的机构》(《龙谷史坛》62号)有所论述。本处转引自李富华、何梅:《汉文佛教大藏经研究》第318页。

记中有一件大藏经局工作人员名录,共 100 余人,列名最后的 3 人是:"宣授江淮诸路释教都总摄弘教大师加瓦八观缘","宣授江淮诸路释教都总摄扶宗弘教大师行吉祥都观缘","宣授江淮诸路释教都总统永福大师琏真加都观缘。"[1] 排列顺序有所改变。日本学者竺沙雅章指出,在这件二十七年经局名录中,杨氏名列最后,可见其地位已在行言之上。[2] 而行育、加瓦八仍称总摄,杨氏则改称总统,也说明杨琏真加的身分已与行育、加瓦八有所不同。[3] 竺沙氏的见解很重要,足以说明杨琏真加的地位前后有所变化。元代僧官等级制度缺乏明确的记载,但由各种分散的记载可知,上层僧官有总摄、总统之别,而总统在总摄之上。试举二例。忽必烈曾组织各族僧侣对"蕃汉本"佛经对校,勘定异同。"奉诏证义"共 5 人,第二人是"宣授江淮都总摄扶宗弘教大师释行吉祥"即行育,第三人是"圣寿万安寺都总统"拣吉祥,第四、五人都是"宣授诸路释教都总统",一是昭吉祥,一是远丹巴。这份名录的排列,后者为上,可知总统高于总摄。[4] 又,《元史》卷 16 记载,至元二十八年二月,"以陇西、四川总摄辇真术纳思为诸路释教都总统"[5]。这位辇真术纳思由总摄升为都总统,杨琏真加和他的状况完全一样。

至于杨氏由总摄升为都总统的时间,竺沙氏罗列《元史》及《佛祖历代通载》、《至元法宝勘同总录序》、《至元辨伪录序》中有关杨琏真加头衔的不同记载,共 9 例,但没有明确的结论。9 例中《元史·释老传》称"总统"但具体时间不明,可以不计。又,至元二十二年正月条称"总统"应为二十三年正月之误。我们另发现 5 例,现将 13 例按年代排列如下:

(1)至元二十一年九月,"以江南总摄杨琏真加发宋陵冢所收金银宝器修天衣寺"(《元史》卷 13《世祖纪十》)。

---

〔1〕原载日本《增上寺三大藏经目录·元版(刊记)》193 号。《白云宗大藏经局の机构》中有所论述。本处转引自李富华、何梅:《汉文佛教大藏经研究》第 334 页。

〔2〕元代碑传文字中官员署名常以后者为上。

〔3〕竺沙雅章:《宋元佛教文化史研究》,第 186～187 页。

〔4〕《至元法宝勘同总录》卷首《奉诏旨编修执笔校勘译语证义诸师名衔》。

〔5〕《元史》卷 16《世祖纪十三》。

（2）至元二十三年正月，"以江南废寺土田为人占据者，悉付总统杨琏真加修寺"（《元史》卷14《世祖纪十一》）。

（3）至元二十三年，"江淮释教总摄所呈，……钦奉圣旨节该，杨总摄奏将来"（《元典章》卷29《礼部二·服色》）。

（4）"至元二十三年三月，江西行省……今准江淮行省咨，本省平章政事说，十月初六日，钦奉圣旨，杨总摄奏将来有：……"（《元典章》卷35《兵部二·军器·拘收弓手军器》）。

（5）"［至元］二十四年，圣旨：'杨总摄奏：汉地和尚、也里可温、先生、答失蛮有马者已行拘刷，江南者未刷。僧、道坐寺观中何用也？令杨总摄与差去官一周拘刷，交付江淮省，送镇南王位下，以其数闻'"（《大元马政记》）。

（6）至元二十四年，"江南释教都总统永福杨大师链真佳大弘圣化"（《至元辨伪录》卷首，张伯淳序）。

（7）至元二十五年正月，"江淮释教都总统杨辇真迦集江南禅、教朝觐登对"（《佛祖历代通载》卷34。《佛祖统纪》卷49作"江淮释教都总统杨琏真佳"）。

（8）至元二十五年二月，"江淮总摄杨琏真加言，以宋宫室为塔一，为寺五，已成"（《元史》卷15《世祖纪十二》）。

（9）至元二十六年，"宣授江淮都总统永福大师见之叹曰"（《至元法宝勘同总录》卷首，净伏序）。

（10）至元二十六年五月，"永福杨总统，江淮驰重望"（《两浙金石志》卷14《杭州佛国山石像赞》）。

（11）至元二十八年五月，"追究僧官江淮总摄杨琏真伽等盗用官物"（《元史》卷16《世祖纪十三》）。

（12）至元二十八年六月，"宣喻江淮民恃总统琏真加力不输租者，依例征输"（《元史》卷16《世祖纪十三》）。

从以上排列的资料可以看出，《元史·世祖本纪》的记载是相当混乱的，二十一年称"总摄"，二十三年正月和二十五年正月称"总统"，而二十五年二月又称"总摄"，其中显然有误。至元二十八年五月称"总

147

摄",六月称"总统",更是自相矛盾。杨氏此时已失势受审查,怎么两月之内还会有不同的头衔?上面开列的《元史·世祖本纪》以外的各种记载,可信度都是比较高的。由这些记载来看,可以认为,杨琏真加由总摄改为总统应不晚于至元二十四年。也就是说,《元史·世祖本纪》中至元二十五年二月和二十八年五月的"总摄"都是"总统"之误,而二十三年正月称"总统"也是有问题的。

与总摄、总统有关的,还有总摄所和总统所的问题。有了总摄所才有总摄,有了总统所才有总统,或者说,有了总摄、总统便有总摄所、总统所。至元十四年忽必烈任命 3 位总摄,没有提到总摄所,但揆之情理,当时一定正式建立了总摄所,才会有总摄的任命。前引《普宁藏》经卷至元十六年十二月题记,明确提到江淮诸路释教都总摄所,这是文献中关于这个机构的较早的记载,也可证明在此以前已有总摄所的存在。《元典章》收录两件至元二十三年的文书,都提到"江淮释教总摄所"。一件是"至元二十三年,江西行省据江淮释教总摄所呈",另一件是"至元二十三年二月初三日,江淮释教总摄所钦奉圣旨节该"[1]。但很快便出现了总统所。杭州飞来峰有"至元二十四年岁次丁亥三月""功德主江淮诸路释教都总统所经历郭"的题名,以及"大元戊子三月""总统所董口祥"的题名[2]。"戊子"是至元二十五年。由此可知,至迟到二十四年三月,总统所已成立,也就是说,在此以前,杨琏真加已由总摄升为总统。这和上面所说不迟于二十四年的推断是吻合的。总统所不是新建机构,而是将总摄所改名而成;有了总统所,总摄所就不再存在了。正因为如此,在上述至元二十七年白云宗大藏经局工作人员名录中,只有"江淮诸路释教都总统所",没有总摄所。名录上总统所官员 3 人,即"提控顾观缘"、"主事白劝缘"、"经历郭观缘"("观缘"、"劝缘"是经局中的分工),名列总摄、总统之前。"经历郭"与二十四年题名中的"经历郭"应是一人。

---

〔1〕《元典章》卷 29《礼部二·服色》、卷 32《礼部六·释道》。

〔2〕阮元:《两浙金石志》卷 14《元释教都总统题名》、《元董口祥造像题名》,见《续修四库全书》911 册。

由以上所述可知,至元十四年二月,忽必烈设江淮诸路释教都总摄所,以行育、杨琏真加、加瓦(加瓦八)3人为总摄。至迟到二十四年三月,杨琏真加升为总统,行育、加瓦(加瓦八)仍为总摄,总摄所亦相应改为总统所。说明忽必烈对杨琏真加在江南的作为(如挖掘宋陵、改道观为僧寺等,主要发生在二十四年以前)是肯定的。

至元二十八年杨琏真加失势,元朝在杭州设行宣政院,主管江南佛教事务,[1]但江南总统所形式上仍然存在,并未废除。土蕃僧人沙罗巴在成宗元贞元年(1295)曾出任江浙等处释教都总统;[2]大德三年(1299)三月,成宗"命妙慈弘济大师、江浙释教总统补陀僧一山赍诏使日本",[3]可知在杨琏真加失势后,元朝还曾任命过江浙释教总统,但其权势已无法与杨琏真加相比。大德三年五月,元朝"罢江南诸路释教总统所",[4]这个机构才宣告结束。

8.3 杨琏真加和河西字《大藏经》

1227年,西夏灭亡,但有元一代西夏文字仍在一定范围内使用,并未消失。元代称原西夏地区为河西,西夏文字为河西字。元朝曾刊行河西字即西夏文字《大藏经》,这是中国佛教史上的一件大事,也是西夏文字流传过程中的大事。元刻河西字《大藏经》,迄今仍有残本传世。

至元三十一年正月,世祖忽必烈逝世。四月,皇孙铁穆耳嗣位,是为成宗。据《元史》卷18记载,就在成宗即位当年十一月,"罢宣政院所刻河西《藏经》板"。[5] 但此事始于何时,罢后情况如何,《元史》中

---

〔1〕邓锐龄:《元代杭州行宣政院》,见《邓锐龄藏族史论文译文集》(上),中国藏学出版社2004年版,第75~93页。

〔2〕陈得芝:《元代内地藏僧事辑》,见《蒙元史研究丛稿》,人民出版社2005年版,第233~251页。

〔3〕《元史》卷20《成宗纪三》。

〔4〕《元史》卷20《成宗纪三》。

〔5〕《元史》卷18《成宗纪一》。按,这条记载可以作两种解释。一是在河西地区雕印《藏经》,一是雕印河西字《藏经》。中华书局点校本在"河西"二字旁加了专名线,显然作前一种解释。但此种解释没有其他记载可以证明,应以后者为是。

·欧·亚·历·史·文·化·文·库·

都没有记载。可喜的是,《碛砂藏》所收《大宗地玄文本论》卷3后有大德十年松江府僧录管主八的一段题记,叙述自己累年发心印施汉本佛经等功德,接着说:

> 钦赖圣旨,于江南浙西道杭州路大万寿寺雕刊河西字《大藏经》三千六百二十余卷,《华严》诸经忏板,至大德六年完备。管主八钦此胜缘,印造三十余藏,及《大华严经》、《梁皇宝忏》、《华严道场忏仪》各百余部,《焰口施食仪轨》千有余部,施于宁夏、永昌等路寺院,永远流通。

管主八的题记接着又讲述"装印西番字"经卷"散施土蕃等处流通读诵"。"河西字"即西夏文字,"西番字"即藏文。[1] 这份题记是元代民族文字佛教经典刊印流传的珍贵资料。

此外,在西夏文《过去庄严劫千佛名经》的发愿文(作于皇庆元年,1312)中也提到:"后我世祖皇帝……发出圣敕,江南杭州实板当做己为,……至元三十年,万寿寺中刻印。"[2]根据管主八题记和发愿文,可知:(1)雕刊河西字(西夏文)《大藏经》是世祖皇帝忽必烈的旨意。(2)雕刊工作在至元三十年已初步或部分完成,大德六年(1302)全部完备。《元史》所载至元三十一年十一月罢刻一事不是没有执行,就是罢刻以后又重新启动。(3)雕刊河西字《大藏经》的地点是杭州万寿寺。

宋元时期,杭州的雕版印刷事业相当发达,这是众所周知的。但是,一般所说杭州的雕版印刷限于汉字。万寿寺是一所什么样的寺院?它为什么会雕刊河西字《大藏经》呢?这些问题长期以来没有人注意。最近王菡在《元代杭州刊刻大藏经与西夏的关系》[3]中讨论"西夏文《大藏经》在杭州的刊刻"时说:"据清修《西湖志纂》,万寿寺的地址在杭州孤山西南,唐代为孤山寺,北宋时改为广化寺,南宋理宗时改为西太乙宫,元杨琏真加改为万寿寺。元末寺毁",指出了杨琏真加和万寿

---

〔1〕王国维:《两浙古刊本考》卷上《杭州府刊板·河西字大藏经三千六百二十ム卷》。《王国维遗书》12 册,上海古籍书店影印,1983 年,叶 35B。

〔2〕史金波:《西夏佛教史略》,第 322 页。

〔3〕载《文献》2005 年 1 期。

寺的关系,这是很有意义的。但所述过于简略且不够确切,有必要作一些补充。

杭州的万寿寺是一所与众不同的佛寺。它位于西湖湖心孤山上,是由原四圣延祥观和西太乙宫改建而成的。原来孤山上有不少佛寺、道观,还有皇家园林。宋朝皇室一贯崇拜"四圣"(天蓬、天猷、黑杀、真武)。在道教的诸神谱系中,四圣是紫微北极大帝位下的四将,北方的战神。宋朝一直受到来自北方的威胁,被动挨打,无力抗争,只好祈求北方的战神四圣给予庇护。北宋时皇家已在都城汴梁(今河南开封)建立四圣祠宇,南宋时皇室崇拜四圣更勤。[1] 高宗的母亲韦氏曾被金人俘掳,后因宋金议和得还,她认为这是四圣保佑的结果,便下令在西湖孤山建造四圣殿。绍兴二十年(1150)在四圣殿基础上扩建成四圣延祥观,为此占用了孤山原有的一些佛教寺院。四圣延祥观不断得到皇室的赏赐,规模宏大,成为南宋境内最大的道观之一。[2] 元灭南宋以后,忽必烈于至元十八年命张留孙主持四圣延祥观。张留孙原是江西龙虎山正一派道士,南宋灭亡后,他随正一派首领张宗演北上大都,得到忽必烈赏识,受封为玄教宗师,自此元代道教中增添了玄教一派。张留孙受命主持四圣延祥观事,只是在大都遥领而已,本人并未来到杭州。西太乙宫建造的时间晚于四圣延祥观。"宋理宗时,中贵卢允升等以奢侈导上,妄称五福太乙临吴越之分,乃即延祥园建太乙宫。……竞列秀爽,殆仙居焉。"[3] 西太乙宫的规模形制,超过了四圣延祥观。

蒙古人原来信奉萨满教,成吉思汗建大蒙古国,向外扩展,接触到多种宗教。历代蒙古统治者对于各种宗教,只要能为自己服务,原则上都采取保护的态度。但其中亦有厚薄之分。成吉思汗西征时曾召见中

<hr />

[1]关于四圣及宋代的四圣崇拜,见景安宁:《元代壁画——神仙赴会图》第五章《四圣》,北京大学出版社 2002 年版,第 91~116 页。

[2]潜说友:《咸淳临安志》卷 13《行在所录·四圣延祥观》,见《宋元方志丛刊》(4),中华书局影印,1990 年,页 3486。田汝成:《西湖游览志》卷 2《孤山三堤胜迹》,中华书局上海编辑所 1958 年版,第 19 页。

[3]田汝成:《西湖游览志》卷 2《孤山三堤胜迹》,第 19 页。

·欧·亚·历·史·文·化·文库·

原全真道首领丘处机,给予全真道种种优遇,以致道教在中原盛极一时。道教势力的扩张引起佛教各派的强烈不满,也引起蒙古统治者的疑忌,从蒙哥汗时代开始,佛道之争日趋激烈,而蒙古宫廷偏袒佛教的态度也趋于明朗。忽必烈积极利用各种宗教来加强元朝的统治,同时又在各种宗教中制造矛盾,以便利用。集中表现为:(1)推崇佛教,压制道教。(2)抬高藏传佛教,使之凌驾于佛教其他宗派之上。(3)中原和江南的佛教各宗派,原有禅、教之分。禅宗之外各宗派,如华严、慈恩、天台等,统称为教。忽必烈崇教抑禅,抬高其他各宗派,压制禅宗。

杨琏真加在江南的作为,就宗教活动而言,主要是贯彻忽必烈的上述宗教政策,压制道教,宣扬藏传佛教,扩大禅宗以外佛教其他宗派的影响。道观和原南宋宫室,只要历史上与佛教有一些关系,便都要夺归佛教社团所有。杭州孤山的四圣延祥观和西太乙宫原址曾是佛寺所在,他便以此为理由,强行夺取过来,改为佛寺。据元末郑元祐记:

> 钱唐湖上旧多行乐处,西太乙宫、四圣观皆在孤山。……西太乙成后,西出断桥,夹苏公堤,皆植花柳,而时时有小亭馆可憩息。若夫官之景福之门,迎真之馆,黄庭之殿,结构之巧,丹艧之严,真擅蓬莱道山之胜,四圣观虽建于高宗庙,其规制相去远矣。……杨琏真加既夺为僧窟,今皆无一存,荒榛满目,可胜叹哉。[1]

明代中叶田汝成记:

> 四圣延祥观,绍兴间韦太后还自沙漠建。以沈香刻四圣像并从者二十人,饰以大珠,备极工巧。为园曰延祥,亭馆窈窕,丽若画图。水洁花寒,气象幽雅。时高宗绝爱西湖,孝宗尝奉之以游,历三朝为故事。……元初,杨琏真伽废为万寿寺,屑像为香,断珠为缨,而旧美荒落矣。

> 西太乙宫,宋理宗时,中贵卢允升等以奢侈导上,妄称五福太乙临吴越之分,乃即延祥园建太乙宫。……元时,杨琏真伽攘为僧窟,未几,荡废。[2]

---

〔1〕《遂昌山人杂录》。
〔2〕《西湖游览志》卷2《孤山三堤胜迹》,第19页。

四圣延祥观被改为佛寺是至元二十二年的事,[1]西太乙宫改为佛寺料亦与此同时。四圣延祥观改为佛寺后称为万寿寺,西太乙宫就在四圣延祥观附近,显然已成为万寿寺的一部分。

杨琏真加是河西僧人,河西地区盛行藏传佛教,杨琏真加所信奉的正是藏传佛教。他在杭州时曾大力推广藏传佛教,至今有不少遗迹保存下来,成为当地一大景观。将四圣延祥观和西太乙宫改造而成的万寿寺属于佛教哪个宗派,已无记载可考,但它由杨琏真加一手经营而成,很可能是藏传佛教的寺院,而且与杨琏真加保持着密切的关系。因此,河西字《藏经》在杭州西湖万寿寺刊刻是很自然的。也就是说,河西字《藏经》之所以在杭州万寿寺刊刻,决非偶然,无疑与杨琏真加有关。而这部《藏经》的始刻,亦不能晚于杨氏失势的至元二十八年。很可能,成宗即位后罢刻即由杨氏失势所致,后来才得以恢复。

8.4 杨琏真加和白云宗

白云宗是佛教的一个宗派,创始于北宋末年,主要流行于两浙地区。入元以后,颇为兴盛,得到官方的认可,为之成立白云宗僧录司、白云宗摄所,其首领沈明仁受封为荣禄大夫、司空,声势显赫一时。由于白云宗上层多为不法,因而元朝中期几度遭禁,特别是延祐七年(1320)被元朝政府全面取缔,从此一蹶不振。

著名法国东方学家伯希和曾推论"杨[琏真加]是和白云教联成一气的",但他没有提出直接的证据。丁国范教授在一篇全面论述宋元白云宗演变的论文中指出:"直到目前为止,元代白云宗的历史以世祖至元年间的一段最为模糊,主要原因当然是现存史料太缺乏。"[2]有幸的是,白云宗刊行的《普宁藏》有不少经卷传世,其中有些经卷的题记,正可以为伯希和之说提供有力证据,并填补国范同志所说的这一段空白。

---

〔1〕陈高华:《略论杨琏真加和杨暗普父子》,见《元史研究论稿》第391~392页。
〔2〕丁国范:《元代的白云宗》,载《元史论丛》第4辑,中华书局1992年版,第173~182页,引文见第175页。

　　前述至元十六年十二月道安题记说,宋、元之际"湖州路思溪法宝寺大藏经板泯于兵火,只字不存",浙西一带僧人商议,劝请道安与白云宗为主,雕刊《藏经》。道安"即与庵院僧人、优婆塞聚议,咸皆快然,发希有心,施力施财,增益我愿。又蒙江淮诸路释教都总摄所护念,准给文凭,及转呈檐八上师引觐。皇帝颁降圣旨,护持宗门作成胜事"[1] 上面说过,至元十四年二月忽必烈命亢吉祥、怜真加、加瓦并为江南总摄,总摄即江淮释教都总摄所的长官,总摄所的设置应即此时。题记中说"准给文凭",就是总摄所发给道安同意雕刊《藏经》的文书。由此可知,在总摄所成立后,江南佛教界的一些活动,都要得到总摄所的批准。题记中随后说:"仍赞大元帝师、大元国师、檐八上师、江淮诸路释教都总摄扶宗弘教大师、江淮诸路释教都总摄永福大师,大阐宗乘,同增福算。"可知在雕刊《藏经》一事上,江淮总摄所的扶宗弘教大师行育、永福大师杨琏真加和中央的檐八上师,起了极其重要的作用。另据日本学者小川贯式说,普宁藏《佛本行集经》卷60末尾有至元十六年江淮诸路释教都总摄永福大师施入宝钞题记,[2]可知在批准的同时还在经济上有所资助。也就是说,道安筹划雕刊《藏经》,一开始便得到总摄所和杨琏真加在政治上与经济上的大力支持。

　　檐八又作胆巴,是出生于突甘思旦麻(今川青藏区)的藏传佛教僧人,曾到西天竺(今印度)学佛法,因帝师八思巴推荐,受到忽必烈的信任,成为仅次于帝师的佛教界领袖人物。一度成为忽必烈宠臣的桑哥便是胆巴的弟子[3] 由于江淮释教都总摄所的推荐,道安得到檐八上师的重视,引他觐见忽必烈,并且得到了护持诏书。这件事给我们的启示是,杨琏真加与檐八可能有特殊的关系,而杨琏真加成为桑哥的死党,亦非偶然。山西省图书馆藏《普宁藏》的《解脱道论》,前有扉画,第

〔1〕小川贯式:《白云宗大藏经局の机构》,载《龙谷史坛》第62号,参见李富华、何梅:《汉文佛教大藏经研究》,第317~318页。

〔2〕《光明禅师施入经典上とその扉绘——元白云宗版大藏经の一考察》,载《龙谷史坛》第30号。

〔3〕赵孟頫:《胆巴碑》,见《历代碑帖法书选》之一种,文物出版社1983年版;释念常:《历代佛祖通载》卷22。

一、二折页为佛说法图,第二、四折页为万寿殿背景的众僧校勘经书图,扉画左侧有题款两行,一是"干缘雕大藏经板白云宗主慧照大师南山大普宁寺住持沙门道安",一行是"功德主檐八师父金刚上师慈愿弘深普归摄化"。[1]"功德主"就是寺院或宗教团体在政治上、经济上的靠山。这件扉画上的题款鲜明地显示了檐八上师和白云宗、《普宁藏》之间的亲密关系。

元朝皇帝常给一些宗教派别或寺观颁发诏书,肯定这些宗派或寺观的地位,允许他们享有免当赋役的权利,禁止各种官府衙门骚扰侵犯,这类诏书便称为护持诏书。前引至元十六年《普宁藏》佛经题记中说,"皇帝颁降圣旨,护持宗门作成胜事",即是忽必烈颁发了保护白云宗和同意雕刊《藏经》的护持诏书。从现存文献来看,这应是江南佛教界首次获得的护持诏书,可惜没有保存下来。特别值得注意的是,上述题记末尾,道安的头衔是"宣授浙西道杭州等路白云宗僧录"。元朝在地方上设有管理佛教事务的机构,有僧录司、僧正司等,这类机构的官员称为僧官,"僧录"便是地方僧官的一种。元代地方行政在行省以下分路、府、州、县,一般在路设僧录司。元朝制度,官员"自六品至九品为敕授,则中书牒署之。自一品至五品为宣授,则以制命之"。[2]道安任白云宗僧录出自宣授,亦即以皇帝的名义直接任命。从现有记载来看,道安应是觐见忽必烈的第一位南方僧人,又是檐八上师引见的,因而得到了特殊的恩遇。

此后,杨琏真加在宋故宫基址上建造5寺,分属佛教5个宗派,其中之一是白云宗(见下)。前述《普宁藏》佛经所载至元二十七年大藏经局人员名录中,总摄加瓦八"观缘",都总摄行育和都总统杨琏真加是"都劝缘",3人名列最后,在大藏经局中地位最高。再过数月,杨琏真加即因桑哥案牵连被捕。由上述事实可以看出,在任江淮总摄和总统期间,杨琏真加对白云宗和《普宁藏》一贯采取支持的态度。[3]多种

〔1〕小川贯弌:《光明禅师施入经典とその扉绘——元白云宗版大藏经の一考察》。
〔2〕《元史·选举志三》。
〔3〕李富华、何梅:《汉文佛教大藏经研究》,第330页。

《普宁藏》残卷前有佛说法扉画,其中一位听法僧人旁有"总统永福大师"字样,意在突出杨氏的地位,充分说明了杨琏真加和《普宁藏》的特殊关系。[1] 完全可以说,没有檐八、杨琏真加,就没有《普宁藏》,白云宗也不会显赫一时。

以往的研究,人们往往注意忽必烈搜罗南方儒士的举措,认为此类举措对于巩固元朝在江南的统治起了积极的作用。这是有道理的,但不够全面。事实上,在平定江南以后,忽必烈特别重视搜罗江南佛、道二教的上层人物,旨在通过宗教加强对南方的控制。道安首先前来觐见正好适应了忽必烈的需要,因而给以种种优遇。同样,以杨琏真加为代表的江淮释教都总摄所支持白云宗,也应视为秉承忽必烈这一方针的结果。

在宋代,白云宗不过是民间宗教的一种,甚至遭到某些自命为正统的僧侣和文人的排斥,被视为异端,未能得到政府的承认。宁宗嘉泰二年(1202)白云宗僧人沈智元乞赐敕额,不仅遭到朝廷的拒绝,而且将沈智元流放,庵宇拆除。[2] 入元以后,白云宗得到了元朝政府的重视,得到了护持诏书,设置了白云宗僧录司,道安被皇帝正式任命为僧录。凤凰山 5 寺中白云宗占其一。这样,白云宗成为官方认可的一个佛教宗派,能与其他宗派并起并坐,其地位发生了巨大的变化。这些都得益于杨琏真加的支持,而从根本上说,则与忽必烈的宗教政策有密切关系。

顺便还应提及的是,《碛砂藏》本《大方广佛华严经》卷 73 的卷首一幅扉画,与上述《解脱道论》卷首扉画完全相同,但左边只有一行文字:"都功德主江淮诸路释教都总统永福大师杨琏真佳。"[3] "都功德主"的称号,必是对于《碛砂藏》刊印有大贡献者才能获得。如上述情况属实,由杨氏任总统的时间,可推断此经在元代刊印的发动应是至元二十四年至二十八年之间。至元二十八年杨氏失势以后,《碛砂藏》

---

〔1〕李际宁:《佛经版本》,第 139 页。
〔2〕丁国范:《元代的白云宗》,第 174 页。
〔3〕李际宁:《佛经版本》,第 140 页;郑振铎:《中国版画史图录·唐宋元版画集》图 8。

经局不可能再称他为"都功德主"。这样,对于元代刊印《碛砂藏》的情况应有新的认识。而杨琏真加不仅支持河西字《藏经》和《普宁藏》的刊印,还曾为《碛砂藏》的刊刻做过努力,这是研究元代《大藏经》的刊印时,不应忽视的。

8.5 杨琏真加与凤凰山5寺

凤凰山在西湖之南,是南宋宫廷所在地。"凤凰山两翅轩翥,左薄湖浒,右掠江滨,形若飞凤。一郡王气,皆藉此山。自唐以来,肇造州治,盖凤凰之右翅也。钱氏因之,递加拓饰。逮于南宋建都,而兹山东麓,环入禁苑",形成了庞大的宫殿建筑群[1]。元军入杭州,"宋亡。元有司封镝,以幼主北行。明年为至元十四年,民间失火,飞烬及其宫室,焚烬殆尽"[2]。至元二十二年正月,"毁宋郊天台。桑哥言:'杨琏真加云:会稽有泰宁寺,宋毁之以建宁宗等攒宫。钱唐有龙华寺,宋毁之以为南郊。皆胜地也,宜复为寺,以为皇上、东宫祈寿。'时宁宗等攒宫已毁建寺,敕毁郊天台,亦建寺焉。"[3]至元二十三年正月,"以江南废寺土田为人占据者,悉付总统杨琏真加修寺"[4]。得到忽必烈的支持,杨琏真加在江南大造佛寺,一时成为风气。"当是时也,江南释教都总统永福杨大师琏真佳大弘圣化,自至元二十二年春至二十四春凡三载,恢复佛寺三十余所。"[5]其中最突出的便是在凤凰山宋故宫基址上建造5寺。此事当时曾给江南百姓带来很大困扰。据记载:

> [至元]廿二年,拜[董文用]中奉大夫、江淮等处行中书省参知政事。……有以上命建浮屠于亡宋故宫者,有司奉行急迫,天大雨雪,入山伐木,死者数百人,而犹欲并大建佛寺。公坐中谓其人曰:"非时役民,民不堪矣,少徐之如何?"长官者曰:"参政奈何格

---

〔1〕田汝成:《西湖游览志》卷7《南山胜迹》,第70页。
〔2〕徐一夔:《始丰稿》卷1《宋行宫考》,《文渊阁四库全书》本。
〔3〕《元史·世祖纪十》。
〔4〕《元史·世祖纪十一》。
〔5〕张伯淳:《至元辩伪录序》,见释祥迈:《至元辩伪录》卷首。

·欧·亚·历·史·文·化·文·库·

上命?"公曰:"非格上命也,今日重困民力,失民心,岂上意耶!"各拂袖去,然竟得少纾其程。[1]

《元史》卷 15 载:至元二十五年二月丙寅,"江淮总摄杨琏真加言:以宋宫室为塔一,为寺五,已成。诏以水陆地百五十顷养之"。[2] 可知 5 寺的建造,自二十二年起到二十五年初完成,用了 3 年左右时间。塔一即镇南塔,寺 5 即报国、兴元、般若、仙林、尊胜诸寺。"报国寺即垂拱殿,……兴元寺即芙蓉殿,般若寺即和宁门,仙林寺即延和殿,尊胜寺即福宁殿,下有曲水流觞。"[3] 垂拱殿是南宋皇帝"常朝"之所,延和殿在垂拱殿后,皇帝在"大礼斋宿则御焉"。福宁殿是"御寝",皇帝住宿之所。和宁门是皇城的北门。[4] 只有芙蓉殿待考。

元代后期著名学者黄溍说:"至元十一年,[世祖皇帝]肆命宰臣会师南伐。不三载而胜国之社遂墟。二十一年,有旨即其故所居杭州凤凰山之行宫建大寺五,分宗以阐化。其传菩提达摩之学者赐号禅宗大报国寺,乘法力以畅皇威,宣天休以隆国势也。"[5] 黄溍这段话很重要,一是建立 5 寺"分宗以阐化",即分别属于佛教的不同宗派;二是建寺的目的是为了"畅皇威"、"隆国势",也就是说,为了巩固元朝的统治。

5 寺分属不同的宗派。(1)从黄溍所述可知,报国寺"传菩提达摩之学",是一所禅宗的寺院。延祐六年报国寺"以不戒于火而寺尽废",次年,行宣政院指派名僧大䜣为住持。大䜣是禅宗的僧人,在他主持下,报国寺得以重建。(2)南宋时杭州有仙林寺,是一所慈恩宗寺院。新建 5 寺中的仙林寺,民间称为小仙林寺,它是"仙林寺住持荣枯岩结杨琏真伽"的结果,也属于慈恩宗。[6] (3)尊胜寺的全名是万寿尊胜塔寺,"亦杨其姓者所建,正殿佛皆西番形像,赤体侍立,虽用金装,无

---

[1]虞集:《翰林学士承旨董公行状》,见苏天爵:《国朝文类》卷 49,页 590 下至 541 上。

[2]《元史·世祖纪十二》。

[3]田汝成:《西湖游览志》卷 7《南山胜迹》,第 72 页。

[4]潜说友:《咸淳临安志》卷 1《宫阙一·大内》。

[5]《金华黄先生文集》卷 11《凤凰山禅宗大报国寺记》。

[6]《嘉靖仁和县志》卷 12。转引自宿白:《元代杭州的藏传密教及其有关遗迹》,载《藏传佛教寺院考古》,第 366 页。关于仙林寺与慈恩宗的关系,见竺沙雅章:《宋元佛教文化史研究》第一部第二章《宋元时代の杭州寺院と慈恩宗》。

自然意"。〔1〕可知是一所藏传佛教寺院。寺中"有尊胜塔,俗称白塔"。〔2〕故称塔寺。(4)宋末元初,周密长期居住在杭州,熟悉地方掌故,他说:"今白云宗所造般若寺,即昔之寝殿也。"〔3〕可知般若寺是白云宗的寺院〔4〕(5)兴元寺则属于天台宗。"兴元寺在凤山之阳,……先是其地有招提,悉归之内苑。国除,改建复其旧焉,兴元五之一也。前临大江,后踞重城,吴越江山之胜在几席,为东南之伟观也。阐扬天台氏性具之道,四方之学者接踵而至,往往来游辄忘返。"〔5〕综上所述,凤凰山5寺分属禅宗、慈恩宗、藏传佛教、白云宗和天台宗。

前面说过,忽必烈的宗教政策的一个重要内容,是在佛教各派系中,崇尚藏传佛教,压制内地佛教;在内地佛教各派系中,抬高禅宗以外各宗派,压制禅宗。其根本目的在于,制造佛教内部矛盾,加强自己的统治。原来江南特别是杭州一带的佛教社团,与南宋宫廷关系密切。其中禅宗势力最大,其次是天台宗,慈恩宗影响较小,白云宗主要在民间流行,藏传佛教根本不存在。杨琏真加以5寺分属5宗,使天台宗、慈恩宗、白云宗、藏传佛教与禅宗并列,特别是引进了原来没有的藏传佛教,又将原来在民间活动的白云宗抬高到正统(官方认可的)教派的行列,实际上起到了压制禅宗的作用。藏传佛教与元朝统治者关系密切,白云宗主动向元朝统治者表忠心,得到庇护。而慈恩宗亦与杨琏真加勾结,得以进入5寺行列。可见5寺5宗的设置,经过精心的策划,主要是贯彻忽必烈的宗教政策,绝非偶然举措。

5寺之外还有1塔,即镇南塔,又称白塔,"其形如壶",〔6〕显然是一藏式建筑。元武宗至大元年(1308),书法家郭畀游凤凰山,他说:"次观杨总统所建西番佛塔,突兀二十丈余,下以碑石瓷之,有先朝进士题名并故宫诸样花石,亦有镌刻龙凤者,皆乱砌在地。山峻风寒,不

---

〔1〕郭畀:《云山日记》,《横山草堂丛书》本。
〔2〕田汝成:《西湖游览志》卷19《南山分脉城外胜迹》。
〔3〕周密:《癸辛杂识》续集下《奸僧伪梦》,第203页。按,"寝殿"之说似不确。
〔4〕丁国范:《元代的白云宗》,第176页。
〔5〕竺隐道法师:《送吉祥海序》,见释广宾:《上天竺山志》卷15《诗文纪述品》,清顺治刻康熙增修本。
〔6〕田汝成:《西湖游览志》卷7《南山胜迹》。

·欧·亚·历·史·文·化·文·库·

欲细看而下。"[1] 另据元末陶宗仪记,杨琏真加曾"下令袞陵(南宋诸帝陵——引者)骨,杂置牛羊枯骸中,筑一塔压之,名曰:镇南"。[2] 宋濂也把发陵和造塔联系起来:"初,至元二十一年甲申,僧嗣古、妙高上言,欲毁宋会稽诸陵。江南总摄杨辇真加与丞相桑哥相表里为奸。明年乙酉正月,奏请如二僧言。发诸陵宝器,以诸帝遗骨建浮屠塔于杭之故宫,截理宗顶以为饮器。"[3] 以南宋诸帝骨骸和故宫花石为塔基,显然旨在厌胜,防止南宋的再起,这和塔以镇南为名是完全一致的。比起凤凰山5寺来,建造镇南塔的政治意图是更加明确的。

白塔(镇南塔)在元文宗至顺二年(辛未,1331)被雷火所毁,诗人杨维桢有"劫火自焚杨琏塔","谁觅胡僧话劫灰"之句。[4] 张翥也有《雷火焚故宫白塔》诗。[5] "元末之乱,张氏毁塔造城,五寺亦就废。"[6] "张氏"指张士诚,元末占有浙西,与朱元璋对峙。至正十九年(1359),张士诚为对抗朱军,重建杭州城,拆毁了很多寺庙。凤凰山5寺和镇南塔的塔基,因此被毁。

上面对杨琏真加的若干活动作了一些说明,旨在为《略论》一文作补充,希望有助于杨琏真加生平的认识。在中国古代,宗教和政治有密切的关系,杨琏真加的活动就是很好的例子。在研究元代佛教史、民族史和政治史时,应该对这个人物予以足够的重视。

(原载《中华文史论丛》总第82辑[2006年第2辑]。)

---

[1] 郭畀:《云山日记》。
[2] 陶宗仪:《南村辍耕录》卷4《发宋陵寝》。
[3] 宋濂:《书穆陵遗骼》,见宋濂:《宋文宪公全集》卷3。
[4] 《钱塘怀古·率堵无傲同赋》,见《杨维桢诗集》,浙江古籍出版社1994年版,第371页。
[5] 《蜕庵诗集》卷4,《四部丛刊续编》本。
[6] 徐一夔:《始丰稿》卷1《宋行宫考》。

9　杭州慧因寺的元代白话碑

9.1

杭州西湖南山过去有一座慧因寺,始建于吴越国时。北宋元丰八年(1085)高丽僧义天来中国,曾到慧因寺求法。义天是高丽王子王煦出家后的名字。他回国后曾为慧因寺捐资建阁,施舍经典,因而民间将慧因寺称为高丽寺。元末此寺毁于兵火,明中期重建。太平军攻占杭州时,此寺再次被毁,荡然无存。[1]

明朝崇祯元年(1628),李蔇应寺僧之请,纂辑慧因寺各种资料,成《玉岑山慧因高丽华严教寺志》一书,简称《慧因寺志》。清光绪七年(1881)杭州丁丙刊行此书,后收入《武林掌故丛编》。《慧因寺志》卷7《碑记》中收录了一件元代圣旨碑文,现转引如下,并加标点:

> 长生天气力里,大福阴护助里,皇帝圣旨:

> 管军人官人每根底,军人每根底,城子里达鲁花赤每根底,来往使臣每根底,众百姓每根底,宣谕的圣旨。成吉思皇帝、月忽仄皇帝、薛禅皇帝、完哲都皇帝、曲律皇帝的圣旨里,和尚、也里可温、先生每,他的差发科敛休要者,告天祝寿者,么道来。如今也依著先的圣旨体例里,不拣什么差发科敛休要者,告天祝寿者,么道。

> 杭州有的益知礼普花的祖上高丽大觉国师盖来的高丽慧因寺,有的佛智灵源寂照大师教无言宗主做住持。那寺里贤首宗为显(头?)。藏经的勾当,在意整治,开华严经讲,每年修忏做好事,

---

[1] 关于慧因寺的历史,鲍志成先生的《高丽寺和高丽王子》(杭州大学出版社1998年版)有详细的考证,很有价值。

么道。佛智灵源寂照大师教无言宗主他每根底执把行的圣旨与了也。这寺里使臣每休安下者,铺马祗应休与者,仓粮、商税休要者。慧因寺管的下院普门法兴寺、本宗崇先寺里的和尚每依著他的言语里行者。玉岑山地土园林物业不拣是谁休倚气力侵占者。但属他的田地水土园林碾磨店铺人口头匹解典库不拣什么事产,没体例的人每休夺要骚扰者。佛志(智)灵源寂照大师教无言宗主根底有了圣旨么道,没体例的勾当休做者,做呵,他每不怕那什么!

圣旨俺的。马儿年四月初十日大都有时分写来。

这是一篇用硬译公牍文体写成的元朝皇帝诏书。所谓硬译公牍文体,是元代特有的一种文化现象,专门用来翻译蒙古文字,即是将蒙文译成汉文时"死死遵循蒙古语词法和句法,用汉语作的记录文字"。其"语汇采自元代汉语口语,而语法却是蒙古式的"[1]传世的硬译公牍文体作品为数相当可观,主要是圣旨、令旨和各种官方文书,涉及社会生活的众多方面,对于元代历史(特别是宗教史)和语言学史研究来说,具有极其重要的价值。用硬译公牍文体写成的圣旨、令旨,有不少镌刻在石碑上,俗称元代白话碑。冯承钧先生作《元代白话碑》(上海商务印书馆,1931 年版)是我国这个领域研究的开创者。蔡美彪先生的《元代白话碑集录》(科学出版社,1955 年版)无论在资料辑录还是史实考订方面,都有很重要的成就,为进一步开展这方面的研究奠定了基础。此类白话碑文大多译自八思巴蒙古字,两者之间有密切的关系。照那斯图先生致力于八思巴字文献的研究,有关论著辑成《八思巴字和蒙古语文献》一书(分《研究文集》、《文献汇集》两册,日本东京外国语大学亚非语言文化研究所 1990 年版),其中论述内容大多与白话碑文有关。蔡美彪先生和照那斯图先生近年仍有不少与白话碑有关的论文问世。已故亦邻真先生的论文《元代硬译公牍文体》对这种

---

〔1〕亦邻真:《元代硬译公牍文体》,载《元史论丛》第 1 辑,中华书局 1982 年版。

奇特的文体作了开创性的研究,对于解读白话碑具有极其重要的价值。[1] 国外学术界的研究,首推美国学者鲍培(N. Poppe)教授的《八思巴字蒙古语碑铭》。[2] 不久以前,日本青年学者船田善之指出:"近年来,越来越多的学者开始关注蒙元时代的命令发布文(即蒙古皇帝、王族、高官、帝师等统治者所发布的圣旨、令旨、懿旨、法旨、钧旨等),这使得该领域的研究取得了巨大的发展。"[3]这可以说是中日两国元史学界近年的共同趋势。白话碑文是蒙元时代命令发布文的重要组成部分,因此也日益受到关注。

元朝行用多种文字,官方文书常用八思巴字和汉字分别书写同时发布。元代镌刻护持圣旨的碑文通常是内容相同的两种文字,即八思巴字和汉字。[4] 慧因寺的圣旨碑文,原来也应用两种文字刻在碑上,但原碑已毁坏,八思巴字碑文亦已湮灭,只有汉字碑文则因《慧因寺志》著录,得以保存下来。就目前所知,此篇圣旨未曾被白话碑文和硬译文体公牍研究者使用过,值得专门作一介绍。[5]

9.2

上述圣旨中开头的"长生天气力里,大福阴护助里"中的"里",是蒙语介词,有"在……中"、"按(以)……"、"从……"的意思。"长生天气力里,大福阴护助里",就是依靠长生天的力量,托大福阴的护助,汉语就是上天保佑之意。用汉语文言体来译开头几句话,便是"上天眷命圣旨"。[6]

---

〔1〕最近祖生利的论文《元典章·刑部·刑部直译体文字中的特殊语法现象》(载《蒙古史研究》第7辑,内蒙古大学出版社2003年版)继续了这方面的研究。

〔2〕此书由郝苏民教授译成中文,并加补注,书名为《八思巴字蒙古语碑铭译补》,内蒙古文化出版社1986年版。

〔3〕船田善之:《蒙元时代公文制度初探》,载《蒙古史研究》第7辑。

〔4〕少数护持圣旨是用回鹘式蒙古文书写的。可参看道布、照那斯图:《河南登封少林寺出土的回鹘式蒙古文圣旨碑考释》,见《道布文集》,上海辞书出版社2005年版,第199~237页。

〔5〕鲍志成《高丽寺与高丽王子》第七章第八节《元世祖颁谕赐金》,对本篇讨论的圣旨作了简要的介绍,以为是元世祖所颁,这是不准确的。

〔6〕蔡美彪:《元代白话碑集录》,第22页注。

圣旨第一段中"根底"也是蒙语介词的硬译,有"在"、"向"、"从"、"同"、"把"等多种意思。"管军人官人每根底,军人每根底,……宣谕的圣旨",就是向管军军官、军人、城中达鲁花赤、来往使臣、百姓们宣布的圣旨。"达鲁花赤"是元朝特有的官名,"元路州县各立长官,曰达鲁花赤,掌印信,以总一府一县之治。……达鲁花赤犹华言荷包上压口捺子,亦由古言总辖之比"[1]。"月忽仄"是蒙古第二代大汗窝阔台的异译。"薛禅皇帝"是元世祖忽必烈的蒙语庙号。"完哲都皇帝"是元成宗铁穆耳的蒙语庙号,《元史》中作"完泽笃"。"曲律皇帝"是元武宗海山的蒙语庙号[2]。元朝用硬译公牍文体写成的颁发给佛道寺观的圣旨通常都不署皇帝的名字,但其中"总要按世系引述先世帝王的圣旨(所谓'在先圣旨体例')作为当今君主颁发同类圣旨的依据"。因而根据圣旨中列举的先世皇帝便可推知颁诏者何人[3]。此圣旨列举的前世皇帝由成吉思汗到武宗,可知这件圣旨必然作于武宗的继承者仁宗时。"和尚"即佛教的僧人。"也里可温"是元代基督教教士的称呼。"先生"即道士。"么道"是一种特殊的助动词,放在引语或某种内容的表述之后,意思是"说"、"想"、"叫做"、"以为"。"么道"后加"来"表示过去时。"差发科敛"指各种赋税差役。

圣旨的第二段中,"益智礼普化"是高丽国王王璋的蒙古名字[4]。"大觉国师"是上述高丽僧人义天死后的封赠。"教无言"是僧人无言明教的简称,他是当时慧因寺的主持。"贤首宗"是佛教中的一个宗派,即华严宗。"铺马祇应"指驿站所需马匹、饮食。"仓粮"指税粮,即以粮食交纳的一种税收,在北方按户征收,在南方按土地征收。"没体例"中的"体例"有法令、道理的意思。"呵"在硬译公牍文体中是语气

〔1〕叶子奇:《草木子》卷3下《杂制篇》,中华书局1959年版。
〔2〕元代白话碑中,元朝诸帝名字以窝阔台的异译最多,有"月古歹(解)"、"月古台"、"月哥台"、"月阔台"等,见蔡美彪:《元代白话碑集录》。"月忽仄"仅见于此碑;"仄"与"台"、"歹"读音相去甚远,不知是否有误。
〔3〕照那斯图:《南华寺藏元代八思巴字蒙古语圣旨的复原与考释》,载《中国语言学报》第1期,1982年12月。
〔4〕郑麟趾:《高丽史》卷33《忠宣王一》。

助词,通常在假设句的前一分句末尾充当假设标记,相当于"如果"、"的话"。"做呵,他每不怕那什么"是硬译公牍文体圣旨中常见的结束语,意思是:如果做,他们难道不怕吗!有时也写作:"做呵,他每不怕那。"[1]

在硬译公牍文体中,"俺"是第一人称复数代词,"俺"就是我们。汉语人称代词领格(我的、你的,我们的等)充当定语时,位于名词中心语前,表示领属意义。但元代蒙古语则相反,人称代词领格位于名词中心语之后。上述圣旨最后出现"圣旨俺的",意思就是我们的圣旨。从现存文献来看,用硬译公牍文体写成的圣旨,结尾或是"圣旨",或是"圣旨俺的",而以后者居多。元代皇帝、诸王和官员的蒙古语第一人称常用复数,"圣旨"和"圣旨俺的"两者意义实际并无区别。蒙古习俗以十二生肖纪年,元朝皇帝的八思巴蒙古字圣旨习惯使用生肖纪年,不用年号。"马儿年"是延祐五年(戊午,1318)。"有"是蒙语实义动词的对译,可以表示存在,"大都有时分"即在大都时。

综上所述,这篇元代白话圣旨碑用现代汉语表述,有如下文:

靠长生天的气力,托大福阴的护助,皇帝圣旨:

向管军官们、军人们、城中达鲁花赤们,来往使臣们、众百姓们宣谕的圣旨:

成吉思皇帝(太祖)、月忽仄皇帝(太宗窝阔台)、薛禅皇帝(世祖忽必烈)、完哲都皇帝(成宗铁穆耳)、曲律皇帝(武宗海山)的圣旨里说过:和尚、也里可温、先生(道士)们,不用承担赋税差役,他们的职责是向上天祈告保佑皇帝长寿。现在按照原来的圣旨办,他们不用交纳各种赋税,不需承当差役,专心祈告上天,保佑皇帝长寿。

杭州的高丽慧因寺是益智礼普化祖先高丽大觉国师盖造的。现在的住持是佛智灵源寂照大师教无言宗主。这是贤首宗为主

---

〔1〕蔡美彪:《元代白话碑集录》,第22页注。照那斯图:《再论八思巴字蒙古语中的'ülu'u》,载《西北民族研究》1988年第1期。

的佛寺。要认真整顿寺中藏经之事,开办华严经讲座,每年举行法事做好事。向佛智灵源寂照大师教无言宗主他们颁发了执把的圣旨。来往的使臣们不许住在这寺里,此寺不用交纳驿站所需马匹和饮食,官府不要向它征收税粮和商税。慧因寺所属下院普门法寺和贤首宗崇先寺的和尚们都要听从教无言宗主的话去做。玉岑山的土地园林物业不许任何人仗势侵占。属于慧因寺的田地水土园林碾磨店铺人口头匹解典库任何财产,无理之人们不许抢夺捣乱。佛志(智)灵源寂照大师教无言宗主有了执把的圣旨,不要做无理之事。如做无理之事,难道不怕吗?

圣旨　马儿年四月初十日写于大都

9.3

元朝统治者崇信佛、道二教。元朝历代皇帝颁布了大量保护佛教寺院和道教宫观利益的诏书,即所谓护持诏书。寺院、道观得到护持诏书,便镌刻在石碑上,一则用以扩大影响,抬高寺观的地位,二则以志长远。护持诏书一般用八思巴字和汉字两种文字写成。八思巴字表达的是蒙语(少数写汉语),汉字用的是硬译公牍文体。通常所说元代白话碑,主要便是此类用硬译公牍文体写成的佛寺道观护持诏书,其数量之多,亦可谓元代宗教史的一大特色。本篇讨论的圣旨,实际上就是元仁宗颁发给慧因寺的一道护持诏书。[1]

得到护持诏书,不仅是一种荣誉,而且可以享受种种特权,有实际的利益,因而很自然地成为佛、道两教上层人物追逐的目标。得到护持诏书的寺观,或是皇家创建的"官寺"(元朝每一位皇帝都要建造佛寺),朝廷特意加以扶植;或因规模宏大、历史悠久,受到朝廷的重视。此外也有一些寺观的护持诏书是由其主持者钻营得来的。慧因寺获得护持诏书,情况比较特殊,与高丽忠宣王王璋有关。

---

〔1〕八思巴字护持诏书也有一些传世,参见照那斯图:《八思巴字和蒙古语文献》,东京大学亚非语言文化研究所1990年版。

忠宣王王璋是高丽王朝第 25 代国王忠烈王王昛之子。他的母亲是元世祖忽必烈之女齐国大长公主忽都鲁揭里迷失。元成宗元贞二年（1296），王璋娶晋王甘麻剌之女宝塔实怜为妻。甘麻剌是世祖忽必烈太子真金的长子，成宗铁穆耳之兄。王璋的婚姻是亲上加亲。元成宗大德二年（1298）王昛将王位让给王璋，自为太上王。但到同年八月，元朝征召王璋入朝，命王昛复位。王璋到大都，"宿卫凡十年，武宗、仁宗龙潜，与王同卧起，昼夜不相离"。[1] 武宗海山、仁宗爱育黎拔力八达是同母的亲兄弟，他们的父亲答剌麻八剌，是真金的次子，铁穆耳之兄。也就是说，王璋与海山、爱育黎拔力八达关系是很密切的。大德十一年，元成宗死，无子，皇族内部为争夺皇位展开激烈的斗争。王璋支持爱育黎拔力八达发动宫廷政变，迎接镇守北方的海山回大都，登上帝位。海山以爱育黎拔力八达为太子，封王璋为沈阳王（后改封沈王）。至大元年（1308）七月，高丽忠烈王病死，王璋回国继位。但没有多久，王璋又前往大都，并在至大三年将王位传给儿子王焘（高丽忠肃王），自己一直在大都居住，在武宗（1308—1311）和仁宗（1312—1320）当政时期，王璋一直得到优遇。延祐六年（1319）南游江浙求法。延祐七年仁宗死，其子英宗硕德八剌嗣位，朝廷政局发生重大变化，王璋在这一年四月"复请于帝，降香江南，盖知时事将变，冀以避难也"。但是，他并没有因此躲过灾难。六月，王璋在江南金山寺被强迫回到大都。同年十二月流放到"吐蕃撒思吉之地"。"撒思吉"即藏传佛教萨迦派的发源地萨思迦（今称萨迦）。英宗死，泰定帝嗣位（1323），召还王璋。泰定二年五月，在大都去世。[2]

王璋多次到大都，特别是大德二年入朝以后，直到被流放（1320），中间只曾短期归国，前后在大都生活长达 20 年之久。在此期间，王璋除了参加政治活动之外，主要做两件事，一是与元朝的文人学者交往。"构万卷堂于燕邸，招致大儒阎复、姚燧、赵孟頫、虞集等与之从游，以

〔1〕郑麟趾：《高丽史》卷 33《忠宣王一》。
〔2〕郑麟趾：《高丽史》卷 34《忠宣王二》。

考究自娱。""每引儒士商确前古兴亡,君臣得失,叠叠不倦。"[1]另一件事是积极参与各种佛事活动。王璋是虔诚的佛教徒,"酷嗜浮屠法"。[2] 他在高丽国内举行多种佛事,在大都,他的府邸内,"诸僧列坐,梵呗之声洋洋满庭"。接待客人的庭院"静深,窗户无尘。王亲肃客户外,入就席,言论恂雅,礼意欢浃。一僧隅坐转法华,每举一佛名,一菩萨号,王必以手加额而致敬焉"。[3] 他与中国佛教各宗派广结善缘,可考的便有藏传佛教、白莲宗、禅宗、华严宗等。[4]

印造施舍佛经,历来被认为佛教徒的功德。元代印造《大藏经》成为风气。[5] 仁宗皇庆元年(1312),王璋发愿"舍净财印造三藏圣教一切法宝,计圆五十藏,布施四方梵刹,以广流通"。[6]为此,他派遣洪瀹等人南下杭州,利用杭州《普宁藏》经板印造。洪瀹等人在印经之余,慕名造访高丽慧因寺:"督临之暇,挟二三友散策湖滨,因投本寺(慧因寺——引者)。唯见凝尘满座,风景萧然,兴感形怀,大觉国师受经之地,坠弛若此!"感叹之余,便访求"能任起废之责者"。根据寺僧的建议,邀请僧人慧福出任主持,对慧因寺加以整修。不久,"复市负郭良田归于常住,永充饭僧之供"。延祐元年(甲寅,1314),慧福"被命入都,即以上事启达王(高丽沈王——引者)听。钧旨剃僧十员,发帑□济"。在王璋大力支持下,慧因寺得以复兴。王璋也就成为慧因寺的大功德主。[7]

延祐二年,王璋出面疏请僧人无言明教"主持杭州路高丽惠因华严教寺,开堂说法,领众焚修;敬延圣寿万年者"。[8] 无言明教是华严宗(贤首宗)的僧人。延祐四年,先后任江浙、湖广行省丞相的别不华,

---

[1]郑麟趾:《高丽史》卷34《忠宣王二》。

[2]李齐贤:《益斋集》卷9上《忠宪王世家》。

[3]程钜夫《雪楼集》卷18《大庆寿寺大藏经碑》。

[4]北村高:《高丽王王璋の崇佛》,见《小笠原宣秀博士追悼论文集》,龙谷大学东洋史学研究会发行,1985年,第117~140页。按,此文没有涉及本篇讨论的白话圣旨碑文。

[5]我在《元代南方佛教略论》(收为本书第7篇)中对此有所论述,请参看。

[6]《普宁藏·解节经·王璋序》,转引自北村高:《高丽王王璋の崇佛》。

[7]《高丽国相元公置田碑》、《大功德主沈王请疏》,见李翥:《慧因寺志》卷7《碑记》。

[8]《太尉沈王疏》,见李翥:《慧因寺志》卷7《碑记》。

先以钞"千定施杭十大寺,使咸以子母相生,岁取其十一,给其费,以月第之,各阅经一藏。延祐四年,又自武昌寓(寄?)二百定以归兴元、惠(慧)因二寺,通前为十二藏,月阅之,岁周而更始焉"。名僧释大䜣为之作《吴国公杭州高丽惠因寺岁阅藏经记》[1] 同年,又有吉剌实思"以中统钞三百定,规置田土,舍入天竺、高丽、净慈三寺各一百定,岁以一月为约,命僧翻阅三乘妙典一大藏"[2] 天竺即上天竺教寺,净慈即净慈禅寺,都是杭州的规模宏大的名寺。由此可见,慧因寺在王璋的支持下,已从衰败中解脱出来,重新侪身"大寺"之列。也正是这一年,元仁宗向慧因寺颁发了上述护持圣旨。圣旨中特别提到"杭州有的益智礼普化的祖上高丽大觉国师盖来的高丽慧因寺",足以表明它是应益智礼普化(王璋)的请求颁发的。事实上,高丽慧因寺早就存在,并非大觉国师义天盖造,圣旨所说与事实不符,这很可能是王璋为了引起仁宗的重视而故意编造的,但由此亦可见慧因寺与王璋之间关系的特殊了。

延祐六年(己未),王璋"请于帝,降御香,南游江浙,至宝陀山而还。权汉功、李齐贤等从之"[3] 王璋这次南游,旨在求法,但留下的记载很少,令人遗憾。可以肯定的是,他曾到天目山谒见高僧中峰明本[4] 杭州是江南最重要的城市,揆诸情理,王璋一定要到杭州。他的侍从、高丽著名文学家李齐贤有《高亭山(伯颜丞相驻军之地)》、《宿临安海会寺》、《冷泉亭》等诗篇,都与杭州有关[5] 李齐贤还说过:"延祐己未,予从于忠宣王降香江南之宝陀窟,王召古杭吴寿山,令写陋容,而北村汤先生为之赞。"[6] 按,李齐贤画像流传至今,为元—高丽文化交流的重要物证。但作者不是吴寿山,而是在元代被誉为"精于

〔1〕释大䜣:《蒲室集》卷9,《四库全书》本。

〔2〕《舍田看阅大藏经志》,见李翼:《慧因寺志》卷7《碑记》。

〔3〕郑麟趾:《高丽史》卷34《忠宣王二》。

〔4〕祖顺:《中峰和尚行录》,见《天目中峰和尚广录》卷30,《碛砂藏》本。

〔5〕《益斋集》卷1。高亭山在杭州城郊,冷泉亭在西湖灵隐寺。

〔6〕《益斋集》卷4。

写神、国朝第一手"的杭州画家陈鉴如。[1] 由李齐贤的这些诗文可以确知,王璋曾到杭州,而且游历名胜,有很多的活动。其中必然也到过他所加意扶植的慧因寺。可惜的是,有关的记载没有保存下来。

慧因寺的元代白话碑,记录了高丽忠宣王王璋与慧因寺的一段因缘,对于研究元代杭州的中外文化交流,无疑是很有价值的,应该得到重视,

(原载《浙江社会科学》2007 年第 1 期。)

---

〔1〕夏文彦:《图绘宝鉴》卷 5《元朝》。有关考证见拙作《元代画家史料汇编》,杭州出版社 2004 年版,第 768~772 页。

10　元代文化史绪论

10.1　元代文化史的范围

"大元"(简称"元")作为国号,是 1271 年确定的。在此以前,这个政权称为"大蒙古国"或"大朝"。1206 年成吉思汗建国,蒙语称为 Yeke Mongghol Ulus,"大蒙古国"是蒙文国号的直译,"大朝"则是其简译。大蒙古国的第五代大汗忽必烈附会"汉法",建号改元,他在至元八年(1271)颁布的《建国号诏》中说:"可建国号曰大元,盖取《易经》乾元之义。"在古代经典《易经》中,"元"的本义为大,因此"元朝"就是"大朝",不过用儒家经典对原有国号加以改造而已。[1] 当然,采用儒家经典的语言作为国号,意味着国家性质的重大改变,但元朝是大蒙古国的继续,则是无可置疑的。大蒙古国前 4 汗的历史,是元朝历史的组成部分。也就是说,元朝这个概念可以有两种理解。一种指 1271 年以元为国号起到 1368 年灭亡为止,前人有"元朝享国不及百年"之说,即指此而言;另一种指自成吉思汗 1206 年建国到 1368 年灭亡为止。本篇所论述的元朝,取后一种说法。事实上,明人编纂《元史》便是从太祖亦即成吉思汗开始的。

忽必烈以前,大蒙古国相继有 4 位大汗,即成吉思汗、窝阔台汗、贵由汗和蒙哥汗,后来分别被尊称为太祖、太宗、定宗、宪宗。他们统治的时间从 1206 年到 1259 年。忽必烈被尊称为世祖。忽必烈之后到元朝灭亡,先后共有 9 位皇帝,他们是成宗铁穆耳、武宗海山、仁宗爱育黎拔

---

〔1〕萧启庆:《说"大朝":元朝建号前蒙古的汉文国号》,见《蒙元史新研》,台北允晨文化实业股份有限公司 1994 年版,第 25~46 页。

力八达、英宗硕德八喇、泰定帝也孙铁木儿、明宗和世瑓、文宗图帖睦尔、宁宗懿璘质班、顺帝妥懽帖睦尔。从忽必烈算起,10 位皇帝统治的时间始于 1260 年,终于 1368 年。如上所述,元朝的历史始于 1206 年,终于 1368 年,共 14 帝,延续了 162 年。元代文化史所要研讨的,就是这一段时期内发生的各种文化现象的历史。

对于文化,迄今学术界有种种不同的理解:一般认为,文化有广义、狭义之分。广义的文化,指人类创造的精神财富和物质财富的总和;狭义的文化,指人类创造的各种精神财富。我们认为,真正意义上的文化,应属于上层建筑的意识形态范畴,主要包括哲学、史学、地理学(人文地理学)、文学艺术、宗教等。也就是说,主要指精神财富而言。我们研讨的元代文化,就是这个时代各族人民创造的种种精神财富,以及与之相适应的制度和机构。语言文字和书籍,是文化的重要载体,亦应是文化史研讨时不可缺少的内容。至于物质财富,大多与经济生活有密切联系,应是经济史和科技史研究的范围。

对于元代文化,历来评价不一。在相当长的时间内,除了元曲(这得力于王国维先生的研究)之外,元代社会黑暗、元代文化"衰敝"的看法,是颇为流行的。元朝君主多不习汉文化,元朝儒生地位极其低下,甚至有"九儒十丐"之说,这是得出上述看法的重要论据。20 世纪下半期以来,随着中外学术界有关研究的不断深入,现在完全可以说,元代是继唐、宋之后我国文化的又一个高潮时期。在元代,文化的多数领域都有很好的成就,有些甚至超越了前代。元代杂剧是中国古代文艺的一座高峰,这毋庸多说。随着《全元文》(北京师范大学古籍所主编)和《全元诗》(中国社科院文学所主编)编纂工作的完成,有元一代诗文数量远远超出以前的估计,而且不乏上乘之作,另具特色。以史学论,《蒙古秘史》是我国第一部少数民族用自己文字撰写的历史著作,意义重大,体裁新颖,在世界史学发展史上亦有其独特的地位;以地理学论,众多域外行记的出现,具有重要学术价值,元代学者接受外来的影响,已把眼光投向域外的世界,画出了包括中亚、西南亚,以及非洲、欧洲等地区在内的地图,其意义更不待言;如此等等。至于元朝君主多不习汉文化和儒生在元朝地位极其低下之类的说法,则是片面的、不准确的。元代文化是中国古代文化发展过程中一个重要的具有特色的环节。然而迄今为止还没有全面论述有元一代文化的著作,这不能不令人感到遗憾。本篇旨在前人研究的基础之上,结合自己的探索心得,试图对有元一代的文化作比较全面的简要的说明。元代文化史是一个广阔的领域,有待深入研究的问题很多,限于学力,我们的说明只能是初步的,衷心希望得到指正。

10.2　元代社会和元代文化

　　元代社会,总的来说,其经济、政治和文化生活,都是前代的延续。从经济生活来说,封建的土地所有制以及建立在这种所有制基础上的阶级关系,仍占主导地位。从政治生活来说,中央集权的官僚制度占有统治地位。从文化生活来说,儒家学说仍是思想的主流。但是,元代社会也有很多不同于前代的地方,元朝实现了中国历史上前所未有的统一,元朝的文化政策有两重性,元朝的多种宗教盛行,元朝南北地域的差异,这些都对元代的文化产生了深刻的影响。

　　元朝实现了中国历史上前所未有的统一,结束了长达数百年的南北分裂局面,并使许多边疆地区归属中央政权管辖之下,这是元朝历史不同于前代的特点。在宋与辽、金先后对峙的时代,南北双方隔阂很深,彼此设置种种障碍,文化的交流只是偶然的、个别的。例如南方盛行理学,而在金朝统治下的北方对此有兴趣者则为数寥寥。蒙古(元)军南下,理学北上,逐渐成为全国思想界的主流。在元朝统一以后,南北人物彼此往还、互相切磋,无论对文学艺术创作,还是对学术研究,都起了极其有益的作用。南北的绘画、书法,原来风格不同,统一以后互相影响,有更大的成就。杂剧南移,推动了南方戏剧的发展。如此等等。《大一统志》的编纂是南北各族学者共同努力的结果,而大统一的局面则是此书能够编成的前提。许多作家能够游历南北名山大川,了解风土人情,开阔了视野,得以写出美好的诗文。而边疆地区归附元朝以后,和中原地区关系日益紧密,中原传统文化远播边疆各地,边疆各族的文化也相继传入中原,产生了程度不等的影响,使中原文化更加丰富多彩。一大批蒙古人和西北各族成员来到中原,接受中原传统文化,并在文学艺术和学术上有所发明创造。以中原传统文化为主的多民族文化共同发展,形成元代文化一大特色,这正是大统一的结果,是前代所未有的。

元朝在文化上实行两重性的政策。一方面,为了巩固自身的统治,元朝统治者推行"汉法"即中原传统的各种制度,尊崇孔子和儒术,兴办儒学,中期以后还推行科举取士制度。过去有元代人分 10 等、九儒十丐之说,其实这是误传。元朝将全国居民按职业和民族分成各种户,称为诸色户计,儒户是其中之一。按照国家的政策,儒户的主要义务是有人上学读书,却可以免当杂泛差役,地位与僧、道户相近。元朝没有 10 等户的区分,当然也不存在九儒十丐的问题。从政策规定来说,儒户(元朝士人[1]多数属于儒户,亦有一部分属于其他各种户)和军户、站户、民户等相比,是受优待的。但另一方面,元朝推行民族压迫和民族歧视的政策,集中表现为 4 等人制,即将全国居民分为蒙古、色目、汉人、南人 4 个等级,予以不同的待遇。蒙古、色目人享受种种特权,汉人、南人则处处受歧视,尤以南人为甚。在仕途上,蒙古、色目人占据高位,汉人、南人除极少数之外只能屈居下僚,升迁无门。就法制而言,处处维护蒙古、色目人的利益,汉人、南人的权益得不到保护,有时连人身和财产的安全都受到侵犯。就文化而言,在学校教育、科举考试、语言文字的使用等方面,民族歧视也都有明显的表现。儒户应受优待,而元朝政府中当政的蒙古、色目官员,很多人对中原传统文化怀有成见,由此对儒户心存轻视甚至敌意,强迫他们和民户一样承担杂泛差役和各种苛捐杂税。因此,儒户的实际处境远逊于同时代的僧、道户,和以前各朝士人享受的优遇更难以相提并论。

可以看到,这个时代的思想文化领域,呈现复杂、矛盾的态势。总

---

[1]我们所用"士人"的概念,泛指有文化的读书人。

的来说,怀念故国的遗民思想,随着金、宋的灭亡,在北方和南方都出现过,但延续时间不长。由于元朝统治的巩固,加上尊孔和崇奉儒术政策的推行,大多数汉人、南人中的士人,很快便认同元朝的统治,纷纷谋求入仕,歌功颂德的诗文随处可见。然而,严酷的民族压迫和民族歧视的现实,不能不激发他们中很多人对社会的强烈不满,在诗文中有的呼叫抗议,有的则趋于消极避世。还有一些士人转而在通俗文艺创作中寻求安身立命之地,他们的加盟导致了杂剧、小说的繁荣。

蒙古族原来信奉萨满教,这是原始的万物有灵信仰。成吉思汗建国后向外发展,接触到多种宗教。大蒙古国的诸汗认识到宗教有利于统治的巩固,对各种能为自己"告天祝寿"的宗教原则上都是保护和支持的,当然有时也根据需要和爱好而有所轻重。忽必烈登上统治宝座后,继续采取保护、支持各种宗教的政策,但在佛、道之争中明显倾向佛教,特别尊奉藏传佛教;以后诸帝对宗教的态度都沿袭忽必烈的政策,没有大的改变。

作为意识形态的宗教,是文化的一个重要组成部分。有元一代,宗教在社会各阶层的精神生活中占有头等重要的地位。多种宗教并存,各种庙宇林立,多种多样的宗教活动连年不绝,声势之盛为前代所未有,成为这一时代文化生活中的一大景观。这一时期,宗教对文化的其他领域有很大的影响,特别是对哲学、诗歌、散文、戏曲、绘画等的影响最为明显。

宋、金对峙时期,南方的文化明显比北方有更大的成就。元朝统一以后,南、北经济有很大的差异,以浙西(今江苏南部和浙江北部)为中心的江浙行省,是全国最富庶的地区。原有文化传统的不同,加上经济生活的差异,使有元一代南、北文化有很大区别,南方特别是以浙西为中心的江浙地区,是人文荟萃之地,多种文化形式都有发展,而北方除大都之外,相对来说是比较停滞的。元朝南北文化的发展不平衡,对以后的中国文化有深刻的影响。

元代文化还有一个特点,那便是俗文化的发达。俗文化是相对于雅文化而言的,俗、雅之别,主要在于语言文字的不同和面向对象的不同。俗文化主要使用白话文或浅近的语体文,面向下层大众,以及对中原传统文化不太了解的蒙古、色目人。雅文化则使用传统的文言文,主要面向各族士人。俗文化的出现可以追溯到唐朝,宋朝已颇有影响,其表现有话本小说、民间说唱伎艺等。到了元朝,俗文化发展成一种潮流,不仅话本小说、民间说唱伎艺有所发展,杂剧、南戏和散曲有些也完全可以归入俗文化范畴,有些则介乎雅、俗之间。此外,还出现了用白话文或语体文写的通俗史书,以及经典的"直解"等。元代俗文化的兴盛,在中国古代文化发展史上是具有重要意义的现象。其原因主要有二:一是宋代以来城市经济的发展,城市商人和手工业者对文化的需求;二是入居中原的蒙古、色目人希望了解中原传统文化,而传统的雅文化使他们望而生畏,俗文化易于理解,符合他们的需要。也就是说,俗文化在元代的兴盛也有其深刻的社会背景。

文化是社会的上层建筑。元代社会的特点,在文化上必然有所表现。这些表现实际上也正是元代文化不同于前代之处。

10.3 元代文化的发展阶段

一个时代的文化是该时代政治、经济的反映。社会的变迁,特别是政治生活的发展变化,必然对文化产生巨大的影响。要想正确地了解一个时代文化的发展,必须和该时代社会、政治生活的变化联系起来考察。以往断代文化史的撰写,一般采取首先通论时代背景,然后按各领域(如文学、哲学、美术等)分别论述的办法。这种体例的优点是每个具体领域的论述比较周密,缺点是难以处理好该时代社会、政治生活发展变化与各个具体文化领域之间的关系。本文有鉴于此,将元代文化史按社会、政治生活的变化分为 3 个阶段。每个阶段先分析社会、政治生活的特点,然后对各个文化领域的状况加以说明。

第一阶段:蒙古前 4 汗时期(1206—1259)。

蒙古族生活在北方草原,从事游牧生活。蒙古族原来没有文字,主要信奉萨满教,也有一部分信奉景教(基督教的一支),宗教是他们精神生活的主要内容。成吉思汗在建国前夕灭乃蛮部,俘获畏兀(今维吾尔族的祖先)人塔塔统阿,命他用畏兀字母书写蒙古语,从而创立了畏兀体蒙文,这是蒙古族发展过程中的一件大事。成吉思汗建立大蒙古国以后,向外扩张,接触到佛教、道教、伊斯兰教、基督教等多种宗教。蒙古统治者对于各种宗教原则上都采取兼收并蓄的态度,给予保护和支持。多种宗教的兴盛,是蒙古前4汗时期文化的一大特色。

　　原金朝统治下的北方农业地区,当时称为"汉地"。成吉思汗对金用兵,夺取了包括金中都(今北京)在内的大片土地,金朝被迫迁都南京(今河南开封)。窝阔台汗时期,蒙古灭金,实现了对"汉地"的统治。"汉地"历来占主导的是以儒学为核心的中原传统文化。成吉思汗接触过个别"汉地"士人,如契丹人耶律楚材,以及佛、道二教的代表人物,但中原传统文化在他的心目中是没有地位的。窝阔台汗曾接受耶律楚材的建议,采取过一些保护"汉地"文化的措施,如以考试方式确定儒户、立经籍所、封衍圣公等,但随着耶律楚材在政治上失势,这方面的措施没有再推行下去。此外,窝阔台汗还曾下令在燕京(今北京)兴办学校,培养翻译人才,此事指定全真派的道士负责。这是蒙古学校教育的滥觞。贵由汗在位时间很短,忙于统治集团内部的争斗。继起的蒙哥汗"自谓遵祖宗之法,不蹈袭他国所为","酷信巫觋卜筮之术",对"汉地"的儒学没有兴趣。[1] 他曾问:"儒者何如巫、医?"实际是认为儒者无用。[2] 在蒙古上层,他的这种想法是普遍存在的。"汉地"的道教、佛教得到蒙古统治者的扶持,声势日盛。因为利益冲突,佛、道二教在蒙古统治者主持下举行了两次辩论,成为当时"汉地"思想文化领域的一件大事。另一方面,"汉地"的汉人世侯,如东平(今山东东平)严氏、真定(今河北正定)史氏等,在自己管辖范围内有过一些招徕儒士文人、整治学校的举措,对于儒学的延续起了有益的作用,当然其规模是有限的。

_____

〔1〕《元史》卷3《宪宗纪》。
〔2〕《元史》卷125《高智耀传》。

从 13 世纪 40 年代起,蒙哥之弟忽必烈便开始招致"四方文学之士,问以治道"。50 年代初,蒙哥汗即位后,忽必烈受命管理"漠南汉地",更加强了收揽"汉地"人才的工作。他多次表示了尊重儒学的态度,采取一些恢复地方学校的措施,因而赢得了"汉地"士人的好感,向他献上了"儒教大宗师"的头衔,视他为儒教的保护人。与此同时,忽必烈对各种宗教同样采取"护持"的态度。也是在 13 世纪 40 年代,藏传佛教萨迦派领袖萨班到西凉(今甘肃武威)与蒙古宗王阔端会晤,导致吐蕃地区归附蒙古。50 年代忽必烈出征云南回师途中,与萨班之侄八思巴相见,从此藏传佛教逐步传入中原地区。

在金朝统治下,士人们热衷于诗词歌赋,关心理学者极少。反之,理学在南宋统治地区得到很大发展。朱熹是南方理学的代表人物。窝阔台汗七年(1235)蒙古对南宋用兵,攻陷德安(今湖北德安)等地,大肆俘掠,儒生赵复、砚坚等因此北上。赵复在燕京开办太极书院,砚坚等在各地教授学生,南方理学得以北传。许衡、姚枢等人都成了理学信徒,后来相继入忽必烈幕府。在诗文方面,一批金朝"遗民"的创作成为文坛的主流。遗民文学的特点,不外是怀念故国,感怀身世,有的还对蒙金战争造成的灾难进行批判。元好问是他们中最有影响的代表。异军突起的是新西域诗。耶律楚材和邱处机以诗歌记述他们的西域见闻,为当时的文坛增添了光彩。一种新的艺术形式——杂剧开始成型,在城乡演出。在史学方面,金史特别是金朝亡国史的编纂成为一时风气,而多种蒙古和西域行记的出现,应视为这一时期文化的一个特点。《蒙古秘史》是用畏兀体蒙文写成的蒙古第一部史书,它的出现是中国史学的一件盛事,产生了深远的影响。

第二阶段:世祖、成宗、武宗时期(1260—1313)。

这一阶段有两件对文化有深远影响的大事。一件是忽必烈即位后,鼓吹"文治",采用"汉法",但同时又多方维持蒙古传统,于是形成了混杂中原传统政体和漠北旧俗的行政体制。另一件是元灭南宋,结束了长期的南北分裂,实现了空前规模的统一局面。忽必烈改国号为"大元",元朝实际统治的范围、对象与前 4 汗时期有很大不同。前 4

汗时期的蒙古国,以漠北的哈剌和林(今蒙古国哈尔和林)为都城,除了蒙古本土之外,凡是蒙古人征服之地都是大汗统治的疆土。忽必烈改国号以后的元朝,以大都(今北京)为都城,统治的范围主要是金、宋、大理、西夏的故土和吐蕃、畏兀儿地面,中亚及其以西广大地区分别建立了察合台、窝阔台、钦察、伊利四大汗国。钦察汗国是成吉思汗长子术赤后人建立的,伊利汗国创立者则是蒙哥汗的另一个兄弟旭烈兀。四大汗国中伊利、钦察与元朝保持着友好的关系,承认元朝的宗主地位,察合台和窝阔台两汗国的当政者则不时与元朝发生冲突。政治形势的变化使元朝的政治、经济以及文化政策都发生了变化。

儒学是"汉法"的思想基础,孔子是儒学的象征,推行"汉法"便要尊孔崇儒。忽必烈为了标榜"文治",采取了若干尊孔和抬高儒学地位的措施,如在各地建立宣圣庙、恢复或新建各级地方官学、建立中央国子学、整顿和推行儒户制等。成宗铁穆耳下诏中外尊奉孔子,建立大都宣圣庙。武宗海山加封孔子为大成至圣文宣王,后代一直沿用。但是,无论是忽必还是铁穆耳、海山,他们对于孔子和儒学的尊重更多是表面的,实际上有很大保留,迟迟不肯实行科举制度便反映出他们对儒学和儒生的真实态度。

在忽必烈时期,设置了若干与文化有关的机构。在中央设有翰林国史院、国子监和国子学、蒙古国子监和蒙古国子学、秘书监、兴文署等。其他如太史院、仪凤司、教坊司等,亦与文化有关。管理宗教则有宣政院、集贤院、崇福司、回回哈的司等。在地方则有儒学提举司和各级地方官学、蒙古提举学校官和各级蒙古字学,以及管理各种宗教的地方机构。这些机构的设置,大多沿袭前代成制,也有不少是元朝首创的。这些机构在蒙古前4汗时期都是没有的。文化机构的设置,表明忽必烈认识到文化的重要性,这与前4汗大不相同。

这一阶段元朝统治者仍奉行对各种宗教都加以护持的政策,但其中又有区别。佛、道之争在忽必烈统治前期仍在继续,至元十七、十八年(1280—1281)间举行的第三次佛道辩论,仍以道教失败告终。终忽必烈之世,道教受到相当的压制,到元成宗上台后这种局面才有所改

179

变,但地位一直在佛教之后。佛教、道教内部都有派系的斗争。忽必烈最尊崇的,是藏传佛教中的萨迦派,其领袖八思巴被尊为帝师。以后萨迦派的领袖亦都享有同样的头衔。藏传佛教地位之显赫,声势之盛,是其他教派所无法比拟的。这一阶段,伊斯兰教和基督教在中原和江南亦有相当规模的传播。元朝的都城大都,南方的海港城市泉州,都是多种宗教并存之地,从而形成了多种文化相互辉映的局面。

元朝统一后,版图内有多种民族,语言文字各不相同。前4汗时期,官方使用畏兀体蒙古字、汉字和"回回字"(波斯文)。忽必烈命八思巴创造"蒙古新字"(后称蒙古字,俗称八思巴字),实际上是一套字母体系,主要用来拼写蒙古语,也可以拼写汉语。重要的诏令文书都用八思巴字书写,其次才是汉字。此外,元朝通行的文字,还有畏兀体蒙古文、藏文、畏兀文(用畏兀字母书写畏兀语)、回回文字(波斯文)等。多种语言的流行以及多种文字的使用,带来翻译人才的繁盛和翻译作品的发达,与之相应,还产生了一种奇特的翻译文体,即所谓蒙语硬译文体。

这一阶段北方理学的代表人物许衡、窦默等受到忽必烈的尊重,许衡及其弟子掌教国学,理学成为官方哲学。南方理学继续发展,代表人物是吴澄。在南方,史学继承前代的传统取得新的成就,胡三省的《通鉴音注》和马端临的《文献通考》是有代表性的作品,"遗民情结"在这些作品中都有所表现。元朝以官方力量编纂《大一统志》,用以表现大一统国家的空前规模。黄河河源的考察,《真腊风土记》的撰写,是地理学的成就。这些都与国家的统一有密切的关系。

这一阶段北方诗(包括诗、词、散曲)文名家有刘秉忠、刘因、卢挚、姚燧等。他们的作品大多已摆脱"遗民情结"的窠臼,题材比较广泛,风格多样。统一以后南方诗文名家有周密、方回、戴表元、汪元量、袁桷、赵孟頫等,南宋亡国在这些作者思想上打下了深刻的烙印,故国之思时时可见。其中有些人出仕新朝,在作品中亦常流出矛盾甚至痛苦的心情。

杂剧在这一阶段趋于成熟。杂剧创作的中心是大都,有影响的作者几乎都是 4 等级中的汉人。最著名的杂剧作家有关汉卿、王实甫、马致远、白朴等。这一阶段杂剧内容广泛,许多作品在不同程度上反映了当时复杂的社会矛盾,对不合理的社会制度和各种弊端进行揭露和批判。杂剧在城市、乡间广泛演出,成为当时最重要的一种娱乐形式。

前 4 汗时期,北方没有出现有成就的书画名家。这一阶段,北方名画家有高克恭、李衎、刘贯道等,南方名画家有钱选、龚开、赵孟頫、任仁发等。在书法艺术方面,北方最著名的是鲜于枢,南方有赵孟頫、邓文原等。南北统一带来南北书画艺术的广泛交流,赵孟頫、邓文原的北上,高克恭、李衎、鲜于枢的南下,以及他们之间的交往,对书画艺术的发展起了很好的推动作用。赵孟頫在书画和诗文众多领域中都有杰出的成就,是当时文坛和艺坛当之无愧的领袖人物,对后代也有很大的影响。

第三阶段:从仁宗即位到元朝灭亡(1314—1368)。

这一阶段元朝诸帝的汉文化修养有明显的提高,特别是仁宗爱育黎拔力八达、文宗图帖睦尔以及顺帝妥懽帖睦尔。从仁宗起,元朝在尊尚儒学方面比前一阶段有很大的进步,表现在:(1)在长期停顿以后重新确立了科举取士制。(2)由断断续续的儒臣进讲经史发展成经筵进讲制度。(3)加大尊孔力度,以宋、元二代理学家从祀孔子,对孔子父母以及儒家代表人物加以王、公封号。这些举措都是以官方的名义确认理学是儒学的正统,从而确立其在思想文化领域的统治地位。这一阶段还建立了奎章阁学士院、艺文监等新的文化机构,后来奎章阁改为宣文阁,艺文监改为崇文监。这些机构的没立,是统治者爱好汉文化的表现。

尽管如此,仁宗和以后诸帝对于各种宗教特别是藏传佛教的崇奉和爱好,仍然远大于儒学。元朝诸帝都耗费大量钱财兴建佛寺、道观,远非学校所能比拟;元仁宗时命各地立帝师八思巴寺,其规制要大过孔子庙,这件事很典型地说明了儒学和宗教在统治者心中的不同地位。而且,在元朝上层蒙古、色目贵族官僚中间,一直存在反对、排挤汉文化的强大势力,科举取士名额有限,而且一度中断,便是这种势力作用的结果。

各种宗教在这一阶段都有所发展,其中佛教特别是藏传佛教声势远在其他宗教之上。道教正一派的分支玄教地位特殊,与宫廷关系密切。有名望的僧人、道士与文人交往成为一时风气。中国和日本、高丽之间僧人来往频繁。基督教、伊斯兰教的影响进一步扩大。基督教、伊斯兰教的传播是元代中外文化交流的重要组成部分。

受科举取士制的刺激,学校教育有新的发展,地方官学遍及各地,不少边疆地区亦有设置。书院讲学在江南比较流行。科举制确立了程、朱理学在思想文化领域的统治地位,但理学另一支陆学仍在某些地区存在,调和朱、陆的思想仍有相当的影响。

"宗唐复古"成为文坛的风气。诗歌散曲方面的代表人物,前有"四大家"(虞集、揭傒斯、杨载、范梈),后有杨维桢、张翥、王冕、张可久、睢景臣等。散文名家有虞集、欧阳玄、柳贯、许有壬等。其中南人占多数。随着大批蒙古、色目人入居中原,他们中也涌现出一批以汉文写作而卓有成就的文人,其中著名的有马祖常、萨都剌、贯云石、迺贤等。这一阶段,元朝由盛转衰,政治腐败,天灾频繁,经济凋敝,民不聊生,动乱接连发生,终于汇成绵延10余年之久的全国规模的农民战争。这一阶段前期的作家不乏歌颂元朝统治以及沉迷于风月的作品,后期的作者,面对社会巨大动荡的现实,很多人写下感事伤时之作,记述人民大众的苦难,使文坛风气为之一变。

全国统一后,不少杂剧作家和演员相继南下,在他们影响下,南方也有一批剧作者和演员成长起来。到仁宗时,杂剧创作中心已从大都移到以杭州为中心的江浙一带。与此同时,杂剧创作也呈现出由盛而衰的趋势,数量减少,题材贫乏,缺乏生命力。南戏是从南宋后期起便在浙东一带流行的一个地方剧种,入元以后延续下来,杂剧南移对南戏的提高产生了积极的促进作用。元末高明创作的《琵琶记》,标志着南戏进入一个新阶段。杂剧、南戏都在舞台上演出。在舞台上演出的还有傀儡戏和各种说唱伎艺,话本(讲史和小说)的创作和说唱伎艺有着密切的关系。

这一阶段之初,赵孟頫仍是艺坛的盟主,继起的知名画家大多是南人,除后代盛称的"四大家"(黄公望、倪瓒、王蒙、吴镇)外,还有唐棣、朱德润、王振鹏、柯九思、王冕等。著名书家有巎巎、揭傒斯、杨维桢、周伯琦、郭界等,亦以南人居多。不少人兼工书画诗文。追求"神似"和诗、书、画相结合的"文人画"成为画坛的主流。大体来说,元代画家可以分为文人画家和职业画家两大类,职业画家又可分为宫廷画家和民间职业画家(画工)。当然这个区分只是相对的。至于著名的书法家,主要是文人。

史学和地理学在这一阶段有很大成绩。经过长期的酝酿,顺帝时完成了辽、宋、金三史的修纂。元朝诸帝实录和《经世大典》等政书的编纂,为当代史积累了资料。苏天爵对文献的整理,对当代史有很大的贡献。朱思本绘制的《舆地图》在后代有深远的影响。李泽民的《声教广被图》中表现了非洲、欧洲的位置,这在中国地图发展史上是第一次,有关资料源自伊斯兰地理学。行记和方志类的作品亦有新的收获。

书籍是文化的载体。和前代一样,元代书籍出版可分为官府刻书,书院、官学刻书,私人刻书,民间书坊刻书和寺观刻书。其中书坊刻书的数量最多。就地区而言,南方的出版业远远超过北方,福建建阳有大量民间书坊,是当时全国的书籍出版中心。多种佛教大藏经和多种民族文字著作的出版,是元代出版业的特色。出版业的兴盛,从一个侧面反映出元代文化的繁荣。

(原载《炎黄文化研究》第 2 辑[2005 年 6 月]。)

·欧·亚·历·史·文·化·文·库·

11 元朝科举诏令文书考

元朝中期始实行科举取士制度,前后延续时间不过 50 年左右,但对当时的文化教育以及政治生活都有明显的影响。近 10 余年来,元代科举史的研究取得明显的进展,有关元朝科举的资料整理,亦有可观的成绩。[1]

科举取士是封建国家的一项重要制度,因而朝廷颁布的有关诏令和各种文书,对于这个问题的研究至关重要。众所周知,元代官修政书《通制条格》和民间编纂的法律文书汇编《元典章》,都收录了一些与科举取士有关的诏令文书。此外,《元婚礼贡举考》一书,亦收有一些诏令文书,有的为以上二书所未载。此书不著编者姓名。[2] 明初编纂的《元史》,收录了一些科举诏令文书,有的相当完整。

20 世纪 90 年代,我在日本东京静嘉堂文库看到《类编历举三场文选》(以下简称《三场文选》)。这是一部元代前 8 科(顺帝后至元元年罢科举以前)程文的选本,刊行于顺帝后至元六年(1340)重开科举以后,是研究元代科举的极其珍贵的资料。据目前所知,我国只有残本,静嘉堂所藏的则是全帙(有缺页)。我在《两种〈三场文选〉中所见元代科举人物名录》中,对此书的结构和内容有所论述。[3] 此书的甲集之前,有"圣朝科举进士格式"一卷,专门收录元朝有关科举的诏令和其

---

[1] 我国台湾清华大学萧启庆教授在元代科举史的研究方面有很大贡献。海峡两岸还有不少学者对此有所研究。请看我写的《二十世纪的中国科举制度史研究的一点补充》,载《历史研究》2001 年第 3 期。

[2] 传世有《古学丛刊》本。王颋点校的《庙学典礼(外二种)》收入此书,浙江古籍出版社1992 年版。

[3] 陈高华:《两种〈三场文选〉中所见元代科举人物名录》,载《中国社科院历史研究所学刊》第 1 集,2001 年。

他文书。其中相当一部分,是前述几种文献中没有的;还有一些,见于上述文献,但文字有出入,可供参证。因此,这一卷内容,对于元代科举史来说,是有很高价值的。现在我将这一卷的文字,转录于下,加以点校,并作一定的说明,希望有助于元代科举史的研究。原书是书贾牟利之作,印刷质量较差,颇多漫漶不清和空白之处,转录时用"□"表明。

日本还收藏有两种收录元代科举诏令的文献。一种是日本内阁文库收藏的《事林广记》(至顺刊本)。《事林广记》是元代流行于民间的一种日用百科全书型的类书,有多种版本传世。各种版本内容互有差异。日本内阁文库所藏为元至顺刊本,但与我国故宫所藏至顺刊本不尽相同。[1] 两种至顺本的后集卷 6 为"学校类",前内阁文库本多出"大元新降条画"、"科举诏"、"迴避讳字例"3 个题目,后两个都与科举有关。另一种是《新编事文类聚翰墨大全》,京都大学法学部藏,万历刻本。但从内容来看,亦应是长期在民间流传经过不断修改加工并有多种版本的类书。其辛集卷 9《科举门》收录了《皇朝科举诏》和《中书省续降条画》,在这后面是《中书省部定到乡试程式》,包括《家状式》、《试程式》,以及《会试程式》、《御试程式》、《进士受恩例》,最后是《朱文公学校贡举私议》,内容和《元婚礼贡举考》中的科举部分相同,两者显然有密切关系。本篇在考订时利用了这两种资料(以下简称《事林广记》、《翰墨大全》)。

以上这些新资料的收集,得到日本京都综合地球环境学研究所加藤雄三君的帮助,在此谨向他表示衷心的感谢。

11.1　抄白元降圣旨[2]

上天眷命皇帝圣旨:惟我祖宗以神武定天下,世祖皇帝设官分职,

---

〔1〕日本奈良大学森田宪司教授在《关于在日本的〈事林广记〉诸本》中对此有详尽考证,此文中译收在中华书局出版的《事林广记》(1999 年版)中。

〔2〕这是原书的标题。以下各篇,凡原有标题,不再注明。有些原无标题,为叙述方便由本书作者代拟,则加说明。

征用儒雅,崇学校为育材之地,议科举为取士之方,规模宏远矣。朕以眇躬,获承丕祚,继志述事,祖训是式。若稽三代以来,取士各有科目,要其本末,举人宜以德行为首,试艺则以经术为先,词章次之。浮华过实,朕所不取。爰命中书,参酌古今,定其条制。其以皇庆三年八月,天下郡县兴其贤者能者充赋有司,次年二月会试京师,中选者朕将亲策焉。其合行事件于后。

(一)科场每三岁一次开试,举人从本贯官司于路、府、州、县[学]及诸色户内,推选年二十五以上、乡党称其孝悌、朋友服其信义、经明行修之士,结罪保举,以礼敦遣,贡诸路、府。其或徇私滥举,并应举而不举者,监察御史、肃政廉访司体察究治。

(一)考试程式

蒙古、色目人

第一场经问五条

《大学》、《论语》、《孟子》、《中庸》内设问,义理精明、文理典雅为中选,用朱氏章句集注。

第二场策一道

以时务出题,限五百字以上。

汉人、南人

第一场明经

经疑二问

《大学》、《论语》、《孟子》、《中庸》内出题,并用朱氏章句集注,复以己意结之,限三百字以上。

经义一道,各治一经

《诗》以朱氏为主,《尚书》以蔡氏为主,《周易》以程氏、周氏为主。以上三经兼用古注疏。《春秋》许用三传及胡氏传。《礼记》用古注疏。限五百字以上,不拘格律。

第二场古赋、诏诰、章表内科一道

古赋、诏诰用古体,章表参用古体四六。

第三场策一道

经史时务内出题,不矜浮藻,惟务直述,限一千字以上。

(一)蒙古、色目人愿试汉人、南人科目,中选者加一等注授。

(一)蒙古、色目人作一榜,汉人、南人作一榜。第一名赐进士及第,从六品。第二名以下及第二甲正七品。第三甲皆正八品。两榜并同。

(一)所在官司迟误开试日期,监察御史、肃政廉访司纠弹治罪。

(一)流官子孙荫叙并依旧制,愿试中选者优升一等。

(一)在官未入流品之人愿试者听。若中选,已有九品以上资级比附一高加一等注授,若无品级,止依试例从优铨注。

(一)乡试处所并其余条目,命中书省议行。

於戏!经明行修,庶得真儒之用;风移俗易,益臻至治之隆。咨尔多方,体予至意。故兹诏示,想宜知悉。

皇庆二年　月　日

按,《元史》卷24《仁宗纪一》载:皇庆二年(1313)十月,"己卯,敕中书省议行科举",即此诏。同书卷172《程钜夫传》:"于是诏钜夫偕平章政事李孟、参知政事许师敬议行贡举法,钜夫建言:经学当主程颐、朱熹传注,文章宜革唐、宋宿弊。命钜夫草诏行之。"可知此诏出于南人程钜夫(时为翰林学士承旨,从一品)之手。

《元典章》卷31《礼部四·儒学》收此诏,题为"科举条制"。在"上天眷命"之前,有"皇庆二年十一月"等字,但结尾"皇庆二年　月　日"则无。《通制条格》卷5《学令·科举》亦收此诏,开头为"皇庆二年十一月钦奉圣旨",结尾时间亦无。诏书中"第二名以下及第二甲,皆正七品;第三甲以下皆正八品",《通制条格》、《事林广记》、《翰墨大全》均同。《元典章》则作"第二甲以下及第三甲,皆正七品,第三甲以下皆正八品",显然是不正确的,应以前者为是。《三场文选》所载诏书中"路、府、州、县"下原无"学"字,现据《元典章》、《通制条格》补。《元史》卷81《选举志一·科目》收此诏,无"路、府、州、县学及"6字,点校本已据《典章》、《条格》指出其误,《三场文选》的记载,证实了这一点。

《事林广记》、《翰墨大全》同。

11.2　中书省奏准试科条目

　　皇帝圣旨里,中书省。皇庆二年十月二十三日,拜住怯薛第二日,嘉禧殿有时分,博儿赤答失蛮丞相、哈剌赤燕帖木儿知院等有来,章闾平章、八剌脱因右丞、阿里海牙左丞、许参政、薛参政、薛忽都牙里参议奏:为科举的上头,前日奏呵,开读诏书:"行者"。么道,圣旨有来。俺与翰林院官人每一同商量,立定检目来,听读过。又奏:为立科举的俺文卷里照呵,世祖皇帝、裕宗皇帝几遍交行的圣旨有来。成宗皇帝、武宗皇帝时分,贡举的法度也交行来。上位根底合明白题说,如今不说呵,后头言语的人有去也。学秀才的经学、词赋是两等,经学是说修身齐家治国平天下的勾当,词赋的是吟诗课赋作文字的勾当。自隋唐已来,取人专尚词赋,人都习得浮华了。罢去词赋的言语,前贤也多曾说来。为这上头,翰林院、集贤院、礼部先拟德行为本,不用词赋来。俺如今将律赋、省题诗、小义等都不用,止存留诏诰、章表,专立德行明经科,明经内《四书》、《五经》以程子、朱晦庵注解为主,是格物致知修己治人之学。这般取人呵,国家后头得人才去也。这般奏呵。"说的是有,依着您这定拟来的诏书里行者。"么道,圣旨了也。钦此。谨拟到考试程式各各条目,已经奏准颁降诏旨,差官分道前去各处开读外,照得钦奉诏书内一款:"乡试处所并其余条目,命中书省议行。"钦此。除外,今将合关防各各条目开坐前去,都省合行移咨请照验依上施行。

　　(一)乡试中选者各给解据,录连取中科文。行省所辖去处,移咨都省,送礼部。腹里宣慰司及各路关申礼部。拘该监察御史、廉访司依上录连科文,申台,转呈都省,以凭照勘会试。

　　八月二十日

　　蒙古、色目人试经问五条

汉人、南人明经　经疑二问　经义一道

二十三日

蒙古、色目人试策一道

汉人、南人古赋、诏诰、章表内科一道

二十六日

汉人、南人试策一道

（一）会试。次年，省部依乡试例，于二月初一日试第一场，初三日试第二场，初五日试第三场。

（一）御试。三月初七日。前期奏委考试官二员，监察御史二员，读卷官二员，入殿庭考试。每举子一名，委怯薛歹一人看守。汉人、南人试策一道，限一千字以上成。蒙古、色目人时务策一道，限五百字以上成。

（一）选考试官

行省与宣慰司乡试，有行台去处，行省官、行台官一同商议选差。如不拘廉访司去处，行省官与监察御史选差。山东、河东宣慰司，真定、东平路，同本道廉访司选差。上都、大都从省部选差。在内监察御史、在外廉访司官一员监试。每处差考试官、同考试官各一员，并于见任并在闲有德望文学常选官内选差。弥封官一员，誊录官一员，选廉干文资正官充。誊录试卷并行移文字，皆用朱笔书写，仍须设法关防，毋致容私作弊。

省部会试，都省委知贡举、同知贡举官各一员，考试官四员，监察御史二员，弥封、对读、监门等官各一员。

（一）乡试

行省一十二（一）处　河南　陕西　辽阳　四川　甘肃　云南　岭北　征东　江浙　江西　湖广

宣慰司二处　河东冀宁路　山东济南路

直隶中书省部路分试四处

真定路

河间路　保定路　顺德路　大名路　广平路

189

彰德路　卫辉路　怀孟路

东平路

济宁路　曹州　濮州　恩州　冠州　高唐州

泰安州　德州　东昌路

大都路

大都　永平路

上都路

上都　兴和路

（一）天下选合格者三百人赴会试，于内取中选者一百人，内蒙古、色目人、汉人、南人分卷考试，各二十五人。

蒙古人取合格者七十五人

大都一十五人　上都六人　河东五人　真定等五人　东平等五人　山东四人　辽阳五人　河南五人　陕西五人　甘肃三人　岭北三人　江浙五人　江西三人　湖广三人　四川一人云南一人　征东一人

色目人取合格者七十五人

大都一七人　上都四人　河东四人　东平等四人　河南五人真定等五人　山东五人　四川三人　甘肃二人　陕西三人　岭北二人　辽阳二人　云南二人　征东一人　江浙一十人　湖广七人　江西六人

汉人取合格者七十五人

大都一十人　上都四人　真定等一十一人　东平等九人山东七人　河东七人　河南九人　四川五人　云南二人　甘肃二人　岭北一人　陕西五人　辽阳二人　征东一人

南人取合格者七十五人

湖广一十八人　江浙二十八人　河南七人　江西二十二人

（一）乡、会等试，许将《礼部韵略》外，余并不许怀挟文字。差搜检怀挟官一员，每举人一名，差军一名看守，无军人处差巡军。

（一）提点辦掠试院差廉干官一员，度地安置席舍，务令隔远。仍自试官入院后，常川妨职，监押外门。

（一）乡、会等试，弥封、誊录、对读官下吏人，于各衙门从便差役。

（一）试卷不考格，犯御名庙讳，偏犯者非，及文理纰缪涂注乙伍拾字以上。

（一）誊录所承受试卷，并用朱书誊录正文，实计涂注乙字数，标写对读无差，将朱卷逐旋送考试所。如朱卷有涂注乙字，亦皆标写字数，誊录官书押。俟考校合格，中选人数已定，抄录字号，索上元卷，请监试官、知贡举官同试官对号开拆。

（一）举人试卷，各人自备三场文卷并草卷各一十二幅，于卷首书三代、籍贯、年甲，前期半月，于印卷所投纳，置簿收附，用印钤缝讫，各还举人。

（一）就试之日，日未出入场，黄昏纳卷，受卷官送封弥所，撰字号封弥讫，送誊录所。

（一）科举既行之后，若有各路岁贡及保举儒人等文字到部，并令还赴本乡应试。

（一）倡优之家及患废疾、若犯十恶奸盗之人，不许应试。

（一）举人于试场内毋得喧哗，违者治罪，仍殿二举。

（一）举人与考试官有五服内亲者，自须迥避，仍令同试官考卷。若应避而不自陈者，殿一举。

（一）乡试、会试，若有怀挟及令人代作程文及代之者，汉人、南人居父母丧服应举者，殿二举。

（一）国子监学岁贡生员及伴读出身，并依旧制，愿试者听。中选者于监学合得资品上从优铨注。

（一）别路附籍蒙古、色目、汉人，大都、上都有恒产住经年深者，从两都官司依上例推举就试。其余去处冒贯者治罪。

皇庆二年十一月　日

按，《元典章》卷31《礼部四·儒学》载此文书，题为《科举程式条

·欧·亚·历·史·文·化·文·库·

目》。同书卷1《圣政·举贤才》称为《科举条制》。《翰墨大全》则称为《中书省续降条画》。《通制条格》、《事林广记》亦载有此件文书。

这件由中书省颁发的文书,可以分为两部分。前一部分是中书省臣向皇帝奏报有关实行科举的基本原则,后一部分则是中书拟定的实施科举取士制的各项具体措施。《元典章》、《通制条格》、《事林广记》、《翰墨大全》刊载这件文书时,都省略了开头的自"拜住怯薛第二日"至"薛忽都牙里"一段文字。这段文字,记录了元朝皇帝和大臣们讨论科举问题的地点、时间和参加人员,其实是很有价值的。所谓"拜住怯薛第二日",与元朝特有的怯薛制度有关。成吉思汗时以贵族、功臣子弟组建怯薛,实为大汗的禁卫军,分批轮值,保卫大汗的安全。入元以后,这一制度保存下来,怯薛实际上成为皇帝的侍从,但轮值之法依旧。怯薛分4批轮值,称为"四怯薛",每批都以怯薛长命名,怯薛长是世代相袭的。"拜住怯薛"是第三怯薛,拜住的祖先木华黎是成吉思汗的亲信将领,世代为第三怯薛长。[1] 第三怯薛轮值的时间是寅、卯、辰日,"第三怯薛第二日"即卯日,"皇庆二年十月二十三日"是己卯,正是第三怯薛第二日。人员名单中,博儿赤答失蛮和哈剌赤燕帖木儿是怯薛成员,其余是中书省官员。阿里海牙左丞在《元史》卷112《宰相年表》中作阿卜海牙。许参政即许师敬,他是元初理学名家许衡的儿子。薛参政是薛居敬。科举制的确立,与这些人有密切的关系。可见,这段记载有助于元代政治制度的研究。元朝诏书和中书省文书中大都有类似的文字,而《典章》、《条格》在辑录有关文书时,常将这类文字删去,其实是很可惜的。这段文字的存在,正好说明《三场文选》收录的文书是最完整的。

从这件文书的前一部分来看,元仁宗和大臣为实行科举进行过不止一次的讨论。十月二十三日以前已经上奏过,并有圣旨决定推行。根据圣旨中书省大臣与翰林院官员们一起商议具体办法,在十月二十三上奏,皇帝表示同意,颁布全国。需要指出的是,这件中书省文书

---

〔1〕叶新民:《关于元代的"四怯薛"》,载《元史论丛》第2辑,中华书局1983年版。

是根据前引皇帝诏书中的指示"乡试处所并其余条目命中书省议行"拟定的,它的发布应在圣旨的同时或之后而不能在它之前。《通制条格》卷5《学令·科举》先收这件中书省文书,而且开头的时间是皇庆二年十月,随后才是关于科举的圣旨,开头时间是皇庆二年十一月,给人的印象是先有中书省文书,后有诏旨。这显然是不正确的。十月二十三日是中书省大臣向皇帝上奏的时间,并不是这件文书颁布的时间。根据《元史》卷24《仁宗纪一》,皇庆二年十月己卯"敕中书省议行科举"。同年十一月"甲辰,行科举,诏天下。以皇庆三年八月,天下郡县兴其贤者、能者,充贡有司,次年二月,会试京师,中选者亲试于廷,赐及第出身有差"。"己卯"正是十月二十三日。"甲辰"则是十一月十八日。也就是说,"己卯"是皇帝与中书省大臣讨论科举问题的时间,而"甲辰"则是正式颁布行科举诏的时间,中书省文书与诏书的颁发只能是同时或稍后。

《元史》卷81《选举志一·科目》将诏书和中书省文书都收入。它的叙述是:"至仁宗皇庆二年十月,中书省臣奏:'科举事,世祖、裕宗累尝命行,成宗、武宗寻亦有旨,今不以闻,恐或有沮其事者。夫取士之法,经学实修己治人之道,词赋乃摛章绘句之学。自隋唐以来,取人专尚词赋,故士习浮华。今臣等所拟将律赋省题诗小义皆不用,专立德行明经科,以此取士,庶可得人'。帝然之。十一月,乃下诏曰:'……'。中书省所定条目:'……'。"这段中书省臣上奏的文字,实际上就是前面所说中书省文书的前一部分。但中书省文书所载,是用蒙语硬译文体写成的。所谓蒙语硬译文体,常见于元代公牍,就是直接从蒙古语原文机械地翻译过来的文字,语汇采自元代汉语口语,而语法却是蒙古式的。[1]《元史》的编者用汉语文言文体将中书省文书前一部分加以改写,于是便成为上面一段文字。改写是忠实于原文的,但并非原文。而中书省文书的后一部分,就成为《选举志一·科目》中"中书省所定条目"的内容。应该说,《元史》编者这样处理,是合理的。

---

〔1〕亦邻真:《元代硬译公牍文体》,载《元史论丛》第1辑,中华书局1982年版。

· 这件文书见于著录颇多,但以《三场文选》与其他各书比较,有几处文字差异值得注意。(1)"试卷不考格……偏犯者非。"《通制条格》、《元典章》、《翰墨大全》、《元史》各书均同,只有《事林广记》作"偏犯者谅"。(2)"举人于试场内……仍殿二举。"《元典章》、《事林广记》、《翰墨大全》、《元史》各书均同,但《通制条格》作"仍殿二年"。"年"字明显是错误的,但点校本未改正出校。(3)"乡、会试若有怀挟及令人代作程文及代之者",《元典章》、《翰墨大全》同,《通制条格》、《事林广记》、《元史》无"程文及代之"5字,似应以前者为是。(4)"国子监学……从优铨注",《元典章》、《翰墨大全》、《事林广记》均独立一款,《通制条格》则接在前款之后,应以前者为是。(5)"色目人取合格者七十五人"内"大都一七人",误。应作"一十人",各书均同。

11.3 抄白累朝颁降条画

延祐七年三月十一日,钦奉诏书内一款节该:科举贡试之法,并依旧制。钦此。

天历元年九月十三日,钦奉诏书内一款节该:科举取人,并依旧制。国学贡试之法,中书省从新议行。钦此。

天历二年八月十五日,钦奉诏书内一款节该:科举有司奉行毋废。钦此。

元统二年十月二十九日,钦奉诏书内一款:农桑以厚民生,学校以基风化,科举以取人才,列圣累降德音首及于凡在所司,当体朕意,毋为文具。钦此。

按,以上4条记载,分别出自元英宗、文宗、顺帝的圣旨条画。(1)延祐七年(1320)三月十一日,英宗即位,颁布即位圣旨条画,其中一款即此。亦见于《元典章》卷2《圣政一·兴学校》。(2)天历元年(1328)九月十三日,文宗即帝位,颁布即位圣旨条画,事见《元史》卷32《文宗纪一》,此为《条画》之一款,不见于其他记载。(3)文宗即位后不久,让位于其兄明宗,但又反悔设计杀害明宗,在天历二年八月十五日重登帝位,即位诏书见《元史》卷33《文宗纪》。此款是诏书后条画之一,不见于其他记载。(4)元顺帝元统二年(1334)七月二十九日,上皇太后尊号,颁布诏书,事见《元史》卷38《顺帝纪一》。此为诏书后条画之一款,不见于其他记载,"首及于凡在"疑有误。

11.4 都省奏准科举条画

至元六年三月十八日,钦奉诏书内一款节该:"科举取士,仰中书省集议举行"。钦此。中书省咨,至元六年十二月初三日,别儿怯不花怯薛第二日,兴圣殿后寝殿东耳房内有时分,速古儿赤汪家奴、云都赤张家奴、殿中哈麻、给事中完者帖木儿等有来。脱脱右丞相、帖木儿不花左丞相、别儿怯不花平章、阿鲁参政、许参政、佛嘉闾参议、孛罗帖木儿参议、脱列郎中、悟良哈台员外郎、直省舍人和礼普化、捌思班、蒙古必阇赤哈剌帖木儿等奏:昨前诏书内一款节该"科举取士仰中书省集议举行"的说来,俺商量来,依住夏省、院、台官定拟的:考试依先例录用;又国子监积分生员三年一次依科举例会试,中者取一十八名,通与科举总一百名,其出身依国子监旧例;伴读生员人等也依旧例考试;今后下第举人止听再试。旨:"那般者"。钦此。除钦遵外,今开前去,都省咨请钦依施行。

(一)乡贡之法,并依旧制。须从社长、坊里正推选委系孝悌信义经明行修之士,结罪保举,亲临州县正官体覆是实,保结申达上司。中间一切欺诈不实,举人验事治罪,体覆官断罪标附,社长人等并行究治。监察御史、肃政廉访司严加纠察。

(一)汉人、南人须要取具三代名讳,委于几年于某州某县附籍,应当是何差役,揭照相同,具实申解。蒙古、色目人附籍者,依上揭照,其无籍者称说因何到此,即今应当何处身役,所司预为行移照勘,毋得妨误试期。其色目冒作蒙古,南人冒作汉人,汉人、南人冒作蒙古、色目,须(虽?)经得官,终身许人陈告,以诈冒得官例

·欧·亚·历·史·文·化·文·库·

断罪追夺,未除者减等科断。

（一）考试程式

蒙古色目人

第一场

经问三条,《四书》内出题。

明经一道,《五经》内各专一经,不拘格律字数,义理详明、文辞条畅者为中试。

第二场

时务策一道。

汉人南人

第一场

经疑二问,一问《四书》内出题,一问《五经》内出题。举人各从本经以对。

经义一道。

第二场

古赋一道。

诏诰章表又科一道。

第三场

经史时务策一道。

（一）每举依旧例两榜共取中选者一百人。第一甲各一人,不拘蒙古、色目、汉人、南人,廷对异等者赐进士及第。第二甲各取五人,余并第三甲,出身依旧。

（一）汉人、南人在官未入流品愿试及寄居之人,并从本贯贡试。

（一）国子生员积分,并依旧例。已及分数应公试者,礼部给据,随例会试,通并百人之数,出身依监学旧例。每年取蒙古、色目、汉人各二名,三年一次共取一十八人。其余生员、伴读,许于大都乡试。

（一）试期自至正元年八月乡试,其乡、会试应行事理并依元降诏书、奏准条格,及节次省部颁行各各事例施行。

按,元朝科举制的推行,可以分为两个阶段。前一阶段始自皇庆二年下诏,延祐元年乡试,二年会、御试,到顺帝元统元年共举行会、御试7次。顺帝后至元元年十一月,因权臣伯颜等反对,顺帝诏罢科举。不久,伯颜失势。后至元六年十二月,顺帝下诏重开科举,自此到元朝灭亡,又举行会、御试9次。这是后一阶段。

顺帝在后至元六年二月黜逐伯颜,三月"辛未,诏徙伯颜于南恩州阳春县安置"[1]。"辛未"正是十八日。也就是说,由这件文书可知,顺帝在贬逐伯颜的同时,宣布恢复科举,显然把停止科举视作伯颜的一项罪行。这件《条画》中所说"依住夏省、院、台官定拟的考试依先例录用"等等,指的应是皇帝在上都开平避暑期间,随从的中书省、枢密院、御史台官员对恢复科举进行讨论,拟定具体办法。回到大都以后,在十二月三日上奏,经顺帝批准,转发全国。这件《条画》是重开科举的基本文献。但是,除了《三场文选》之外,从未见它处曾加记载,至为可贵。

将新的《条画》与皇庆二年的《诏旨》、《条目》相比较,有几处值得注意。(1)考试科目的调整。蒙古、色目人原来头场试经问五条,现在改为经问三条、明经一道。经问在《四书》内出题,明经则在《五经》内出题(每人各习一经)。汉人、南人第一场原来经疑二问,全在《四书》内出题,现改为一问《四书》内出题,一问《五经》内出题(每人各习一经)。经义一道依旧。第二场原来古赋诏诰章表科一道,即任作一篇;现改为古赋一道,另在诏诰章表科一道,即作两篇。总起来看,增加了考试的难度。《元史》卷81《选举志一·科目》说,"又七年而复兴,遂稍变程式,减蒙古、色目人明经二条,增本经义;易汉人、南人第一场《四书》疑一道为本经义;增第二场古赋外,于诏诰章表内又科一道",即指此。(2)国学生员的出路纳入科举的轨道。原来元朝设国学,入学生员通过考试积分,可以出贡做官,每3年蒙古、色目、汉人各贡2

〔1〕《元史》卷40《顺帝纪三》。

人,出贡时蒙古授官六品,色目正七品,汉人从七品。国学另设伴读,出贡为部令史、路教授。科举初行时,《条画》中规定"国子监学岁贡生员及伴读出身,并依旧制。愿试者听"。实际上国学生员既有自己出贡入仕的途径,愿意参加科举考试的是很罕见的。后至元的这件《条画》中,明确规定,国学生员积分及格后,都要"随例会试",而且在每科进士百名定额中,为国学生员留出18个名额。这就是说,国学生员原来出贡的途径已经取消,他们必须参加科举才能进入仕途。《元史》卷40《顺帝纪三》载,后至元六年"十二月,复科举取士制。国子监积分生员,三年一次,依科举例入会试,中者取一十八名",显然把有关国学生员参加科举考试看作重开科举的一大改革,特意加以记载。(3)下第者的待遇。皇庆二年的《条目》中没有这方面的规定。但在延祐二年三月首次会试、御试举行以后,元仁宗"赐会试下第举人七十以上从七流官致仕,六十以上府、州教授,余并授山长、学正,后勿援例"[1]。泰定帝时仍曾给部分下第举人教授、学正、山长等职,但仍声明"后勿为格"。新的《条画》中规定:"今后会试下第人数,止听再试,不许于教官、书吏内委用",对这一点重新加以明确。(4)三甲的人数。皇庆二年的《诏旨》中,只提到录取的进士分为三甲,没有明确三甲中的人数安排。从《元统元年进士录》可知,两榜(蒙古、色目,汉人、南人)一甲各3人,二甲各15人,其余为三甲。[2] 新《条画》规定,一甲两榜各1人,二甲各为5人,其余为三甲。一、二甲人数大为减少。皇庆《诏旨》中规定,"第二名及第二甲皆正七品",则得正七品的进士17人,而按新的规定,得正七品的进士只有5人。这样,科举授官的待遇实际降低了。

文书开头别儿怯不花怯薛是第四怯薛,轮值巳、午、未日,后至元六年十二月初三日是壬午,正是该怯薛轮值的第二日。速古儿赤、云都赤是怯薛成员。殿中即殿中侍御史,属御史台,"大臣入内奏事,则随以

---

〔1〕《元史》卷81《选举志一·科目》。

〔2〕见徐乃昌辑:《宋元科举三录》。

人,凡不可与闻之人,则纠避之"[1]。给事中的职责是"掌随朝省、台、院、诸司凡奏闻之事,悉记录之"[2]。名单中其余人员都是中书省官员吏员,别儿怯不花平章在《元史》卷113《宰相年表二》中未记载,可补。许参政即许有壬,他曾极力反对废科举,此时肯定是重开科举的积极赞助者。

11.5　至正元年七月中书省文书[3]

至正元年七月　日,中书省咨,礼部呈节该,即目试期将近,所有关防未尽事理,开呈前去,如蒙准呈,宜从都省移咨各省,札付本部,依上施行。得此,除外,咨请依上施行。

(一)行省选取乡试考官,并依旧例,于见任并在闲有德望文学常选官内选差,先尽所属附近去处,如无,次及他处。其腹里路分依上选取。或果阙官,预达省部,依期点差。

(一)各处既已礼请试官,专任考试,去取当否,责有所归。其监试官止许监临关防,不与考试。

(一)考试官各许将引从人一名,监试官资品虽高,不过二人,以不识字者充。既锁院后,不得放令出入。

(一)各□(处)□(试)官、举人□(膳)食、烛炭、纸札、笔墨一切所需,于所在学录钱粮内支用。如无学粮去处,许于支持钱内从实支破,年终通行照算。若有司因而冒滥多破及科扰于民,并听监察御史、廉访司体察究治。

(一)各处举人有不通经旨、不精文笔、慕乡贡之名夤缘保举及假手于人者,主司但知据文考较,往往叨冒中选。今后弥封官详加点对,如草卷与正卷不同,及用别纸起草,或拆去草卷空纸者,并须退付受卷所,不许弥封。仍须精选公廉文学之士充弥封官。

---

[1]《元史》卷86《百官志二》。
[2]《元史》卷88《百官志四》。
[3]原无标题,笔者代拟。

按,重开科举后首次乡试定于至正元年(1341)八月举行。至正元年七月,也就是乡试举行以前,中书省发出这道咨文,就考官的选派、科场经费、防止科场作弊等问题,作出具体规定。从中可以看出,科场的管理,更加严密。此件咨文,它处无记载。

11.6　终场举人充教官

至正三年三月初六日,也可怯薛第一日,兴圣殿东鹿顶殿里有时分,速古儿赤朵儿只班、桑哥失里,云都赤伯颜帖木儿,殿中暗都剌哈蛮,给事中孛罗帖木儿等有来。脱脱右丞相,也先帖木儿平章,答失平章,太平右丞,长仙参议,别里不花郎中,老老员外郎,孛里不花都事,直省舍人仓赤,蒙古必阇赤锁住、塔失不花等奏:俺根底御史台官备着监察御史成遵文书里呈将文书来:"尝谓学校乃育材之地,教官当遴选其人。盖师儒所以讲经籍,范后进,苟所任不职,则学校何由可兴,人才何自而出,风俗教化,实源于此。今诸处教官多由直学升转,直学本为典司金谷而设,皆吏胥富豪子弟,夤缘为之。试补之际,无非假手请托,通经学古,百无一二。致学校废弛,人才不振。切见各处乡贡进士,始以经明行修充贡,观其校艺,拔一二于千百,至有皓首穷经,仅发一荐,会试之际,定额所拘,三名选一,学行俱优,未免见黜。今后莫若用终场下第举人充学正、山长,历两考升充教授,年及五十以上者一考升转。国子生员会试不中,一体录用,不愿者许听再试。其直学人员,在路学者许充路吏,在州学、书院者,许充州吏,俱历三十月挨次收补。如此庶几学校得人,教养有方。"么道,说的上头,交礼部与吏部官一同定拟呵。腹里、行省山长、学正,拟至正二年为始,于终场下第举人内注充,须历两考,五十已上,止历一考,依例升转。国子生员不愿充者,许听再试。庶几教养有方,人才辈出。今后学录、教谕,亦合于每举乡试下第举人遴选文辞通畅义理详贯者取用少者,从实申达省部,以凭类选。拘该行省即系一体,外据各路直学考满充府、州司吏,府、州书院直学充司、县司吏,各卫直学充附近州司吏,依上挨次收补的说有。俺商量来,去年终场下第举人,止听再试,不许于教官、书吏内(下缺)

按,《元史》卷41《顺帝纪四》载,至正三年三月壬申,"监察御史成遵等言:可用终场下第举人充学正、山长,国学生会试不中者,与终场举人同"。此件文书所述即此事,它处均未见刊载。静嘉堂文库所藏《三场文选》有缺页,这件文书因缺页而残缺不全,尽管如此,但从标题及行文来看,中书省根据监察御史成遵建议上奏的意见,肯定是为顺帝批准而付诸实施了的。这样一来,不但否定了后至元六年《条画》中下第举人不许于教官、书吏内任用的规定,而且把下第举人在教官内任用作为改进地方学校教育的一项措施。过去有过下第举人授教官的例子,都是临时的恩典,"后勿为格"。这次则成为通例,以后都照此办理。这是一个很大的变化,使应试者为之欢欣鼓舞。在元代教育史上,亦是值得重视的事情。

《元史》卷81《选举志一·科目》在叙述延祐、泰定两次下第举人授教官的特例后说:"自余下第之士,恩例不可常得,间有试补书吏以登仕籍者。惟已废复兴之后,其法始变,下第者悉授以路府学正及书院山长。又增取乡试备榜,亦授以郡学录及县学谕。于是科举取士,得人为盛焉。"这段叙述,有不够准确的地方。"已废复兴"之初,是不许下第者充教官的,但很快到至正三年便发生改变。至于"增取乡试备榜"的决定,应另有文书,但无记载可考。据当时人说:"至正元年,复乡举里选之制。明年大比,天下名士,春官上其名,天子亲策焉,第其等而官之。又明年,用监察御史言,取贡士第于春官者用之为校官。复以贡额未广而天下之才或遗也,始自今更定名数,于贡额之外,取以补校官之末等,秩视下第者益让焉,著为令。于是南士之额在江浙省与贡者廿有八人,而以遗才取者又十有六人。四年,暨阳屠君颜德在十有六人之中。"[1]"贡额之外"的"遗才",就是《元史》所说的"乡试备榜"。由这

---

〔1〕杨翮:《佩玉斋类稿》卷5《送屠彦德教谕序》,《四库全书》本。

条记载可知,"乡试备榜"的录取,是在至正三年"取贡士下第于春官者用之于校官"之后,至正四年乡试举行之前。另据记载,"御史建白用会试终场、乡试次榜举人为校官,庙堂以咨于公(揭傒斯——引者),力赞成之,由是士无遗才之憾"[1]。可知"乡试次榜举人为校官"亦出于监察御史的建议,其事应与下第举人授校官同时或相去不远。遗憾的是,静嘉堂所藏《三场文选》没有与此有关的文书,不知是残缺造成还是原来就未收。

这件文书开头一段文字,可与前面11.2《奏准试科条目》、11.4《都省奏准科举条画》互相参照。"也可"是蒙语,意为"大"。"也可怯薛"即大怯薛,四怯薛中的第一怯薛,轮值申、酉、戌日。至正三年三月初六日是壬申,故曰也可怯薛第一日。速古儿赤、云都赤是怯薛成员,皇帝接见大臣时在旁。殿中、给事中,在前面文书11.4中已经述及。脱脱、也先帖木儿、答失、太平是当时中书省宰执,答失应即铁木儿塔识,4人均见《元史》卷113《宰相年表二》。其余则是中书省官员、吏员。这3件文书提供的名单可以有助于了解元朝的奏事体制。

11.7 延祐元年六月中书省文书[2]

延祐元年六月 日,中书省咨,来咨,江浙行省咨,为设立科举行据儒学提举司讲议各项事理,差提举康奉政驰驿赍咨计禀送礼部,约会翰林集贤院官一同讲议到后项事理,呈乞照详。都省准拟。今开各项并抄解据、家状程式格式在前,咨请依上施行。

(一)乡试中选者,各给解据,录连取中科文,咨省关部照勘。儒学提举司讲议得,解据系天下通例,合从都省颁降印本格式。

前件今定拟举人解据格式录连在前。

(一)选考试官。即今江浙、江西、湖广三省所辖州郡,后进儒人比之腹里颇多,又兼江浙尤重,江西次之,湖广又次之。如蒙都

---

〔1〕黄溍:《金华黄先生文集》卷26《揭文安公神道碑》。
〔2〕原无标题,笔者代拟。

省选有德望文学官员，以为主文，预期到来，庶几可以镇压浮议。会试止三百人当选，差考试官四员，其同考试官不限员数，从行省等官斟酌举人多寡，各随本经添设分考，毕日于各试官元资上量升等级。其考试之日，预先半月入院，昼夜不出，比及揭榜，动经五十余日，其饮食分例理宜丰腆，优加支给。所需朱墨笔札烛炭应用诸物，及封弥誊录等处朱墨纸笔，亦合官司应付。外据誊录、弥封等官行移文字，未见如何往复，俱合行移都省区处。

前件议得乡试考官从本省斟酌举子多寡，比附旧例，临期选差。既有考试等官，不须再差主文之官。饮食分例，所在官司依例支付。朱墨纸笔烛炭，于各处赡学钱内斟酌应付。如无学粮去处，官为支给。其弥封、誊录等官，事有相干，拟合平牒与监试并考试官行移宜申覆。外据试官升等一节，候会试毕，至日验事议拟优升。

（一）乡、会等试，许将《礼部韵略》。讲议得即目南北刊行《礼部韵略》因在前避讳字样增减不同，今来科举既开，未审用何本为主，合从都省颁降，庶得归一。

前件议得科举许用见行《礼部韵略》，外据金、宋避讳字样，不须回避。

（一）乡试弥封、誊录、对读官下吏人，于各衙门从便差设。讲议得除弥封等官分例既是都省□□，拟合依例支给，外据已下入院之后不得出入，各人饮食亦合斟酌应付。

前件议得弥封、誊录等官下吏人饮食，宜从各处斟酌应付。

（一）举人试卷，各人自备三场文卷并草卷各一十二幅，外卷首画三代、籍贯、年甲，前期半月于印卷所用印钤缝。讲议得在前试例，举人试卷自奉试到涂注乙几字俱有定式，漏误式内一字，即犯不考。合从都省颁降印本格式，并举人三代籍贯，亦合定式书写，庶得归一。弥封、誊录等官，亦须各用印信关防，并前项试卷钤缝，未审用是何官司印信，乞咨都省定夺。

前件议得涂注乙字样照依都省已行条目施行。据漏误式内一字,今依旧例不考。三代、籍贯并乡试格式定□,如□弥封、誊录等所印□□该行宣去处□□□官用检校所印,誊录官用省□□,钤缝官用儒学提举司印信。□处所□中书省印。弥封官用经历司印,提调官用儒学教授印。试卷钤缝所用印信,府、县学、提举司处用本司印,如无用教授印。

按,此件文书内容是科举考试中的一些具体问题的处理办法。延祐元年首次乡试举行以前,江浙行省儒学提举到都城与翰林集贤院官一同商议与考试有关的问题,提出处理意见,经中书省批准,颁发全国。此件文书将皇庆二年《诏旨》、《条目》中的一些规定进一步具体落实,便于操作,对研究元朝科举制的实施很有价值。但除《三场文选》外,未见于任何记载。

可将前面 11.5《至正元年七月中书省文书》与这件文书比较,两者属于同一类型,涉及问题亦基本相同。

11.8 延祐二年二月中书省文书[1]

延祐二年二月　日中书礼部承奉中书省札付,钦奉圣旨,开设科举,拟于延祐二年二月初一日会试,议到下项事理,合行榜示者。

诸举人谤毁主司率众喧竞,不伏止约者治罪。

诸举人就试无故不冠及擅移坐次,与姻亲邻坐而不自陈、怀挟代笔传义者,并扶出。

诸折损家状首者推治。

诸举人于试卷首节书写他语者,驳放;谤讪者,推治。

诸试日为举人传送文书,及因而受财者,并许人告。

诸举人于别纸上起草者,出榜退落。

诸科文内不得自叙辛苦门第,委誊录所点检得如有违犯更不

------

〔1〕原无标题,笔者代拟。

誊录,移文考试院,出榜退落。

　　诸冒名就试或另立姓名,及受财为人怀挟代笔传义者,并许人告。

　　诸被黜而妄诉者治罪。

　　诸监门官机察出入,其物应入者拆封点检。

　　诸□卫官及兵级不得喧扰及窥视试文,并容纵举人无故往来,非因公事不得与举人私语。

　　诸试卷不得令举人乱行投纳,弥封官吏专一收敛文卷,弥封所用印讫,以不成字为号撰写,仍于涂注乙处用印。

按,《元史》卷81《选举志一·科目》于行科举诏和"中书省所定条目"后载,"知贡举以下官会集至公堂,议拟合行事目去",以下有各种科场禁令,共20款,其中后12款与以上文书同,可知即一事。但不知何故这件文书缺前8款。

由以上文书可知,"知贡举以下官会集""议拟"各项禁令,是在延祐二年二月初一日,亦即首次科举会试举行之日。而且这些禁令是"榜示"的,也就是公开出榜告示,使参试举人周知。然后再以文书形式颁布。这些都可补《元史》之不足。

《三场文选》刊载的这件文书,与《元史》比较,有几处文字不同。(1)"擅移坐次,姻亲邻坐而不自陈",《元史》作"擅移坐次者,或偶与亲姻邻坐而不自陈者";(2)"诸拆损家状首者",《元史》作"诸拆毁试卷首家状者";(3)"谤讪者",《元史》"谤"前有"涉"字;(4)"诸冒名就试或另立姓名",《元史》作"诸冒名就试,或别立姓名";(5)"机察",《元史》作"讥察";(6)"诸□卫官",《元史》作"诸巡捕官";(7)"诸试卷不得令举人乱行投纳,弥封官吏专一收敛文卷,弥封所用印讫,以不成字为号撰写",《元史》无"不得……文卷","不成字"前有"三"字。以上差异,多数应以《元史》为是,但《三场文选》在某些地方亦有可供参考之用。

11.9　延祐元年中书省文书[1]

（A）延祐元年　月　日准中书省咨,礼部呈,翰林国史院经历司呈,该设科举事内一款:"试卷不考格,犯御名、庙讳,偏犯者非"。照得考试格式,已有定制,今依上检照御名、庙讳,钦录在□,具呈照详。得此,本部参详,既翰林院史院定拟明白,拟合照依都省钦奉诏书事意定到条画遍行照会札付本部,行移各处,钦依施行相应。得此,除外,将御名、庙讳钦录在前,都省合行移咨,请照验依上施行。

钦录到御名庙讳

太祖应天启运圣武皇帝　　　　讳铁木真

太宗英文皇帝　　　　　　　　讳窝阔台

睿宗仁圣景襄皇帝　　　　　　讳拖雷

定宗简平皇帝　　　　　　　　讳贵由

宪宗桓肃皇帝　　　　　　　　讳蒙哥

世祖圣德神功文武皇帝　　　　讳忽必烈

裕宗文惠明孝皇帝　　　　　　讳真金

顺宗昭圣衍孝皇帝　　　　　　讳答剌麻八剌

成宗钦明广孝皇帝　　　　　　讳铁木耳

武宗仁惠宣孝皇帝　　　　　　讳海山

仁宗圣文钦孝皇帝　　　　　　讳爱育黎拔力八达

英宗睿圣文孝皇帝　　　　　　讳硕德八剌

明宗翼献景孝皇帝　　　　　　讳忽失剌

文宗皇帝　　　　　　　　　　讳脱脱木

今上皇帝　　　　　　　　　　御名

（B）延祐元年中书省咨,陕西省咨禀科举事件,送礼部,约会

---

[1]　原无标题,笔者代拟

翰林院官议得,拟作称贺表章之禁字样太繁,今拟除全用御名、庙讳不考外,显然凶恶字样,理宜迴避。至于休祥极化等字,不须迴避。都省请依上施行。

（C）延祐元年,中书省咨,江浙省备,国子监、翰林院、集贤院呈,今行贡举,例合迴避庙讳、御名,犯者不考。今路州县儒学月试,亦合迴避。

（D）延祐三年,中书省、礼部呈,翰林国史院议得表章格式,除御名,庙讳必合迴避,其余字样,似难定拟。都省仰依上施行。

按,以上几件文书,都与科举考试中避讳有关。早在世祖至元三年（1266）,中书省就对表章"迴避字样"作出规定,同时指出"御名庙讳皆合迴避"[1]。以上延祐元年颁布的两件文书（A、B）分别对科举试卷中可能遇到的御名、庙讳和"迴避字样"作出明确的指示,御名、庙讳必须迴避,而对"迴避字样"则放宽了尺度。文书（C）是将上述原则推广到地方官学的考试。文书（D）则重申对表章中的"迴避字样"放宽尺度,不作具体的限制。

需要说明的是,在上述几件文书中,文书（A）最为重要,但是《元典章》、《通制条格》都没有收录。文书（B）、（D）,见于《元典章》卷28《礼部一·进表》,标题是《表章回避字样（二款）》。其中一款与文书（B）同,开头作"延祐元年十一月行省准中书省咨"。另一款与文书（D）同,开头作"延祐三年八月,行台札付,准御史台咨,奉中书省札付,礼部呈"。显然,《元典章》所载,是原文,无删节,对两件文书的来龙去脉交代得比较清楚。文书（C）在《元典章》、《通制条格》中都没有收录,但见于《事林广记》（至顺本）后集卷6"学校类",标题是《迴避讳字例》,并在后面附有见于文书（A）的"庙讳、御名"。但这件文书的"庙讳、御名",在仁宗以下,与《三场文选》所载文书（A）有些不同,现转录如下:

仁宗皇帝　　爱育黎拔力八达

---

〔1〕《元典章》卷28《礼部一·进表·表章定制体式》。

207

英宗皇帝　　　硕德八剌

今上皇帝

两者的差异,是因为两种文献问世的时间不同。《事林广记》(至顺本)刊行于文宗至顺年间,"今上皇帝"即文宗。《三场文选》刊行于顺帝时,"今上皇帝"即顺帝。明宗和文宗是兄弟,文宗利用泰定帝死时朝政混乱,起兵打败拥立泰定帝之子为帝的力量,迎当时避居在察合台汗国境内的兄长明宗到上都即帝位,又在中途将明宗毒死,自己称帝。顺帝则是明宗之子,文宗临死前悔恨,遗嘱立明宗之子为帝,因而得嗣位。顺帝即位后,明宗地位自然提高,所以在《三场文选》的"庙讳、御名"中,有了明宗的位置。需要指出的是,《三场文选》的刊行应在重开科举之后,而在重开科举之前数月,顺帝已"诏撤文宗庙主",完全否定了他在皇朝正统中的地位。按理来说,《三场文选》中的"庙讳御名"不应再有文宗,很可能因为疏忽,没有将他删除。还可以提及的是,以上两者所载"御名"自铁木真到硕德八剌是相同的,和《元史》诸本纪亦相同,可见是当时官方确定的汉译。《三场文选》所载明宗讳忽失剌、文宗讳脱脱木、《元史》明宗纪、文宗纪则作和世㻋、图帖睦尔,但同书卷40《顺帝纪三》载"撤文宗庙主"的诏书中,即称文宗为脱脱木儿,可见当时官方文书即有不同的译法。

11.10　乡试

行中书省移准中书省部定到乡试程式

(一)家状

(一)籍贯　某路　某州县　某乡　某里应乡贡进士某人年若干

(一)习经疑义古赋诏诰章表策

(一)三代

曾祖讳某　有官则云某官,在则云见任,不在则云故任。无官则云未仕,不在则云故不仕。

祖讳某

　　父讳某

(一)阖家口若干　有祖父母、父母则云阖家口五,父母在则云合家口三,偏侍则云合家口二,俱亡则云合家口一。

　　祖年若干

　　祖母某氏年若干

　　父年若干

　　母某氏年若干

(一)今举

(一)见住

右具如前

(一)试程式

第一场

试经疑二问

　　第一问云云　限三百字以上

对云云　谨对

　　涂注乙若干字

第二问仿此

奉试经义一道　限五百字以上

对云云　谨对

　　涂注乙若干字

第二场

　　试奉古赋一道　诏诰章表仿此

文云云

　　涂注乙若干字

第三场

　　奉

试策一道　限一千字以上

对云云　谨对

涂注乙若干字

（一）草卷一十二幅用印钤缝

（一）净卷一十二幅用印钤缝，依式净写科举文字，以上并用朱笔界画。右家状并草卷净卷粘作一通。

按，《翰墨大全》、《元婚礼贡举考》均载此件。两者在"中书省部定到乡试程式"下注"延祐元年"，"见住"下注"某处"。以上疑《三场文选》脱落。结尾一句两者均无"净卷"二字。

11.11　解据式

□□□□（某）□（省）□（某）道某路照得《□（中）□（书）□（省）□（奉）□（唯）□（科）举条目》内一件："乡试中选者各给解据录□（连）□（取）□（中）□（科）□（文）□（行）省所辖去处移咨都省送礼部，腹里宣慰□（司）□（及）□（各）□（路）□（关）□（申）礼部，拘该监察御史、廉访司依上录连科□（文）□（申）□（台）□（转）□（呈）□（都）省以凭照勘会试"奉准此，某道某路备某州□□□□□某学生是何户某人年若干委是乡称□（其）□（孝）□（悌）、□（朋）□（友）□（服）其信义、经明行修之士，即非徇私混入滥举某□□□□□□县官吏结罪保举是实本省本道本路于□□□□□□请到试官某人同监察御史某廉访司官□（某）□□□□□到前项科文考校得合格中选，堪充会试□□□□□今将元试文字录连前去，合行出给解据□□□□□（大）都会试。

按，元代科举，乡试中选者方可到大都参加会试，"解据"就是举子的乡试中选凭证，要送到中书礼部，"以凭照勘会试"。以上就是元代"解据"的样本，未见他处记载。遗憾的是原书刊载"解据式"的一页有一部分是空白，现据（1）《圣旨》和（2）《奏准试科条目》校补，但其中有些只能空缺。

11.12　会试

　　试院于翰林院东至公堂分设席舍

　　正月十五日于中书礼部印卷卷面用印钤缝。

　　正月二十八日中书礼部榜示。

　　二月初一日黎明,举人入院,搜检怀挟讫,班立堂下,各再拜。知贡举官答跪,试官以下各答拜。毕,受题,各就本席。午后相次于受卷所投卷而出。

　　二月初三日早入院,每十人一班,揖于堂下,受题,就席,投如初一日。

　　二月初五日入院,班揖受题,就席投卷如初三日。

　　按,《翰墨大全》、《元婚礼贡举考》亦载此。但两书作"二月初三日,如前。二月初五日,如前"。有明显的差异。

11.13　御试

　　三月初一日于中书礼部印卷卷背用印钤缝。

　　三月初七日黎明入试,拜受策题,各就席,至晚,进卷而出。

　　三月十一日,各于国子监关襴帽。

　　三月十三日,赴阙听候唱名。

　　按,《翰墨大全》、《元婚礼贡举考》同。

11.14　进士受恩例[1]

　　延祐二年四月　日,中书礼部呈,奉中书省札付该,来呈,策试举人今将各各姓名、年甲、籍贯,具呈照详。得此,延祐二年四月初四日奏过事内一件:"前者为这应举的人每,依着礼部拟来的典

----

〔1〕　原无标题,据《翰墨大全》、《元婚礼贡举考》补。

故,恩赐与茶饭的"与了除授时分,上表谢恩,参见省官,文庙里烧香行礼立石题名的,依着礼部拟来的,省官人每商量了,再奏呵。'那般者',么道,圣旨有来。俺商量来,赐恩荣宴于翰林国史院,中书省押宴,御史台、翰林集贤两院摘官预宴,预宴官及进士簪花至所居。进士受官,□(择)□(日),□(具)□(公)服,侍仪司引赴殿廷,上谢恩表,次便服诣都堂参见。择日,进士谒先圣庙,行舍菜礼。第一名具祝文行事,有司于宣圣庙前刻石题名呵,怎生?"奏呵。"那般者"。么道,圣旨了也。钦此。除外,都省合下仰照验钦依施行。

四月十七日,赐恩荣宴,押宴、预宴官及进士各簪花。

四月廿七日,中书省祇受敕牒。

四月廿九日,各具公服诣殿庭谢恩。

三十日,便服诣都堂参谢。

五月初二日,谒先圣庙行舍菜礼。

按,《翰墨大全》、《元婚礼贡举考》亦收此件,文字与《三朝文选》有一些不同。(1)"典故,恩赐与茶饭的,与了除授时分,上表谢恩",二书作"典故里赐了际授时分,上表谢恩",似以前者比较合理,后者明显有误。(2)"谒先圣庙行舍菜礼",二书均无"庙"字,显然是脱漏。(3)"具祝文行事",《翰墨大全》同,《元婚礼贡举考》点校本作"祀文",应以"祝文"为是。(4)"进士受官"下有四字漫漶不清,据《翰墨大全》、《元婚礼贡举考》补。(5)"除外……施行",两书均无。(6)"四月十七日,赐恩荣宴,押宴、预宴官及进士各簪花",《翰墨大全》同,《元婚礼贡举考》点校本作"押宴,押宴官",似不确。

从以上所举《会试》,《进士受恩例》文字的同异,可以看出,《元婚礼贡举考》与《翰墨大全》所载,实出同源。

(原载《暨南史学》第 1 辑[2002 年 11 月]。)

12 元朝宫廷乐舞简论

宫廷乐舞是中国古代宫廷礼仪不可缺少的组成部分,在中国古代的乐舞中占有重要的地位。宫廷乐舞的研究,无论对中国古代艺术史或是古代礼制来说,都是不容忽视的。但是,历来的研究论著,对于元代的宫廷乐舞,大多语焉不详。著名音乐史家杨荫浏先生的《中国古代音乐史稿》一书,对唐、宋、明、清的宫廷音乐都有专门的论述,书中元代部分长达 20 万字,但对这一时期的宫廷乐舞,则认为没有什么发展,"略而不论"[1]。杨先生的见解,应该说是有代表性的。其实,元代的宫廷乐舞,在继承前代的基础上,又有新的发展。而且,从元代宫廷乐舞的形成和发展,可以看到元代文化的一些特色,进而有助于对元代礼制和政治生活的认识。

12.1 元朝宫廷乐舞的创建

13 世纪初,蒙古族兴起于北方草原,逐步向外扩张,建立了一个庞大的国家。蒙古族的歌舞,原来比较简单,在向外扩展过程中,不断吸收其他民族的音乐舞蹈,宫廷乐舞也逐渐丰富起来。

窝阔台汗五年(1233),蒙古军包围汴京。"初,汴京未下,[耶律楚材]奏遣使入城,索取孔子五十一代孙、袭封衍圣公元措,令收拾散亡礼乐人等。"[2]契丹人耶律楚材当时在蒙古汗廷任必阇赤(书记),掌管汉文文书,对蒙古大汗的决策能有一定的影响。在蒙古灭金的动乱年代中,耶律楚材为保护中原传统文化做了不少有意义的事情,索取

---

〔1〕《中国古代音乐史稿》,人民音乐出版社 2004 年版,第 743 页。
〔2〕宋子贞:《中书令耶律公神道碑》,见苏天爵辑:《国朝文类》卷 57。

·欧·亚·历·史·文·化·文·库·

保护衍圣公和收拾礼乐人便是其中的两件,但这两件事并不是同时发生的。孔元措经蒙古指名索取得以离开汴京回到山东,受东平(今山东东平)军阀严实、严忠济父子的照顾。窝阔台汗十年十一月,孔元措正式向蒙古汗廷请求收集亡金乐官、乐工、礼册、乐器,汗廷降旨将"亡金知礼乐旧人"及其家属遣赴东平,"令元措领之,于本路课税所给其食"[1]。生长于草原的窝阔台汗并不知晓中原礼乐为何物,从各种迹象看来,这件事能够得到蒙古汗廷的批准,显然出于耶律楚材的授意和安排。耶律楚材深受儒家学说的熏陶,即使在追随成吉思汗出征西域期间,仍念念不忘"礼乐中原乃我荣"[2]。为了在中原制礼作乐,必须将残存的礼乐人保护起来。这样,一批流落在燕京的原金朝乐官、乐工带着部分乐器得以来到东平。他们被安置在当地的府学之中,继续肄习宫廷礼乐。[3] 但是,耶律楚材很快在宫廷斗争中失势并郁郁死去,"礼乐中原"的理想并未实现。有幸的是,东平军阀严氏父子对于保存中原传统文化颇为积极[4],严忠济"请于朝,授[宋子贞]参议东平路事,兼提举太常礼乐"[5]。这批前朝残存的礼乐人有专人管理,可以在东平府学中继续肄习礼乐。到了蒙哥汗时代(1251—1259),情况有所变化。受蒙哥汗之命管理"漠南汉地"的宗王忽必烈向往中原传统文化,对东平宫廷音乐表示了很大的兴趣,多次下令,命东平地方政府照顾乐工生活,同时要求乐工认真训练。这样,在多方努力下,这支小小的宫廷音乐队伍在动荡不安的时代里得以保存下来。

《元史·礼乐志》记载说:"及宪宗始用登歌乐,祀天于日月山。"又说:"宪宗二年三月五日,命东平万户严忠济立局,制冠冕、法服、钟磬、笋簴、仪物肄习。五月十三日,召太常礼乐人赴日月山。八月七日,学

---

〔1〕《元史》卷67《礼乐志二·制乐始末》。

〔2〕《湛然居士文集》卷4《和武川严亚之见寄五首》,中华书局1986年版。

〔3〕《元史》卷68《礼乐志二·制乐始末》。危素:《危太朴文集》卷4《赈恤乐户记》。《元史》卷159《宋子贞传》。元好问:《遗山先生文集》卷32《东平府新学记》。

〔4〕请参看我写的《大蒙古国时期的东平严氏》,载《元史论丛》第6辑,中国社会科学出版社1997年版。

〔5〕《元史》卷159《宋子贞传》。

士魏祥卿、徐世隆,郎中姚枢等,以乐工……五十余人,见于行宫。……十一日,始用登歌乐祀昊天上帝于日月山。祭毕,命驿送乐工还东平。"[1]《元史·姚枢传》载,忽必烈称帝后,姚枢曾上奏:"[衍圣公]卒,其子与族人争求袭爵,讼之潜藩,帝时曰:'第往力学,俟有成德达才,我则官之。'又曲阜有太常雅乐,宪宗命东平守臣辇其歌工舞郎与乐色俎豆至日月山,帝亲临观,饬东平守臣员阙充补,无辍肄习。"[2]据以上记载,则蒙哥汗关注东平宫廷音乐,并曾将乐队召到日月山,在祭祀昊天上帝仪式中演奏。但是,这两则记载是可疑的。蒙哥汗是一个典型的草原君主,"自谓遵祖宗之法,不蹈袭他国所为"[3]。他身边的亲信大臣中,没有一个汉人,很难想象,他对中原传统音乐会有兴趣。事实上,对东平宫廷音乐发生兴趣的,不是"宪宗",而是世祖忽必烈。上述带领乐工去日月山的 3 人中,徐世隆是金朝进士,金亡,严实"招致东平幕府,俾掌书记"。"上在潜邸,独喜儒士……壬子岁,自漠北遣使来征公,见于日月山之帐殿。……东平自武惠公时得亡金太常登歌乐,有旨取观,公典领以行。"中统三年,"总管严公奏:'太常登歌乐,向圣主观于日月山,既而发还,今十余年矣。……'"[4]"总管严公"指严实之子严忠济,而"在潜邸"的"上",指的是忽必烈,因而徐世隆是奉忽必烈之召率领东平乐队前往日月山的。3 人中的另一人是忽必烈的谋士姚枢。上引《元史·姚枢传》依据的是姚燧所作《姚文献公神道碑》,而《神道碑》的记载是:中统二年(1261)姚枢上奏,"在太宗世,诏孔子五十一代孙元措仍袭封衍圣公。卒,其子与族争求嗣,为讼及潜藩。帝时曰:'第往力东平学,俟有成德达才,我则官之。'又闻曲阜有太常雅乐,命东平守臣,辇其歌工舞郎,与乐色俎豆祭服,至日月山。帝亲临观,饬东平守臣,员阙充补,无辍肄集"[5] 这段记载中有两处"帝",

〔1〕《元史》卷 67《礼乐志一》、卷 68《礼乐志二》。
〔2〕《元史》卷 158。
〔3〕《元史》卷 3《宪宗纪》。
〔4〕苏天爵:《元朝名臣事略》卷 12《太常徐公》载《墓志》,《元史》卷 160《徐世隆传》载召见徐世隆事略同,但未载中统三年严忠济奏。
〔5〕苏天爵:《国朝文类》卷 60。

很清楚都是指忽必烈。从上下文来看,"命东平守臣"的显然也是忽必烈,《元史·姚枢传》改为"宪宗",这显然是不对的。《元史·礼乐志》的记载也是不准确的。3 人中还有一人魏祥卿,他是"魏学士侄",忽必烈即帝位后任万亿库官。[1] 魏学士指魏璠,金朝遗老,庚戌年(1250)曾应忽必烈聘到漠北。魏祥卿事迹无考,但可知他必与忽必烈有关系,而与蒙哥汗无关。忽必烈身为漠北蒙古宗王,但早在 13 世纪 40 年代就向往中原传统文化,收罗"汉地"的各种人才,50 年代初受命管理"汉地"后,采取了一系列推行"汉法"的举措。他对东平宫廷乐队的关心是合乎情理的。

12.2　元朝宫廷乐舞的管理

　　制礼作乐,是中原传统文化的重要内容之一。中国古代的宫廷乐舞,历来分为"雅乐"和"燕乐"。"雅乐"是正乐,雅正之乐,起于先秦,使用钟、磬、鼓、瑟、箫等古老乐器,专门在郊庙祭祀时演奏,旨在营造庄严肃穆的气氛。"雅乐"历代相传,乐器和乐曲都很少变化。"燕乐"是宴会时演奏的音乐,旨在制造热烈欢快的气氛。"燕乐"的乐器和乐曲各个朝代都有变化,大多吸收当代的民间音乐和其他民族的音乐改造而成。忽必烈即位后,积极推行"汉法",也按前代的传统,设置由雅乐和燕乐组成的宫廷乐舞。"国家乐歌,雄伟宏大,足以见兴王之盛焉。郊社宗庙,孔子之庙,先农之坛,用古乐。朝会燕飨,用燕乐。于是古今之音备矣。"[2]"大抵其于祭祀,率用雅乐,朝会飨燕,则用燕乐,盖雅俗兼用者也。"[3]雅乐即古乐,燕乐即俗乐。元朝雅乐便是以东平乐工为基础组建的,燕乐则是忽必烈称帝后陆续组建的。雅乐由太常礼仪院管理,燕乐则由礼部管理。

　　元朝设太常寺,后改名太常礼仪院,"掌大礼乐、祭享宗庙社稷、封

---

〔1〕王恽:《秋涧先生大全集》卷 80《中堂事记上》。
〔2〕《经世大典序录·礼典》,见苏天爵:《国朝文类》卷 41。
〔3〕《元史》卷 67《礼乐志一·序》。

赠谥号等事"。忽必烈即位之初,便召东平礼乐人到燕京(今北京),"用新制雅乐,享祖宗于中书省"[1]。实际上以此表示采用"汉法"的决心。中统五年将雅乐定名为大成乐,设置大乐署,秩从六品,"掌管礼生、乐工四百七十九户"[2]。大乐署隶于太常寺(太常礼仪院)。大乐署的乐工队伍是以东平乐工为基础建立起来的,分成登歌、宫县两个乐队。"凡乐,郊社、宗庙则用宫县,工三百有一人;社稷,则用登歌,工五十有一人。"[3]登歌乐队在堂上表演,宫县乐队规模较大,在堂下表演[4]。登歌、宫县使用的乐器都是古老的钟、磬、琴、瑟、箫、笛、埙、鼓等,但两者各种乐器多寡不同,宫县有大量钟、磬而登歌很少,宫县有多种鼓而登歌没有;两者演奏的都是传统的乐曲,但填上了新词。乐队中以乐工(演奏者)为主,还有歌工、舞人,表演的舞蹈称为"文武二舞",交替演出[5]。北宋宫廷乐队已有登歌、宫县,以及文武舞队。"金初得宋,始有金石之乐",在此基础建立了宫廷乐队,亦分登歌、宫县,以及文武二舞[6]。收拾亡金残余礼乐人建立起来的东平乐队,原来人数有限,只能组成登歌乐队。忽必烈即位后扩大,到至元三年(1266)"宫县、登歌乐,文武二舞咸备"。后来不断添置乐器。南宋灭亡后,"亡宋雅乐器"运到大都,归大乐署掌管使用[7]。大乐署系统的登歌、宫县和文武二舞,统称为雅乐。

在中书礼部内,设有仪凤司和教坊司,属于"燕乐"系统。中统元年十二月,"立仙音院,复改为玉宸院,括乐工,立仪凤司"。按,玉宸院是仪凤司的前身,这条记载说同时设立玉宸院和仪凤司,应是不准确

〔1〕《元史》卷68《礼乐志二·制乐始末》。
〔2〕《元史》卷68《礼乐志二·制乐始末》,卷88《百官志四》。按,《元史》卷6《世祖纪三》称至元四年三月,"耶律铸制宫县乐成,诏赐名大成",似应以中统五年为是。
〔3〕《元史》卷71《礼乐志五》。
〔4〕关于"登歌"和"宫县"名称的涵义,见杨荫浏:《中国古代音乐史稿》第401页。
〔5〕《元史》卷71《礼乐志五·大乐执掌》。
〔6〕《金史》卷39《乐志上》。
〔7〕《元史》卷68《礼乐志二·制乐始末》。

的,但这个机构设置在中统初年应无问题。[1] 教坊司,"中统二年始置"。[2] 至元六年正月,刘秉忠等奉命"访前代知礼仪者肄习朝仪",为此召集部分儒生,"稽诸古典,参以时宜,沿情定制而肄习之,百日而毕"。刘秉忠又提出:"无乐以相须,则礼不备。"于是又"搜访旧教坊乐工,得杖鼓色杨皓、笛色曹楫、前行色刘进、教师郑忠,依律运谱,被诸乐歌,六月而成,音声和谐"。七年二月,朝仪成,得到忽必烈的肯定,成为有元一代的制度。[3] 中统初年设立了仪凤司和教坊司两个机构,至元六年为了制定朝仪搜访教坊旧人进行排练,说明这两个机构的工作正式开展起来。此后仪凤司和教坊司的人员和结构不断调整。

仪凤司"秩正四品,掌乐工供奉祭飨之事"。下有云和署,"掌乐工调音律及部籍更番之事";安和署,"职掌与云和同";常和署,"管领回回乐人";天乐署,"管领河西乐人"。教坊司"秩从五品,掌承应乐人及管领兴和等署五百户,中统二年始置"。下有兴和署、祥和署和广乐库。[4] 大都每年二月十五日举行"游皇城"仪式,"与众生被除不祥,导迎福祉"。游行队伍中,"教坊司云和署掌大乐鼓、板杖鼓、筚篥、龙笛、琵琶、筝、秦七色,凡四百人。兴和署掌妓女杂扮队戏一百五十人,祥和署掌杂把戏男女一百五十人,仪凤司掌汉人、回回、河西三色细乐,每色各三队,凡三百二十四人"。[5] 可知参加游皇城的两司人员即达千人以上。两种记载中云和署隶属关系说法有别,这可能是因为云和署一度并入教坊司所致。[6] 元代中期有人说:"云和署隶仪凤司,掌天下乐工。""仪凤司天下乐工隶焉。"又说:"兴和署乃教坊司属,掌天下优人。"[7]不少记载把各类演员泛称为"乐工"、"优人",但严格来说,"乐工"与"优人"是不同的,也就是说,仪凤司下属都是演奏各种乐器

---

〔1〕《元史》卷4《世祖纪一》。《元史》卷85《百官志一》载,至元八年立玉宸院,二十年改置仪凤司。

〔2〕《元史》卷85《百官志一》。

〔3〕《元史》卷67《礼乐志一·制朝仪始末》。

〔4〕《元史》卷85《百官志一》。

〔5〕《元史》卷77《祭祀志六·国俗旧礼》。

〔6〕《元史》卷14《世祖纪十一》。

〔7〕杨允孚:《滦京杂咏》卷上、下。

的"乐工",而教坊司下属则是表演各种技艺的"优人"。从上面的记载看来,兴和署"掌妓女杂扮队戏",应是管理杂剧表演和歌舞的演员;祥和署"掌杂把戏",应是管理"百戏"亦即各种杂技的演员。关于仪凤司和教坊司所辖人户,缺乏准确的数字。至元十一年"增选乐工八百人,隶教坊司"。[1] 这里所说"乐工"应是泛指的,可知教坊司的成员必在800人(户)以上。至元二十二年正月,"徙江南乐工八百家于京师"。[2] 这里的"乐工"也是泛指原南宋宫廷乐队的成员。这些人迁到京师以后,应是分别用来补充大乐署和仪凤司、教坊司的。仅此两项,两司隶属人户即达1600人(户)。实际上应该更多。按照元代户籍制度,"优人"、"乐工"应世代相袭当差,不得变更,但元代各类户数随着时间的流迁常有散失,"优人"、"乐工"亦难例外。上引资料所说教坊司"掌承应乐人及管领兴和等署五百户",很可能是元代中期的数字。

元朝宫廷"宴乐之器"有兴隆笙、琵琶、筝、火不思、胡琴、方响、龙笛、头管、笙、箜篌、云傲、箫、戏竹、鼓、杖鼓、札鼓、和鼓、秦、羌笛、拍板、水盏等。[3] 上述"游皇城"时教坊司参加游行的大乐"七色",有6种都在"宴乐之器"行列,另一种筚篥很可能漏载。这些"宴乐之器"与"雅乐"的乐器有很大的区别。仪凤司和教坊司乐工演奏的乐曲与表演的舞蹈也与大乐署的"雅乐"系统有所不同。上面说过,"雅乐"有文武二舞,而由仪凤司、教坊司表演的舞蹈则有乐音王队(元旦用之)、寿星队(天寿节用之)、礼乐队(朝会用之)以及说法队,后者应是举行宗教活动时用的。演奏的乐曲有《万年欢》、《长春柳》、《吉利牙》、《山荆子带袄神急》、《新水令》、《水仙子》、《青山口》、《金字西番经》,歌唱的乐曲有《新水令》、《沽美酒》、《太平令》、《水仙子》等,其中《长春柳》、《新水令》、《水仙子》、《沽美酒》、《太平令》几种乐曲反复使用,都是宋

〔1〕《元史》卷8《世祖纪五》。
〔2〕《元史》卷13《世祖纪十》。
〔3〕《元史》卷71《礼乐志五·宴乐之器》。

元时期民间流行的曲牌。[1]

12.3　元朝宫廷燕乐中的新成分

众所周知,唐代的"燕乐"中有大量非中原的音乐成分,如高昌乐、龟兹乐、高丽乐等。随着时间的流迁,这些非中原的音乐成分已逐渐与中原原有的音乐成分融为一体。元朝是统一多民族国家,这一时期中外经济文化交流频繁,元朝的"燕乐"中也包含有新的非中原音乐成分。仪凤司所属有汉人、河西、回回"三色细乐",汉人乐指中原民间音乐,河西乐指原西夏的音乐,回回乐则是伊斯兰各民族的音乐。

西夏是党项人建立的国家,1227 年为蒙古所灭。《元史·礼乐志》载,"太祖征用旧乐于西夏";又说:"太祖初年,以河西高智耀言,征用西夏旧乐"。[2] 按,成吉思汗围攻西夏都城时病死,秘不发丧,西夏国主开城投降,蒙古杀死西夏国主并屠城。因此,太祖征用西夏旧乐之说显然是不可信的。高智耀系西夏进士,西夏亡后隐居,窝阔台汗、蒙哥汗均曾召见,但未出仕。忽必烈即位后,受到重用。受高智耀建议征用西夏旧乐的不可能是成吉思汗,而应是忽必烈。为了管理河西乐人,专门成立了天乐署,"至元十七年始置"。[3] 蒙古西征时,已接触到回回音乐,耶律楚材在西征时有诗:"素袖佳人学汉舞,碧髯官妓拨胡琴"。[4] 但仪凤司属下回回乐队的来源,则无记载可考。管理回回乐人的常和署,"皇庆元年始置",[5] 很可能是从内迁的回回人中征召的。参加"游皇城"的汉人、河西、回回"三色细乐",每色各 3 队,共 324 人,则河西、回回乐队各有 108 人,规模是相当可观的,而仪凤司属下的回回、西夏乐工,应不止此数。

"燕乐"中虽没有专门的蒙古乐队,但亦有蒙古族乐曲,最有名的

---

〔1〕《元史》卷 71《礼乐志五·乐队》。
〔2〕《元史》卷 67《礼乐志一》、卷 68《礼乐志二》。
〔3〕《元史》卷 85《百官志一》。
〔4〕《湛然居士文集》卷 5《赠蒲察元帅七首》。
〔5〕《元史》卷 85《百官志一》。

是《白翎雀》。"白翎雀者,国朝教坊大曲也。"这首乐曲表现草原中白翎雀的神态,据说是忽必烈"命伶人硕德闾"制作的。[1] 元代中期,诗人杨允孚在上都听到琵琶新曲《海青拿天鹅》。[2] 元朝皇帝每年春天要到大都近郊柳林畋猎,放海东青(一种鹰的名称)抓捕天鹅,此曲表现的即这一内容,无疑亦应是仪凤司或教坊司的作品。

上述说法队演出时,奏"金字西番经之曲",显然是藏传佛教的音乐。元代宫廷中有一种舞蹈,称为"十六天魔"舞,在当时影响很大,是很多诗人吟咏的对象。如,萨都剌诗:"行殿参差翡翠光,朱衣花帽宴亲王,绣帘齐卷熏风起,十六天魔舞袖长。"[3] 张昱诗:"西方舞女即天人,玉手昙华满把青,舞唱天魔供奉曲,君王长在月宫听。"[4] 这些诗篇都说明天魔舞在宫廷中演出,供君主、亲王欣赏。佚名作者《渔家傲南词》:"四月吾皇天寿旦,丹墀华盖朝仪灿,警跸三声严外辩。……。礼毕相君擎玉盏,云和致语昌宫宴,十六天魔呈舞旋。大明殿,齐称万寿祈请晏。"[5] 可见在皇帝生日的庆祝仪式上也要演出十六天魔舞。元朝末代皇帝顺帝对此特别热衷:"时帝怠于政事,荒于游宴,以宫女三圣奴、妙乐奴、文殊奴等一十六人按舞,名为十六天魔。首垂发数辫,戴象牙佛冠,身披缨珞大红绡金长短裙,金杂袄,云肩,合袖天衣,绶带鞋袜,各执加巴剌般之器,内一人执铃杵奏乐。……遇宫中赞佛,则按舞奏乐。宫官受秘密戒者得入,余不得预。"[6] "加巴剌般之器"是藏传佛教僧侣所用以人头盖骨制成镶有金银珠宝的法器。宫女戴象牙佛冠持加巴剌般之器演出,说明此乐舞应与藏传佛教有密切关系。明初藩王朱有燉作《元宫词百章》,其中之一云:"背番莲掌舞天魔,二八娇娃赛月娥,本是河西参佛曲,把来宫苑席前歌。"如此说有据,则天魔舞

---

〔1〕陶宗仪:《辍耕录》卷20《白翎雀》。

〔2〕《滦京杂咏》卷下。

〔3〕《雁门集》卷2《上京即事》,殷孟伦、朱广祁点校,上海古籍出版社1982年版。

〔4〕《张光弼诗集》卷3《辇下曲》,《四部丛刊续编》本。

〔5〕此词见熊梦祥:《析津志辑佚》"岁纪"门。

〔6〕《元史》卷43《顺帝纪六》。

·欧·亚·历·史·文·化·文库·

可能是由西夏故地传入蒙古宫廷的。[1] 从上面引征的诗词看来,十六天魔是在宫廷各种庆典中公开表演的,所谓顺帝时"受秘密戒者得入,余不得入",不是传闻之误,就是这种乐舞的功能因为一些特殊的原因在元朝末年起了某种变化。

有的论著说天魔舞是元末产生的,这是误解。早在至元十八年十一月,"提点教坊司申,闰八月廿五日,有八哥奉御、秃烈奉御传奉圣旨:道与小李,今后不拣什么人,十六天魔休唱者,杂剧里休做者,休吹弹者,四天王休妆扮者,骷髅头休穿戴者。如有违犯,要罪过者"[2]。忽必烈的这一指示,用意似乎要将十六天魔限在宫廷之内,不许民间演出。但由此可知,早在忽必烈时代,十六天魔已经存在并由宫廷走向民间。

在"燕乐"的"宴乐之器"中,有几件外来的乐器。一是兴隆笙,"中统间,回回国所进"[3]。实际上是欧洲的管风琴,经过伊斯兰国家的中介,传入中国。这种乐器起源于古希腊,中世纪在基督教修道院中普遍使用,其声音雄伟洪亮,令人有庄严肃穆之感。元代传入中国以后,"凡大朝会,则列诸轩陛之间,与众乐并奏。每用乐工二人,一以按管,一以鼓鞴,以达气出声,以叶众音,而乐之奏成矣。其制之宏巨,历古所无"[4]。又有火不思与胡琴。火不思是一种弹拨乐器,四弦,长颈,原是中亚和西南亚流行的乐器。它是元代传入中原的,也有人认为可能更早一些,但只有到元代才在中原流行开来。胡琴,"制如火不思,卷颈龙首,二弦,用弓捩之。弓之弦以马尾"[5]。胡琴以"胡"为名,可知一定源自北方民族或境外[6],前引耶律楚材诗中亦已提到。元代胡琴已相当普遍,"教坊弟子工之者众矣",有人还将它带到江南[7]。元代

---

〔1〕参见傅乐淑:《元宫词百章笺注》,书目文献出版社 1995 年版,第 31~32 页。

〔2〕《元典章》卷 57《刑部十九·诸禁·禁冶妆扮四天王等》。

〔3〕《元史》卷 71《乐志五·宴乐之器》。

〔4〕王祎:《王忠文公集》卷 15《兴龙笙领》。

〔5〕《元史》卷 71《礼乐志五·宴乐之器》。

〔6〕"胡琴"在宋代已有记载,见《宋会要辑稿·刑法二》。与元代胡琴是否一物,待考。

〔7〕杨维桢:《张猩猩胡琴引》,见《杨维桢诗集》第 32 页。

的记载说："达达乐器，如筝、蓁、琵琶、胡琴、浑不似之类。"[1]"达达"即蒙古，浑不似即火不思的异译。可知当时胡琴、火不思（浑不似）主要用来演奏蒙古音乐，回回音乐亦应使用这些乐器。兴隆笙在元朝灭亡以后失传，火不思和胡琴则流传下来，特别是胡琴，在后代有重要的影响。

12.4　乐工和优人

大乐署的乐工（宫县、登歌及文武二舞）用于太庙和社稷、郊坛（昊天上帝）、先农坛祭祀。大都和曲阜宣圣庙释奠行礼，亦可用登歌乐。后来，各路、府宣圣庙亦允许置"雅乐，选择习古乐师教肄生徒，以供春秋祭祀"。宣圣庙用的"雅乐"，即是登歌乐。[2] 仪凤司和教坊司的乐工，主要用于朝廷重大仪式（元旦、皇帝生辰、册立皇后皇太子等），宴会和皇帝出巡时的仪仗，以及"游皇城"等活动。至元六年刘秉忠等奉命制定朝仪[3]，自此，每当举行重大仪式（如元旦朝会、皇帝即位、天寿节、册立皇后皇太子、进太皇太后皇太后册宝等）时，"设仪仗于崇天门外……教坊陈乐廷中，于是皇帝辇出房，升御座，谒者传警，鸡人报时，诸王后妃皇子公主以次奉贺，通事舍人引百官班入，丞相进酒，教坊作乐，成礼而退"。[4] "进发册宝导从"队伍中，有云和乐一部、安和乐一部，分别是由仪凤司下云和、安和两署的乐工组成[5]。举行宫廷宴会时，"教坊美女必花冠锦绣以备供奉"[6]。特别是在上都举行的接连3日的诈马宴，"诸坊奏大乐，陈百戏"。大乐和百戏的表演者就是仪凤司和教坊司的乐工和优人[7]。皇帝的卤簿中有云和乐、安和乐、天乐

〔1〕陶宗仪：《辍耕录》卷28《乐曲》。
〔2〕《元史》卷68《礼乐志二·制乐始末》。
〔3〕《元史》卷67《礼乐志一·制朝仪始末》。
〔4〕苏天爵：《滋溪文稿》卷22《赵公行状》。
〔5〕《元史》卷67《乐志一·进发册宝导从》，卷80《舆服志三》。
〔6〕杨允孚：《滦京杂咏》卷上。
〔7〕周伯琦：《诈马行》，见汪士铉《近光集》卷1。"诈马"是波斯语 Jamah 的音译，意为衣。与会者每日要穿一色衣服，故以为名。见韩儒林：《诈马宴新探》，《穹庐集》第247～253页。

·欧·亚·历·史·文·化·文·库·

和云和乐后部 4 组乐队,分别由云和署、安和署和天乐署的官员率领。[1] 皇帝每年都往上都(在今内蒙正蓝旗境内)避暑,随行的队伍中有仪凤司和教坊司的乐工和优人,抵达上都御天门时,"俱下马徒行,独至尊骑马直入,前有教坊舞女引导,且歌且舞,舞出'天下太平'字样,至玉阶乃止"[2]。仪凤司和教坊司的乐工和优人参加"游皇城",已见上述。

教坊司的乐工、优人随时还要应召到宫廷中,为皇帝、皇族作各种表演。元朝前期,有以琵琶闻名的李宫人,"先皇金舆时驻跸,李氏琵琶称第一"。她曾"从驾三十年"[3]。元朝后期,教坊歌妓顺时秀,"性资聪敏,色艺超绝",在京师享有盛名[4]。"教坊女乐顺时秀,岂独歌传天下名。意态由来看不足,揭帘半面已倾城。"[5]"文皇在御升平日,上苑宸游驾频出。仗中乐部五千人,能唱新声谁第一?燕国佳人号顺时,姿容歌舞总能奇。中官奉旨时宣唤,立马门前催画眉。建章宫里长生殿,芍药初开敕张宴。龙笙奏罢凤笙停,共听娇喉一莺啭。"[6]"文皇"指元文宗。顺时秀的弟子陈氏、宜时秀,也都是教坊优人,有名于时,也在宫廷中表演[7]。总的来说,仪凤司和教坊司承担的工作比大乐署要重得多,也就是说,"燕乐"的实际地位和影响都比"雅乐"大得多。

此外,教坊司的优人、歌妓,还要应召为贵族、官僚演出。14 世纪中期高丽流行的汉语教科书《朴通事》,开头便记"官人们"在花园中举行赏花宴会的情况,除了准备各种食品之外,还"叫教坊司十数个乐工和做院本诸般杂技的来",有弹的,有唱的。宴会散时,"把上马杯儿,

〔1〕《元史》卷 79《舆服志二·崇天卤簿》。按,卤簿中没有常和乐(回回乐),可能因常和署成立较晚之故。

〔2〕杨允孚:《滦京杂咏》卷上。

〔3〕袁桷:《清容居士文集》卷 8《李宫人琵琶引》。

〔4〕陶宗仪:《辍耕录》卷 19《妓聪敏》。

〔5〕张昱:《张光弼诗集》卷 3《辇下曲》。

〔6〕高启:《高青丘集》卷 8《听教坊旧妓郭芳卿弟子陈氏歌》。

〔7〕陈氏见《听教坊旧妓郭芳卿弟子陈氏歌》;宜时秀见杨基《眉庵集》卷 2《听老京妓宜时秀歌慢曲》。

如今唱达达曲儿,吹笛儿着"[1]。元代宫廷乐舞的某些内容(如上述十六天魔舞)也就因此流落到民间。

上面我们对元朝的宫廷乐舞作了简要的说明。综上所述,可知元朝和前代一样,宫廷乐舞有雅乐和燕乐之分。雅乐基本上是前代的延续,燕乐则具有多种民族文化成分,反映出时代特色。元朝宫廷乐舞的建立,与忽必烈推行"汉法"有密切关系,是"汉法"的一个重要方面。

(原载《中国社科院学术委员会集刊》第 1 辑,社科文献出版社 2005 年版。)

---

[1]《朴通事谚解》卷上。

13　元代出版史概述

13.1　元朝出版事业的演变

　　1211 年,蒙古国发动了对金战争。1234 年,蒙古国灭金,统治北方广大农业区,即所谓"汉地"。原来金朝统治地区内,燕京、平阳二地是图书出版的中心。燕京原名中都,是金朝都城所在,1215 年,蒙古国占领中都,改称燕京。这个城市虽然遭受很大的破坏,但仍有一定规模的商业、手工业,刻版印书亦未中断。耶律楚材在戊子年(1228)于自己家中刊印他的《西游录》。[1] 灭金的一年(1234),楚材的老师燕京名僧万松著《释氏新闻》,楚材"请刊是书行于世,因为之序"。同年,他为李纯甫的遗著《楞严外解》作序,文中说:"老师(指万松老人——引者)助锓木之资,欲广其传。"[2] 两书是否刊印不可得知,但由这些动议可以想见燕京当时仍有刻版印书的能力。乙未、丙申年间(1235—1236),南宋使臣"在燕京、宣德州见有历书,亦印成册,问之,乃是移剌楚材自算自印造,自颁行,鞑主亦不知之也"[3]。可知耶律楚材曾自行刊印历书。类似的情况应该还有。此后不久,名士姚枢一度任燕京行省郎中,因对行台长官不满辞职,便到辉州(今河南辉县)苏门聚徒讲学。他"汲汲以化民成俗为心,自版《小学书》、《语孟或问》、《家礼》,俾杨中书版《四书》,田和卿尚书版《声诗折衷》、《易程传》、《书蔡传》、《春秋胡传》,皆于燕。又以《小学》书流布未广,教弟子杨古为沈氏活

---

[1]《西游录》后记:"燕京中书侍郎宅刊行",时间是戊子年(1228)。
[2]《释氏新闻序》、《楞严外解序》,均见《湛然居士文集》卷 13。
[3]彭大雅、徐霆:《黑鞑事略》。

版,与《近思录》、《东莱经史论说》诸书,散之四方"。[1] 姚枢自己在燕京刻书,还鼓动杨中书(杨惟中)、田和卿尚书等在燕京印书,可见私人印书在这一时期的燕京是颇为流行的。当时印书一般都用雕版印刷,姚枢教弟子杨古用活字印刷术印书,这是很有意义的事情。杨古活字印刷的地点,不外燕京、苏门二处,可惜已无法查考。这一时期燕京刊刻的书籍流传至今的,有赵衍在丙辰年(1256)刊印的唐代李贺诗集《歌诗编》[2]。平阳在金代亦是一个刻书中心,在蒙古国时期仍在继续。全真道主持的规模很大的《玄都宝藏》便是甲辰年(1244)在平阳玄都观完成的,历时 8 年。平阳张氏晦明轩在金代便以刻书闻名,这一时期继续出版各类书籍,有《重修经史证类备用本草》、《增节标目音注精义资治通鉴》等书问世,流传至今。燕京、平阳之外,还有一些地方也在刻书,例如,壬寅年(1242)孔元措在曲阜刊印《孔氏祖庭广记》、丙午年(1246)析城(属邓州,今河南邓州)郑氏家塾《重校三礼图集注》等。但总的来说,这一时期文化凋敝,印刷的书籍为数不多,而且都是私人经营的。

在蒙古前 4 汗时期,政府没有设立专门的书籍出版机构。蒙古灭金后,由于耶律楚材的建议,在 1236 年置编修所于燕京、经籍所于平阳[3],这一举措常为研究者看成元代官方出版事业的肇始[4]。其实,这不过是耶律楚材在战乱之中为了保护部分"汉地"名流,使他们免于刀兵之灾冻饿之苦的措施,用意主要不是编纂出版经籍。至于有的著作认为《元秘史》(即《蒙古秘史》)可能是编修所、经籍所的作品,则是没有根据的。《元秘史》原来是用蒙古文写成的,后来才译成汉文,由汉人组成的编修所、经籍所怎么可能编撰蒙古文史书呢!何况,此书所述,是蒙古大汗家族的早期历史。一直到元代中期,蒙文史书《脱必赤

---

〔1〕姚燧:《姚文献公神道碑》,见苏天爵:《国朝文类》卷 60。

〔2〕王国维:《观堂别集》卷 3《蒙古刊〈李贺歌诗编〉跋》。

〔3〕《元史》卷 146《耶律楚材传》。

〔4〕据目录学家缪荃孙说,中统二年(1261)平阳段子诚刊行的《史记索隐》,"刊于平阳经籍所"。这是目前所知唯一与经籍所有关的书籍(见《嘉业堂藏书志》第 122 页,复旦大学出版社1997 年版)。如此说可信,距离经籍所始建已有 20 余年了。

颜》对外还是保密的,金朝灭亡之初,汉人更不会接触到。

忽必烈即位后,推行"汉法",社会经济逐渐复苏,文化事业也有所恢复。忽必烈设置了一些与文化有关的官署,其中便有专门刻书的机构。随着社会经济、文化的恢复,各方面对书籍的需要增多,"汉地"民间印书业亦得以逐步恢复。原宋朝统治下的南方,书籍出版事业兴盛,改朝换代,对此并无多大影响。在全国统一以后,无论南北,图书出版业都有相当的规模,但南方明显超过北方。仁宗朝(1312—1320)重开科举取士,带动了教育事业的发展,对书籍的出版更有很大的推动作用。元代中期以后出版事业比前期有更大的发展,无论数量和品种都显著增多。

13.2 元朝出版事业的4个系统

元朝的印刷出版事业,可以分为官府、学校、民间和寺院4个系统。

元朝中央政府内设兴文署,"掌雕印文书",有署令、署丞,下设校理、楷书、掌记等工作人员,雕字匠40名,印匠16名。兴文署初设年代不详。至元四年(1268)改编修所为宏文院。六年,迁平阳经籍所于京师,并入宏文院。宏文院此后未见记载,可能与兴文署有一定关系。至元十年正月元朝设秘书监,同年十一月兴文署"交属秘书监"。十三年,兴文署并入翰林国史院。[1] 至元十五年四月,元朝政府"以许衡言,遣使至杭州等处取在官书籍版刻至京师"[2]。这些书版应该就归于兴文署。但此后兴文署一度撤销。至元二十七年正月,"复立兴文署,掌经籍板及江南学田钱谷"[3],秩从六品,隶属于集贤院。兴文署可以说是中央政府的正式出版机构,据说曾刊印过《资治通鉴》和胡三

〔1〕王士点、商企翁:《秘书监志》卷7《司属》。
〔2〕《元史》卷10《世祖纪七》。
〔3〕《元史》卷16《世祖纪十三》。

省的《通鉴释文辨误》。[1] 但是关于它的情况我们所知甚少。就它的人员配置来看，印刷的规模实际上是有限的。元朝后期，文宗图帖睦尔爱好中原传统文化，为此设置奎章阁学士院、艺文监等机构。艺文监下有广成局，"秩七品，掌传刻经籍，及印造之事"[2]。这也是一个官方的出版机构。但是广成局的情况也是不清楚的。从现有的记载来看，兴文署和广成局两个正式出版机构似乎没有刊印过多少书籍。元朝中央政府组织编纂的重要书籍，常常指令行省雕版印造。如辽、金二史修成后，便"将这史书令江浙、江西二省开板，就彼有的学校钱内就用"，各印造 100 部上送；宋史修成后，亦由中书省指令江浙行省"精选高手人匠，就用赍去净稿依式镂板，不致差讹，所用工物，本省贡士庄钱内应付"。[3] 御史台将有关文书先后编辑成《宪台通纪》和《宪台通纪续集》二书，前者"于南台官钱内应付开板纸札工本"，开造印书，后者"于南台脏罚钱应付工本纸札，教浙西廉访司"印造。[4] 这些书籍分别由江浙和江西行省、南台、浙西廉访司直接派遣官员，招募工匠，开工印造，不经过出版机构。中央一些机构也可以根据工作的需要，通过中书省，指令行省印造某种书籍。如大德四年（1300）太医院刊行的《圣济总录》（这是宋徽宗时纂修的一部医书），是由江浙行省派官监督印造的。司农司几次刊行《农桑辑要》，都是通过中书省，奏奉圣旨，交给"江浙行省开工印造"的。[5] 以上中央刻书大多指定江浙行省承担，一则因为江浙财力雄厚，二则江浙刻工、印刷水平较高。但总的来说，元朝中央政府刊印的书籍是有限的。至于地方各级行政机构（行省、路、府、州、县）下面都没有专门的出版机构，一般也不过问书籍出版事宜。至元二十六年福建行省参知政事魏天佑在福州"命工翻刊""蜀本《通

〔1〕叶德辉：《书林清话》卷4《元监署各路儒学书院医院刻书》。王国维：《观堂集林》卷21《元刊本〈资治通鉴音注〉跋》。按，吴哲夫认为，兴文署出版雕印力量有限，胡注《通鉴》卷首王盘序系伪造，兴文署出版胡注《通鉴》之说实不可信，见《元兴文署资治通鉴版本问题疑辨》（台北《故宫学术季刊》第20卷第2期）。

〔2〕《元史》卷88《百官志四》。

〔3〕《金史公文》，见《金史》后附；《中书省咨文》，见《宋史》后附。

〔4〕《宪台通纪·序》、《宪台通纪续集·序》，见《永乐大典》，第2608、2609页。

〔5〕《农桑辑要》卷首《咨文》，见缪启愉：《元刻农桑辑要校释》，农业出版社1988年版。

鉴》",于二十八年刻成[1],这应是他个人的兴趣。[2]

地方的学校(包括各级官学和书院)在书籍出版方面起着重要的作用。元朝的地方学校,一般都有学田和房产,可以收取地租和房租维持学校的各项开支。有的地方学校田产众多,除了日常开支外还有盈余,便可用来刻书。元朝地方政制,分行省、路、府、州、县,行省不设学校,路、府、州、县均有儒学。一般来说,路学规模较大,府、州、县学规模有限,有力量刻书的,主要是路学。近代著名藏书家叶德辉曾罗列见于明、清两代著录的元代学校刊本共50种左右,绝大多数为路学刊本,个别为州学、府学刊本,亦有以路学为主,联合州学、县学共同刊行者。从地区分布而言,刊行这50种左右书籍的儒学主要分布在长江以南,有浙西(嘉兴路学、杭州路学、平江路学、无锡州学)、浙东(绍兴路学、庆元路学、婺州路学)、江东(宁国路学、饶州路学、集庆路学)、江西(赣州路学、瑞州路学、信州路学、临江路学、龙兴路学、抚州路学)、福建(漳州路学、福州路学)等地区,位于江北的只有扬州路学和中兴路学。[3]扬州路治即今江苏扬州,中兴路治即今湖北江陵,两地都邻近长江,亦是富庶之地。这50种左右书籍,从时间来区分,刊行于世祖到武宗时期的有10余种,刊行于仁宗至顺帝时期的有30余种,特别是顺帝时期,近20种。也就是说,元代地方儒学的书籍出版,就地区而言以江南路学为主,就时间而言以仁宗至顺帝时期为主。这50种左右书籍的情况,应该说是有代表性的。地方儒学刻书可以成宗大德年间"九路刻十史"为代表。此事始于大德九年,参与者为宁国路学、徽州路学、饶州路学、集庆路学、太平路学、池州路学、信州路学、广德路学和铅山州学,实为八路学、一州学,原计划刻17史,但只完成10史。后来集庆路学藏有各种史书的版片,很可能便是此次"九路刻十史"的产物。[4]

书院是学者讲学之所,始创于唐朝,宋朝趋于兴盛,进入元朝以后

〔1〕傅增湘:《藏园群书经眼录》卷3《史部一》,中华书局1983年版。
〔2〕此本栏外有"解物人沈盛、沈茂"字样,下有花押,说明刻成后曾解赴中央。此书或亦系中央下达的任务。
〔3〕叶德辉:《书林清话》卷4《元监署各路儒学书院医院刻书》。
〔4〕张铉:《至正金陵新志》卷首《江南行台文移》。

得到进一步发展。和地方儒学一样,书院也有学田,用来维持日常的开支。富裕的书院有余力可以刻书。书院刻书的情况与地方儒学大体相同,亦以江南各地书院为主,以仁宗至顺帝时期居多。书院刻书以杭州西湖书院最有名。有时书院与地方儒学合作刻书,如《至正金陵新志》便是由集庆(元文宗时改金陵为集庆,即今江苏南京)路学与溧阳州学、溧水州学、明道书院共同刊行的。溧阳、溧水均属集庆路,明道书院在集庆。

地方儒学和书院刊刻的书籍,以经、史居多。前代或当代名人的诗文集亦占相当比重,此外有医书、字书、类书等。儒学和书院刊行的书籍,一般来说,不以牟利为目的,质量较好。清初学者顾炎武说:"闻之宋元刻书,皆在书院。山长主之,通儒订之,学者则互相易而传布之,故书院之刻书有三善焉:山长无事而勤于校雠,一也。不惜费而工精,二也。板不贮官而易印行,三也。"[1] 书院刻书的优点,儒学也是具备的。书院和儒学刊行的书籍,很多是中央机构或地方监察部门下达的任务。中央机构如史学家苏天爵的名著《国朝文类》,经翰林国史院官员建议,由中书省"移咨江南行省,于钱粮众多学校内委官提调,刊勒流布",后来由西湖书院刻版印行。[2] 地方监察机构即各道廉访司。上述"九路刻十史"便是江东建康道肃政廉访司副使伯都发起,廉访司"遍牒九路",由九路(实为 8 路 1 州)儒学协力完成的[3],九路(8 路 1 州)都是江东建康道行使监察权力的地区。又如,至正五年(1345)江西湖东道肃政廉访司根据廉访使沙剌班的建议,行文抚州路儒学,刊印虞集的文集《道园类稿》。[4] 后至元五年(1339)江北淮东道廉访司根据廉访使苏天爵的建议,上报御史台,要求刊印马祖常的文集。经御史台批复后,"发下本路(扬州路——引者)儒学,依上刊板,传布施行"。此前扬州路儒学还曾根据监察部门的要求刊行王结的文集。[5]

---

〔1〕顾炎武:《日知录》卷18《监本二十一史》,《四部备要》本。

〔2〕王国维:《两浙古刊本考》卷上。

〔3〕于敏中:《天禄琳琅书目》卷5。

〔4〕《道园类稿》卷首《宪司牒文》。

〔5〕《石田先生文集》卷首《宪司牒文》。

由廉访司发起印书的例子还有不少。前已有人指出,中央机构和地方监察机构下达印书任务,"事不一例,然多在江浙间"。[1] 这是因为江浙一带儒学、书院经费比较充足的缘故。此外也有地方行政机构下令学校印书的情况,但为数不多。明代有人说:"元人刻书,必经中书省看过,下所司,乃许刻印。"[2] 博学如钱大昕亦说:"诸路儒生著述,辄由本路官呈进,下翰林看详,可传者命各行省檄所在儒学及书院以系官钱刊行。"[3] 这种说法流行颇广,迄今仍有人相信,甚至以此断言元朝各级政府对书籍出版实行严格的管理,并进而推论在这方面元代比其他朝代表现更为突出。这显然是上面一些例子造成的以偏代全的误会。事实上由政府指令出版的书籍为数有限,书院、儒学刊行的书籍,还有很多是自己决定的,与中央机构或地方监察机构无关,并不存在普遍由各路呈报并经"翰林"审查批准的问题。而且,大量民间出版的书籍,都与政府机构没有关系。总的来说,有元一代,政府对书籍出版是很少过问的,并不存在严格的管理。

元代民间出版事业相当兴旺。当时的民间出版事业可分私宅印书和书肆印书两种,而以书肆为主。叶德辉曾将宋、元两代民间印书事业加以比较,他说:"元时书坊所刻之书,较之宋刻尤伙,盖世愈近则传本多,利愈厚则业者众,理固然也。"[4] 以地区而言,元代民间出版业最发达的地区是福建的建宁路(路治今福建建瓯市),特别是建宁路下辖的建阳县(今福建建阳市),在中国出版史上享有盛名的麻沙和书坊[5](即崇化)就在这里[6]。建宁古称建安,早在南宋时期,建安就"号为图书之府"[7],元代,建阳书坊名称可考者近 40 家,其中著名的有余氏勤有堂、刘氏翠岩精舍、刘氏日新堂、虞氏务本堂、郑氏宗文堂等。"夫

---

〔1〕《书林清话》卷7《元时官刻书由下陈请》。
〔2〕陆容:《菽园杂记》卷 10。
〔3〕《元史·艺文志一》。
〔4〕《书林清话》卷4《元私宅家塾刻书》、《元时书坊刻书之盛》。
〔5〕麻沙、书坊(崇化)两地相距 10 里,人们习惯将两地刻本统称为"麻沙"本。
〔6〕谢水顺、李珽:《福建古代刻书》,福建人民出版社 1997 年版。
〔7〕佚名:《福建版本志》,引《方舆胜览》。

宋刻书之盛,首推闽中,而闽中尤以建安为最,建安尤以余氏为最。"[1]这种情况继续到元代,余氏勤有堂仍是当地出版业的龙头。建阳之外,杭州、大都、平阳等地,都有相当规模的书坊。此外,其他地区亦有一些印书坊肆。

叶德辉说:"大抵有元一代,坊行所刻,无经史大部及诸子善本,惟医书及帖括经义浅陋之书传刻最多。"[2]其实,坊肆所刻书籍中,经史子集亦占相当比重,因为在当时经史及诸子中亦有能赢利的畅销书。以余氏勤有堂而论,所出书现存而年代可考者有 20 种左右,其中经、史即有 12 种,文集两种。上述建阳其他书坊亦都刊刻数量不等的经史类书籍和各种文集。[3] 书坊刊刻的亦有善本,不能一概而论。例如,建阳余氏勤有堂刻印的《集千家注分类杜工部诗》、《国朝名臣事略》(苏天爵著),郑氏宗文堂刻《静修先生文集》(刘因著)等,都是印刷精良、很有价值的好书。当然,书坊刻书,以牟利为目的,必须迎合社会的需要。从现存的元版书籍来看,有 4 类书是书坊所出而书院、儒学很少过问的,一是医书,二是学校和科举应试用书,三是日用类书,四是通俗文艺作品。医书如余氏勤有堂的《增注太平惠民和剂局方》、建安叶氏广勤堂的《王氏脉经》、燕山(大都)窦氏活济堂的《针灸四书》等。学校和科举应试用书如平水王氏中和轩的《礼部韵略》(这是科举考试时唯一可以带入考场的书)[4]、建安虞氏务本堂和余氏勤德堂共同刊行的《类编历举三坊文选》[5]等。日用类书有建阳郑氏积诚堂刊印的《事林广记》(后至元本)[6]、《事文类聚翰墨大全》[7]。通俗文艺作品主要

---

[1]叶德辉:《书林清话》卷 2《宋建安余氏刻书》。

[2]《书林清话》卷 4《元时书坊刻书之盛》。

[3]谢水顺、李珽:《福建古代刻书》。

[4]此书当时畅销,还有多种刊本。

[5]此书刻印于至正辛巳年(1341),所收为元朝前八科科举考试的各类文章,供应试者揣摩之用。国内只有残本。元刻全本存日本嘉业堂文库。此类科举程文当时书坊印行甚多,但流传至今绝少。

[6]《事林广记》成书应在南宋末,存世元刻有 3 种,除了积诚堂刊本外,还有建阳椿庄书院刊本(故宫藏至顺本)和西园精舍刊本(日本内阁文库藏至顺本)。此书原来应是坊刻本,后来建阳有的书院看到有利可图,亦加以翻印。

[7]此书一般认为是建阳书坊出品,但未署书坊名。

是杂剧和小说等。存世的杂剧刻本或题"大都新刊"、"大都新编",或题"古杭新刊",无疑分别刊于大都、杭州两地,都应出于书坊之手,但均不见署名。小说有建安虞氏刊刻的《新刊全相平话》等。书坊出书,无论品种或数量都要多于官府和儒学、书院刊书。当然,书坊所出书籍之中,有相当部分是为抢占市场匆忙制作的,刻版(版面设计、刻工)、印刷、纸张、装帧的质量都比较差。

民间刻书之另一种,便是私宅刻书,或称家刻。这种刻书方式在中国由来已久。前面说过蒙古国前4汗时期耶律楚材家中曾自行刻书,元朝统一以后,家刻仍然存在,一般采用"家塾"的名义。最有名的是相台岳氏荆溪家塾刻印的《九经三传》[1] 相台是义兴(今江苏宜兴)古名。此外有花溪沈伯玉刻《松雪斋文集》。花溪在浙江归安。从现存的文献来看,元代私宅刻书为数有限,比不上前代。叶德辉说:"元时私宅刻书之风,亦不让于天水。"这个说法是可疑的。事实上,他所列举"元私宅家塾刻书",有不少其实是书坊刻书,如刘君佐翠岩精舍。

元代宗教经典刻印颇为兴盛。道教有《玄都宝藏》,始于窝阔台汗九年(1237),成于乃马真后三年(1244)。历时8年,役工500有奇,成书7800余卷[2] 佛教经典印造颇多。"太宗则试经、造寺、雕补藏经。"[3]金燕京有弘法寺,"收贮经板"[4]。这批经版原是金潞州(今山西上党)女子崔法珍用了近30年的时间雕成的,后进献朝廷,安放在弘法寺内。太宗(即窝阔台汗)雕补的藏经,即指此而言。"弘法寺藏经有板,经乱之后,师(善选——引者)亦被命校勘,补其阙遗。"[5]耶律楚材有《补大藏经版疏》,亦为此而作[6] 后来,忽必烈因"弘法寺

〔1〕此书过去一般认为是南宋岳珂家塾刊本。经张政烺先生考定为元刊本,见《读〈相台书塾刊正九经三传沿革例〉》,载《张政烺文史论集》,中华书局2004年版,第166~188页。

〔2〕元好问:《遗山先生文集》卷31《通真子墓碣铭》。此藏经典在至元十八年(1281)被忽必烈下令焚毁,只有零本保存下来。

〔3〕释祥迈:《至元辩伪录》卷4。

〔4〕《元一统志》卷1《古迹》。

〔5〕危素:《危太朴文续集》卷3《隆安选公传戒碑》。按,善选卒于壬子年(1252)。

〔6〕《湛然居士文集》卷14。

藏经板历年久远,命诸山师德校正讹谬,鼎新严饰,补足以传无穷"。[1]
忽必烈曾印藏经 36 部,分赐外邦他国,应即此藏。弘法寺所藏经版经
过雕补曾经印造应无问题,但能否称为《弘法藏》(即是否成为一种新
的大藏经)则存在争论。至今意见不一。[2] 这是有明确记载在大都印
造的一种大藏经。元朝后期英宗到顺帝初期,元朝政府可能在大都刻
印过另一部大藏经。[3] 元代南方至少有 3 部大藏经版。一种是《碛砂
藏》,它是南宋时期平江府陈湖(今属江苏吴县)碛砂延圣寺刊印的一
种藏经,始由民间捐助,僧人负责,入元以后,得到地方官员的赞助,补
刻部分经版,刊印流通。另一种《普宁藏》是余杭(今浙江余杭)南山大
普宁寺刊行的一种藏经。普宁寺是白云宗的一所寺院,元朝灭南宋后,
白云宗领袖争取到皇室和国师的支持,向信徒募缘,用 10 余年时间,雕
刻经版,印刷流通。还有福建建宁路建阳县(今福建建阳)报恩万寿堂
刊印的《毗卢大藏经》。报恩万寿堂是白莲宗的寺院。[4] 除了这几部
以外,可能还有别的大藏经。[5] 大藏经篇幅浩大,雕印费工,印成以
后,主要贮藏在大的寺院。还有一些寺院,刊印若干佛教经典,供僧尼
和信徒使用。例如中兴路(路治今湖北荆州)资福寺刊印的朱墨两色
套印《金刚般若波罗蜜经》。

13.3　元朝的民族文字出版状况和刻书特征

　　以上讲的都是汉文书籍。元朝是一个多民族国家,政府提倡使用
多种民族语言文字。印刷出版各种民族文字的书籍,是元代出版业的
一大特色。元朝政府曾组织力量将一些儒家经典翻译成八思巴体蒙
古文或畏兀体蒙古文,其中有的还印刷出版,见于记载的如,至元十九

〔1〕释念常:《历代佛祖通载》卷 22。
〔2〕弘法寺所贮经版,即著名的赵城金藏。关于弘法藏的争论,可参看童玮等:《元代官刻大藏经考证》,载《世界宗教研究》1986 年第 3 期。
〔3〕童玮等:《元代官刻大藏经的发现》,载《文物》1984 年第 12 期。
〔4〕杨讷:《元代白莲教研究》,上海古籍出版社 2004 年版,第 105 页。
〔5〕北京智化寺发现有 3 种大藏经刻本,不属于以上任何一种大藏经。参见许惠利:《北京智化寺发现元代藏经》,载《文物》1987 年第 8 期。

·欧·亚·历·史·文·化·文库·

年四月,"刊行蒙古畏吾儿字所书《通鉴》"〔1〕。大德十一年武宗即位,弟爱育黎拔力八达为皇太子,就是后来的仁宗。"时有进《大学衍义》者,命詹事王约等节而译之,帝(仁宗——引者)曰:治天下者,此一书足矣。因命与图像《孝经》、《列女传》并刊行赐臣下。"〔2〕同年八月,"中书右丞孛罗铁木儿以国字译《孝经》进,诏曰:此乃孔子之微言,王公达于庶民皆当由是而行,其命中书省刻板模印,诸王而下皆赐之"〔3〕可知这一年曾同时刊行《大学衍义》、《孝经》和《列女传》的蒙文译本。现在流传下来的蒙古文、汉文合璧《孝经》残本(藏故宫博物院),应即此时的作品。元文宗至顺三年(1332年)四月,"命奎章阁学士院以国字译《贞观政要》锓板模印以赐百官"〔4〕 理学家许衡、许师敬父子纂辑历代帝王嘉言善政为一书,名《皇图大训》,此书由人"润译以国语"。元文宗认为"此书有功于世道",而且"文字尔雅,译说详明,便于国人,故首命刻之"〔5〕 所谓"国语"即蒙古语,"国人"即蒙古人。以上几种是有明确记载的正式刻印的蒙文翻译作品,类似的情况应该还有。这些都是官方安排刻印的。元文宗时设立的艺文监,其职责之一是"以国语敷译儒书",下设广成局掌"传刻经籍及印造之事"〔6〕。除了经史的翻译之外,还有其他民族文字出版佛教经典。早在13世纪中叶,西夏故地即有人刊印西夏文佛经。元世祖时代政府主持雕刻河西字(即西夏文)大藏经版,共3600余卷,同时还雕刻华严诸经忏版,大德六年完成,地点是杭州大万寿寺。当时印造30余藏,施于宁夏(路治今宁夏银川)、永昌(路治今甘肃永昌)等处寺院。后来又陆续加印。此外还有活字刊印的西夏文佛经。〔7〕 元世祖忽必烈时代有位著名翻译家畏兀人迦鲁纳答思,他"以畏吾字译西天、西番诸经论,既成,进其

---

〔1〕《元史》卷12《世祖纪九》。这次所刊《通鉴》应是部分节本。

〔2〕《元史》卷24《仁宗纪一》。

〔3〕《元史》卷22《武宗纪一》。

〔4〕《元史》卷36《文宗纪五》。

〔5〕虞集:《道园学古录》卷22《皇图大训序》。

〔6〕《元史》卷88《百官志四》。

〔7〕史金波:《西夏佛教史略》。

书,帝命锓版,赐诸王大臣"。[1] 自19世纪后期起,考古学家在新疆吐鲁番发现了大批回鹘（畏兀儿）文佛经,其中密藏经典《文殊所说最胜名义经》,就是迦鲁纳答思翻译的,现存此经残片大多为印本。还有一件畏兀儿字佛经残卷,有"至正二十一,牛年,三月一日于甘州印刷"字样,说明直到元朝末年仍在刊行畏兀字佛经。

中国古代的印刷可以分为雕版印刷和活字印刷两大类。雕版印刷起源较早,可以追溯到公元7世纪甚至更早。活字印刷有明确记载,自公元11世纪由毕昇始创。毕昇使用的活字用胶泥制成。南宋丞相周必大曾试行活字法,但总的来说,在宋朝活字技术似乎并未受到足够的重视。活字技术传入西夏,目前已发现10余种西夏文活字印刷物。[2] 似可认为,西夏的活字印刷已有相当规模,木活字或是泥活字,尚难断定。蒙古前4汗时期,姚枢曾命弟子杨古以活字印书,已见上述。杨古所为应和毕昇一样是泥活字。13世纪末14世纪初,东平（今山东东平）人王祯任旌德（今安徽旌德）县尹,制作木活字,用来刊印《旌德县志》,获得成功。他在自己的著作《农书》后面,附载《造活字印书法》一文,概括地叙述刻字、修字、贮字、排字和印刷的工艺流程,这是中国印刷史的一篇珍贵文献。但是,元代印书一般仍是采用刻版的办法,活字印刷是罕见的。元代后期,奉化（今浙江奉化）知州马称德曾用木活字印刷《大学衍义》。[3] 可惜的是以上所说两种木活字印本都没有保留下来。国家图书馆收藏的《御试策》,刊印于顺帝时,应是活字印本。但所用是何种活字,至今无定论。敦煌曾发现大量畏兀文木活字,已知存世有1014枚。[4] 这些畏兀文木活字的时代无确切资料可以断定,元代畏兀人大批迁至河西走廊定居,因此这批木活字属于元代的可能性是很大。

〔1〕《元史》卷134《迦鲁纳答思传》。

〔2〕史金波、雅森·吾守尔：《中国活字印刷术的发明和早期传播》,社科文献出版社2000年版。

〔3〕王元恭：《至正四明续志》卷7《学校》。

〔4〕史金波、雅森·吾守尔：《中国活字印刷术的发明和早期传播》。

一般认为,元代刻书有几个特征,即所谓:黑口,赵体,无讳,多简。[1] 所谓"黑口",就是每一片中的上下两端,有墨印的又宽又粗的黑条子。但亦有不少书籍是白口的例子。"赵体"即赵孟頫的字体。赵孟頫是元朝的艺坛领袖,他的书法风行一时,在书籍刊印上也得到表现,但这主要是在仁宗以后,以前不多见。"无讳"即不重视避讳。避讳指言语或行文时避免君父尊亲的名字,行文时常用同义或同音字代替,也可用原字而省笔画。避讳起源很早,到唐、宋时期,政府和社会都很重视避讳。忽必烈推行汉法,至元三年四月对地方政府上进的表章格式作出规定,其中之一是"御名庙讳皆合回避"[2]。这一规定以后曾不止一次重申,仁宗时实行科举考试,规定"试卷不合格",首先便是"犯御名庙讳"[3]。也就是说,提到皇帝的名字和庙号就不录取。[4]但对书籍出版并没有类似的要求。因此在元代刊印的书籍中可以说看不到避讳的迹象。"多简"指元朝刻书多用俗字、简体字,这主要见于书坊印刷的供民间阅读的书籍如日用类书、法律文书,小说、剧本等。但一般经史子集都不用俗字或简体字。

以上对元代出版事业做了简要的叙述。可以看出,朝代的更替,并未导致出版事业的衰落,有元一代出版事业仍有发展。从地区来说,在元代,南方的出版事业比北方更为繁荣,尤以福建建阳为最。从时间来说,中期以后比前期更为兴盛。元代的出版,以汉文书籍为主,此外有为数可观的其他民族文字书籍,这是元代出版事业的一大特色。

(原载《历史教学》2004 年第 11 期。)

---

〔1〕李致忠:《古代版印通论》,紫禁城出版社 2000 年版,第 212～213 页。

〔2〕《元典章》卷 28《礼部一·进表·表章定制体式》。

〔3〕《元典章》卷 31《礼部四·儒学·科举程序条目》。

〔4〕元代科举考试时应试考的对策中常提到"太祖"、"世祖"等庙号,但均高一格书写(见《类编历举三场文选》壬集)。犯庙讳可能指没有抬高一格。

14   元代女性的文化生活

近年来,女性史的研究逐渐兴盛,成为学术界一大热点。相对来说,元代女性史仍是比较冷清的一个领域。本篇拟就元代女性的文化生活作一些论述,包括教育、诗词散曲、书画艺术、舞台表演艺术、游戏几个方面,旨在抛砖引玉。不当之处,敬请指正。

14.1   女性与教育

和前代一样,元代两性受教育的权利是不平等的。元代的教育机构,中央有国学,地方有各级官学,还有书院,民间有私学,都以传授中原传统文化为教育宗旨。它们都是面向男性青少年的,女性没有上学的权利。元代劳动者家庭中的女性,文盲是普遍的。但是官宦和儒士家庭中的女性,读书识字的数量是相当多的。她们主要接受家庭的教育。现存元代女性的墓铭和传记中对此有不少记载。

下面是一些元代女性读书识字的例子。在北方,顺天(今河北保定)万户张柔之妻毛氏,"出阁腴华胄","喜为学,阴阳图传,药石之术,老、佛之书,诗文之艺,皆能究竟"。她的女儿"幽闲执礼,有母氏之风,赋诗弹琴,窈窈物外人"。[1] 御史中丞董守简之妻乌氏,"国朝名士冲之女,于经、史无不通,动必协于阃范"。[2] 乌冲是汴梁(今河南开封)的著名学者。真定学校提举凌其轴之女凌其淑媛,"幼聪慧,即教之知书。既笄,容止幽闲,组绣剪制,巧有余思。《班经》、《女诫》,皆通晓大

---

〔1〕郝经:《陵川文集》卷35《公夫人毛氏墓铭》。
〔2〕黄溍:《金华先生文集》卷26《御史中丞董公神道碑》。

义"。[1] 真定学校提举即真定路(路是县以上的行政机构,相当于今天的地区。真定路治真定,今河北正定)教育系统的长官,凌其轴也是有名的儒士。南方女性读书识字者要比北方多。鄱阳(今江西波阳)徐妙静,"生六岁而失所恃,天性慧敏,外大父钟爱之,教以《列女传》等书,靡不通晓"[2]。庐陵周应卓之妻李氏,"邑士人李某之女也。幼聪慧,涉书史,服勤女事,得父母之爱,为淑女"[3]。鄱阳张良孙之妻胡氏,出于"望族","幼通《论语》大义","晚尤素诵唐人绝句诗,隽永若有得"。"诗书之教,著于中闺,本家训然也。"[4]抚州(路治今江西临川)黎慧清,"生七年,母卒,茕然无依,养于外家。外家妇孙氏,澹轩先生辙从女,能推澹轩诗、礼之教,故夫人通《孝经》、《论语》,及涉猎史传,趣向绝出流俗万万"[5]金谿黄氏,"乡先生以权之女。……以权无子,惟一女,爱之甚,教之治儒学,昼夜不辍"[6]。六合(今江苏六合)女子郭丑,"其父授之《书》、《诗》,辄通大旨"。对《古列女传》尤其熟悉。[7] 南雄谢氏女守节,"节妇少尝读《孝经》、《小学》书,通达义理,故能尽妇道云"[8]。丽水(今浙江丽水)潘妙真,"幼专静,能诵《小学》、《四书》、《诗》、《礼记》及诸女史"[9]。黄岩(今浙江台州黄岩)女子黄丑,"八岁闲于女红。诸昆弟皆习业家塾,迪功(黄丑之父黄荀龙在宋朝为迪功郎、宿松县尉——引者)俾授《内则》、《孝经》、《论语》,不期月终卷,皆成诵"[10]。以上所举女性读书识字的例子,都是汉人(乌氏可能是女真人)、南人,大多出生于士人家庭,接受父母或亲戚的教导。

---

〔1〕王恽:《秋涧先生大全集》卷52《千户董侯夫人碑铭》。
〔2〕王祎:《王忠文公集》卷24《刘母徐夫人墓碣铭》。
〔3〕程文海:《雪楼集》卷22《周应卓妻李氏墓志铭》。
〔4〕邓文原:《胡氏墓志铭》,见《全元文》卷21。
〔5〕宋濂:《宋文宪公集》卷15《故贤母熊夫人墓碣》。
〔6〕危素:《危太朴文续集》卷9《书吴泰发妻黄氏戒子诗后》。
〔7〕宋濂:《宋文宪公集》卷23《贞妇郭丑小传》。
〔8〕宋濂:《宋文宪公集》卷33《谢节妇传》。
〔9〕贡师泰:《玩斋集》卷10《龙泉县君潘氏墓志铭》。
〔10〕朱右:《白云稿》卷3《杨孝妇传》,

不少有文化的女性承担了教育子女的责任。慈溪（今浙江慈溪）黄正孙之妻陈润，奉化（今浙江奉化）人。"《诗》、《书》、《语》、《孟》及《女诫》、《女则》等篇，皆能成诵。［子］玠方幼，口授以书程，督严于外傅。"黄玠后来"以文名一时"。[1] 著名理学家窦默之女"贤淑聪慧，日记千言。尝作《勤学文》警诸子，虽古女师何以尚"。[2] 南阳（今河南南阳）智仲谦之母刘氏，"少而嫠居，仲谦甫髫龄，夫人杜门教以《诗》、《书》。长而宦学有闻，家日以盛"。[3] 欧阳玄是元朝首科进士，文章大家。他的母亲李氏"读书能文，亲授《孝经》、《论语》、《小学》诸书"。欧阳玄"八岁已能成诵"，为后来的成就打下了良好的基础。[4] 虞集是元代后期享有盛名的学者、诗人，他的母亲杨氏是南宋工部侍郎、国子祭酒杨文仲之女，"杨公世以《春秋》名家，而从弟参知政事平舟先生栋以濂洛之道自任。夫人未笄时，即尽通其说，至近代掌故亦贯穿不遗"。[5] 虞集晚年回忆说：当宋、元换代之际，"干戈中，且暮不相保，无书册可携。先夫人置我兄弟于膝下，口授《论语》、《孟子》、《诗》、《书》等"。虞集把父母都看成传统文化在时代动荡中的继承者，而他和弟弟虞槃又从父母处接过了薪火："嗟夫！故宋衣冠之世家，百年以来几已尽矣，而遗经道学之传尤鲜焉。先君、先夫人抱先世遗教于万死一生之余，忍贫茹蔬，使我兄弟得以就学。"[6] 以上都是女性向儿子讲授文化知识的例子，至于督促儿子用功读书的情况，更是普遍。上述抚州黎慧清，"生三子：鼎、涣、晋，仅五岁，夫人皆自教督，及就外傅，俨然若成人。鼎、涣尝治进士业，读书每至鸡号。夫人纫治丝枲坐其侧听之，凛然若严师"。[7] 遂昌（今浙江遂昌）王延洪之妻李淑贞是处州教授之女，"教授君博极群书，而传业在其女"。王延洪早死，李淑贞抚养三

---

〔1〕黄溍：《金华先生文集》卷36《慈溪黄公墓志铭》。
〔2〕吴澄：《吴文正公集》卷37《刘侯墓志铭》。
〔3〕程钜夫：《雪楼集》卷9《南阳智夫人刘氏贞节诗序》。
〔4〕欧阳玄：《圭斋文集》附录《圭斋先生欧阳公步行状》。
〔5〕赵汸：《东山存稿》卷5《虞公行状》，
〔6〕虞集：《道园学古录》卷43《亡弟仲常墓志铭》。
〔7〕宋濂：《故贤母熊夫人墓碣》。

子,"择以傅就学,学回必亲试其所诵书,探其课对工拙为赏罚,故三子克有成立"[1]。江阴(今江苏江阴)王逢之母李靖真,"其训子严有法,日给膏烛诵书,约丙夜止。或逾约辍诵,至旦,罚余食。出就外傅。乏赀师物,躬纺绩以资之"[2]。此外,有的女性还"辟馆授徒",如平阳薛延年母董氏[3]。又如浦城(今福建浦城)郑旼之母李智贞,"聪惠而静淑,能孝于亲,义于夫,又晓艺术,以儒学为女师",为人师表,讲授儒学[4]。临川于珪之母张氏,"有妇德,能为里中女子说《礼记内则》、曹大家《女戒》,常以明经勖其子"[5]。张氏为里中女子讲说,亦应是一种授徒的教育行为,但总的来说这种状况并不多见。

有关色目女性受教育的记载不多。伟吾氏(畏兀儿)月伦石护笃"生而聪慧,稍长,能知书,诵《孝经》、《论语》、《女孝经》、《列女传》甚习,见前史所记女妇贞烈事,必再三复读而叹慕焉"。月伦石护笃的母亲廉氏,"中书右丞布鲁迷失海牙之女"[6]。畏兀儿人布鲁海牙官廉访使,故以廉为姓[7]。布鲁迷失海牙应是布鲁海牙的后人[8]。布鲁海牙之子廉希宪"笃好经史",忽必烈称之为廉孟子[9]。廉氏家族是元代畏兀儿人中最显赫的家族之一,以文化修养著称。月伦石护笃所受儒学教育可能来自母系。畏兀儿人贯云石(小云石海涯)出身世家,是元朝享有盛名的学者、诗人。贯云石的母亲廉氏,是布鲁海牙的孙女。贯云石的成就应亦与母系有关。他的孙女"适怀庆路总管段谦,有学识,

〔1〕杨维桢:《东维子文集》卷25《华亭县主簿王佳母夫人李氏墓志铭》。
〔2〕杨维桢:《东维子文集》卷25《王母李氏墓志铭》。
〔3〕萧斣:《勤斋集》卷3《元故文学薛君寿之墓志铭》。
〔4〕陈旅:《安雅堂集》卷6《静方诗集序》,《四库全书》本。
〔5〕吴澄:《吴文正公集》卷42《张氏墓志铭》。
〔6〕黄溍:《金华先生文集》卷39《魏郡夫人伟吾氏墓志铭》。
〔7〕《元史》卷125《布鲁海牙传》。
〔8〕至元二十一年十一月,忽必烈任命不鲁迷失海牙为中书参知政事(《元史·世祖纪》)。钱大昕考证,《元史》卷112《宰相年表》中"至元二十二年参知政事"条有"廉"姓无名一人,即不鲁迷失海牙(《廿二史考异》卷92《元史七》)。此"不鲁迷失海牙"应即"布鲁迷失海牙"。布鲁海牙有子10人,廉希宪最有名。时廉希宪已死,不(布)鲁迷失海牙应是廉希宪弟兄中之另一人。
〔9〕《元史》卷126《廉希宪传》。

能文章"〔1〕,可惜名字没有留下来。汪古部女子赵鸾字善应,是名臣赵世延的女儿。赵世延深究儒学,赵鸾"幼时古文歌诗入耳辄能记。七岁诵《周易》,善属对。九岁使颛学女事,则《论语》、《孟子》、《小学》书皆成诵矣"〔2〕。回回女子丁月娥,"诸伯氏皆明经,工举子业。月娥随而诵说,通奥义"。其弟丁鹤年"富于经史,有操行,幼时读书,皆月娥口授"。〔3〕元代有很多色目家庭接受中原传统文化,出现了一批有名望的学者、诗人。上述色目女性的文化修养,主要都来自家庭的熏陶。〔4〕

元朝宫廷和皇族中的女性亦有人接受中原传统文化的教育。渤海人高觿"事世祖皇帝潜藩",也就是在忽必烈称帝前已为之服务。世祖即位后,高觿为东宫太子真金的属官,深得信任。真金死后,外迁为河南宣慰使。至元二十七年(1290)死。高觿之妻葛氏,有子名师颜。"公(高觿——引者)薨时,葛夫人方盛年,师颜幼。隆福太后追念公之昔事裕皇也,驿召母子以至。葛夫人习于《诗》、《礼》,通古今,常以经义为女师宫中。……师颜事母夫人如严君,夙夜无违无息。延祐三年,有司以葛夫人贞节上闻,有诏表其门闾。兴圣太后召葛夫人讲《资治通鉴》,论古今政治得失。仁宗尤念之。今上皇帝以天历改元之十月,即自大同召师颜奉葛夫人以来,曰:'旧家老人,壸内师表,赐德辉之号,俾侍中宫赞六宫之教焉。'……葛夫人贞节至老,以妇仪母德,致美号,崇礼于当时,他族未之有也。"〔5〕继忽必烈之后即位的是真金之子铁穆耳,是为成宗。他追谥真金为裕宗,真金之妻阔阔真则被尊为皇太后。阔阔真居隆福宫,故称隆福太后。继成宗即位的是海山,后称武宗,他尊崇母亲答己为皇太后。答己居兴圣宫,故称兴圣太后。"今上皇帝"即文宗图帖睦尔,他是武宗海山的儿子。成宗、武宗、仁宗、文宗都出于真金一系,高觿是真金的亲信,因而其妻葛夫人得到真金后裔

〔1〕欧阳玄:《圭斋文集》卷9《贯公神道碑》。
〔2〕陈旅:《安雅堂集》卷11《故鲁郡夫人赵氏墓志铭》。
〔3〕乌斯道:《春草斋集》卷7《月娥传》。
〔4〕陈垣:《元西域人华化考》卷7《女学篇》,《励耘书屋丛刻》本。
〔5〕虞集:《道园学古录》卷17《高庄僖公神道碑》。

的特别青睐,数度被召入宫,为宫中女性讲解经义、《通鉴》。"壶内师表",这样的优遇在有元一代是仅见的。金朝设有宫教,"诸宫女皆从之学"[1]。从葛氏经历来看,元朝宫廷中应该亦有这样的职务。至元壬辰(二十九年),"秦王妃闻平阳薛氏董母贤,召之。其子延年寿之扶舆而西,至则以经训辅导。明年春,得告,赐金帛,官其子开成教授而归"[2]。秦王原是宗王忙哥剌的封号,王府在长安、六盘两地,六盘因此建开成路。忙哥剌死后,阿难答嗣为秦王,王妃应是阿难答的王妃。她请董氏前去,或是教授秦王的女儿,或是宫女,也可能为了自己。王府中的女性主要是蒙古人。此外还有邸彦通,父为千户,亦曾在安西王王府中任职。后到大都跟随著名雕塑家阿尼哥学艺。"至大德壬寅,皇太后时为太子妃,召赐银钞、衣服、粮食,分付宫女数十人,令彦通以古今列女传训诲。"[3]蒙古贵族鲁国大长公主祥哥剌吉喜爱中原传统文化(其事迹见本篇第二部分),亦应受过儒学教育,但无记载可考。由以上几个事例可知元朝宫廷和皇族家庭的女性亦有一些人学习中原传统文化,而权势很大的阔阔真太后和答己太后对儒家文化都有一定的了解。此外,顺帝的皇后奇氏是高丽人,初入宫为宫女,后受宠幸立为第二皇后,第一皇后伯颜忽都皇后死后,奇氏"正位中宫"。"后无事,则取《女孝经》、史书,访问历代皇后之有贤行者为法。"[4]奇氏显然具备相当的中原传统文化修养,这与她出身高丽有关。在元朝宫廷中她是比较特殊的。

以上所说是汉人、南人以及蒙古、色目女性接受教育的情况。她们学习的课本可以分为两大类。一类是儒家的基本经典,以《论语》、《孟子》、《孝经》为主,这几种是当时儒学教育的基本教材。其次则有《诗经》、《尚书》、《礼记》等。还有一种《小学》,是理学家朱熹编写的书,和《论语》等3书同列为儒学教育的基本教材[5] 另一类是前代有关

[1]《金史》卷64《后妃下·章宗后妃李氏》。
[2]萧㪬:《元故文学薛君寿之墓志铭》。
[3]贾汝舟:《重修邸氏先茔碑》,载《光绪曲阳县志》卷13。转引自《全元文》卷39。
[4]《元史》卷114《后妃传一》。
[5]《庙学典礼》卷5《行台坐下宪司讲究学校便宜》。

女性教育的著作,有刘向的《列女传》、班昭的《女诫》、《礼记·内则》、郑氏的《女孝经》等。宋朝司马光的《书仪》一书,规定了儒生家族应遵守的各种礼仪,对后代影响很大。其中关于女性教育部分的规定是:"六岁……男子始习书字,女子始习女工之小者。七岁……男子始诵《孝经》、《论语》,虽女子亦宜诵之。八岁……男子诵《尚书》,女子不出中门。九岁,男子读《春秋》及诸史,始为之讲解,使晓义理,女子亦为之讲解《论语》、《孝经》及《列女传》、《女诫》之类,略晓大义。十岁男子出就外傅,居宿于外……女子则教以婉娩听从及女工之大者。"[1]元代官宦及儒士家庭女性的教育显然遵循司马光的设计,即在识字的同时,了解儒学的基本理念,特别是女性应遵守的道德法则,学会做孝女、贤妇、慈母,并不要求她们有太多的文化修养。这和男子的教育是有很大差别的。会稽(今浙江绍兴)女子禹淑静,"生五岁,从父宦居钱唐。性聪睿,授以古文,日诵数百言。稍长,习书记,凡文字过目辄不忘。一日,忽自警曰:此非女子所宜先也。乃潜心女红之事,咸精其能"[2]。家务是女性的基本职责,其他都是分外之事。这种观念长期流行,对女性的教育有很大的消极影响。禹淑静的"自警",实际上是社会舆论的压力。也有少数女性,在文化教育方面有较多的追求,例如从事诗词、散曲的创作(见下)。又如钱唐(今浙江杭州)张泽之的母亲费氏"生柔淑,性颖悟,总角鬐悦,在父母侧诵《论语》、《孟子》,知大义。学李夫人书,习九宫筹学"[3]。在学习儒家经典之外,还学书法和筹学,这在当时女性中是很罕见的。

我国学术大师陈垣先生在研究金元全真道时曾指出:"自昔女学不兴,利禄之途又不行于闺阃,故女子聪明无用,惟出家学道,则必须诵经通文义,方能受度。……夫然,故最低限度,女冠无不识丁者,是儒学无女学,道家有女学也。"[4]必须识字,才能诵经。出家学道,亦可视为

〔1〕司马光:《书仪》卷2,《四库全书》本。
〔2〕王祎:《王忠文公集》卷21《禹烈妇传》。
〔3〕任士林:《松乡文集》卷3《夫人费氏墓志铭》。
〔4〕陈垣:《南宋初河北新道教考》,中华书局1962年版,第42页。

学习文化的一种途径。出家为尼,亦是如此。元代全真道女冠盛极一时,此外,女性为尼者亦相当可观。在研究元代女性教育状况时,寺院女性的文化教育亦应受到重视,但这方面资料有待进一步发掘。

此外,蒙古、色目女性中亦有人学习本民族的语言文字。蒙古原来没有文字,成吉思汗命畏兀儿人塔塔统阿创制畏兀儿体蒙古文,元代畏兀儿人中出现很多语文教师、学者,朵罗术即其中之一。"世皇在潜邸,亦颇讲于其学。朵罗术既卒,乃勑使者召公(朵罗术之子忙兀的斤——引者)朔北。公至,上手公入便殿,谓昭睿顺圣皇后曰:'是儿幼貌伟绝,肖其父,宜出入属侍间,朕不忘朵罗术也。'久之,以能世父业,命以其书职教内诸御,出宫人忽都花妻之。"[1]忙兀的斤以畏兀儿字蒙古文教授"内诸御",应包括宫人在内。元末诗人张昱有《宫中词》,都是写实之作,其中之一是:"裹头保母性温存,不敢移身出内门。寻得描金龙凤纸,学摹国字教皇孙。"[2]元代所谓"国字",即蒙古文字,可知宫中保母识得蒙古文字。

14.2 女性与诗词散曲书画

在元代,诗、词仍是文学创作的重要形式,有些女性亦从事诗、词的写作。

宋、元易代之际,大批宫女跟随南宋小皇帝北上,以后就在北方终老。这些宫女中不乏诗词爱好者。至元二十五年追随小皇帝北上的宫廷琴师汪元量得到忽必烈的允许南还,南宋旧宫人 10 余人"分韵赋诗为赠"。另有旧宫人作词相赠。这些诗词,主要表达了她们对江南的怀念,以及羁留他乡的哀愁。"塞北江南千万里,别君容易见君难,何处是长安。""燕塞月,缺了又还圆。万里妾心愁更苦,十春和泪看婵娟,何日是归年。"[3]南宋亡国以后,诗坛涌现了一批遗民诗人,汪元量

---

〔1〕马祖常:《石田文集》卷 13《勑赐大司苏国忠简公神道碑》,《元四大家集》本。

〔2〕《张光弼诗集》卷 2。

〔3〕孔凡礼辑校:《增订湖山类稿》,中华书局 1984 年版,第 231～232 页。

是杰出的代表。遗民诗词是元代诗史的重要组成部分,而作为一个特殊的群体,这些旧宫人的诗词在遗民诗词中是不应被忽视的。

元代诗坛中比较有名的女性作者仅有管道升、孙淑、郑允端、刘燕歌等人。管道升(1260—1319)字仲姬,吴兴(今浙江湖州)人。她是赵孟頫的妻子。赵孟頫多才多艺,是元代文坛、艺坛的领袖人物。管道升"生而聪明过人……翰墨辞章,不学而能"[1],也是元代文艺领域的杰出人物。但她的成就主要在书画方面,传世的诗词作品很少,有《渔父词四首》,其中之二是:"身在燕山近帝居,归心日夜忆东吴。斟美酒,鲙新鱼,除却清闲总不如。""人生贵极是王侯,浮利浮名不自由。争得似,一扁舟,弄月吟风归去休。"[2]赵孟頫出仕元朝,在都城大都得居高位,但其作为赵宋宗室的特殊身份,加上政坛风波险恶,内心经常处于矛盾之中。管道升的词,用意显然是劝说赵孟頫脱离京师名利场,归隐田园,寻求解脱。遗憾的是,赵孟頫在延祐六年(1319)辞职回家,管道升病死于途中,未能回到她日夜思念的江南水乡。孙淑(1306—1328)字蕙兰,汴梁(今河南开封)人。"早失母,父周卿先生以《孝经》、《论语》及凡女诫之书教之,诗固未之学也。因其弟受唐诗家法于庭,取而读之,得其音格,辄能为近体五七言,语皆闲雅可诵,非苟学所能至者。然不多为,又恒毁其稿。家人或窃收之,令勿毁。则曰:'偶适情耳,女子当治织纤组紃以致其孝敬,辞翰非所事也。'"因而保存下来的不过10余首。23岁与傅若金结婚,5个月后去世。傅若金搜集她的作品编为《绿窗遗稿》。孙淑作品清新自然,主要描述少女的日常生活,常常流露出寂寞之感,以及淡淡的哀愁。这种情绪在封建时代是带有相当普遍性的。[3] 郑允端(1327—1356)字正淑,吴郡(即平江,今江苏苏州)人。家境富裕,有"半州"之称。她本人有很好的文学修养,爱好诗歌写作。和同郡施伯仁结婚,夫妻和睦。元末动乱,起兵于淮东的张士

---

〔1〕赵孟頫:《魏国夫人管氏墓志铭》,见《赵孟頫集》外集,浙江古籍出版社1986年版,第245页。

〔2〕唐圭璋编:《全金元词》,中华书局1979年版,第809~810页。

〔3〕陶宗仪:《辍耕录》卷13《绿窗遗稿》。

诚于至正十六年(1356)占领平江,郑允端家毁于兵火,因此郁郁致病,死时仅 30 岁。她的诗集名《肃雝集》。作者的自序中写道:"尝怪近世女子作诗,无感发惩创之义,率皆嘲咏风月,陶写情思,纤艳委靡,流连光景者也。余故铲除旧习,脱弃凡近,作为歌诗,缄诸箧笥,以俟工宗斤正,然后出示多人。今抱病弥年,垂亡有日,惧没而无闻,用写别楮,诠次成帙,藏诸家塾,以示子孙。"郑允端病故后,施伯仁加以整理,编次成书,请人作序,保存了下来。从自序可以看出,她的诗歌创作力图突破女性闺怨的局限,放眼更大的世界。《肃雝集》收诗 150 首,其中女性闺阁生活仍占有相当大比重,如《咏镜》、《红指甲》等,但也有题画、咏史的作品,表达了对人生的思索。特别可贵的是反映社会现实之作,如《读文山丹心集》、《吴人嫁女辞》等。《读文山丹心集》歌颂文天祥的气节,"藉甚文丞相,精忠古所难"。《吴人嫁女辞》题下有注:"余见寻常百姓家,多以女嫁达官贵人,虽夸耀于一时,而终不得偕老。故作是诗以警之。时至正丙申岁也。"诗云:"种花莫种官路旁,嫁女莫嫁诸侯王。种花官路人取将,嫁女王侯不久长。花落色衰情变更,离鸾破镜终分张。不如嫁与田舍郎,白首相看不下堂。""丙申岁"是至正十六年,当时张士诚已占领平江,自称诚王,部下纷纷封官拜爵,成为新贵。郑允端此诗,显然是有感于新贵们作威作福、民间趋炎附势而发。[1]

刘燕歌"善歌舞。齐参议还山东,刘赋[太常引]以饯云:'故人别我出阳关,无计锁雕鞍。今古别离难,兀谁画蛾眉远山。一尊别酒,一声杜宇,寂寞春又残。明月小楼间,第一夜相思泪弹。'至今脍炙人口。"[2]刘燕歌应是元代前期的歌伎,这首词情真意切,传诵一时。但除此以外没有别的作品流传下来。管道升、孙淑、郑允端、刘燕歌等人的社会地位和经历各不相同,她们诗歌作品的题材和风格也有明显的差异。

元顺帝至正八年,旅居杭州的名诗人杨维桢写下数首《西湖竹枝词》,很快流传开来。"竹枝词"是体裁短小精练的七言绝句,由民歌演

---

〔1〕《肃雝集》有《涵芬楼秘笈》本。
〔2〕夏庭芝著,孙崇涛、徐宏图笺注:《青楼集笺注》,中国戏剧出版社 1990 年版。

化而来。大江南北很多诗人都有和诗,成为当时诗坛的盛事。在和诗作者中有两位钱塘(杭州)女子,一位是曹妙清,另一位是张妙净。曹妙清号雪斋,"钱唐民家女,居湖曲,姿仪秀彻,辞对清华"[1]。她的和诗是:"美人绝似董娇娆,家住南山第一桥。不肯随人过湖去,月明夜夜自吹箫。"刻画出孤芳自赏的女性形象[2] 事实上,在此以前,曹妙清与杨维桢已有往来。至正五年杨维桢作《曹氏雪斋弦歌集序》云:"予居钱塘间,女士有曹雪斋氏,以谓称于人,尝持所著诗文若干篇介为其师者丘公其见,自陈幼获晋于酸斋贯公、恕斋班公,而犹未及见先生也,幸先生赐一言以自励。今年予在吴兴,又偕乳母氏访予洞庭太湖之上,为予歌诗鼓琴。"杨维桢将她的作品加以删取,编成《曹氏弦歌集》[3]《序》中所说"酸斋贯公"是贯云石,畏兀儿人,著名的散曲作家。"恕斋班公"是班惟志,著名书法家。两人都是当时文坛的名士。曹妙清是个民间女子,多才多艺,会做诗,能鼓琴,还长于书法(见下),在当时女性中是很难得的。元代女性普遍被禁锢在家庭中,曹妙清主动与有名的文人墨客交游,她的行为在当时是罕见的。可惜的是,除了上面这首竹枝词外,其余作品都没有流传下来。张妙净的和诗是:"忆把明珠买妾时,妾起梳头郎画眉。郎今何处妾独在,怕见花间双蝶飞。"写的是弃妇的闺怨。[4] 她也没有其他作品留下来。

总的来说,现存元代女性的诗词作品是不多的。其中原因,一则女性接受文化教育的不多,二则当时的社会舆论对此有所非议。前述许氏《女教书》中,"歌诗有戒"[5]。上面提到,孙淑"恒毁其稿",原因是她认为女子只应从事纺织,"辞翰非所事也"。建阳女子丁临,字淑道,"幼慧,读《论语》、《孝经》、《孟子》,识其大意,古人文字,经目辄成诵。处室时,伯父县丞公戒曰:'妇人职知妇道,诗非所宜习。'盖终身服之,

---

〔1〕陶宗仪:《书史会要》卷7《大元》,武进陶氏逸园景刊明洪武本。

〔2〕杨维桢:《西湖竹枝集》,《武林掌故丛编》本。明初叶子奇《草木子》卷4上《谈薮篇》引此诗(文字略有不同)云:"造语颇工。"

〔3〕杨维桢:《东维子文集》卷7。

〔4〕杨维桢:《西湖竹枝集》。

〔5〕许有壬:《至正集》卷73《跋临川黄孺人训子诗》。

不敢言文。"[1]所谓"妇道",就是要女性当孝女、贤妇,学诗对此无益,当然被认为不宜了。前述金谿黄氏,受家庭教育,夫死守节。"泰定三年,赋诗一章三十韵训其子,稍传之四方。"又作有《祭夫文》和其他文字。但"词章非其所乐……初亦不以示人"。在她看来:"妇人之有善可称,非其幸也,可悲也,而非可愿也。"[2]当然,在男尊女卑的社会里,女性作家的诗词作品比起男性作家来,不受重视,更易散失,也是一个重要的原因。上述曹妙清的《曹氏弦歌集》早已失传。金谿黄氏的诗文曾"类录而刻之",亦已散失。上文提到的奉化陈润,"间作小诗,亦有思致,尝为二子赋诗若干韵,有关于伦记,可裨于治化,学士大夫咸称诵之"。诗作也没有流传下来。[3]浦城女子李智贞有诗集《静方集》,亦不传。[4] 又如元代前期诗人、曲作家胡祇遹,写过一篇《朱氏诗卷序》,文中所说朱氏是杂剧艺人,"以一女子,众艺兼并",能演多种角色,又能作诗。[5] 这位朱氏很可能就是著名演员珠帘秀。但这本诗卷也未能流传下来。

散曲是金代出现的一种新的诗歌形式,在元代得到蓬勃发展。散曲包括小令、套曲两类。小令是单只曲子,形式短小,语言精练,适合于抒情写景,是散曲的主体部分。套曲合数只曲子而成,可以包含比较复杂的内容。据《全元散曲》[6]统计,有作品传世的散曲作家约200人,其中女性作者有张怡云、珠帘秀、真氏、王氏、一分儿、张玉莲、刘婆惜、张氏等。她们的作品,以小令为主,个别亦有套曲。这些女性散曲作者,不外3种人,即是承应官府的教坊乐人,或是梨园的优伶,还有青楼的娼妓。这是因为散曲常用来演唱,而从事演唱的女性艺人正是这3种人(参见本篇第3部分)。这些女性艺人中不少人文思敏捷,出口成

---

〔1〕柳贯:《丁孺人墓碣铭》,见袁桷:《清容居士集》卷11。

〔2〕危素:《贞节传序》,载《康熙东乡县志》卷7。转引自《全元文》卷48。《危太朴文续集》卷9《书吴泰发妻黄氏戒子诗后》。许有壬亦有《跋临川黄孺人训子诗》,可知当时影响颇大。

〔3〕黄溍:《慈溪黄君墓志铭》。

〔4〕陈旅:《静方诗集序》。

〔5〕《紫山大全集》卷8。

〔6〕隋树森编,中华书局1964年版。

章,除了演唱男性作者的作品外,她们自己亦往往即兴创作,以博取声誉。张怡云"能诗词,善谈笑,艺绝流辈,名重京师。……又尝佐贵人樽俎,姚、阎二公在焉。姚偶言'暮秋时'三字,阎曰:'怡云续而歌之。'张应声作[小妇孩儿],且歌且续曰:'暮秋时,菊残犹有傲霜枝,西风了却黄花事。'贵人曰:'且止。'遂不成章。张之才亦敏矣。"[1]"佐贵人樽俎"即陪贵人饮酒。"姚"是姚燧,"阎"是阎复,两人都是大都文坛的重要人物,又是元朝政府中的官员。张怡云的歌唱在当时享有盛名,她的即兴创作更令人赞赏,而这一首没有完成的小令也成为她唯一传世的散曲作品。流传至今的张玉莲、一分儿、刘婆惜所作小令,也都是即兴之作。当时能够创作散曲的艺人应不在少数,但流传下来的作品很少。如梁园秀,"姓刘氏,行第四。……所制乐府,如[小梁州]、[青歌儿]、[红衫儿]、[捣砖儿]、[寨儿令]等,世所共唱之"[2]。"乐府"即指散曲小令而言。梁园秀的作品均已失传。总起来说,女性散曲作者以从事演唱的艺人为主,她们的身份低贱,这和上述女性诗词作者形成鲜明的对比。

书法和绘画是中国传统的两种艺术形式。在元代,书、画创作有突出的成就,名家迭出。但是有影响的女性书画家,只有管道升一人。赵孟頫在书法和绘画两个领域都有很高水平,管道升"亦能书,为词章,作墨竹,笔意清绝"[3]。赵孟頫说:"天子(元仁宗——引者)命夫人书《千文》,敕玉工磨玉轴,送秘书监装池收藏。因又命余书六体为六卷,雍(赵、管之子——引者)亦书一卷,且曰:'使后世知我朝有善书妇人,且一家皆能书,亦奇事也。'又尝画《墨竹》及《设色竹图》以进,亦蒙圣奖,赐内府上尊酒。"[4]可知管道升的书画得到皇帝的赏识,这在当时是特殊的荣誉。她以画竹著名,有《墨竹卷》、《竹石图》等传世。管道升还长于刺绣,所绣《十八尊者》图册流传至今,被推崇为"希世之珍"。

---

〔1〕夏庭芝著,孙崇涛、徐宏图笺注:《青楼集笺注》,第64~65页。
〔2〕夏庭芝著,孙崇涛、徐宏图笺注:《青楼集笺注》,第61页。
〔3〕杨载:《赵公行状》,见《赵孟頫集》附录。
〔4〕《赵孟頫集》外集《魏国夫人管氏墓志铭》。

见于记载的女性书法家、画家还有曹氏,即上面提到的曹雪斋,"能琴棋,书亦可赏"。又有刘氏,"不知何许人,孟运判妻也。性巧慧,能临古人字,咄咄逼真"[1]。"喜吟小诗,写墨竹,效金显宗,亦可观。"[2]柯氏,"天台人,九思之女。通经史,善笔札"。柯九思是元代中期著名书法家、画家,他的女儿继承了家学。[3]此外还有蒋氏、张氏等。她们都没有作品传世。

元朝公主祥哥剌吉,与武宗海山、仁宗爱育黎拔力八达同出于顺宗答剌麻八剌。她下嫁弘吉剌部的首领琱阿八剌。弘吉剌部首领封鲁王,世代相袭,并与皇室联姻。武宗时琱阿八剌袭封鲁王,并封祥哥剌吉为皇妹鲁国大长公主,仁宗即位后改封皇姐鲁国大长公主。文宗是武宗的儿子,在文宗朝又改称祥哥八剌为皇姑鲁国大长公主。她的女儿是文宗的皇后。因此,祥哥剌吉在朝廷中备受尊崇。祥哥剌吉曾两度遣使祭祀孔庙[4],这在蒙古贵族中是罕见的。在丈夫去世以后,"蚤寡守节,不从诸叔继尚"。蒙古族盛行收继婚,兄死弟收嫂为妻,祥哥剌吉拒绝收继,说明她深受中原文化礼俗影响。[5]她喜爱中原传统的书画艺术,收藏了前代和元代书家和画家的大量作品。英宗至治三年(1323)三月,"鲁国大长公主集中书议事执政官、翰林、集贤、成均之在位者,悉会于南城之天庆寺。……酒阑,出图画若干卷,命随其所能,俾识于后。礼成,复命能文词者,叙其岁月,以昭示来世"。这是一次以女性作主人的文人雅集,参与者大多是当时有名的学者、诗人。在宴会之余,鲁国大长公主拿出自己收藏的书画,请与会者题跋。[6]这次雅集,是元代文化史上的一件盛事,在中国古代艺术史上也是值得大书一笔的。祥哥剌吉的收藏品上,钤有"皇姊珍玩"、"皇姊图书"印,有些

---

[1]陶宗仪:《书史会要》卷7《大元》。
[2]夏文彦:《图绘宝鉴》卷5《元朝》。
[3]陶宗仪:《书史会要》卷7《大元》。
[4]阮元:《山左金石志》卷22《皇妹大长公主懿旨碑》、《皇妹大长公主鲁王祭孔庙碑》(以上两者实为一碑,至大元年),卷23《皇姐大长公主孔庙降香碑》(泰定四年)。
[5]《元史》卷33《文宗纪二》。
[6]袁桷:《清容居士集》卷45《鲁国大长公主图画记》。

一直流传至今。[1] 祥哥八剌是一个蒙古女性,却能钟情于书画收藏,在艺术史上自有其值得重视的地位。

14.3　女性与舞台表演艺术

元朝的表演艺术有戏曲、音乐、歌舞、说唱伎艺等多种形式,可以分为宫闱、官府、民间三大系统。从事各种表演艺术的艺人中,女性占有很大比重。

元朝宫闱中有大量宫女,其中一部分专门从事歌舞,供帝、后娱乐,或在某些仪式中演出。明初朱有燉据元宫人所述,作《元宫词百章》,"皆宫中实事"。其中之一是:"恻恻轻寒透凤帏,夜深前殿按歌归。银台烛烬香销鼎,困倚屏风脱舞衣。"写的是宫中舞女夜晚表演以后困倦的姿态。又一首云:"内中演乐教师教,凝碧池头日色高,女伴不来情思懒,海棠花下共吹箫。"宫中"演乐教师"教导的无疑是宫中的歌舞宫女。[2] 元代有一种舞蹈,称为"十六天魔舞",在当时影响很大。诗人萨都剌在《上京即事》中写道:"行殿参差翡翠光,朱衣花帽宴亲王。绣帘齐卷熏风起,十六天魔舞袖长。"[3]这首诗说的是十六天魔舞在宫廷宴会上演出。诗人张昱在《辇下曲》中亦有类似的描写:"西方舞女即天人,玉手昙华满把青。舞唱天魔供奉曲,君王长在月宫听。"[4]这首诗说的是十六天魔舞为皇帝表演。还有佚名作者《渔家傲南词》中有一首:"四月吾皇天寿旦,丹墀华盖朝仪灿,警跸三声严外辩。听呼赞,千官虎拜咸欢忭。礼毕相君擎玉盏,云和致语昌宫宴,十六天魔呈舞旋。大明殿,齐称万寿祈请宴。"[5]这首词说的是皇帝生辰庆祝仪式上演出十六天魔舞。从以上几首诗词来看,十六天魔舞有舞有唱,在宫廷

---

〔1〕关于祥哥剌吉的书画收藏,可参看傅申《女藏家皇姊大长公主——元代》(台北《故宫季刊》第13卷第1期)、姜一涵《元代奎章阁及奎章人物》(台北联经出版事业公司1981年)第一章第二节《元宫廷艺术的播种者——鲁国大长公主祥哥剌吉》。

〔2〕傅乐淑:《元宫词百章笺注》,第43、100页。

〔3〕《雁门集》卷2。

〔4〕《张光弼诗集》卷3。

〔5〕熊梦祥:《析津志辑佚》,第217页。

多种活动中演出。上述诗词都作于元朝后期。世祖至元十八年十一月,"提点教坊司申,闰八月二十五日,有八哥奉御、秃烈奉御传奉圣旨:道与小李,今后不拣什么人,十六天魔休唱者,杂剧里休做者,休弹唱者,四天王休妆扮者,骷髅头休穿戴者。如有违犯,要罪过者"[1]。可知早在忽必烈时期已有十六天魔舞,而忽必烈的这一指示,是将十六天魔舞限制在宫廷以内,不许民间演出。

　　元朝末代皇帝顺帝对十六天魔舞情有独钟:"时帝怠于政事,荒于游宴,以宫女三圣奴、妙乐奴、文殊奴等一十六人按舞,名为十六天魔。首垂发数辫,戴象牙佛冠,身披璎珞、大红绡金长短裙,金杂袄,云肩,合袖天衣,绶带鞋袜,各执加巴剌般之器,内一人执铃杆奏乐。又宫女一十一人,练槌髻,勒帕,常服,或用唐帽、窄衫。所奏乐用龙笛、头管、小鼓、筝、蓁、琵琶、笙、胡琴、响板、拍板。以宦者长安迭不花管领,遇宫中赞佛,则按舞奏乐。宫官受秘密戒者得入,余不得预。"[2]三圣奴等在当时以歌舞闻名。朱有燉《元宫词一百首》中有几处提到这几位宫女:"队里惟夸三圣奴,清歌妙舞世间无。御前供奉蒙深宠,赐得西洋塔纳珠。""按舞婵娟十六人,内园乐部每承恩。缠头例是宫中赏,妙乐、文殊锦最新。""月夜西宫听按筝,文殊指拨太分明。清音浏亮天颜喜,弹罢还教合凤笙。"[3]"加巴剌般之器"是藏传佛教僧侣所用以人头盖骨制成镶有金银珠宝的法器。"铃杆"也是藏传佛教的法器。表演者头戴象牙佛冠。由以上种种道具,可以认为,十六天魔舞应与藏传佛教有密切关系。朱有燉《元宫词一百首》中还有两首是:"十六天魔按舞时,宝妆璎珞斗腰支。就中新有承恩者,不敢分明问是谁。""背番莲掌舞天魔,二八娇娃赛月娥。本是河西参佛曲,把来宫苑席前歌。""河西"指原西夏王朝。西夏亦信奉藏传佛教,十六天魔舞很可能是由西夏故地传入元朝都城的。[4]而上述记载说明,宫廷中的十六天魔舞是由宫

〔1〕《元典章》卷57《刑部十九·诸禁·禁冶妆扮四天王等》。
〔2〕《元史》卷43《顺帝纪六》。
〔3〕傅乐淑:《元宫词百章笺注》,第59~61、67页。
〔4〕傅乐淑:《元宫词百章笺注》,第31~32页。

女 16 人表演的。至于"宫女一十一人"表演的,应是为十六天魔舞伴奏的音乐。应该指出的是,这段记载有些地方是不准确的,如前所述,十六天魔舞在宫廷内多种场合演出,并不限于"赞佛",也不会仅限于"受秘密戒者得入"。[1]

名诗人揭傒斯有一首诗,题为《李宫人琵琶引》,前有序云:"鄠县亢主簿言,有李宫人者,善琵琶。至元十九年以良家子入宫,得幸,上比之昭君。至大中,入事兴圣宫。比以足疾,乃得赐归侍母,给内俸如故。"诗中说:"茫茫青冢春风里,岁岁春风吹不起。传得琵琶马上声,古今只有王与李。李氏昔在至元中,少小辞家来入宫,一见世皇称艺绝,珠歌彩舞忽如空。君王岂为红颜惜,自是众人弹不得。玉觞未举乐未停,一曲便觉千金值。广寒殿里月流辉,太液池头花发时。旧曲半存犹解谱,新声万变总相宜。三十六年如一日,长得君王赐颜色。形容渐改病相寻,独抱琵琶空叹息。兴圣宫中爱更深,承恩始得遂归心。时时尚被宫中召,强理琵琶弦上音。琵琶转调声转涩,堂上慈亲还伫立。回看旧赐满床头,落花飞絮春风急。"[2]"兴圣宫"指武宗时皇太后答己。这位李姓宫人擅长琵琶,为几代皇帝、太后所喜爱。在宫中 36 年始得放归。由李宫人的事迹可知宫廷中还有专门弹奏乐器侍奉帝、后的艺人。

官府拥有庞大的表演队伍。和前代一样,元代官府的表演队伍有"雅乐"和"燕乐"之分。"雅乐"是正乐,起于先秦,使用钟、磬、鼓、瑟等古老乐器,专门在郊庙祭祀时演奏,旨在营造庄严肃穆的气氛。"燕乐"则是节庆宴会时演奏的,旨在营造热烈欢快的气氛。"燕乐"的乐器和曲调各个朝代都有变化,大多在前代基础上吸收当代的民间音乐和其他民族音乐加以改造而成。元朝设太常寺,后改名太常礼仪院,掌管祭祀礼仪。下有大乐署,专门负责"雅乐"的演出。"雅乐"的表演者

---

〔1〕杨维桢诗《续奁集》中一首,题为《习舞》:"十六天魔教已成,背反莲掌苦嫌生。夜深不管排场歇,尚向灯前蹋影行。"(《杨维桢诗集》第 403 页)又,《王左辖席上夜宴》云:"南国遗音夸壮士,西蛮小队舞天魔。"(《杨维桢诗集》第 375 页。)可知元末天魔舞已在江南民间流传。

〔2〕《揭傒斯全集·诗集》卷 4。

有乐工、歌工、舞人。又在礼部内设仪凤司和教坊司,负责"燕乐"的演出。仪凤司管理演奏各种乐器的乐工,教坊司管理表演各种技艺的"优人"。[1]"雅乐"的表演者以男性为主,是否有女性,尚不清楚。"燕乐"的表演队伍中则有大量女性。大都每年二月十五日举行规模宏大的"游皇城"仪式,"与众生被除不祥,导迎福祉"。仪凤司、教坊司的乐工、优人都要参加游行表演,其中教坊司属下"兴和署掌妓女杂扮队戏一百五十人,祥和署掌杂把戏男女一百五十人"[2]。皇帝每年要到上都(今内蒙古正蓝旗境内)避暑,抵达时,"俱下马徒行,独至尊骑马直入,前有教坊舞女引导,且歌且舞,舞出'天下太平'字样,至玉阶乃止"。举行宫廷宴会时,"教坊美女必花冠锦绣以备供奉"[3]。以上记载都明确说明"燕乐"系统有女性演员。"燕乐"系统的艺人除了在宴会等宫廷活动中表演歌舞外,还要演出杂剧。《元宫词百章》中云:"尸谏灵公演传奇,一朝传到九重知。奉宣赍与中书省,诸路都教唱此词。""初调音律是关卿,伊尹扶汤杂剧呈。传入禁垣宫里悦,一时咸听唱新声。"[4]都应是教坊在宫廷演出杂剧的例证。"燕乐"系统的歌舞、杂剧都有大量的女性艺人。

教坊艺人除了在宫廷宴会和节庆时表演外,还要随时应召为皇帝演出。京师的达官贵人也可邀请教坊艺人到酒宴或其他场合演出。如玉莲儿,"端丽巧慧,歌舞谈谐,悉造其妙。尤善文楸握槊之戏。尝得侍于英庙,由是名冠京师"。"英庙"即元英宗。只有教坊艺人才有机会侍奉皇帝,玉莲儿应是教坊中人。[5]元代教坊最有名的演员是顺时秀,原名郭芳卿,"性资聪敏,色艺超绝,教坊之白眉也"[6]。诗人张昱曾在朝廷任职,他的组诗《辇下曲》,以大都城市生活为题材,其中之一是:"教坊女乐顺时秀,岂独歌传天下名。意态由来看不足,揭帘半面

---

〔1〕参见本书第12篇《元朝宫廷乐舞简论》。
〔2〕《元史》卷77《祭祀志六》。
〔3〕杨允孚:《滦京杂咏》卷上。
〔4〕傅乐淑:《元宫词百章笺注》,第11、29页。
〔5〕夏庭芝著,孙崇涛、徐宏图笺注:《青楼集笺注》,第137页。"文楸握槊之戏"指双陆。
〔6〕陶宗仪:《辍耕录》卷19《妓聪敏》。

已倾城。"[1]显然,这位教坊女艺人是当时大都最有轰动效应的人物。顺时秀能演杂剧,"杂剧为闺怨最高,驾头、诸旦本亦得体"。但最擅长的是歌唱:"刘时中待制尝以'金簧玉管,凤吟鸾鸣'拟其声韵。"[2]时代稍后于张昱的另一位诗人高启写道:"文皇在御升平日,上苑宸游驾频出。仗中乐部五千人,能唱新声谁第一。燕国佳人号顺时,姿容歌舞总能奇。中官奉旨时宣唤,立马门前催画眉。建昌宫里长生殿,芍药初开敕张宴。龙笙奏罢凤笙停,共听娇喉一莺啭。遏云妙响发朱唇,不让开元许永新。……当筵按罢谢天恩,捧赐缠头蜀都绮。晚出银台酒未消,侯家主第争相邀。宝钗珠袖尊前赏,占断春风夜复朝。"[3]可知顺时秀享有"第一"的美誉,元文宗时常应诏到宫廷中演唱,还应邀到权贵家中表演,帝王权贵都为之倾倒。高启在记述顺时秀的才艺后又着力描写她的弟子陈氏:"世间遗谱竟谁传,弟子犹怜一人在。曾记《霓裳》学得成,朝元殿里艺初呈。九天声落千人听,丹凤楼前月正明。狭邪贵客回车马,不信芳名在师下。"后来,"风尘一旦禁城荒,谁是花前听歌者。从此飘零出教坊,远辞京国客殊方"。陈氏也是教坊演员,曾在宫廷演出歌舞,与其师齐名。但在"禁城"荒芜之后,被迫远离大都,漂流他方。这样,生活在江南的高启才有可能听到她的歌唱,不胜今昔之感,为她写下上述诗篇。诗中所说"风尘",应指元末动乱而言。与高启同时的杨基,写了一首诗《听老京妓宜时秀歌慢曲》:"春云阴阴围绣幄,梨花风紧罗衣薄。白头官妓近前歌,一曲才终泪才落。收泪从容说姓名,十二歌学郭芳卿。先皇最爱芳卿唱,五凤楼前乐太平。鼎湖龙去红妆委,此曲宜歌到人耳。潜向东风作慢腔,梨园不信芳卿死。从此京华独擅场,时人争识杜韦娘。芙蓉秋水黄金殿,芍药春屏白玉堂。风尘回首江南老,衰鬓如丝颜色槁。深叹无人听此词,纵然来听知音少。"[4]杨基是高启的友人,都列名"吴中四杰"。他们笔下的陈氏和

〔1〕《张光弼诗集》。

〔2〕夏庭芝著,孙崇涛、徐宏图笺注:《青楼集笺注》,第102页。

〔3〕《听教坊旧妓郭芳卿弟子陈氏歌》,见《高青丘集》第330~331页。许永新是唐开元时的歌妓,唐玄宗说她"歌直千金"。

〔4〕《眉庵集》卷2。

宜时秀,都是顺时秀(郭芳卿)的弟子,都曾在宫廷中演唱,师徒齐名,后来又都流落江南,显然是一个人。也就是说,陈氏艺名宜时秀。杨基诗中的"先皇"应指文宗。"鼎湖龙去红妆委",应指文宗死后不久顺时秀亦下世,其弟子宜时秀(陈氏)继起,在京师"擅场",后来流落江南。

元朝文人王恽有一篇《乐籍曹氏诗引》,其中说:"乐籍曹锦秀,缓度清歌。一日,来为余寿。因询之曰:'汝以故家人物,才色靓丽,风韵闲雅,知名京华,为豪贵招致,逞妙艺而佐清欢,日弗暇及。不知何取于予而得此哉?'曰:'妾虽不慧,颇解之无,猥以薄技,陈述古今兴亡,闺门劝戒,必探穷所载记传诗咏,掇采端倪,曲尽意趣。久之,颇有感悟,欲为效颦。'"〔1〕"乐籍"应指列名教坊乐人户籍。曹锦秀的技艺是"陈述古今兴亡,闺门劝戒",应是诸宫调或杂剧的表演者。她"知名京华,为豪贵招致,逞妙艺而佐清欢",亦即在豪贵聚会时表演。成书于14世纪中叶的高丽汉语教科书《朴通事》,叙事以元朝大都社会生活为中心。开头便是一伙上层人物的聚会,"咱每几个好弟兄,去那有名的花园里,做一个赏花筵席"。为此,差人"叫教坊司十数个乐工和做院本、诸般杂技的来"。"弹的们动乐器,叫将唱的根前前来,着他唱。"散筵席时,"把上马杯儿,如今唱达达曲儿,吹笛儿着"〔2〕。这都是教坊乐人为权贵表演的记载。

元朝把全国居民分成若干种户,如民户、军户、站户等,都由政府来确定,不能随便改动。仪凤司和教坊司管辖的乐工、艺人,也是一样,都有专门的户籍,世代相传,在仪凤司和教坊司管理下,为朝廷各项典礼服务,不能随便脱离。元朝政府规定,"诸乐艺人等服用与庶人同,凡承应妆扮之物不拘上例"〔3〕。也就是说,"诸乐艺人"的身份与一般百姓是相同的。至元十五年教坊司的一件文书中说:"本管乐人户计,俱于诸路云游。"〔4〕显然,除了必须参加的朝廷各种仪式之外,教坊艺人

---

〔1〕《秋涧先生大全集》卷43。

〔2〕《朴通事谚解》卷上。

〔3〕《元典章》卷29《礼部二·礼制·贵贱服色等第》。

〔4〕《元典章》卷18《户部四·婚姻·乐人嫁女体例》。教坊艺人分部、色,色长即某种伎艺的负责人。见耐得翁:《都城纪胜·瓦舍众伎》。

可以自谋生路。散曲名家张可久有一首小令《[中吕]朝天子·席上有赠》:"教坊,色长,曾侍宴丹墀上。可怜新燕妒新妆,高髻堆宫样。芍药多情,海棠五香,花不如窈窕娘。锦囊,乐章,分付向樽前唱。"[1]张可久生活在元代中期,一生未离开江南。这位女性"教坊色长"显然来到江南,在酒席上演唱。这些女艺人年青美貌,擅长歌舞,很自然成为达官贵人和富人猎取的对象。"今即随路一等官豪势要富户之家……强将应有成名善歌舞妇人,暗地捏合婚证,娶为妻妾。"女艺人的流失,"失误当番承应",即不利于朝廷各种典礼上的演出,因而皇帝几次下令:"乐人每的女孩儿,别个百姓根底休聘与者。……他自己其间里聘者。"[2]乐人只许内部通婚,以此来保证教坊演出队伍的稳定。其他各种户都没有这样的限制,这是很特殊的措施。也就是说,教坊女艺人的身份实际上是不自由的。至于上述教坊女艺人陈氏、宜时秀流落到江南,则应是元末动乱所致。

除了属于官府的演艺机构和艺人外,元代民间亦有很多表演团体,演出杂剧或歌舞。艺人称为"路歧"、"散乐",其中有很多女性。她们一般既能演杂剧,又能歌舞,但往往有所偏重。女艺人中以杂剧著名的有珠帘秀等,以歌舞著名的有解语花、张怡云、梁园秀等。当时城市中有勾栏,即固定的演出场所,城市中的艺人有的在勾栏中演出,有的则应召到酒宴上或其他场合表演。农村中有戏台,可供演出之用。山西洪洞明应王庙元代壁画上有"大行散乐忠都秀在此作场"字样。"忠都秀"无疑是女性演员的艺名。壁画表现的是杂剧在农村戏台演出的情景,"忠都秀"便是其中的主要演员。

珠帘秀"姓朱氏,行第四,杂剧为当今独步。驾头、花旦、软末泥等,悉造其妙。……至今后辈以朱娘娘称之者"[3]。珠帘秀活跃于元代前期的大都,后来移居南方。她与当时有名的诗人、词曲家关汉卿、胡祇遹、王恽、冯子振、卢挚等多有交往。她善于表演多种角色,演技出

〔1〕隋树森编:《全元散曲》,第888页。
〔2〕《元典章》卷18《户部四·婚姻·乐人婚》。
〔3〕夏庭芝著,孙崇涛、徐宏图笺注:《青楼集笺注》,第82页。

神入化,得到他们很高的评价。珠帘秀的弟子有赛帘秀、燕山秀等。赛帘秀"朱帘秀之高弟……中年双目皆无所睹,然其出门入户,步线行针,不差毫发,有目莫之及焉。声遏行云,乃古今之绝唱"。燕山秀"姓李氏……朱帘秀之高弟,且末双全,杂剧无比"。[1] 珠帘秀可以说是元代杂剧领域的一颗光彩夺目的明星,"朱娘娘"的称呼反映出她在这一领域的崇高地位。元代有名的杂剧女艺人还有不少,特别值得提出的是米里哈,"回回旦色,歌喉清宛,妙入神品。貌虽不扬,而专工贴旦杂剧"。[2] 回回女子从事杂剧表演而且享有"神品"之誉,这在元代甚至中国古代戏曲史上都是很罕见的。

解语花"姓刘氏,尤长于慢词。廉野云招卢疏斋、赵松雪饮于京城外之万柳堂,刘左手持荷花,右手举杯,歌[骤雨打新荷]曲,诸公喜甚。赵即席赋诗云:'万柳堂前数亩池,平铺云锦盖涟漪。主人自有沧洲处,游女仍歌《白雪》词。手把荷花来劝酒,步随芳草去寻诗。谁知咫尺京城外,便有无穷万里思'"。[3] 廉希宪(1231—1280),号野云,畏兀儿人,忽必烈时代名臣。卢疏斋即曲家、诗人卢挚,赵松雪即赵孟頫。万柳堂雅集为元代及后世文人所津津乐道,但实际上以上记载是有问题的。廉希宪死于至元十七年,而赵孟頫在至元丙戌(二十三年)才到大都。因此,招饮卢、赵,举行雅集的,应是廉希宪的子侄辈中人物。但由此可见当时习俗,即酒宴时招致艺人歌唱劝酒。解语花在这一次酒宴上的演唱,得以闻名遐迩。前面说过的张怡云、梁园秀,既能写作散曲,亦是杰出的歌手。

还有一些艺人,善于用琵琶一类弹拨乐器边弹边唱,称为"弹唱"。散曲作家徐再思在一首题为《[双调]寿阳曲·弹唱佳人》的小令中写道:"玉纤流恨出冰丝,瓠齿和春吐怨辞,秋波送巧传心事。似邻船初听时,问江州司马何之,青衫泪,锦字诗,总是相思。"[4] 其中用的是唐

〔1〕夏庭芝著,孙崇涛、徐宏图笺注:《青楼集笺注》,第141、222页。
〔2〕夏庭芝著,孙崇涛、徐宏图笺注:《青楼集笺注》,第192页。
〔3〕夏庭芝著,孙崇涛、徐宏图笺注:《青楼集笺注》,第76页。陶宗仪:《辍耕录》卷9《万柳堂》。
〔4〕隋树森编:《全元散曲》,第1056页。

代诗人白居易《琵琶行》的典故,可见描写的是用琵琶弹唱的女艺人。艺人陈婆惜"善弹唱,声遏行云。……在弦索中,能弹唱鞑靼曲者,南北十人而已"[1]。"鞑靼曲"指蒙古歌曲。陈婆惜能弹唱蒙古歌曲,在当时是很难得的。又有孔千金,"善拨阮,能慢词,独步于时"[2]。阮即阮咸,也是一种弹拨乐器。

　　说唱伎艺在中国有悠久的历史。元代的说唱伎艺有说话、诸宫调、说唱货郎儿等。说话有的只说不唱,有的说唱并用。表演者中女性占很大的比例。说话的内容有小说、讲史、说经几类。元朝末年,"胡仲彬乃杭州构栏中演说野史者,其妹亦能之"[3]。可知这位胡姓女演员和她的兄长是在杭州舞台上演出的,"演说野史"属于讲史一类。元末名诗人杨维桢记述了杭州另一位女性说唱演员的活动:"丙午春二月,予荡舟娱春,过濯渡,一姝淡妆素服,貌娴雅,呼长年舣棹,敛衽而前,称:朱氏名桂英,家在钱塘,世为衣冠旧族,善记稗官小说,演史于三国、五季。因延至舟中,为予说道君艮岳及秦太师事,座客倾耳,知其腹笥有文史,无烟花脂粉。予奇之曰:使英遇思陵太平之朝,如张、宋、陈、陆、史辈,谈通典故,入登禁壶,岂久居瓦市间耶!"[4]"长年"指船夫。"道君"指宋徽宗,"秦太师"即秦桧,"思陵"指宋高宗。"张、宋、陈、陆、史"是以说话伎艺侍奉宋高宗的艺人。女艺人朱桂英演说的是北宋末期和南宋初期的历史故事。西湖是游人集中之地,这位女艺人乘坐小舟往来湖上,随时应游客之召,到游船上演出。

　　元代诗人王恽有词《鹧鸪引·赠驭说高秀英》:"短短罗衫淡淡妆,拂开红袖便当场。掩翻歌扇珠成串,吹落谈霏玉有香。由汉魏,到隋唐,谁教若辈管兴亡。百年都是逢场戏,拍板门锤未易当。"[5]这位女性艺人演说的显然是汉魏隋唐兴亡的历史故事。又有时小童,"善

　　〔1〕夏庭芝著,孙崇涛、徐宏图笺注:《青楼集笺注》,第188页。
　　〔2〕夏庭芝著,孙崇涛、徐宏图笺注:《青楼集笺注》,第223页。
　　〔3〕陶宗仪:《辍耕录》卷27《胡仲彬聚众》。
　　〔4〕《东维子文集》卷6《送朱女士桂英演史序》。
　　〔5〕《秋涧先生大全集》卷76。

调话,即世所谓小说者,如丸走板,如水建瓴。女童童,亦有舌辩"〔1〕。"驭说"、"调话"都是说话的别名。从以上这些记载,可知当时从事说话的女艺人是相当多的,而她们的表演亦颇受欢迎。诸宫调是宋、金时代颇为流行的民间说唱伎艺。它用同一宫调的若干曲牌联成短套,首尾一韵,再用不同宫调的许多短套联成长篇,杂以说白,用来说唱长篇故事,诸宫调一名即由此而来。演出时采用歌唱和说白相结合的方式,并有器乐配奏。元代杂剧的结构和表演方式,都与诸宫调有密切关系。由于杂剧的流行,诸宫调在元代呈萎缩状态,但仍有一定市场。当时记载,女演员赵真真、杨玉娥"善唱诸宫调"。秦玉莲、秦小莲"善唱诸宫调,艺绝一时,后无继之者"〔2〕

宋、元时期往来于城乡贩卖物品的商贩,往往一面敲锣或摇蛇皮鼓,一面随口说唱物品名称、特色,以广招徕。说唱的调子逐渐定型化,称为"货郎儿"。大都是元朝都城,亦有"唱琵琶词货郎儿人等,聚集人众,充塞街市"〔3〕。可见这种伎艺颇有吸引力。但货郎儿一般只能在农村市集、城市街头摆地摊表演,不能进入勾栏。演唱货郎儿的有男有女。杂剧《风雨像生货郎旦》便描写张三姑与张撇古一同以唱货郎为生,张三姑说:"我本是穷乡寡妇,没甚的艳色娇姿,又不会卖风流弄粉调脂,又不会按宫商品竹弹丝。无过是赶几处沸腾腾热闹场儿,摇几下桑琅琅蛇皮鼓儿,唱几句韵悠悠信口腔儿,一诗一词,都是些人间新近希奇事,扭捏来无诠次,倒也会动的人心谐的耳,都一般喜笑孜孜。"〔4〕相对于其他说唱伎艺,说唱货郎儿更是大众化的、通俗的。演唱货郎儿的不是经过严格训练的专业类演员,而是像张三姑这样普通贫困家庭的女性。

女性在各种伎艺表演中占有重要的地位,但她们面对的主要是男性观众。宫廷或权贵举行的某些表演活动,上层女性可以列席。元代

〔1〕夏庭芝著,孙崇涛、徐宏图笺注:《青楼集笺注》,第151页。
〔2〕夏庭芝著,孙崇涛、徐宏图笺注:《青楼集笺注》,第91、126页。
〔3〕《元典章》卷57《刑部十九·杂禁·禁弄蛇虫唱货郎》。
〔4〕臧懋循:《元曲选》,第1649～1650页。

城市中有勾栏,是杂剧、诸宫调等各种伎艺的演出场所。勾栏中的观众主要是男性,女性亦可进入。[1] 一些寺院庙会上常有演出(如上述"大行散乐忠都秀在此作场"),女性自然是观众的重要组成部分。但总的来说,一般女性是没有或很少有欣赏各种伎艺表演的机会的。

14.4 女性的游戏

元代男性娱乐可以分为体能游戏和智力游戏两大类,项目很多,但女性的娱乐项目则是不多的,特别是体能游戏更是有限,常见的只有蹴鞠和荡秋千两项。

蹴鞠是一种球类活动。"蹴"是用脚踢的意思,"鞠"是球。"蹴鞠"就是用脚踢球。蹴鞠用的球称为"气毬",是用皮制成的,使用时吹气,使之膨胀,便可玩耍,可用来比赛。在元代,蹴鞠在城市青少年中间很流行,大剧作家关汉卿说:"惟蹴鞠最风流。"[2]女性中喜好蹴鞠的,主要是艺人和妓女,她们以此玩耍,或用来作为表演的伎艺。佚名杂剧《月明和尚度柳翠》中,"风尘妓女"柳翠说:"母亲,将过气毬来,我和师父踢一抛儿咱。"[3]名诗人萨都剌有一篇散曲套数,题目是"妓女蹴鞠","红香脸衬霞,玉润钗横燕。月弯眉敛翠,云蝉鬓堆蝉。绝色婵娟"。这是写妓女美貌。"毕罢了歌舞花前宴,习学成齐云天下圆。""圆"指蹴鞠,这是讲妓女学习蹴鞠。"素罗衫垂翠袖低笼玉笋,锦勒袜衬乌靴款蹴金莲。占官场立站下人争羡,似月殿里飞来的素女,甚天风吹落的神仙。"这是描写妓女蹴鞠时的穿着,以及在蹴鞠场上出现时的轰动。"打着对合扇拐全不斜偏,踢着对鸳鸯扣且是轻便。"这是描写蹴鞠种种动作。"猛然,笑喘,红尘两袖纤腰倦,越丰韵越娇软。罗帕香匀粉汗妍,拂落花钿。"这是写蹴鞠带来的兴奋与刺激。[4] 萨都剌生

---

[1]陶宗仪:《辍耕录》卷24《勾阑压》。
[2]《[越调]斗鹌鹑·女校尉》,见隋树森编《全元散曲》,第178页。
[3]臧懋循:《元曲选》,第1346页。
[4]隋树森编:《全元散曲》,第699页。

动地描写了蹴鞠的全过程。另一位散曲作家邓玉宾的套数以《仕女圆社气毬双关》为题,对蹴鞠的种种姿态有生动的描述。"似这般女校尉从来较少,随圆社常将蹴鞠抱抛。占场儿陪伴了些英豪。那丰标,体态妖娆,错认范的郎君他跟前入一脚,点着范轻轻的过了。打重他微微含笑。那姐姐见毬来忙把脚儿跻。"[1]作者笔下的女性应是陪伴"郎君"一起踢毬的,她的身份亦应是妓女或艺人。元末名诗人杨维桢有《蹴鞠歌》,下注:"赠刘叔芳。"诗中云:"绮襦珠络锦绣裆,草裀漫地绿色凉。揭门缚彩观如堵,恰呼三三唤五五。低过不和蹴忽高,蛱蝶窥飞燕回舞。步矫且捷如凌波,轻尘不上红锦靴。"[2]观者"如堵",显然带有表演性质。杨维桢还有《蹴鞠篇》,下注:"为刘娘赋也。"[3]"刘娘"显然就是刘叔芳。以"娘"称呼,无疑是女艺人或妓女。也就是说,普通人家特别是官宦、儒士家庭的女性一般不会从事这项活动。

荡秋千是一项由来已久的游戏。在元代,每到春天,特别是寒食、清明前后,社会各阶层无不以秋千为戏,参加者以女性居多。"春三月,花满枝,秋千惹绿杨丝。"[4]元朝都城大都在此期间,"上至内苑,中至宰执,下至士庶,俱立秋千架,日以嬉戏为乐"[5]。"清明寒食,宫庭于是节最为富丽,起立彩索秋千架,自有戏蹴秋千之服。金绣衣襦,香囊结带,双双对蹴,绮筵杂进,珍馔甲于常筵。中贵之家,其乐不减于宫闱。达官贵人,豪华第宅,悉以此为除祓散怀之乐事,然有无各称其家道也。"[6]诗人张昱的《宫中词》写道:"频把香罗拭汗腮,绿云背绾未曾开。相扶相曳还宫去,笑说秋千架下来。"[7]朱有燉《元宫词百章》之一是:"彩绳高挂绿杨烟,人在虚空半是仙。忽见驾来频奉旨,含羞不肯上秋千。"[8]荡秋千不仅是游戏,而且在季节更换时还有消除不

〔1〕隋树森编:《全元散曲》,第306~308页。
〔2〕《杨维桢诗集》第346页。
〔3〕《杨维桢诗集》第34页。
〔4〕无名氏:《十二月三月》,见隋树森编《全元散曲》第1724页。
〔5〕熊梦祥:《析津志辑佚》第216页。
〔6〕熊梦祥:《析津志辑佚》第203页。
〔7〕《张光弼诗集》卷2。
〔8〕傅乐淑:《元宫词百章笺注》第71页。

祥、舒散胸怀的意义。这本是中原传统的游戏,但在元代显然已为蒙古、色目人普遍接受,成为风靡都城朝野的盛大活动。南方最大的都市杭州,"暖日宜乘轿,春风堪信马,恰寒食有二百处秋千架"[1]。大都、杭州如此,其他城市亦如此。杂剧《百花亭》(作者佚名)中说,清明时节,"郊外踏春","管弦拖曳,王孙仕女斗豪奢,梨花院秋千、蹴鞠,牡丹亭宝马香车"。[2]艺术作品的语言正是当时城市生活的真实反映。事实上,不仅城市,农村中的年轻女性在寒食时节也要荡起秋千,迎接春天的到来:"桑柘外秋千女儿,髻双鸦斜插花枝。"[3]

荡秋千有单人,有双人。"四时惟有春无价,尊日月富年华。垂杨影里人如画。锦一攒,绣一堆,在秋千下。语笑忻忻,炒闹喧华。软红乡,簇定个小宫娃。彩绳款拾,画板轻踏,微着力,身慢举,曳裙纱。众矜夸,是交加,彩云飞上日边霞。体态轻盈那闲雅,精神羞落树头花。"[4]春天时节,女性聚会,一位年轻女子跳上秋千荡起来,赢得众人的称赞。"静悄悄幽庭小院,近花圃相连着翠轩,仕女王孙戏秋千。板冲开红杏火,裙拂散绿杨烟。[脱布衫]见金莲紧间金莲,胸前紧贴胸前,香肩齐并玉肩,宝钗压着金钗。[醉太平]那两个云游在半天,恰便似平地上登仙,晚来无力揽红绵。下秋千困倦,慢腾腾倚定花枝颤,汗漫漫湿透芙蓉面。金钗不整鬓云偏,吁吁气喘。[货郎煞]倒折春衫做罗扇搧。"[5]则是描写两位青年女子肩并肩、胸贴胸同荡秋千的欢乐情景。

与荡秋千联系在一起的,是"踏青斗草"之戏。"踏青"就是到园林或城郊原野去游玩,荡秋千正是"踏青"的重要节目。荡秋千之余,年轻女子便相互"斗草",用各种草比赛。大都有南北城,北城是新城,南城是辽、金时的旧城,多园林。春季"北城官员士庶妇人女子多游南

〔1〕马致远:《[双调]新水令·题西湖》,见隋树森编《全元散曲》第266页。
〔2〕臧懋循:《元曲选》,第1425页。
〔3〕卢挚:《寒食新野途中》,见隋树森编《全元散曲》第126页。
〔4〕无名氏:《[南吕]骂玉郎过感皇恩采茶歌》,见隋树森编《全元散曲》第1680页。
〔5〕无名氏:《[正宫]货郎儿》,见隋树森编《全元散曲》第1792~1793页。

城,爱其风日清美而往之,名曰踏青斗草"[1]。关汉卿的杂剧《诈妮子调风月》中,侍女燕燕恋上了小千户,寒食踏青,"却共女伴每蹴罢秋千,逃席的走来家,这早晚小千户敢来家了也。[中吕 粉蝶儿]年例寒食,邻姬每斗来邀会。去年时没人将我拘管收拾,打秋千,闲斗草,直到个昏天黑地。今年个不敢来迟,有一个未拿着性儿女婿"[2]。贾仲名的杂剧《铁拐李度金童玉女》中,描写金安寿夫妻到郊外踏青,只见"佳人斗草,公子妆幺,秋千料峭,鼓吹游遨"[3]。杂剧的这些描写,是现实生活的反映,说明斗草是年轻女性踏青时的重要节目。

女性的智力类游戏有棋类、双陆、顶真续麻、拆白道字等。围棋、象棋由来已久,元代朝野仍盛行。张昱《宫中词》中写道:"残却花间一局棋,为因宣唤赐春衣。近前火者催何急,惟恐君王怪到迟。"[4]这是宫廷中女子以棋消遣。杂剧《竹坞听琴》中老道姑"善能抚琴下棋",有个小姐在她跟前"学琴下棋"。她下的棋称为"手谈",可知是围棋[5]。《度柳翠》中,风尘女子柳翠会下围棋[6]。女性下棋似以围棋为主。双陆是起源于印度的一种游戏,和棋类一样,也是两人对局。唐朝曾风靡一时。南宋境内几乎绝迹,但金统治下的北方仍很普遍。到了元代,双陆在全国范围内流行开来,特别为青年男女所喜爱。一些女艺人、妓女也以此作为博取达官贵人欢心的伎艺。前面说过,教坊艺人玉莲儿"尤善文楸握槊之戏",即双陆[7]。散曲名家张可久有小令,题为《观张氏玉卿双陆》:"间锦筝,罢瑶筝,花阴半帘春昼永。斗草无情,睡又不成,佳配两相停。手初交弄玉拈冰,步轻挪望月瞻星。双敲象齿鸣,单走马蹄轻。赢,夜宴锦香亭。"[8]这位张玉卿显然是歌舞艺人或妓女。

---

〔1〕熊梦祥:《析津志辑佚》第 216 页。

〔2〕隋树森:《元曲选外编》,中华书局 1959 年版,第 83 页。

〔3〕臧懋循:《元曲选》,第 1096 页。

〔4〕《张光弼诗集》卷 2。

〔5〕作者石子章,见臧懋循《元曲选》第 1442 页。

〔6〕臧懋循:《元曲选》,第 1345~1346 页。

〔7〕夏庭芝著,孙崇涛、徐宏图笺注:《青楼集笺注》,第 137 页。

〔8〕隋树森编:《全元散曲》,第 880 页。

在关汉卿的杂剧《赵盼儿风月救风尘》中,倡女宋引章"拆白道字,顶真续麻,无般不晓"[1]。拆白道字、顶真续麻是风尘女子需要具备的伎艺,用来作为酒宴或其他聚会场合应酬的手段。其他女性亦喜爱这种女伴相聚时可以增进乐趣的游戏。拆白道字就是将一个字拆成两个字,作为谈笑的材料。在杂剧《西厢记》中,张生与崔相国之女莺莺两情相好,相国之甥郑恒要娶崔莺莺,侍女红娘对他说:"高低远近都休论,我拆白道字辩与你个清浑。""君瑞(张生名珙,字君瑞——引者)是个'肖'字这壁著个立'人',你是个'木寸''马户''尸巾'。"[2]"肖"边立个"人"是"俏"字,"木寸"、"马户"、"尸巾"合起来是"村驴屌。""顶真续麻"又作"顶针续麻"、"真字续麻",也是一种文字游戏。参加者一人一句,可以是诗,也可以是词、曲,上一句的末一字即下句的第一字,如此连续不断。散曲名家张可久有一首题为《元夜宴集》的小令:"绿窗纱银烛梅花,有美人兮,不御铅华。……可喜娘春纤过茶,风流煞真字续麻,共饮流霞。"[3]描写女性在宴会上举行"真字续麻"的游戏。具体的例子如:"断肠人寄断肠词,词写心间事。事到头来不由自,自寻思,思量往日真诚志。志诚是有,有诚谁似,似俺那人儿。"[4]写女性对情人的思念,很可能是女性的作品。

元代还有两种专属于女孩儿的游戏,一种是乞巧,另一种是结羊肠。元代有很多节庆,其中七夕节(农历七月七日)称为乞巧节,又称女孩儿节。七夕节有多种活动,都是以女孩儿乞巧为中心的。"宫廷、宰辅、士庶之家咸作大棚,张挂七夕牵牛织女图,盛陈瓜、果、酒、饼、蔬菜、肉脯,邀请亲眷小姐女流,作巧节会,称曰:女孩儿节。觇卜贞咎,饮宴尽欢,次日馈送还家,亦古今之通俗也。""市中小经纪者,仍以芦苇夹棚,卖摩诃罗巧神泥塑,人物大小不等,买者纷然。"[5]"天孙一夜停

---

〔1〕隋树森编:《全元散曲》,第880页。

〔2〕隋树森编:《元曲选外编》,第317页。

〔3〕隋树森编:《全元散曲》,第774页。

〔4〕《[越调]小桃红·情》,见隋树森编《全元散曲》第1731页。

〔5〕熊梦祥:《析津志辑佚》第220页。

·欧·亚·历·史·文·化·文·库·

机暇,人世千家乞巧忙。"[1]传统的乞巧方式主要有二,一是"对月穿针";一是"以小蜘蛛贮盒内,以候结网之疏密,为得巧之多少"[2]。元代仍然盛行。"七月都城争乞巧,荷花旖旎新棚笊。龙袖娇民儿女狡,偏相搅,穿针月下浓妆佼。"[3]"鹿顶殿中逢七夕,遥瞻牛女列珍羞。明朝看巧开金盒,喜得鼋丝笑未休。"[4]前一首讲的是对月穿针,后一首讲的是以蛛丝辨得巧多少。结羊肠是大都民间的风俗。诗人揭傒斯写道:"正月十六好风光,京城女儿结羊肠。焚香再拜礼神毕,剪纸九道尺许长。撚成对绉双双结,心有所期口难说。为轮为镫恒苦多,忽作羊肠心自别。邻家女儿闻总至,未辨吉凶忧且畏。须臾结罢起送神,满座欢欣杂憔粹。但愿年年逢此日,儿结羊肠神降吉。"[5]另一位诗人张昱的《宫中词》亦提到这一游戏:"纸绳未把祝炉香,自觉红生两脸旁。为镫为轮俱有喜,莫将緺结作羊肠。"[6]这是一种剪纸游戏,用来祈祷自己的幸福。乞巧曾长期流传,结羊肠后来似乎没有了。

掷色(骰)子是一种女性常用来消遣的游戏。色(骰)子是一种用牙或骨制成的六面物体,分别刻有一至六点数。参加者掷色(骰)子或比数字大小,或比拼合的图样,以分输赢。杂剧《月明和尚度柳翠》中,和尚问:"这两块骨头唤做什么?"柳翠说:"师父,这个不唤做骨头,这个唤做色数儿。"和尚说:"我试看咱,一对着六。"柳翠接着说:"师父,不唤做一,唤做幺。"[7]另一种杂剧《钱大尹智宠谢天香》中,谢天香与另一侍妾掷色数儿,谢天香唱:"幺四五骰着个撮十,二三二趁着个夹七。一面打个色儿也当得,幺二三是鼠尾。""我将这色数儿轻放在骰盆内,二三五又掷个鸟十,不下钱打赛,我可便赢了你两回。"[8]柳翠用的是两颗色(骰)子,谢天香用的是三颗色(骰)子。色子的不同组合都

---

〔1〕佚名:《[中吕]喜春来·四节》,见隋树森编《全元散曲》第1731页。
〔2〕四水潜夫:《武林旧事》卷3《乞巧》,《武林掌故丛编》本。
〔3〕欧阳玄:《圭斋文集》卷4《渔家傲南词》。
〔4〕傅乐淑:《元宫词百章笺注》,第90页。
〔5〕《结羊肠辞》,见《揭傒斯全集》第113页。
〔6〕《张光弼诗集》卷2。
〔7〕臧懋循:《元曲选》,第1346页。
〔8〕作者关汉卿,见臧懋循编《元曲选》第150页。

有固定的名目,同样是十,由么四五组成称为"撮十",由二三五组成则称"乌十"。[1] 掷色(骰)子"不下钱打赛"是游戏,如"下钱"便是赌博。

(原载《暨南史学》第五辑[2008 年]。)

---

[1]关于色子数字组成的色目,参见类书《事林广记》(至顺本)续集卷 6《文艺类·打马》。在该书中,么四五称为"银十",二三五是"胡十"。"乌"、"胡"音相近。

15 关于元代诗人观音奴生平的
几个问题

　　《文史》2005 年第 2 辑刊载了《元西域诗人观音奴考》(下简称《考》)，读过以后，有些意见，愿和作者商讨。

　　观音奴是泰定四年进士，曾任南台御史，王德毅《元人传记资料索引》称观音奴于"后至元五年任南台御史"[1]。《考》文不同意这一意见，认为"观音奴出任南台御史的时间，当以至顺三年(1332)更为可信"。《元人传记资料索引》的依据是张铉纂修的《至正金陵新志》(常见有《四库全书》本)。金陵是南京的古称，元代名集庆。此书是一部元代末年纂修的地方志，完成的时间是至正三年(1343)。元朝监察机构有中台、南台、西台之分，中台即中央御史台，设在大都(今北京)。南台、西台是中台的派出机构，分别设在集庆和奉元(今陕西西安)。因此，《至正金陵新志》卷 6《官守志·题名》中有南台各级官员的名录，其中包括从至元十四年(1277)南台建立起到至正三年止全部监察御史的名字，共 622 人。第 567 名是"观音奴"，下注："唐兀氏，文林，至元五年上。""文林"指观音奴官阶文林郎，正七品。而在此名单中，至顺三年上任的监察御史共有 17 人，找不到观音奴的名字。《至正金陵新志》有关南台官员任职情况的记载，无疑是最可信的。《考》文根本不提这一记载，令人不解。

　　《考》文断言观音奴在至顺三年任南台御史的主要依据是萨都剌的诗《送观志能分得君字志能与余同榜又同南台从事考满北归》。诗中有句："八月中秋别，三年此日分。"《考》文认为萨都剌此诗作于元统二年(1334)，"可知观音奴由南台还京是在 1334 年，上推三年，则其出

---

　　〔1〕王德毅：《元人传记资料索引》第 4 册，台北新文丰出版公司 1982 年版，第 2390 页。

任南台御史之职即在至顺三年（1332）"。这种推论是缺乏说服力的。首先，如上所述，《至正金陵新志》中没有观音奴在至顺三年任监察御史的记载。其次，萨都剌的诗只能说明他与观音奴曾在南台共事，并不能说明观音奴在南台一定担任南台监察御史。

元代后期名诗人李孝光曾在南台驻地集庆住过数年，和萨都剌、观音奴多有交往。现存李孝光诗歌作品中，与萨都剌有关的共24首，其中称萨都剌为"使君"者有17首，称为"郎中"者有5首，称为"照磨"者1首，直呼其名无头衔者1首[1]。"照磨"之称是因为萨都剌在南台任职期满后调任燕南廉司照磨的缘故。"使君"是尊称，一般用来称呼地方行政机构的长官。萨都剌曾任镇江路录事司达鲁花赤，录事司管理路治所在城市民事，是与县相等的一级行政机构，达鲁花赤是录事司长官，故可称为"使君"，以示尊敬。"郎中"是元朝官名，又是古官名。元朝中书省、行中书省均设郎中，阶五品、从五品，与萨都剌无关。秦汉至宋不少中央机构中有郎中一职，后人以此作为中央机构属吏的美称。李孝光有诗《用志能台郎韵寄萨使君今为江南道御史台令史》[2]，可知萨都剌任南台令史，故可称为"郎中"。对于御史台或行台的属吏，则可称为"台郎"。萨都剌在集庆的另一位诗友释大䜣，有一首诗题目是《次韵萨天锡台郎三益堂芙蓉》[3]便可作证。上述李孝光诗题中所说"志能台郎"，志能是观音奴的字。释大䜣还有两首诗，一首题为《次韵廉公秀送观志能台郎赴都》，一首题为《送观志能台郎赴都》[4]。可知观音奴（志能）当时亦被尊称为"台郎"。元末还有一位名诗人张翥，这时也在集庆，他有一首诗题目是《寄志能、天锡二台郎》[5]。这些诗篇的题目，归结起来说明，观音奴（志能）和萨都剌（天

---

〔1〕《李孝光集校注》（陈增杰校注，上海社会科学院出版社2005年版）称"使君"者见第268、283、344、345、395、436、442、480、487、492、495、498、516、517、528、543、547页，称"郎中"者见第137、265、269、499、502页，称"照磨"者见第332页，无头衔者见第288页。

〔2〕《李孝光集校注》第517页。

〔3〕《蒲室集》卷5，《四库全书》本。

〔4〕《蒲室集》卷1。

〔5〕顾瑛：《草堂雅集》卷4，《四库全书》本。

锡）两人当时同被称为台郎，也就是说两人担任的是同一种职务，萨都剌是南台令史，观音奴无疑亦是南台的令史。

在李孝光的诗集中，还不时出现王理的名字。王理，字伯循，泰定元年（1324）进士。至顺三年出任南台御史，是上述 17 人之一[1]。他与萨都剌、观音奴同时在南台任职，与李孝光亦有交游，李孝光多次提到王理，均称之为"廷循御史"[2]，与称观音奴为"台郎"不同。此亦是观音奴在至顺三年并未出任南台御史的一个有力佐证。

台北清华大学萧启庆教授致力于元代科举史的研究，卓有成就。他对泰定四年进士名录作了细致的考订，指出观音奴在"至元五年任江南行台御史"，同时根据张翥的上述诗题（《寄志能、天锡两台郎》），判断观音奴曾任"江南行台掾史"[3]。萧教授的意见是正确的，我们在上面列举的一些资料，可为他的意见作补充。应该指出的是，元朝制度，中台吏员称掾史，南台则称令史，"国朝凡省、台、院吏曰掾史，独江南行台作令史，盖缘至元十四年初立行台日，御史大夫授三品秩故也。后虽升一品，而乐因循者不为申明改正。西台立，视南台已升品秩，则曰掾史焉"[4]。

观音奴和萨都剌都是泰定四年进士，5 年以后，两人同于至顺三年出任南台令史。有一种意见认为，萨都剌"贬官江南道御史台令史"[5]。如果这种看法成立的话，观音奴出任南台令史亦应是"贬官"。这是误解。元朝官制，官吏分官、首领官和吏员 3 个等级，一般来说，吏员地位低于官和首领官。但衙门有高有低，衙门的品级高，吏员的身份也相应增高。御史台的高级吏员掾史（南台令史）"于六部令史内取……内外职官材堪省掾及院、台、部令史者，亦许擢用"。"内外职

---

〔1〕张铉：《至正金陵新志》卷 6《官守志·题名》。
〔2〕《李孝光集校注》第 332、467、503、521 页。
〔3〕《元朝泰定元年与四年进士辑录》，载《蒙古史研究》第 6 辑，内蒙古大学出版社 2000 年版。
〔4〕陶宗仪：《南村辍耕录》卷 2《令史》，中华书局 1959 年版。
〔5〕杨光辉：《萨都剌生平及著作实证研究》，高等教育出版社 2005 年版，第 256～257 页。

官"具体指的是"正从八品文资官"〔1〕。也就是说，正、从八品官调任中台、西台或南台的掾史（令史）是正常的现象。事实上，元朝进士出任御史台、行台掾史（令史）者不乏其人，如逯鲁曾，至顺元年进士，"授翰林国史院编修官，辟御史台掾，掌机密"〔2〕。成遵，元统元年（1333）进士，授翰林国史院编修官，"后至元四年，升应奉翰林文字。五年，辟御史台掾"〔3〕。由这些例子可以看出，进士出身的萨都剌再转而为南台令史，是合乎仕途运行机制的，并非"贬官"，观音奴是萨都剌同年进士，他与萨都剌同时任南台令史，也是正常的。一般来说，考取进士后，四转或五转才得为监察御史，通常都在 10 年左右。以泰定四年榜进士来说，燮理不花于后至元四年（1338）除南台御史，索元岱再转为御史台掾、至正二年除南台御史〔4〕，李稷在"至正初出为江南行台监察御史"〔5〕，都超过了 10 年。上述王理是泰定元年进士，8 年以后为监察御史，是很罕见的。如果观音奴以进士出仕（1327），5 年以后（至顺三年）即任监察御史，倒是不正常了〔6〕。

观音奴的卒年，历来论者未曾涉及。高丽士人李穀，是元朝元统元年进士。他有一篇文章，题为《大都天台法王寺记》。据李穀说，法王寺是几位大都高丽官员集资"买地于金城坊"建成的，"寺故监察御史观音奴宅"。此寺落成于"至正三年癸未春"〔7〕。既称为"故"，则寺成以前观音奴已去世。由此可知，观音奴之卒年应在至正三年之前。因此，断言至正七年"观志能尚健在"〔8〕，似难以成立。

（原载《文史》2007 年第 2 辑。）

〔1〕《元史》卷 83《选举志三》。

〔2〕《元史》卷 187《逯鲁曾传》。

〔3〕《元史》卷 186《成遵传》。

〔4〕张铉：《至正金陵新志》卷 6《官守志·题名》，《元朝泰定元年与四年进士辑录》。

〔5〕《元史》卷 185《李稷传》。按，《至正金陵新志》卷 6《官守志·题名》无李稷，他任南台御史应在至正三年后。

〔6〕陈高华、史卫民：《中国政治制度史·元代》，人民出版社 1996 年版，第 261 页。

〔7〕《稼亭集》卷 4。

〔8〕柴剑虹：《〈元诗选〉癸集西域作者考略》，载《文史》第 31 辑，中华书局 1988 年版。

16　读钱大昕《元史艺文志》

钱大昕是清朝乾嘉时代最有成就的学者之一。他有志重修《元史》，因故未能成书，只留下《元史氏族表》、《元史艺文志》和一些札记、论文。这些著作历来受到研究者的重视。钱氏《元史艺文志》（或称《补元史艺文志》，下称钱《志》）是一部很有价值的目录学著作，但迄今没有得到充分的研究。近年我研习元代文化史，经常翻阅此书，略有所得。现在写出来，希望得到指正。

16.1　钱氏《元史艺文志》和前人同类著作的关系

汉、隋、唐、宋4朝正史都有《艺文志》或《经籍志》，著录当代官府藏书（包括前代和当代的书籍），是研究古代书籍流传的珍贵文献。明朝初年修《元史》，由于时间匆促，加上资料不足，没有修《艺文志》，留下了很大的遗憾。清朝修《明史》，其中《艺文志》专记有明一代的著作，既有官府庋藏，也收民间收贮的书籍，与前代诸史《艺文志》相比，在体例上发生了很大的改变。也正是在清代，为前代史书补作《艺文志》成为史学界的一种风气。钱大昕的《元史艺文志》是比较突出的一种。[1]

钱大昕为《元史艺文志》刊行所写的"前记"中说：

> 《元史》不立《艺文志》，国朝晋江黄氏、上元倪氏因承修《明史》，并搜访宋、元载籍，欲裨前代之阙。终格于限断，不得附正史以行。大昕向在馆阁，留心旧典，以洪武所葺《元史》冗杂漏落潦

---

[1] 王重民：《明史艺文志与补史艺文志的兴起》，载《中国目录学史论丛》，中华书局1984年版，第213~224页。

草尤甚,拟仿范蔚宗、欧阳永叔之例,别为编次,更定目录,或删或补。次第属草,未及就绪。归田以后,此事遂废。唯《世系表》、《艺文志》二稿尚留箧中。吴门黄君荛圃家多藏书,每有善本,辄共赏析,见此志而善之,并为纠其蝉驳,证其同异,且将刻以问世。

从以上所述可知,钱大昕"在馆阁"即在翰林院时,已有志重修《元史》,其中便有《艺文志》。乾隆四十年(1775)钱大昕因父丧回家,自此不复入都供职。"归田"即指此而言。"归田以后,此事遂废。"应指放弃了重修《元史》的打算。但是《元史世系表》和《元史艺文志》则先后单独成书。另据钱氏自述,《元史艺文志》定稿于乾隆五十六年,[1]但以后陆续仍有补充。[2] 稿本曾请著名目录学家黄丕烈校正。嘉庆六年(1801),黄丕烈为之刊行。[3] 嘉庆十一年,钱氏家刻本《潜研堂全书》问世,收入了《元史艺文志》4 卷。后来多次翻印,内容没有变动。

在《十驾斋养新录》中,钱大昕对《元史艺文志》的编纂工作有如下说明:

予补撰《元艺文志》,所见元、明诸家文集、志乘、小说,无虑数百种。而于焦氏《经籍志》、黄氏《千顷堂书目》、倪氏《补金元艺文》、陆氏《续经籍考》、朱氏《经义考》采获颇多。其中亦多讹踳不可据者,略举数事,以例其余,非敢指前人之瑕疵,或者别裁苦心,偶有一得耳。[4]

由这段话可知,钱《志》的编纂,既参考利用了前人同类作品的成果,又根据本人的见闻作了修订和补充。钱大昕列举参考利用的前人同类著作,有焦竑的《国史经籍志》,黄虞稷的《千顷堂书目》,倪灿的《补金元艺文志》,陆元辅的《续经籍考》和朱彝尊的《经义考》。焦竑的《国史经籍志》成书于明朝末年(1602),"其书丛钞旧目,无所考核,

---

〔1〕《钱辛楣先生年谱》,见陈文和主编:《嘉定钱大昕全集》卷1,江苏古籍出版社1997年版,第37页。

〔2〕例如,《跋长春真人西游记》作于乾隆五十九年,《跋元统元年进士题名录》作于乾隆六十年,钱《志》收入了这两种书。

〔3〕《竹汀先生年谱续编》,见陈文和主编:《嘉定钱大昕全集》卷1,第43页。

〔4〕《十驾斋养新录》卷14《元艺文志》,见陈文和主编《嘉定钱大昕全集》卷7,第400页。

·欧·亚·历·史·文·化·文·库·

不论存亡,率尔滥载,古来目录,惟是书最不足凭"[1]。以钱氏治学之精审,显然不会于此书多作采获。朱彝尊的《经义考》和陆元辅的《续经籍考》,限于经部著作。钱《志》的"经部",采用朱氏《经义考》甚多。[2] 但总的来说,钱《志》受黄虞稷的《千顷堂书目》和倪灿的《补金元艺文志》影响最大。

黄虞稷(1629—1691)是清初著名藏书家、目录学家,著有《千顷堂书目》,"所录皆前明一代之书……每类之末,各附以宋、金、元人之书"[3]。他曾应召入明史馆,分工修撰《明史艺文志》。一般认为黄氏的《明史艺文志稿》,即以《千顷堂书目》为基础加工而成的,其体例亦是以明代著作为主,附以宋辽金元著作。黄氏的《明史艺文志稿》,后来经王鸿绪等加工,删去了辽宋金元部分,只保留明人著作,就成了清代官修《明史》中的《艺文志》。著名藏书家、目录学家卢文弨看到了黄虞稷的《明史艺文志稿》(下称《志稿》),为之作题记。他认为"《志稿》自南宋及辽、金、元之书,俱搜辑殆遍,此即晋、隋史志兼备五代之遗则。而今以断代为限,亦俱削之已。安得有力者将此四代书目别梓之而传,亦学者之幸也"。他又说:《千顷堂书目》"与此《志》大致相同,而亦间有移易"。他的这两点看法都很重要。前者指出黄氏《志》稿中所收宋辽金元书目的价值,主张"别梓之而传"。后者指出黄氏《志》稿与《千顷堂书目》有密切关系。卢氏后来又在这篇题记结尾加注说,"此《志稿》乃康熙时史官倪灿闇公所著,非黄氏也"[4],这就把《志稿》的著作权归于倪灿了。既然《书目》与《志稿》"大致相同",便足以说明《志稿》应是(或主要是)黄氏所作,怎么能归于倪氏呢?此后,卢文弨自己动手,将《志稿》中宋、辽、金、元部分略作订正,分成《宋史艺文志补》和《补辽金元艺文志》两种,收在《群书拾补》内。在《宋史艺文志补序》中,他又说:"本朝康熙年间,议修《明史》,时史官有欲仿《隋书》兼五代

〔1〕《四库全书总目》卷87《史部·目录类存目》"国史经籍志"条。
〔2〕何佑森:《元史艺文志补注》,载《新亚学报》(香港)第2卷第2期。
〔3〕《四库全书总目提要》卷85《史部·目录类一》"千顷堂书目"条。
〔4〕《抱经堂文集》卷6《题明史艺文志稿》,中华书局1990年版。

史志之例而为之补者,余得其底稿,乃上元倪灿闇公所纂辑也。今俗间传有温陵黄虞稷俞邰《千顷堂书目》本,搜采虽富,而体例似不及倪本之正。"〔1〕卢氏无法回避《志稿》与《书目》的密切关系,但又要将著作权归于倪灿,只好用"体例不正"之类言语来搪塞。钱大昕在《十驾斋养新录》中说"倪氏《补金元艺文》",显然认同卢氏的看法,即以为《志稿》为倪氏所作。而前引《元史艺文志》"前记"所说的一段话,则显然以《明史艺文志稿》为黄、倪两人共同的作品。可见,《志稿》的作者,已成为清代学术史上一个有争议的问题。王重民先生说:"黄氏《艺文志》的序文是倪灿分撰的,就是说,倪灿在史馆里只分撰序文,并没有撰《艺文志》。"倪氏是《志稿》序文的作者,因此被误会成《志稿》的作者〔2〕 这应是比较合理的解释。今天《志稿》已不可得见,但卢氏订正的《补辽金元艺文志》与黄虞稷的《千顷堂书目》均存,比较两书的框架和著录的书目,关系之密切是显而易见的(见下),将卢氏订正的《补辽金元艺文志》称为倪作显然是不合适的。后人或以《补辽金元艺文志》为倪、卢共同的作品,也是不妥的。王重民先生称之为"卢刻",本文为说明方便,亦姑称之为卢《志》。为行文方面起见,以下涉及《千顷堂书目》时,则称为《书目》。

卢文弨是当时有名的藏书家、学者,与钱大昕有很好的友谊。钱大昕曾为卢氏的《群书拾补》作序,称赞卢氏"精研经训,博极群书",作了很高的评价。序中还说"自念四十年来,仕隐踪迹,辄步先生后尘,而嗜古颛僻之性,谬为先生所许"〔3〕 卢氏校订的《续辽金元艺文志》即在《群书拾补》之内。在另一篇为四明卢氏写的文章中,钱大昕说:"曩予在京师,与君家召弓学士游,学士性狷介,与俗多忤,而于予独有水乳之投。"〔4〕可见两人关系密切,在学术上互相切磋。但是,在《元史艺文志》编纂过程中,除了钱氏自称参考倪《志》(即卢《志》)以外,没有看

〔1〕《二十五史补编》本。
〔2〕王重民:《千顷堂书目考》,见《中国目录学史论丛》第185~212页。
〔3〕钱大昕:《潜研堂文集》卷25《卢氏群书拾补序》,《四部丛刊》本。
〔4〕钱大昕:《潜研堂文集》卷21《抱经楼记》。

到两人曾就此事进行过更多的讨论。钱《志》成书,著名藏书家黄丕烈(字荛圃,苏州人)的帮助最大。上面所引"前记"中,钱大昕特别提到黄丕烈的作用。一则黄氏是著名藏书家,其藏书多有罕见之本,钱大昕经常向黄丕烈借读各种元人著作,见于记载的即有《金华黄先生文集》、《秘书监志》、《元统元年进士录》、《石田先生文集》、《运使复斋郭公言行录》、《运使复斋郭公敏行录》等。[1] 二则黄氏是很有水平的版本学家。《元史艺文志》成书后,黄氏认真校读,提出自己的意见,有些已被钱大昕接受,补充到书内,如经部的"李恕《元诗音训》四卷"、"王元杰《春秋谳义》十二卷"等条。《元史艺文志》的初次问世,也是黄氏刊刻的。钱大昕和黄丕烈的友谊,是清代学术史上的一段佳话。

16.2 钱氏《元史艺文志》的优点

钱《志》成书,参考了以前几种书目,特别是《书目》和卢《志》,有如上述。但和以前各种同类著作相比,钱《志》的进步是很明显的,表现在以下几个方面。

一是分类的变化。钱《志》的分类,仍然采用传统的经、史、子、集4部分类法。在每一部下,又划分若干类。将钱《志》和《书目》、卢《志》比较,可以清楚看出3者分类的因袭和变化。

表 16-1 《书目》、卢《志》、钱《志》的分类对比

书名	经部	史部	子部	集部
《书目》	12 类	15 类	13 类	8 类
卢《志》	11 类	16 类	13 类	8 类
钱《志》	12 类	14 类	14 类	8 类

《书目》4 部共 48 类,卢《志》4 部亦 48 类,绝大多数类别名称是相

---

[1]钱大昕:《竹汀先生日记钞》,收在《嘉定钱大昕全集》第 8 册内。

同的,只有个别调整。《书目》经部有"四书"类,卢《志》无,有关书目都并入"经解"类。卢《志》"史部"比《书目》史部多出"簿录"类(仅收书一种)。[1]《书目》有"别史"类,卢《志》则是"杂史"类。两书"子部"分类几乎完全相同,只有《书目》子部的"艺术"类,卢《志》称为"杂艺术"类。《书目》集部有"制诰"类,卢《志》则作"制诏"类,两书集部各类前后排列有较大变动。从分类来看,《书目》和卢《志》的关系密切,是很清楚的。

钱《志》和《书目》、卢《志》比较,分类有较多的不同:

(1)《书目》和卢《志》"经部"都有"礼乐"类,既收各种祭祀典礼著作,又收各种音乐著作。钱《志》改为"乐"类,只收音乐著作,将各种祭祀典礼著作调整到"史部仪注"类。和卢《志》一样,钱《志》不立"四书"类。钱《志》"经部"下增设"译语"类,这是《书目》和卢《志》没有的。辽、金、元3朝是少数民族建立的王朝,契丹、女真、蒙古语言文字和汉语言文字同时行用。与之相应,产生了不少译语课本和翻译著作。钱《志》中专门设"译语"类,便是收录译成契丹、女真、蒙古文字的中原传统文化作品,以及汉人学习契丹、女真、蒙古语言文字的入门书,内属于辽朝的4种,属于金朝的19种,属于元朝的13种。

(2)《书目》"史部"共15类,卢《志》为16类。钱《志》将两书的"国史"类改为"实录"类。《书目》和卢《志》"史部"都有"食货"类,均著录18种(内有一种不同)。中国古代正史均设《食货志》,叙述各代的经济问题,如户籍、田制、货币、赋税等。而卢《志》和《书目》两书的"食货"类,著录的却是工艺美术、饮食、兽医、药方等著作,与史学意义上的"食货"相去甚远。钱《志》"史部"取消了"食货"类,将两书著录的书目分别归入"子部"的"杂艺术"类和"医书"类。《书目》和卢《志》的"史部"均有"史学"类。钱《志》不设"史学"类,前二书"史学"类著录的书目,分别归入"编年"类和"史钞"类。

---

〔1〕《四库全书总目》"千顷堂书目"条称:"史部共分十八门,其'簿录'一门用尤袤《遂初堂书目》之例,以收《钱谱》、《蟹录》之属古来无类可归者,最为允协。"按,《书目》"簿录"类所收是明代各种书目,未收元人作品(上海古籍本据"别本"补入元人作品一种)。

（3）钱《志》"子部"设"经济"类，这是《书目》和卢《志》没有的。"经济"类共收辽、金、元3朝各类经国济民的著作42种，内辽、金5种，元37种。在《书目》和卢《志》中，大多分别见于"史部"的"典故"类（"故事"类）和"集部"的"表奏"类。在钱《志》中，不设"表奏"类，"典故"则改为"故事"类，著录的书目有很大的调整。《书目》与卢《志》的"子部"均有"释家"类和"道家"类。钱《志》则设"道家"类和"释道"类。"道家"类著录阐发道教经典（老子、庄子等）学说的作品，"释道"类则收佛、道二教的教史、传记、语录等。

以上是较大的几项变动。此外，有些"类"的名称做了改动。例如"霸史"改为"古史"，"典故"改为"故事"。"子部"的"历数"改成"历算"[1]，"类书"改成"类事"。"集部"的"制举"改为"科举"。

清末名学者文廷式说："钱氏补《元史艺文志》，特立'译语'类，列'小学'之末，体例最善，深得《隋志》之意。"[2]在以上几处变动中，"译语"类的设立是很值得重视的，在中国目录学史上有重要的意义。钱《志》将"经部礼乐"类作适当调整，改为"乐"类，是合理的。《书目》和卢《志》设"食货"类和"史学"类，"食货"类著录的书目名不符实，"史学"类著录的书目与其他类交叉，钱《志》取消这两类亦是妥当的。《书目》和卢《志》在"集部"列"表奏"类，钱《志》不立，另在"子部"立"经济"类，是合适的，但"经济"类似归于"史部"更妥。钱《志》在"子部"立"道家"类和"释道"类，过于牵强，不如分立"释家"、"道家"较妥。

总之，钱《志》的分类，比起《书目》和卢《志》来，有不少改动，多数改动是合理的。

二是改正错讹和补充说明。有的研究者认为，"钱大昕的《元史艺文志》是根据各家书目辑成的，但对其中的错误并未加考证和纠谬"[3]。这是不准确的。钱氏指出，他编纂此书时，对前人和同时代人有关元代艺文的著作加以认真的考订，发现"其中亦多讹踬不可据者，

---

〔1〕这可能与增加了几种算术著作有关。
〔2〕《纯常子枝语》卷4，广陵书社1990年版。
〔3〕李永忠：《正史艺文志补撰初探》，载《文献》1996年第2期。

略举数事,以例其余。非敢指前人之瑕疵,或者别裁苦心,偶有一得耳"。他举出了 30 多个例子,有断代不当(以宋人、明人为元人,或以元人为宋人、明人),作者姓名或书名错误,同一作者异名,同一著作重出,以及分类不妥,等等。[1] 事实上,钱氏纠正前人的错讹或补充其不足,还有很多,下面再举数例。

实录。《书目》"史部·国史"类著录:"《世祖实录》姚燧修"、"《成宗实录》畅师文修"、"《武宗实录》至顺元年苏天爵修"、"王恽《世祖圣训》六卷"。卢《志》同。而钱《志》的"史部"则专立"实录"类,著录自《太祖实录》至《宁宗实录》共 15 种,也就是明初修《元史》时依据的 13 朝实录(15 种内睿宗拖雷、顺宗生前未称帝,故称 13 朝)。还著录了与世祖、成宗、武宗、仁宗、英宗诸朝《实录》同时编纂的《事目》、《圣训》、《制诰录》,并注明成书年代和编者。这是很大的进步。[2]

《书目》"史部·国史"类有"《元朝秘史》十二卷",没有任何说明。卢《志》"史部·国史"类记:"无名氏《元朝秘史》十二卷",下注云:"其纪年称鼠儿、羊儿等,不以干支,盖其国人所录。"钱《志》则在"史部·杂史"类著录:"《元秘史》十卷,《续秘史》二卷。"下注云:"不著撰人,记太祖初起及太宗灭金事,皆国语旁译,疑即《脱必赤颜》也。"钱氏不但概括说明了此书内容,而且指出此书可能即是《元史》所说《脱必赤颜》,这是很重要的发现。后来,王国维专门就此作了考证。[3] 《大元圣政国朝典章》是一部元朝法律文书的汇编,具有极高的价值。《书目》"史部·政刑"类著录"《大元圣政国朝典章》一册",没有任何说明。卢《志》"史部·政刑"类同,下注:"失名"。钱《志》则在"史部·故事"类著录"《大元圣政国朝典章》六十卷",下注:"始中统至延祐"。又著录:"《新集至治条例》",下注:"不分卷,至治二年集",说明两书的时代,也比《书目》和卢《志》有所进步。

《书目》和卢《志》的"子部·道家"类载:"邱长春《磻溪集》五卷,

〔1〕《十驾斋养新录》卷 14《元艺文志》。
〔2〕金门诏《补三史艺文志》也著录了各朝实录,但错讹甚多。
〔3〕王国维:《蒙文〈元朝秘史〉跋》,《观堂集林》本。

又《语录》一卷,又《西游记》二卷。"以为《西游记》是邱处机(邱长春)的作品。钱大昕说:"《长春真人西游记》二卷,其弟子李志常所述,于西域道里风俗,颇足资考证。而世鲜传本,予始于《道藏》钞得之。"[1]他了解这部书的内容,因此,在编纂《艺文志》时将它列入"史部·地理"类,并将此书作者正名为李志常。《吏学指南》是一种法律辞书,对研究元代社会、政治有重要价值。《书目》将此书列为明代著作。卢《志》史部"政刑类"收"《吏学指南》八卷",下注:"失名"。钱《志》子部"经济类"收"徐元瑞《吏学指南》八卷",下注:"字君祥,吴人",对作者姓名、籍贯都作了说明。

三是书目的增补。卢《志》和《书目》著录的元代著作数目,大体相当,略有变化,钱《志》则有大量的增加,请看表 16-2:

表 16-2 《书目》、卢《志》、钱《志》所收书目统计

	经部	史部	子部	集部	总计
《书目》	652	255	397	642	1946
卢《志》	573	279	407	643	1902
钱《志》	772	423	670	1056	2921

王重民先生说钱氏"补的能比黄虞稷要多三分之一"[2]。钱《志》辽金部分比《书目》增加不多,可略而不论。根据表 16-2 的统计,《书目》元代部分为 1946 种,如按王说,钱《志》元代部分补的应比《书目》多 600 余种。这显然是不够准确的。钱《志》元代部分为 2921 种,要比《书目》多千种左右。也就是说,钱《志》所收书目有三分之一左右是新增加的。

4 部之中,"集部"增补最多,多出 400 种左右。其次是"子部",多出 270 种左右。增补部分,固然有不少来自其他目录学著作,如经部主

〔1〕《潜研堂文集》卷 29《跋长春真人西游记》。
〔2〕《中国目录学史论丛》,第 211~212 页。

要据朱彝尊《经义考》[1],但有相当多是钱氏自行搜集的资料。这是钱氏的一大贡献。上面所引《十驾斋养新录》文字中钱氏讲得很清楚,为了补撰《元史艺文志》,他看过数百种元、明诸家文集、志乘、小说。这并不夸大。传世的《竹汀先生日记钞》,记录了钱大昕晚年任苏州紫阳书院山长(1788—1804)期间看过的各种典籍,其中便有多种元人著作。他先后为元人著作写下了不少读书札记,例如,《潜研堂文集》中有《跋大金国志》、《跋元名臣事略》、《跋元秘史》、《跋元圣政典章》、《跋元统元年进士题名录》(以上见卷28),《跋元大一统志残本》、《跋元混一方舆胜览》、《跋至元嘉禾志》、《跋齐乘》、《跋杨惠昆山郡志》、《跋长春真人西游记》(以上见卷29),《跋太乙统宗宝鉴》、《跋艺圃搜奇》、《跋山房随笔》、《跋南村辍耕录》(以上见卷30),《跋遗山集》、《跋雪楼集》、《跋清容居士集》、《跋汉泉漫稿》、《跋道园类稿》、《跋金华黄先生文集》、《跋倪云林诗集》、《跋元诗前后集》(以上见卷31)。《十驾斋养新录》中有《孔氏祖庭广记》、《东平王世家》、《圣武亲征录》、《平宋录》、《复斋郭公言行录及敏行录》(以上见卷13),《金陵新志》、《癸辛杂识》、《梦粱录》、《辍耕录》、《测圆海镜细草》、《革象新书》、《太乙统宗宝鉴》、《陵阳先生文集》、《石田集》、《金华黄先生集》(以上见卷14)。以上各书大多是罕见的珍本、钞本,具有很高的文献价值。正因为他广泛涉猎元人著作,因而所作《元史艺文志》既能改正前人的错误,又能作大量的增补,比起以前的同类作品来,有明显的进步。

钱《志》新增的如《庙学典礼》、《庚申外史》、《汝南遗事》、《秘书监志》等,都是元代的重要文献。例如,钱《志》"史部·职官"类收"《秘书监志》十一卷"。元朝的秘书监主管图籍和天文历数,《秘书监志》保存了元代典籍收藏和《大元一统志》纂修经过等重要资料,《书目》和卢《志》都没有著录,钱大昕是从黄丕烈处借阅此书的。[2] 又如,王鹗撰

---

[1]何佑森:《元史艺文志补注》卷1。
[2]《竹汀先生日记钞》。

《汝南遗事》,是金朝亡国的重要文献。"卢弼《补辽金元三史艺文志》未收王鹗书,钱辛楣《补元史艺文志》'杂史'类并录之。"[1]《庙学典礼》是研究元代教育制度的重要文献。《庚申外史》记录了顺帝一朝政治和社会生活,可补《元史·顺帝纪》之不足。

我们还可以"集部·科举"类为例。过去的书目一般不收科举类书籍。《书目》的"集部"立"制举"类,卢《志》同。《四库总目提要》认为此类书籍为数众多,"其生其灭,如烟云之变现,泡沫之聚散",没有什么价值,对此加以非议。[2]《书目》的"集部·制举"类收书 7 种。卢《志》"集部·制举"类收书 8 种,比《书目》多出 1 种。两书所收都是科举应试文章的写作指南,有的讲述作文要领,有的则是作文示范。钱《志》将"制举"类改为"科举"类,而且扩大范围,收书 21 种,新增诸书中有《元赋青云梯》、《江浙延祐首科程文》、《大科三场文选》、《历举三场文选》等,都是科举考试程文的辑录,对于研究元朝科举制度具有重要价值。[3] 此外还有《元统元年进士题名录》,亦是前人未曾著录的科举文献,却被收在"史部·职官"类。由于元代科举这些重要文献的发现,钱大昕曾有意对有元一代科举制度作全面系统的研究,可惜未能完成,但为此辑录的资料则保存了下来。[4]

元人著作数量问题需要做一些讨论。1981 年,李致忠先生发表《元代刻书述略》,对元代刻书作了全面系统的论述,很有价值。其中说:"据清钱大昕《补元史艺文志》的统计,元代刻印、流通的图书,经部为 804 种,史部为 477 种,子部为 763 种,集部为 1098 种,凡 3142 种。前、后历史不到百年的元朝,有如此众多的图书传播于社会上,不能不说是可观的盛况。"[5]后来,在《古代版印通论》中,李先生又作了同样

---

〔1〕文廷式:《纯常子枝语》卷 8。"并录之"指钱《志》将记载金末史事诸书均加收录。

〔2〕《四库全书总目》卷 85《史部目录类一》"千顷堂书目"条。

〔3〕请参看我写的《两种三场文选中所见元代科举人物名录》,载《中国社会科学院历史研究所学刊》第 1 集,社科文献出版社 2001 年版。

〔4〕《元进士考》(稿本),收在《嘉定钱大昕全集》第 5 册。

〔5〕载《文献》第 10 辑(1981 年)。

的论述。[1] 近年元代版本的研究引起了学术界的重视,接连出版了几种著作。在讨论元代著作的数量问题时,这些著作无例外地都引用了李先生的上述统计数字,但都没有注明出处,如潘国允、赵坤娟的《蒙元版刻综录》[2],陈洪彦的《中国版本文化丛书·元本》[3]、田建平的《元代出版史》[4]。这个论断其实是可以商榷的。

(1)据李先生所述,则钱《志》著录的元代图书为3142种。而据我们上面的统计,钱《志》著录的元人著作为2921种,相差221种。为什么有这样大的差异?比较合理的解释应是,钱《志》中的辽、金人著作,李先生都算作元人著作了。据我们统计,钱《志》中著录辽、金人著作共302种,加上元人著作2921种,为3223种,与3142种只相差81种。这81种应是统计标准不同造成的误差。[5]

(2)李先生和上述几种著作都把钱《志》中著录的元人著作说成是“元代刻印、流通的图书”,“传播在社会上”,这是不妥的。事实上,钱《志》著录的有相当多是手稿、钞本,并未刻印,更谈不上流通。例如,史部著录的元朝历代皇帝《实录》,官修的政书《经世大典》,修成后只有稿本,没有刻本,也不可能在社会上流通。又如,“史部·杂史”类载“危素《宋史稿》五十卷”,据宋濂说,稿本“藏于家”,没有人见过,当然不会有刻本传世。[6] 同是“杂史”类的《圣武开天记》、《元秘史》,在元代也都是不曾刻印、流通的。集部“别集”类数量之多,为各类之冠,但在元代刻印、流通的为数不多。其中相当一部分只是在人物传记(神道碑、墓志铭、传)或其他文献中提到,是否真正成书都是问题。总之,钱《志》所载,是见于各种文献的元人著述,不是元代出版的元人著述。

(3)元人并无刻印图书的统计资料。有一种意见认为,“元人姚燧

---

〔1〕《古代版印通论》,紫禁城出版社2000年版,第191~192页。

〔2〕内蒙古大学出版社1996年版,第12页。

〔3〕江苏古籍出版社2002年版,第8页。

〔4〕河北人民出版社2003年版,第69页。

〔5〕钱《志》以及《书目》、卢《志》著录的作品,如何统计,值得认真研究。例如,集部著录的作品,常有“补遗”、“附录”等名目,是否都作为独立的著作,便需斟酌。我们统计时,将“补遗”作为独立的著作,但“附录”则不收。

〔6〕《宋文宪公集》卷27《危公新墓碑铭》。

记载道,有元一代,刻印、流通图书计三千一百四十二种",根据是姚燧所作《姚文献公神道碑》[1]。按,姚文献公即姚枢是忽必烈时代的名臣,死于至元十七年,他不可能涉及"有元一代"刻印图书之事,这篇碑文中也找不到与此有关的记载。"三千一百四十二种"正是上述钱《志》的一种统计数字,不知为何又归于姚燧所为。

16.3　钱氏《元史艺文志》的不足之处

上面主要谈钱《志》的优点。不可否认,钱《志》亦有一些不足之处。

首先,中国古代的书目,一般只著录书名、卷数和作者的名字。《书目》和卢《志》部分条目则对作者和著作的情况有简单的说明。钱《志》亦有部分条目作了说明,有的沿袭上述两书,有的做了改动,亦有钱氏新增,改动和新增的内容多数很有价值,上面亦已提及。但总的来说,还有许多条目没有说明,有说明的也过于简略。因此,从总体来说,钱《志》只能说明元代曾有多少人撰写过若干种著作,却不能提供这些著作是否已完稿、是否印行等重要情况的信息。这是很大的缺陷。也就是说,钱《志》虽然较以往书目有所进步,但并没有能够跳出传统书目的窠臼。

其次,钱《志》著录的书目,有若干重出。例如理学家许衡的著作,钱《志》"经部"有许衡《读易私言》1卷,许衡《中庸说》、《大学要略直说》1卷、《孝经直说》1卷、《孟子标题》。"子部·儒家"类有许衡《小学大义》、《四箴说》、《语录》、《鲁斋先生遗书》6卷、《鲁斋先生心法》1卷。而"集部·别集"类又有许衡《鲁斋遗书》6卷、《重辑鲁斋遗书》14卷、《文正公大全集》30卷。"子部"的《鲁斋先生遗书》6卷与"集部"的《鲁斋遗书》6卷无疑为一书。[2] 而《读易私言》、《小学大义》、《语

---

〔1〕田建平:《元代出版史》,第69页。

〔2〕在《书目》和倪《志》中,"子部·儒家"类均著录"《鲁斋遗书》六卷",无"先生"二字。

录》、《大学要略直说》(疑应作《大学要略》、《大学直解》)[1]、《中庸说》(应即《中庸直解》)都收在《鲁斋全书》内。这种情况至少应作说明。既在"集部"收作者的文集,又在其他各部著录已收入该作者文集中的单篇文章,不加说明,容易使人误会是独立的著作。许衡的著作是比较突出的例子。此类重出的情况还有一些。例如,王恽的作品,见于"史部·职官"类的有《玉堂嘉话》8卷,《中堂事纪》3卷,《乌台笔补》10卷。见于"子部·经济"类的有《守成事鉴》15篇,《承华事略》6卷,《相鉴》50卷。"集部·别集"类有《秋涧大全集》100卷。"史部"、"子部"著录的6种著作,除《相鉴》外,都收在《秋涧大全集》内。此外,袁桷、吴莱、吴澄等人的作品都有类似的现象。

重出最明显的例子是关于《宪台通纪》和《南台备要》的记载。这是两种元代官修的政书,汇集了元代御史台和南御史台的文献。两书均佚,但《永乐大典》卷2609收《宪台通纪》部分条目,同书卷2610、2611收《南台备要》。据《宪台通纪》前序(作者佚名),此书24卷,同书后序(作者潘迪)说,此书编者赵承禧。又据《南台备要》序(索元岱作),此书原名《南台类纪》,由刘孟琛主编。明人焦竑的《国史经籍志》"史部"载:"《宪台通纪》二十三卷。元潘迪","《南台备纪》二十九卷。元索元岱",将序的作者误作书的编者。《宪台通纪》卷数亦有异。黄虞稷《书目》"史部·职官"类载:"潘迪《宪台通纪》二十三卷","索元岱《南台备纪》二十九卷",显然沿袭了焦竑的错误。卢《志》与《书目》同。钱《志》"史部·职官"类载:"赵承禧《宪台通纪》一卷。潘迪《宪台通纪》二十三卷。唐惟明《宪台通纪续集》一卷。索元岱《南台备纪》二十九卷。刘孟琛《南台备要》二卷。"显然,他已经察觉赵承禧、刘孟琛与两书有关,但未能改正前人的错误,一书成了两书。陈垣先生讨论《南台备要》卷数时指出,"钱氏所载,系一据千顷堂等书目,一据《永乐大典》摘录,故卷帙不同。犹之《宪台通纪》,系宪属赵承禧所撰,而监

---

〔1〕按,《书目》和倪《志》著录"许衡《大学要略》一卷,《大学鲁斋直解》一卷"。《经义考》卷157有"许衡《大学要略直说》一卷。存。又《鲁斋大学直解》一卷。未见。"钱《志》所据应是《经义考》。见《元史艺文志补注》。

·欧·亚·历·史·文·化·文·库·

察御史潘迪为之序,故钱氏《元史艺文志》既载潘迪《宪台通纪》二十三卷,又载赵承禧《宪台通纪》一卷,卷帙悬绝,非有二书,《南台备要》亦犹是耳"[1]。按,垣老所说,似尚有商榷余地。钱氏如读过《永乐大典》中所收上述两书,就不应有此重出的错误。

第三,漏收。前面说过,钱《志》比起《书目》、卢《志》来,增加很多,但仍有漏收。文廷式在肯定钱《志》立"译语"类"体例最善"时指出,"惟《辽史》耶律倍曾译《阴符经》,见本传。《元史世祖纪》:'至元十九年四月己酉,刊行蒙古畏吾字所书《通鉴》。'二书当入此门(指'译语'门——引者),钱氏失载。"[2]沈曾植说:"钱氏《元史艺文志》'春秋类'不录赵汸诸书,殆犹《寰宇访碑录》遗孔宙碑阴也。"[3]按,赵汸"于《春秋》用力至深",是元代在《春秋》学方面有代表性的人物[4],著作甚多,但《书目》未收赵氏的《春秋》著作。卢《志》"经部·春秋"类著录了赵汸的《春秋集传》15卷、《春秋师说》3卷、《春秋属辞》15卷、《春秋左氏传补注》10卷、《春秋金锁匙》1卷。而钱《志》没有著录赵汸有关《春秋》的著作,令人不解。

钱《志》"子部·小说"类著录"乔吉《青楼集》一卷",下注:"字梦符,太原人。"《书目》、卢《志》都未著录。《录鬼簿》是记载元代曲家生平最重要的文献,其卷下"乔吉甫"条说:"吉甫字梦符,太原人",没有提到他有《青楼集》。不知钱氏何据。而传世的《青楼集》不分卷,作者夏庭芝,主要生活在元朝末年。明初成书的《录鬼簿续编》记夏伯和(庭芝字伯和)"有《青楼集》行于世"[5]。夏氏《青楼集》,有明《说郛》本、明《古今说海》本,并非罕见。不知钱氏何故漏录。

第四,时代的错乱。钱氏批评前人书目时,曾说:"黄氏、倪氏'史

[1]《书傅藏永乐大典本南台备要后》,见《陈垣学术论文集》第2集,中华书局1982年版,第368页。

[2]《纯常子枝语》卷4。

[3]《海日楼札丛》卷3《补元史艺文志不录赵汸诸书》,中华书局1962年版,第138页。

[4]《四库全书总目》卷28《经部·春秋类三·春秋属辞》。按,赵氏5种有关《春秋》的著作,都收入《四库全书》。

[5]本篇所引《青楼集》、《青楼集续编》,均为《中国古典戏曲论著集成》本。

类'有尹起莘《纲目发明》五十卷。按,赵希弁《读书附志》载此书云:
'建康布衣尹起莘所著。别之杰帅金陵,进其书于朝。魏了翁为之
序。'则非元人矣。赵志云'建康布衣'而黄以为遂安人,当考。"〔1〕然
而,钱《志》"史部·编年"类仍收"尹起莘《通鉴纲目发明》五十九卷",
下注:"遂昌人",与前说自相矛盾。又,钱《志》"集部·总集"类有
"《名公书判清明集》十七卷"。按,《书目》"史部·政刑"类有"《清明
集》十四卷",卢《志》"史部·政刑"类同,但下注:"失名"。钱氏在日
记中记有:"读宋刻《名公书判清明集》,止'户婚'一门。"〔2〕此书既是
宋刻,当然不可能是元代著作。不知何故仍收入。而且就分类而言,此
书是宋代官员判牍文字的汇编,《书目》、卢《志》列于"政刑"类是合适
的,钱《志》列于"总集"那就不妥了。

　　第五,史实方面,亦有一些错讹。例如:(1)"经部·孝经"类收"林
起宗《孝经图解》一卷",下注:"字始伯,内邱人"。按,《书目》、卢《志》
均未收此书。苏天爵《内丘林先生墓碣铭》云:"君讳起宗,字伯始。"
"始伯"正好颠倒了〔3〕(2)"子部·杂家"类有"郭翼《履雪斋笔记》
一卷"。按,《书目》、卢《志》均未收此书。《四库全书总目》云:"翼字
羲仲,昆山人,自号东郭生。因以东郭先生故事名其斋曰雪履。"故书
名应作《雪履斋笔记》。〔4〕今存各本均同。"履雪斋"误。(3)"集部·
别集"类著录"韩谔《五云书屋稿》六卷",下注:"字致用,性从兄,建宁
路录事。"按,据徐一夔《韩君墓志铭》,韩谔的祖父韩亢"与其从弟庄节
先生性自相师友,先后师表当世"〔5〕,则韩谔是韩性的从孙。"性从
兄"之说完全弄错了辈分。《书目》、卢《志》著录"韩谔《五云书屋稿》
六卷",注中已说他是"韩性从兄",钱大昕显然沿袭了他们的错误。
(4)"集部·别集"类有"刘岳申《中斋集》十五卷",下注:"字高仲,吉

---

〔1〕《十驾斋养新录》卷14《元艺文志》。
〔2〕《竹汀先生日记钞》卷1。
〔3〕《滋溪文稿》卷14。
〔4〕卷122《子部·杂家类六》"雪履斋笔记"条。
〔5〕《始丰稿》卷9。

水人。"按,刘岳申的文集名《申斋集》,传世有《四库全书》本,有钞本[1]。(5)"集部·总集"类著录"《甘棠集》一卷",下注:"至元间浦江人为县宰廉阿作。"《书目》、卢《志》均未收此书。按,"至元"应作后至元,浦江县宰以廉为姓者是畏兀儿人廉阿年八哈。邑人胡助云:"婺之支县曰浦江,自入国朝以来,凡所更长官二十余人,求其德政爱民与古之鲁卓并称无愧者,今惟见廉侯一人而已。"[2]可知"廉阿"乃廉阿年八哈之误,脱三字。

钱《志》还有一些不妥之处。例如,"子部·释道"类收"《净发须知》二卷"。下注:"不详撰人。"按,此书记录理发行业行规,与释道无关,已佚,但收在《永乐大典》卷14125中。《书目》的"子部·释家"类收"《净发须知》二卷",卢《志》同。钱大昕应是沿袭两书之误。又如,《书目》"史部·史钞"类有"曾先之《十九代史略》",下注:"一作十卷。"卢《志》同,但无注。钱《志》与卢《志》同。按,此书原名《十八史略》,元刻有12卷本、2卷本两种。明初,有人别为《元史略》,与《十八史略》合并而成《十九史略》。[3]《四库全书总目》即将《十八史略》收入"存目"[4]。钱大昕不察,沿袭《书目》和卢《志》,不收《十八史略》而收《十九代史略》,是不准确的。

上面列举了钱《志》存在的一些讹误。这些问题,有些是沿袭《书目》和卢《志》未加查考所致,还有一些则应是没有认真校对的疏忽。以钱氏治学之谨严,似不应有此。其原因还有待探索。

16.4 钱氏《元史艺文志》整理工作评议

钱大昕的《元史艺文志》在嘉庆六年刊行,钱氏去世后,收入《潜研堂全书》。此后曾多次翻印,但各本文字没有什么改动。20世纪下半

[1]《四库全书总目》卷167《集部·别集类二〇》。
[2]《纯白斋类稿》卷18《廉侯遗爱传》,《金华丛书》本。
[3]乔治忠:《十八史略及其在日本的影响》,载《南开学报》2001年第1期。
[4]《四库全书总目》卷50《史部别史类存目》。

期,先后有两种整理本。一种是商务印书馆在 1958 年出版的《辽金元艺文志》,此书收录了清人编纂的多种辽、金、元 3 代艺文志,按朝代分列。为了照顾到"断代分明"的原则,"有些原书三朝合在一起的,或辽、金附见于元朝的",都"分归各朝"[1]。钱大昕的《元史艺文志》就被分析开来,成为 3 部分。此书收录的各种艺文志都加简单的标点,没有作进一步的整理。就钱《志》而言,所作标点(人名、地名、年号均加边号,文字断句)总的来说是比较认真的。但也有一些可以商榷之处。例如,"经部·译语"类著录"鲍完泽朶目《贯通集》、《联珠集》、《选玉集》"[2]。"鲍完泽朶目"旁打上边号,意是人名。这是不对的。此人名鲍完泽,字信卿,杭州人,精通八思巴文,"乃撝摭史传中故事及时务切要者二百十余条译以为书,曰《都目》,反复应对,曲折论难,最为详密"。可知"朶目"(都目)是书名,不是人名。和以下几种书一样,都是鲍完泽撰写的介绍八思巴文的著作。又如,"史部·杂史"类有"《和林广记》",下注:"至正直记所载有《和林志》。""至正"旁打上边号,意为年号。其实,"至正直记"是书名,今存,此书卷 1"国朝文典"条提到《和林志》。又如,"史部·传记"类有"《海隄录》一卷",下注:"至元己卯,余姚州判叶恒敬常筑石隄,子晋辑名贤述作以褒扬之。"[3]"至元"、"余姚"、"叶恒敬"、"晋"均有边号。其中"叶恒敬"的边号(意为人名)是不妥的,此人姓叶名恒,字敬常。任余姚州(今浙江余姚)判官时修海堤,有名于时[4]。还有其他一些问题。

另一种是点校本,是 20 世纪 90 年代问世的,收在《嘉定钱大昕全集》第五册中(下称《全集》本)[5]。这个本子名为"点校",其实只有标点,并没有校。全篇没有一条校记,没有改正钱《志》的任何错讹。相反,所作标点却有许多不应有的错误。例如,元代学者陈深,字子微,平江(今江苏苏州)人。"尝题所居曰清全斋,因以为号。"所著有《读易

---

[1]见《辽金元艺文志·出版说明》,商务印书馆 1958 年版。

[2]《辽金元艺文志》第 233 页。

[3]王祎:《王忠文公集》卷 21《鲍信卿传》。

[4]陈旅:《安雅堂集》卷 7《余姚州海隄记》。

[5]江苏古籍出版社 1997 年版。

编》、《读春秋编》、《读诗编》。[1] 钱《志》"经部"著录了陈深的3种书，《全集》本却分别标点成"陈深清《全斋读易编》三卷"（《全集》本第3页，下同）、"陈深清《全斋读诗编》"（第9页）、"陈全清《全斋读春秋编》十二卷"（第15页）。人名、书名都弄错了。类似的人名书名错位现象还有不少。例如，钱选字舜举，吴兴（今浙江湖州）人，名画家，与赵孟頫齐名，其诗集名《习嬾斋集》。《全集》本标点成"钱选习《嬾斋集》"（第60页）。钱选成了钱选习，《习嬾斋集》成了《嬾斋集》。袁易字通甫，平江人。作品有《静春堂诗集》、《静春词》。《全集》本作"袁易静《春堂集》四卷"（第65页）、"袁易静《春词》一卷"（第82页）。闻人梦吉字应之，金华（今浙江金华）人，有诗集。《全集》本作"闻人《梦吉诗集》二卷"（第66页），姓"闻人"成了姓名，而名"梦吉"则成了诗集名，等等。此外还有一些其他明显的错误。上面提到"经部·译语"类"鲍完泽朵目"条，亦以此5字为人名，打上边号。又，钱《志》"史部·传记"类有"杨元《忠史》一卷"，《忠史》是书名。在《全集》本中成了"杨元《忠史一传》"（第32页）。不但标点错，而且有错字。元代著名学者孛术鲁翀是女真人，姓孛术鲁，名翀，《元史》有传。《全集》本以孛术、鲁翀为2人（第31页）。石抹宜孙是契丹人，《元史》有传。《全集》本作"石抹、宜孙"，也成了两个人（第71页）。这些错误都是不应该的。似可认为，《全集》本标点时没有参考元代文献及其他同类著作，比起在此以前问世的商务版《辽金元艺文志》来，不但没有进步，反而退步了。

此外，何佑森撰《元史艺文志补注》，卷1"经部"、卷2"史部"分别刊载于香港《新亚学报》第2卷第2、3期，卷3、卷4未见，不知是否完稿。何氏在"序言"中称，1955年起，读元明人文集，对钱《志》做校勘工作，发现钱《志》经部抄撮朱氏《经义考》而成，以及编纂工作存在不少缺点，如沿袭倪《志》的舛误，漏收、不收元曲作品等。他的补注工作主要是：补注著者的字号、时代、地名、成书年月，注出钱书的根源，以及

---

[1]《四库全书总目》卷27《经部·春秋二·读春秋编》。

钱书和其他书目的关系等。如前所述，钱《志》很有价值，但存在不少舛误，如能认真作注，纠正缺误，无疑是很有意义的。但从发表的卷1"经部"和卷2"史部"来看，何氏主要用其他书目作补注的材料，如《经义考》、《书目》、倪《志》、《菉竹堂书目》、《四库提要》等，使用元明人文集并不充分，对元代文献的状况似缺乏足够的了解，因而所作注释并不理想。例如，上面我们指出钱《志》"史部"著录《宪台通纪》、《南台备要》二书的作者有误，是沿袭《书目》和卢《志》的结果。何文已注意到钱《志》中二书的著录沿袭卢《志》（他称为"倪《志》"，还指出倪《志》源自《书目》）的舛误，但仍然用《书目》和卢《志》为之作注。又如，钱《志》"经部·译语"类收《大学衍义节文》，下注："延祐四年翰林学士承旨忽都鲁都儿迷失等译。"《补注》未加注。此事见于《元史》卷26《仁宗纪三》。又，同上"译语"类收察罕译《贞观政要》、《帝范》两书，《补注》无注。察罕译两书见于《元史》卷137《察罕传》。钱《志》"译语"类又收《皇图大训》，原注："天历中翰林奎章阁臣译。"但《补注》亦未加注。此译本已佚，但有关情况在虞集《皇图大训序》一文中有记载。[1]"经部·译语"类还著录了鲍完泽的几种蒙语教材，上面已说过，在《王忠文公集》中有记载，但《补注》亦是空白。

综上所述，钱《志》无论对元史或中国目录学史来说，都具有重要价值。但本身存在一些问题，而现有的整理本尚难令人满意。希望有好的整理本出现。

（原载《中国史研究》2007 年第 1 期。）

---

[1]《道园学古录》卷22。

17 《稼亭集》、《牧隐稿》与元史研究

李穀和李穡父子是高丽王朝后期的著名文学家。李穀、李穡先后考取元朝进士,分别在元朝的首都大都(今北京)生活过一段时间,与元朝的文人多有交游。李穀的诗文汇编成《稼亭集》,李穡的诗文汇编成《牧隐稿》,两书中有很多涉及元朝历史的珍贵资料,值得认真加以研究。

17.1 李穀、李穡生平简介

李穀(1298—1351)是元朝顺帝元统元年(癸酉,1333)进士。"前此本国人虽中制科,率居下列。穀所对策大为读卷官所赏,置第二甲。"[1]元朝制度,每科进士分为两榜,蒙古、色目一榜,汉人、南人一榜。每榜又分三甲,即 3 个等级,"居下列"即在三甲。元统元年癸酉科共取进士 100 名,蒙古、色目与汉人、南人各 50 名。两榜均为三甲,一甲各 3 人,二甲各 15 人,三甲各 32 人。李穀是二甲第八名,得授翰林国史院检阅官。[2]元统二年奉元顺帝勉励学校诏书回高丽,至元元年(1335)回大都任职。当时的高丽,既保存自己的政治体制,又设有元朝的征东行省。至元三年,李穀任征东行省左右司员外郎,回本国任职。至正元年(1351),赍征东省贺改元表赴大都,因留居,任中瑞司典簿。至正八年还国。至正十一年去世。他的诗文集《稼亭集》20 卷,刊行于 1662 年,韩国出版的《韩国文集丛刊》(韩国景仁文化社 1996 年

---

[1]郑麟趾:《高丽史》卷 109《李穀传》。
[2]《元统元年进士录》,《宋元科举三录》本。

再版）中收录。最近出版的《全元文》第 43 册，收录了《稼亭集》中的文章。[1]

李穑（1328—1396）是李穀之子。李穀在大都任中瑞司典簿时，李穑"以朝官子补国子监生员，在学 3 年。得受中国渊源之学，切磨涵渍，益大以进，尤邃于性理之学"。元朝顺帝至正十四年（甲午）进士，为二甲第二名，名次比李穀更高。授应奉翰林文字、同知制诰兼国史院编修官。同年归国。次年赴大都任职。这时全国规模的农民战争不断扩大，李穑内心感到困惑，"江淮又阶乱，令我多沉吟"。[2] 至正十六年（丙申）正月，他便"以母老弃官东归，盖亦知天下将乱也"。[3] 归国后历任高丽王朝的多种职务。至正二十三年起兼任元朝征东行省儒学提举。元朝灭亡，明朝建立，洪武二十一年（1388）李穑以贺正使名义出使中国。李穑的诗文集《牧隐稿》，包括诗稿 35 卷，文稿 20 卷。《韩国文集丛刊》收录。最近出版的《全元文》第 56 册，将《牧隐文稿》全部收录。[4]

李穀、李穑父子在高丽后期文坛上有很高的地位。李朝初期有人说："吾东方文学之士，登中朝科者多矣，然父子相继继擢高科，登史翰，名闻中夏世称其美，惟稼亭与牧隐两先生而已。"[5]父子齐名，这是文坛的佳话。更难得的是，父子两人都对高丽和元朝之间的文化交流作出了贡献。

17.2 《稼亭集》、《牧隐稿》有关元朝政治生活的记述

李穀、李穑父子曾为不少高丽政坛人物撰写传记，其中有些人曾在元朝任职，或出使元朝，这些人物的传记作品中便有涉及元朝政治生活的记述，可补中国文献之不足。《稼亭集》的《韩公行状》（卷 12）就是一

---

〔1〕《稼亭集》，凤凰出版社 2004 年版。

〔2〕《牧隐诗稿》卷 3《蓟门》。

〔3〕权近：《李文靖公行状》，载《牧隐稿》卷首。

〔4〕江苏凤凰出版社 2004 年版。

〔5〕柳思讷：《稼亭集跋》，《稼亭集》附。

个例子：

> 公讳永,字贞甫,姓韩氏。高丽清州人。……大德七年,选充宿卫。十一年,入侍仁庙潜邸,为上所知。至大初,制授承务郎资武库提点。皇庆元年,除寿武库使。延祐元年,移使利器库。时明宗即封于周,将行,请细甲于仁宗,上命给之。江浙丞相答失蛮时为武备卿,抵寺欲取镇库者。公曰:"卿不闻乎,世祖赐以尚衣御铠,若曰:'以此镇武库,后世嗣圣或乘戎辂者服之,否则秘藏,世以宝守。'寺官相传,奉之唯谨。"卿曰:"吾将取观耳,无他也。"及见,即持走。公大叫"卿违制",奔及两手夺之,仅得兜牟。卿复来夺,公曰:"我头可得,此不可得也。"乃抱之哭,卿无如之何,止以铠上王府。后数月,仁宗命取是铠,主者以实对,上怒,置卿极刑。竟无以存兜牟事上闻者。三库皆尚方戒器秘藏,公再三管钥,克勤以慎,无丝毫失。及卿被刑,人益重之。

以上记载很值得重视。首先是关于武备寺的结构问题。元朝的武备寺是一个负责军器生产和贮藏的机构,下属单位众多。《元史》卷90《百官志六》记载,其中以库为名者有寿武库、利器库和广胜库。据《韩公行状》,则三库是资武库、寿武库和利器库。很可能,广胜库后来改名资武库,《元史·百官志》中漏载。

其次,从中可以知道江浙行省丞相答失蛮的下落。元代以答失蛮为名的人不少,清代汪辉祖在《三史同名录》中统计,《元史》中有12个答失蛮。据杨志玖先生研究,其中4个应是同一人,此外尚有8个答失蛮,生平都是不很清楚的。[1] 武宗朝有一个答失蛮曾任江浙行省丞相。《元史》载,"〔至大三年九月己卯〕,御史台臣言:'江浙省丞相答失蛮于天寿节日殴其平章政事不兰奚,事属不敬。'诏遣使诘问之。"同年十一月戊子,"江浙省左丞相答失蛮、江西省左丞相别不花来朝。"[2] 至大三年是1310年。元朝制度,行省丞相官秩从一品,只有显赫身世

〔1〕《元代的几个答失蛮》,《元代回族史稿》,南开大学出版社,2004年,第431－444页。
〔2〕《元史》卷23《武宗纪二》。

或特殊功勋者得为之,江浙行省丞相地位尤为重要。但这位江浙行省左丞相答失蛮的身世和经历却是不清楚的。《元史》又载,仁宗朝皇庆元年(1312)十二月,"知枢密院事答失蛮罢";延祐元年(1314)月十一"以翰林学士承旨答失蛮知枢密院事"。[1] 这两个答失蛮与江浙行省答失蛮是否同一人,无法确定。而根据上述《韩公行状》的记载,可以知道,曾任江浙行省左丞相的答失蛮在延祐二年周王出镇时任武备卿,不久便因与周王(明宗)有牵连而被处死,时间应是延祐三年。行省丞相秩从一品,武备卿秩正三品,显然,武宗朝的江浙行省左丞相答失蛮在仁宗朝政治上是失意的,这可能是他参与宫廷斗争、依附周王(明宗)的原因。

再次,这一记载为周王起兵事件提供了资料。武宗海山和仁宗爱育黎拔力八达是兄弟,他们的父亲答儿麻失剌是成宗铁穆耳的兄长。成宗去世,无子,宫廷内部围绕皇位继承展开了激烈的斗争。爱育黎拔力八达发动宫廷政变,击败对手,迎接在北方戍守的海山回到都城,继承帝位。作为酬劳,海山便立爱育黎拔力八达为太子,双方商定,海山死后,爱育黎拔力八达嗣位,再立海山之子和世㻋为太子,继承皇位,而和世㻋则应立爱育黎拔力八达之子硕德八剌为太子,世代兄弟相继。但是,仁宗即位后,违背了原先的诺言,在延祐二年(1315)十一月封和世㻋为周王,出镇云南,实际上是将他放逐在外,为立自己的儿子硕德八剌为太子扫清障碍。和世㻋前往云南途中,经过陕西,在当地一些官员支持下,起兵问罪。被击败后,逃往漠北。这是元代中期统治集团内部一场严重的斗争。

从《韩公行状》可知,和世㻋被封为周王、出镇云南时,"请细甲于仁宗,上命给之。"按,宪宗九年(1259)忽必烈率大军攻南宋,兵临长江,董文炳请为先锋,"上敕近侍解细甲五十副以赐公"[2] 可知"细甲"是大汗和宗王"近侍"(怯薛)穿的铠甲。和世㻋以宗王出镇,"请

〔1〕《元史》卷24《仁宗纪一》、卷25《仁宗纪二》。
〔2〕王磐:《赵国忠献公神道碑》,见李修生主编《全元文》第2册,第287页。

细甲"，仁宗是无法不同意的。问题是，答失蛮乘机将武备库中贮存的"尚衣御铠"亦即忽必烈自己穿的铠甲献给了周王。按照忽必烈生前嘱咐，"后世嗣圣或乘戎辂者服之，否则秘藏，世以宝守。"也就是说，后代皇帝亲自出征时才能穿着，否则永存库中，作为镇库之宝。和世瑓私自带着忽必烈的铠甲出镇，说明他以忽必烈正统继承人自命，决心要争夺皇位，答失蛮此举显然出于和世瑓授意，一旦被仁宗发现，当然就是大逆不道的罪行。可见，从和世瑓被册封为周王时起，一场新的皇位争夺便开始了。

李稿的《曲城府君廉君神道碑》（《牧隐文稿》卷15）载：

> 曲城姓康氏，名梯臣，字恺叔，小字佛奴，瑞原大族也。……年十一，姑夫中书平章末吉召置之左右，迎儒生授业者十年，故其德器冠一世。泰定甲子，末吉公率公迎驾于和林，帝一见奇之，命公宿卫禁中，眷顾异常。末吉，大臣也，帝又亲信，然以病不能朝，帝有所疑，必命公咨于家，其有所奏，公悉达之。大夫帖失既诛，以女弟赐公，公曰："臣虽无知，不愿近逆党。"帝愈重之〔1〕

这一记载涉及元朝另一起宫廷斗争。元英宗硕德八剌（仁宗之子）进行政治改革，触犯一些贵族、官僚的利益。至治三年（1323）八月，英宗自上都返回大都，途经南坡，御史大夫铁失等发动政变，刺杀英宗，并拥立镇守漠北的晋王也孙铁木儿为帝，是为泰定帝。也孙铁木儿的父亲甘麻剌是武宗、仁宗之父成宗铁穆耳的长兄。他在漠北即帝位，立即将参与政变的铁失等人全部处死〔2〕从这篇碑文看来，"中书平章末吉"在事变发生后曾到漠北和林去迎接也孙铁木儿，而且是他的亲信大臣，可知地位十分重要。然而在现存中国文献中，涉及至治、泰定史事者，并没有末吉其人的记载。

将元朝和高丽双方的记载相比较，可以认为，李稿笔下的末吉，应该就是中国文献中的旭迈杰。末吉和迈杰两名音相近，应是同名异译

---

〔1〕郑麟趾《高丽史》卷111《廉悌臣传》所记略同，应即据碑文写成。

〔2〕萧功秦：《英宗新政与"南坡之变"》，载《元史及北方民族史研究集刊》第4期（1980年4月）。

（旭迈杰的"旭",可能有专门的涵义,待考)。旭迈杰在泰定帝即位之初,任中书右丞相,地位十分重要。这和碑文说末吉是泰定帝的"亲信""大臣"亦相符。泰定帝即位后,立即追究铁失等人的罪行,主其事者便是旭迈杰。碑文记泰定帝将铁失女弟赐给廉悌臣,亦非偶然。悌臣是末吉的亲信,应是追随末吉处理铁失一案有功,故能获特殊的赏赐。旭迈杰在泰定二年十一月以后不见于记载,应已去世[1]。这和碑文说他"病不能朝"亦相契合。

南坡之变和泰定帝嗣位,是元代中期政治生活中的大事,但现存记载颇多讳饰。旭迈杰在元代历史上是个相当神秘的人物,他在泰定初年突然出现,在政坛上举足轻重,很快又消失,但有关资料很少。李稿的上述记载无疑有助于我们对这一事件和人物的思考。

李稿的《尹公(尹之彪)墓志铭》(《牧隐文稿》卷17)的一段文字亦是很有价值的记载:

> 时晋邸陟遐,文宗自江南先入宫正位,迎明宗于朔方。文宗出劳于野,丞相燕铁木儿进毒酒,明宗中夜崩,六军乱。公与宰相曾益清、李君俟等左右永陵,永陵恃以无恐,赐功臣铁券。至顺庚午,升大护军,公年廿一也。

明宗(即上述周王和世㻋)暴死是元朝宫廷斗争的又一重要事件。中国的不少文献说明这是文宗图帖睦尔和权臣燕铁木儿所为,但大多隐约其辞。名诗人萨都剌的诗篇《记事》便以此为题。清代诗人、《元诗选》的编者顾嗣立的《读元史诗》8首之一即咏此事:"烛影斧声疑,当时被诃诋。……史氏多忌讳,纪事只大氏。独有萨经历,讽刺中肯綮。游魂洒泪诗,千载笑兄弟。"[2]但明确指出燕铁木儿"进毒酒"者只有李稿的上述记载,李稿应得自尹之彪亲述,这是极其可贵的。[3]

---

〔1〕《新元史》卷204《旭迈杰传》以为他死于泰定二年十二月,可能是因十二月任命塔失帖木儿为中书右丞相,取代旭迈杰,因而推论其已故。

〔2〕转引自萨都剌:《雁门集》,殷孟伦、朱广祁点校,第64~65页。

〔3〕参看陈得芝为《辽金与高丽关系考》(魏志江著,香港天马图书有限公司2001年版)一书所作的序。

17.3 《稼亭集》、《牧隐稿》记述的大都风貌

　　李穀先后 5 次到大都,最长的一次由至正元年到至正六年约 5 年之久。李穡在至正八年到至正十一年初就读于大都国子学,将近 3 年;至正十三年、十五年又两次前往大都,但每次时间都不到一年。父子两人对大都的情况比较熟悉,有很深的感情,他们的诗文中有不少关于大都风土人情的记述,主要有 3 个方面:一是大都的风景名胜,二是大都的高丽佛寺和高丽僧人,三是至正四、五年(1344—1345)间大都的灾荒。这些内容,都是研究元大都的珍贵资料。

　　《稼亭集》卷 14 至卷 20 是诗,其中卷 16、17 的作品大多是在大都写作的,吟咏的对象有"崇天门"、"析津桥"、"西湖"、"西山"、"西郊"、"城南"等。大都西郊玉泉山下的西湖,是今天颐和园昆明湖的前身。元文宗至顺三年(1332),在湖畔建造大承天护圣寺,富丽堂皇,为西湖增添了景色。西湖从此成为大都一大名胜、游人丛集之地。李穀显然酷爱西湖的景色,先后作有《六月十五游西湖》组诗(卷 16)和《仲孚再和喜晴,仍约游西湖,复作四首》(卷 17)。"舟人见客竞来迎,笑指荷花多处行。""欲识西湖奇绝处,夜深花睡暗香生。"(卷 16)"水光山色弄微晴,好向西湖载酒行。""四面天机云锦烂,中心仙阁翠华明。"(卷17)西湖湖畔皇家佛寺大承天护圣寺,寺前有双阁,深入湖中,皇帝常至此游赏西湖景致,"中心仙阁翠华明"即指此。西湖到处生长着荷花,湖中有招邀游人的客船。这些都在李穀的诗句中得到表现。

　　元朝皇帝每年由大都前往上都(在今内蒙正蓝旗境内),大批官员、军人以及其他人员随行。上都是一座草原城市,不少元朝诗人为上都风物景色写下诗篇。"上都纪行诗"是元代文学中具有鲜明特色的课题。李穀亦曾在随行之列,写下了《滦京纪行》组诗,包括《居庸关》、《途中》、《李陵台》、《滦京二首》、《棕殿大会》、《滦京送别》、《发滦京》

等篇。[1] 他是现在所知唯一写有上都诗篇的境外诗人。"武夫角力雄如虎,诈马跑空炳若龙。""一色衣冠扶凤辇,八珍馔膳进驼峰。""诈马"是蒙古宴会的名称,又名"只孙宴",与宴者每天要穿同样颜色的衣服。这是蒙古宫廷生活一大特色。[2] 李毅的这些诗句为此提供了资料。

李穑的《牧隐诗稿》共 35 卷,其中卷 2、3 的作品有不少是在大都写作的,吟咏的对象有"大明殿"、"燕山"、"通州"、"崇德寺"、"东岳庙"、"海子"、"永宁寺"、"寿安寺"、"法源寺"等。还有一些诗歌,则是他在往返大都途中,经过通州、渔阳、玉田、榆林关等地时所作。回国以后,他还经常怀念大都的生活,作有《记燕京途中》、《忆燕都》为题的诗篇,收在卷 4 以后各卷中。"秋满燕山落叶飞,回头有客思依依。"[3] "白头当日銮坡客,春雁飞时欲寄书。"[4] 李穑对大都说得上一往情深。海子是大都的名胜,就是今天的积水潭,对于海子,李穑特别留恋。他在大都时作有《步屧海子旁》:[5]

> 步屧随长堤,寻凉日将夕。新荷映沦漪,幽芳吐丛薄。
>
> 隔岸好楼台,波间倒红壁。主人游不归,庭草凝寒碧。
>
> 徘徊久瞻望,使我多感激。

诗人夏日傍晚在海子旁漫步,水中新荷蓬勃开放,对岸楼台倒影水中,引起他种种遐想。[6] 后来,在《忆燕都》中,[7]他还提到了海子岸畔的石桥:

> 斲来山石白于霜,截作新桥海水旁。
>
> 引得龙鳞趁太液,牙樯锦缆照红妆。

和李毅不同,李穑没有到过上都,但是他有几首诗,与两都制有关。这两首诗,一前一后,题为《迎丁祭御香,自上都至》,《秋丁与祭文庙》。

---

〔1〕《稼亭集》卷 18。

〔2〕韩儒林:《元代诈马宴新探》,载《历史研究》1981 年第 1 期。

〔3〕《牧隐诗稿》卷 19。

〔4〕《牧隐诗稿》卷 8。

〔5〕《牧隐诗稿》卷 3。

〔6〕诗中"主人游不归,庭草凝寒碧"之句,疑有所指,待考。

〔7〕《牧隐诗稿》卷 6。

皇帝巡幸上都时,大都孔庙举行祭奠,皇帝要派专人从上都送来祭祀用的香。这两首诗反映的便是迎香之举。又有《承中书省差接驾途中》、《驾前捧果盘》、《入城》等诗,说的是皇帝一行自上都回来,百官出城迎接的情况。这些诗篇,都有助于了解两京巡幸制度。

佛教是大都最流行的宗教,大都佛寺之多、规模之大,居全国前列。李穀说:"在辇穀之下,寺号高句骊者其刹相望。"〔1〕可见大都的众多佛寺中,有不少是高丽人创建的。见于李穀记载的,便有报恩光教寺、金孙弥陀寺和天台法王寺等。报恩光教寺在大都南城彰义门外,"延祐丁巳,高丽国王讳某既释位,留京师邸,买地于故城彰义门之外创梵刹焉。越三年己未,工告毕,凡奉佛居僧之所,修斋作法之具,百需皆有,揭名曰大报恩光教寺,命钱塘行上人演天台教,未几还山。明年,乃延华严教师澄公纲维寺事"。这位"释位"的"高丽国王"即渖王王璋,他后来被贬,寺亦废弛。元顺帝即位后,高丽国王命"本国天台师""旋公主其寺"。"旋公"即义旋(见下)。〔2〕 金孙弥陀寺在宛平。高丽人中尚卿金伯颜察和妻孙氏,"至顺二年,创佛宇于宛平县之池水村,以弘其教,曰金孙弥陀寺,盖取两姓及所求乎佛者名之也。……因舍家僮,剃度为僧,主其香火"。〔3〕 天台法王寺在金城坊(大都城区西南),它是几位在元朝做官的高丽人集资建造的,元朝皇后亦出赀相助,落成于至正三年。〔4〕 此外,龙泉寺与高丽人亦有密切关系。这是一所古老的佛寺,在大兴的崇壤南乡。元顺帝时,几位高丽官员说动太皇太后(文宗皇后)出赀赞助,"仍命高丽戒明禅师主其事"。〔5〕 李穡亦记载大都一处高丽寺。西天(印度)僧人指空到大都传法,轰动一时。"大府太监察罕帖木儿之室金氏,亦高丽人也,从师出家。买宅澄清里,辟为佛宫,迎师居之。"〔6〕

〔1〕《稼亭集》卷4《大都天台法王寺记》。
〔2〕李穀:《稼亭集》卷2《京师报恩光教寺记》。
〔3〕李穀:《稼亭集》卷2《京师金孙弥陀寺记》。
〔4〕李穀:《稼亭集》卷4《大都天台法王寺记》。
〔5〕李穀:《稼亭集》卷6《大都大兴县重兴龙泉寺碑》。
〔6〕《牧隐文稿》卷14《西天提纳薄陀尊者浮屠铭》。

有元一代，不断有高丽僧人来到大都，其原因有多种。李毅记录了其中两位的事迹。一位是海圆。"大德乙巳，安西王闻高丽僧戒行甚高，请于成宗，遣使招致之。公应其命入觐，仍从安西王于朔方。……丁未冬，奉武宗之旨，率徒弟食公廪，春秋时巡则令扈驾。"武宗在大都城南创建大崇恩福元寺，工程浩大，仁宗皇庆元年"毕其功，乃命诸方韵释自其年冬开堂讲法，高丽瑜伽教师圆公领其徒入居之，驻锡凡二十九年"[1]。崇恩福元寺是一座皇家佛寺，"圆公"即海圆，他主持这座皇家佛寺20余年，说明在大都佛教界有很显赫的地位。另一位是义旋，他是官僚子弟，"衣冠贵胄"，元统元年应高丽国王之命主持上述大都报恩光教寺，后又兼任大天源延圣寺住持，"知名儒释间"。义旋"居辇毂"在15年以上，一度"奉天子之命"，出使高丽。显然已成为大都佛教界领袖人物之一[2]。这两位僧人来到大都是奉帝王之命。这是一类。另一类是在大都求法。上面提到的西天高僧指空，在泰定年间到过高丽，后到大都。他与高丽佛教界一直有联系。"师所居寺，皆高丽僧。"[3]其中不乏前来求法者。据李穑记述，指空到高丽时，僧人达蕴（号玉田）从之受戒。指空"被旨还京师"，达蕴"从而西"。继续从指空求法[4]。还有一位名叫惠勤（号懒翁）的高丽僧人，立志"寻师中国"，至正八年（戊子）"至燕都，参指空"。后南游访问名僧。至正十二年"北还，再参指空，空授以法衣、拂子、梵书"。至正十八年（戊戌）"春，辞指空，得授记东还"。他成为指空的入室弟子，声名大振，受到元朝皇帝和高丽国王的崇敬[5]。高丽僧人无学"游燕京，见普济，普济极口赞叹……遂以法语衣物表信。普济既寂，无学方以其道为师于云水万衲之间"[6]。普济即懒翁。师弟二人去燕京都为求法。

另据李毅记载，来到大都的高丽僧人还有晶照、达幻、达正、中向、

〔1〕《稼亭集》卷6《大崇恩福元寺高丽第一代师圆公碑》。
〔2〕《稼亭集》卷2《京师报恩光教寺记》，《稼亭集》卷3《高丽国天台佛恩寺重兴记》。
〔3〕《西天提纳薄陀尊者浮屠铭》。
〔4〕《牧隐文稿》卷4《松月轩记》。
〔5〕李穑：《牧隐文稿》卷14《普济尊者谥禅觉塔铭》。
〔6〕李穑：《牧隐诗稿》卷13《题溪月轩印空吟》。

·欧·亚·历·史·文·化·文·库·

宏辨等人。[1] 值得注意的是,这几位高丽僧人曾前往大都,主要目的
不是求法,而是为修建寺院或举行佛事活动,寻求元朝皇室和在大都
做官的高丽人资助。李穑记高丽僧人慈惠,"尝以寺事走京师,谒公卿
间,名闻于中宫,出钱内帑,铸梵呗之器。既成,乞文于临川危先生,纪
寺功之本末,刻之石,舟浮以送之。惠则奉香币驰驿而归,立石于寺之
园中,大设落成之会,其能矣哉"。[2] 亦是寻求资助,可见这种情况是
相当普遍的。这可以说是第三种类型。

李毂有一篇《小圃记》[3],记自己在"京师福田坊所赁屋"前,"有
隙地,理为小圃",种植蔬菜。第一年,"雨畅以时",蔬菜"旦旦采之而
不尽,分其余邻人焉"。第二年,"春夏稍旱,瓮汲以灌之如沃焦","已
而淫雨,至秋晚乃霁"。"视去年所食,仅半之。"第三年,"旱旱晚水皆
甚,所食又半于去年之半"。"予尝以小揆大,以近测远,谓天下之利当
耗其大半也。秋果不熟,冬阙食,河南北民多流徙。盗贼窃发,出兵捕
诛不能止。及春,饥民云集京师,都城内外呼号丐乞,僵仆不起者相枕
藉。庙堂忧劳,有司奔走,其所以设施救活无所不至,至发廪以赈之,作
粥以食之,然死者已过半矣。由是物价涌贵,米斗八九千。又自春末至
夏至不雨,视所种菜如去年,未知从今得雨否。侧闻宰相诣寺观祷雨,
想必得之。然于予小圃,亦已晚矣。"这篇文章写于至正乙酉年五月,
即至正五年五月。由此可知,文中所说"旱旱晚水皆甚……秋果不熟,
冬阙食,河南北民多流徙,盗贼窃发",是至正四年的情况。而"饥民云
集京师……死者已过半矣",所说则是五年之事。又有一篇短文,题为
《市肆说》,[4]全文是:

商贾所聚,贸易有无,谓之市肆。始予来都,入委巷,见冶容诲淫者
随其妍媸,高下其直,公然为之,不小羞耻,是曰女肆。知风俗之不
美也。又入官府,见舞文弄法者随其重轻,高下其直,公然受之,不

────────

〔1〕《稼亭集》卷2《兴王寺重修兴教院落成会记》、《金刚山普贤庵法会记》,《稼亭集》卷3
《重兴大华严普光寺记》,《稼亭集》卷6《金刚山长安寺重兴碑》。
〔2〕《牧隐文稿》卷2《宝盖山地藏寺重修记》。
〔3〕《稼亭集》卷4。
〔4〕《稼亭集》卷7。

小疑惧,是曰吏肆,知刑政之不理也。于今又见人肆焉。自去年水旱民无食,强者为盗贼,弱者皆流离,无所于糊口,父母鬻儿,夫鬻其妇,主鬻其奴,列于市贱其估,曾犬豕之不如,然有司不之问。呜呼,前二肆其情可憎,不可不痛惩之也,后一肆其情可矜,亦不可不早去之也。苟三肆之不罢,予知其不美,不理者将不止于此也。

此文写作时间不明,但所述是作者亲身见闻,其中说"自去年水旱民无食",以之与《小圃说》相印证,无疑亦应作于至正五年。值得注意的是文中关于"人肆"的叙述,亦即在市场上公开买卖人口。元代前期,大都有"人市",成宗大德年间,郑介夫上书说:"今大都、上都有马市、羊市、牛市,亦有人市,使人畜平等,极为可怜。"[1]元代大都的地方志书《析津志》中记:"人市在羊角市,至今楼子尚存。此是至元间,后有司禁约,姑存此以为鉴戒。"[2]羊角市是大都市场的总称,在今天北京西四一带。由这两条记载可知大都原来有公开买卖人口的"人市",后被"有司"即政府衙门取缔。根据李毂的叙述,在至正四、五年灾荒发生后,大都再一次出现了买卖人口的"人市"。在"人市"上,被买卖的人口"曾犬豕之不如",也就是说比不上犬、豕。但是这一次"有司"却完全不管了。

至正四、五年的灾荒,在《元史》和一些中国文献中亦有记载,但语焉不详。李毂以自己亲身的见闻,为了解灾荒中的大都面貌,提供了切实、具体的材料。他关于大都"女肆"、"吏肆"的叙述,也是有价值的社会生活资料。

17.4 《稼亭集》、《牧隐稿》中有关
高丽、元朝文化交流的记载

《稼亭集》和《牧隐文稿》中还有许多两国文化交流的资料。

《稼亭集》后附《杂录》,都是他人题赠的诗文。这些诗文可分为4组。一是元统二年李毂由大都回国时,元朝文士为之送行的诗文。二

---

〔1〕邱树森、何兆吉:《元代奏议集录》下册,第77页。
〔2〕熊梦祥:《析津志辑佚》,第6页。

是至元元年李穀由高丽返大都时,高丽文士送行的诗文。三是李穀以家中的"稼亭"请元朝文士所作的题咏。四是至正六年李穀以中瑞司典簿身份前往高丽"颁历",元朝文士的送行诗文。除了第二组中的高丽文人之外,属于第一组的元朝文士有陈旅、宋本、欧阳玄、谢端、焦鼎、岳至、王士点、王沂、潘迪、揭傒斯、宋褧[1]、程益、程谦、郭嘉。属于第二组的有王沂、谢端、黄溍、王思诚、宋褧、苏天爵、刘闻、刘阅、程益、贡师泰、余阙、成遵。属于第四组的元朝文人有周瓒、张起岩、□璿、林希光、叶恒、南阳□□、傅亨、方道叡、周暾。[2] 以上与李穀有文字交往的元朝文士共 31 人。

上述人物以出身进士者居多,有 21 人。其中成遵、周瓒、程益、余阙是李穀的同科进士。其他各科进士有:宋本(至治元年)、欧阳玄(延祐二年)、谢端(延祐五年)、焦鼎(延祐二年)、岳至(至治元年)、王沂(延祐二年)、宋褧(泰定元年)、程谦(泰定元年)、郭嘉(泰定四年)、黄溍(延祐二年)、王思诚(至治元年)、刘闻(至顺元年)、贡师泰(泰定四年)、张起岩(延祐二年)、傅亨(至正二年)、方道叡(至顺元年)、周暾(至治元年)。他们在朝廷中担任中层的官员,欧阳玄、王沂、张起岩的政治地位较高。[3] 其余诸人中,陈旅、王士点、揭傒斯、苏天爵都是在当时文坛上很有影响的人物。陈旅作文时是国子助教,而且是元统元年廷试的考官。王士点是元朝前期名臣王构之子,顺帝前期任翰林修撰、秘书监管勾等职。揭傒斯在顺帝前期任翰林待制、集贤直学士等职。李穀提到揭傒斯时说:"余辱出门下,东归之日,承其教诲。"[4] 可

---

〔1〕宋褧《燕石集》卷 4 有七律 1 首,题为:"高丽人李穀,字中甫,元统元年登乙科,为翰林检阅官。……其行也,赠之以诗。"但与《杂录》所载首句不同。又第六句"东人争讶旧儒生",《杂录》作:"东人争迎旧书生。"

〔2〕《稼亭集》附《杂录》。

〔3〕关于上述进士的情况,请参看萧启庆:《元延祐二年与五年进士辑录》(《台大历史学报》第 24 期)、《元至顺元年进士辑录》(台大《文史哲学报》第 52 期)、《元至顺元年进士辑录》(《宋旭轩教授八十荣寿论文集》)、《元泰定元年与四年进士辑录》(《蒙古史研究》第 6 辑)、《元至正前期进士辑录》(《燕京学报》新 10 期);陈高华:《元泰定甲子科进士考》(南京大学元史研究室《内陆亚洲历史文化研究》)。

〔4〕《稼亭集》卷 9《送揭理问序》。按,揭以忠任征东行省理问,期满归国,李穀作文送行。文中说:"令兄集贤公为时儒宗,名闻海内。"无疑指揭傒斯而言。

知揭氏和陈旅一样,亦是元统元年廷试考官之一。苏天爵出身国子生,顺帝前期曾任御史、奎章阁授经郎等职,是元朝的著名学者。此外,潘迪长期在翰林国史院、国子监等处任职。林希光疑是林希元之误。林希元,天台人,以荐为儒学正,曾任国子助教、翰林应奉[1] 叶恒出身国子生,释褐授余姚州判官,后为翰林编修、国子助教[2] 只有刘阅生平待考[3] 还有两人姓名缺漏,南阳□□,是哈剌鲁诗人廼贤,另一人有待查考。

为友人远游或家庭生活题赠诗文,这是元代文人之间常见的一种交往方式。上面所说是元朝文人为李穀题赠诗文。李穀也积极参加这一类活动,例如,他有一首诗,题为"题苏伯修参议滋溪书堂,苏氏五世,世增书至万卷,座主宋尚书诚夫首为之记,诸公皆有诗"[4] 苏天爵字伯修,宋本字诚夫。宋本是元统元年廷试的考官,故李穀称之为"座主"。苏天爵家中有滋溪书堂,藏书万卷,宋本为之作《滋溪书堂记》[5],大都知名文人即李穀所说"诸公"皆为之赋诗,李穀之诗便为此而作。苏天爵在"至正壬午夏,拜湖广行省参知政事,大夫士又分题赋诗以饯"[6] 李穀亦作诗《送苏伯修参政湖省,分韵得东华尘》[7]

以上与李穀有文字交往的人物,大多任职于翰林国史院、国子监、秘书监等文化机构,都是顺帝前期大都文坛上比较活跃的人物,其中有些人可以说是当时文化领域的精英,如欧阳玄、揭傒斯、宋本、张起岩、王沂、苏天爵、黄溍等。欧阳玄、揭傒斯、张起岩、王沂都是宋、辽、金三史的总裁,在当时有很高的地位。李穀"与中朝文士交游讲劘,所造益深"[8] 也就是说,与中国文士的交往,有助于李穀学识的进步。有元一代,不少高丽文人来中国,与中国文士交游。14 世纪中期高丽的

---

〔1〕《元诗选癸集》癸之丁"林县尹希原(一作元)"。

〔2〕《元诗选癸集》癸之丙"叶县尹恒"。

〔3〕刘阅和刘闻都是安成人,很可能有亲属关系。

〔4〕《稼亭集》卷 16。

〔5〕《国朝文类》卷 31。

〔6〕许有壬:《至正集》卷 34《送苏伯修赴湖广参政序》。

〔7〕《稼亭集》卷 14。

〔8〕郑麟趾:《高丽史》卷 109《李穀传》,国书刊行会印本。

汉语教科书《朴通事》中,记述高丽韩秀才来到大都,中国文人前去拜访的故事,正是两国文人交往频繁的反映。[1] 从现存文献来看,高丽文士与元朝文士交往最为密切的,除了《益斋集》的作者李贤之外,便是李穑。

李穑在大都时交往的元朝文士,有前辈泰不华、成遵、余阙,[2]以及傅亨[3]等。其中泰不华是至治元年进士,成遵、余阙是李穑的同年。有同辈赵时泰(字致安)、曾坚(字子白)、王景初[4]和叶孔昭等。前3人是他的同年。叶孔昭是叶恒(字敬常)的儿子,[5]两人可以说是世交。李穑有3首诗与叶孔昭有关,[6]很可能,叶孔昭亦是国子生,与李穑同学,故两人关系密切。李穑回国后有一首诗,题为《咏木棉布》[7]:

> 叶县孔昭情最亲,食同几案坐同茵。
>
> 镜湖镇浦非他水,月艇风樯似近邻。
>
> 丐我苎根烦海贾,送君绵实托乡人。
>
> 分明此语犹能记,三十余年似隔晨。

此诗应是李穑晚年之作,他回忆30余年前,与叶孔昭同学时的亲密情景。当时两人曾相约互赠麻布和棉布,至老仍念念不忘。在另一首诗中,有"月艇鉴湖频入梦"之句[8]。鉴湖是四明(即绍兴)的名胜,应亦是怀念叶孔昭之作,可见彼此友情是很深的。

总的来说,李穑与元朝文士的交游,不如李穀广泛,这固然由于李穑在大都生活的时间较短,同时也因为农民战争爆发,原来聚集在大都的文士纷纷散去之故。

---

〔1〕《朴通事谚解》卷下,《奎章阁丛书》本。

〔2〕《上达兼善尚书》、《谒成谊叔侍郎》、《成侍郎宅,见余廷心先生,退而志之》,以上见《牧隐诗稿》卷2。

〔3〕《奉送傅子通应奉使东平赈济客户,因过凤凰山》、《凤山十二泳,子通临行索赋》,见《牧隐诗稿》卷3。

〔4〕《牧隐诗稿》卷3《次同年王景初诗韵,兼柬曾子白、赵致安二同年》。

〔5〕《牧隐诗稿》卷2《与叶孔昭赋青山白云图(四明敬常助教子)》。

〔6〕除上引1首外,又《次韵叶孔昭江南四绝》、《寒风四首与叶孔昭同赋》,均见《牧隐诗稿》卷2。

〔7〕《牧隐诗稿》卷10。

〔8〕《牧隐诗稿》卷10《自咏》。

李穑有一篇题为《松月轩记》的散文,系为上述僧人达蕴写作的。达蕴曾遍游中国名山胜地,与中国文人交往。文中说:[1]

> 师平生喜从当世名公雅士游,尽得其礼貌。而于艺又能精鉴书画,博极今古。如翰林承旨欧阳原功、集贤学士揭曼硕、国子祭酒王师鲁、中书参政危太朴、集贤待制赵仲穆,道家如吴宗师,皆为之题赞叙引。集贤待制赵仲穆、真人张彦辅、吴兴唐子华又为松月轩传神。今皆失之,惜哉!

欧阳玄字原功,揭傒斯字曼硕,王沂字师鲁。以上3人前面已提及。危素字太朴,元末著名学者、文人,官至中书参知政事。赵雍字仲穆,赵孟頫之子,名画家。吴宗师是玄教大宗师吴全节。张彦辅是道士,蒙古人,以画著名。唐棣字子华,名画家。从这份名单可以看出,达蕴的交游面比李毂、李穑父子还要广泛。李氏父子交往的,大多是有功名的文人,而达蕴交往的,文人之外,还有当时著名的画家。

事实上,李穑对于元朝的书画艺术亦是很有兴趣的。他在一首诗中写道:"张彦辅,刘道权,至正以来名最传。两家妙处得天趣,笔力所到气势全,精神入玄又入玄。"[2] 又一首,题为《东亭所藏张彦辅山水画,曲城所蓄也》。[3] 前面提到高丽贵族廉悌臣,封为曲城院君,此画原即归他所有,后传给儿子。综合以上几条记载,可见张彦辅的画为高丽文人和上层所珍重。[4] 张彦辅的画传世极少,但李穑的评价应对我们有所启发,认真加以研究。[5] 刘道权在中国文献中极少记载,亦应努力发掘。[6] 李穑还曾给予李溥光的大字很高的评价,他说:"元兴百余年,文理大洽,四方学士,咸精其能。蔚乎一代之盛矣。是以论者谓其文似汉,其诗似唐,其字似晋。至于大字,独推雪庵为首。雪庵不知

---

〔1〕《牧隐文稿》卷4。

〔2〕《牧隐诗稿》卷10《谢禹四宰送水墨山水八叠屏风》。

〔3〕《牧隐诗稿》卷32。

〔4〕李朝时代仍有张彦辅作品流传,见傅申《秘书监及其他——元代皇室收藏史略》(四),台北《故宫季刊》第13卷第4期。

〔5〕关于张彦辅,参见拙著《元代画家史料汇编》第436~442页。

〔6〕《新元史》卷242《李时传》说:"刘道权者,庐陵人,善画山水。"

何所师,然自唐颜氏以来,罕有及者。名岂虚得也哉。"[1]雪庵即释溥光,头陀教(糠禅)僧人,俗姓李。他的字为高丽上层所推重。

元朝的书画在高丽流传并得到高度评价,这是两国文化交流中应该大书特书的事情。李穑的有关记载是很有价值的。

上面我们对李氏父子两种文集中有关元代历史的记载做了一些介绍。两种文集中还有不少有价值的内容,有待进一步研究。

(原载《蒙元史暨民族论集——纪念翁独健先生诞辰一百周年》,社科文献出版社 2006 年版。)

---

[1]《牧隐文稿》卷 13《书上札补正雪庵大字卷后》。

18 《述善集》两篇碑传所见元代探马赤军户

《述善集》是元末唐兀人崇喜编著的一部文集,崇喜后人珍藏于家,近年始为人所知,不久将公开出版。河南《史学月刊》2000 年第 4 期刊载了《〈述善集〉选注(二篇)》(以下简称《选注》),以及朱绍侯的《试论〈述善集〉的学术价值》(以下简称《试论》)。我觉得《述善集》的两篇碑传,对于认识元代探马赤军户的状况颇有价值,故写此文,略作讨论。

18.1　两篇碑传状况

关于崇喜生平,《正德大名府志》卷 7《人物志》和《嘉靖开州志》卷 6《人物志》都有记载,文字基本相同。现引《府志》记载如下:

> 杨崇喜,本唐兀氏也。国子生,博学好义。至正末,中原多事,兵食方亟,崇喜请输米五百石、草万束以助国用,而不求名爵。又创建庙学养士,割良田五百亩为赡。朝廷以其事下中书,赐号崇义书院。有《龙乡祠社义约》、《劝善直述》行于世。

但是,《选注》披露的两篇碑传,都不是崇喜本人的作品。一篇是潘迪撰写的《大元赠敦武校尉军民万户府百夫长唐兀公碑铭并序》(以下简称《碑铭》),碑主"唐兀公"是崇喜的祖父闾马。潘迪曾任国子司业,是崇喜的老师,此文即应崇喜之请而作,时间是至正十六年(1356),收在《述善集》卷 2。另一篇是《伯颜宗道传》(以下简称《传》),作者佚名。伯颜字宗道,哈剌鲁人,元代后期理学家。至正十八年为农民起义军所杀。伯颜与崇喜两家结为婚姻,关系亲密。《传》结尾说:"侯无后,唐兀崇喜颇知梗慨,予亦为同郡,遂叙云。"可见《传》

·欧·亚·历·史·文·化·文·库·

的有关资料是崇善提供的,大概因为这个原因,被收入《述善集》作为附录。

应该指出的是,《碑铭》刻石尚存,1983 年在濮阳城东杨什八郎村南重新发现,文字大体清晰。1986 年被定为河南省文物保护单位。《碑铭》全文在此前已二度披露,一篇是穆朝庆、任崇岳的《〈大元赠敦武校尉军民万户府百夫长唐兀公碑铭〉笺注》(以下简称《笺注》)[1],另一篇是张相梅的《河南濮阳元代唐兀公碑》[2]。两篇均迻录碑刻原文,前者加以标点"并略加笺注",并校以《述善集》所载《碑铭》文字。《传》则在《正德大名府志》卷 10《文类》中已经收录,我曾写过一篇札记《读〈伯颜宗道传〉》,略作介绍。该文发表在南京大学《元史及北方民族史研究集刊》第 10 期,后来收入《元史研究论稿》(北京中华书局 1991 年)。以《府志》与《选注》相比较,两者文字大体相同,略有出入,但后者所载《传》的结尾有缺字错字,又有"近三十个字漫漶不清"。这应是原钞本的问题。而《府志》所载则是完整的,可以用来校补,所补不止"近三十个字",而是 80 余字。此外,任崇岳、穆朝庆的《略谈河南省的西夏遗民》[3],已经利用了两篇碑传的资料(以下简称《略谈》)。

18.2　两家探马赤军户

《碑铭》记述崇喜祖先事迹时说:"府君讳闾马,唐兀氏。其父唐兀台,世居宁夏路贺兰山。岁己未,扈从皇嗣昆仲,南收金破宋,不避艰险,宣力国家。尝为弹压,累著功效,方议超擢,年六十余,以疾卒于营戍。其妻名九姐,年五十余卒。时府君甫十岁余,别无恒产,依所亲营次以居,即崇喜之祖也。及长成丁,优于武艺,攻城野战,围打襄樊,诸处征讨,多获功赏。然性恬退,不求进用。大事既定,遂来开州濮阳县东,拨付草地,与民相参住坐。……至元八年,籍充山东河北军户。十

---

〔1〕《宁夏社会科学》1987 年第 1 期。
〔2〕《中原文物》1996 年第 3 期。
〔3〕《宁夏社会科学》1986 年第 2 期。

六年,奉旨选充左翊蒙古侍卫亲军。三十年,编类入籍。"宁夏路贺兰山是原来西夏立国之地,唐兀即党项,原是西夏的主体民族。西夏灭亡以后,不少唐兀人被收编入蒙古军队,唐兀台即其中之一。《传》记述伯颜祖先事迹时说:"其部族为曷剌鲁氏。宪宗之己未,其祖从大兵征宋,衽兵革者十余年。宋平,天下始偃兵弗服,乃土著隶山东河北蒙古军籍,分赐刍牧地为编民,遂家濮阳南之月城村"[1] 曷剌鲁即哈剌鲁的异译。哈剌鲁人原居中亚阿力麻里、海押立之地,成吉思汗兴起后,归附蒙古,出军从征,不少哈剌鲁人此后来到中原。[2]

从以上所述,可知唐兀人间马和哈剌鲁人伯颜的祖先的事迹,有几点是相同的:(1)都是己未年(蒙哥汗九年,1259)加入蒙古军队的行列;(2)都参加了统一南方的战争;(3)全国统一以后,都定居在濮城县。

蒙哥汗八年起,蒙古大举攻宋,蒙哥汗和他的兄弟忽必烈都亲临前线,指挥军队。唐兀台和伯颜之祖在九年从军,显然为了战事发展的需要。世祖至元三年(1266)清查户籍时,曾明确规定:"西路凭乙卯年军籍,山后凭丁巳年籍,山前凭己未年查定军册"[3] 可见己未年确有征兵之举。此次攻势因蒙哥汗死亡而中断,但两人因此便隶名军籍,不再离开。唐兀台病死时,间马尚未成年,而在他"成丁"以后,便正式成为军队的成员。元代军户世代相继,不能变更,后来间马的子孙仍然如此。伯颜一家亦应如此。元文宗天历年间发生内讧,朝廷"起遣渐丁",崇喜之父达海被委派为百户。直到崇喜,虽曾进入国学,"已预会试,候贡有期",但因为"户隶蒙古兵籍",仍不得不"俯就武职"(《碑铭》)。

蒙古(元朝)南征的军队,有蒙古军、探马赤军和汉军之分,但实际上蒙古军和探马赤军常常是混淆的。关于探马赤军的起源及其后来的发展变化曾引起热烈的讨论。多数研究者认为,最初的探马赤军,是

---

〔1〕《选注》中《传》文作:"隶山东河北蒙古右军籍","右"疑是衍字。
〔2〕参见拙作《元代的哈剌鲁人》,载《西北民族研究》1988 年第 1 期。
〔3〕《通制条格》卷 2《户令·以籍为定》。

指从蒙古某些千户中签发来的到远方从事出征或镇戍的蒙古军队,在发展过程中吸收了大批其他民族的成员,因而成分复杂。元代文献中说"探马赤则诸部族也","实际上有两层意思。一是指探马赤军是从蒙古各部中签发来的,一是指探马赤军士兵大多数是蒙古族以外的各族人"。"探马赤军只是蒙古军的一部分,是执行镇戍任务的蒙古军队。"[1]忽必烈派遣出征南宋的蒙古军,有时也称为探马赤军,两者并无明确的区别。至于唐兀人唐兀台、闾马父子和哈剌鲁人伯颜的祖父,作为参加南征蒙古军的其他民族成员,无疑应称为探马赤军人,他们世代相继应军役,当然就是探马赤军户。

现在我们来讨论两家在濮阳定居的问题。《价值》一文认为元朝灭宋后,"进行过一次大裁军,把军中的蒙古人、色目人分遣至中原,赐给刍牧地(草地)使其定居,并仍隶属蒙古军籍"。这个说法是值得商榷的。元朝在统一以后,并未进行裁军,而是将军队在全国范围内加以调度配置。其主要措施之一是:"河洛、山东据天下腹心,则以蒙古,探马赤军列大府以屯之。"[2]。这里所说的"蒙古、探马赤军",实际上是出征南宋的蒙古、探马赤军,可以说是当时元朝最精锐的军队。这样做为的是占据"天下腹心"之地,便于控制四方。一有动乱,可以迅速出兵平定。所谓"大府"指的是山东河北蒙古军都万户府和河南淮北蒙古军都万户府,属于前者的有攻宋时先隶于河南行省、后由淮东蒙古军都元帅府统辖的5万户蒙古军,属于后者的有攻宋时隶属于淮西行院的4万户蒙古军。"蒙古军都万户府实际上就是探马赤军都万户府。"[3]河南淮北蒙古军都万户府设置在洛阳县龙门山之南、伊水之东,在今河南伊川县境内,其所属军人分布在附近各地,约当今河南西

〔1〕史卫民:《元代军事史》(《中国军事通史》第14卷),军事科学出版社1998年版,第89~91页。

〔2〕《元史》卷99《兵志二·镇戍》。按,《经世大典序录·军制》称:"大率蒙古军、探马赤军戍中原,汉军戍南土,亦间厕新附军。"《经世大典序录·屯戍》则云:"及天下平,……以蒙古军屯河洛山东,据天下腹心,汉军、探马赤军戍淮江之南,以尽南海,而新附军亦间厕焉。"(苏天爵《国朝文类》卷41)两说有所不同,《元史·兵志》显然是以前者为据。但如上所说,蒙古军与探马赤军并无严格的区别,而出征或到他处镇守的蒙古军常被称为探马赤军,则两说都是讲得通的。

〔3〕史卫民:《元代军事史》,第265~269页。

北部。山东河北蒙古军都万户府原开府地不详,但在天历二年(1329)元朝政府"迁山东河北蒙古军大都督府于濮州"[1]。元代濮州属腹里济宁路,今山东鄄城。可以认为,山东河北蒙古军都万户府原治所及军人分布之地应离此不远,也就是今河南、河北、山东三省交界之地。除了开府濮州以外,还有几条理由可以证明:一是与名称(山东河北)相符;二是与河南淮北蒙古军都万户府东西并列,共据腹心,布局合理;三是这一地区在蒙古对宋战争中便是后方的基地,蒙古军南征时冬季休整之所[2]。濮阳县当时属腹里大名路开州(今河南濮阳市),与濮州邻近,无疑正是山东河北都万户府军人分布之地。《传》中说,伯颜之祖在宋平以后"乃土著,隶山东河北蒙古军籍……遂家濮阳南之月城村"。所谓"山东河北蒙古军籍"就是编入山东河北蒙古军都万户府的军籍,伯颜之祖因此在濮阳县定居下来。

崇喜祖父间马的情况和伯颜祖父有所不同。据《碑铭》记载,他在"至元八年,籍充山东河北蒙古军户。十六年,奉旨选充左翊蒙古侍卫亲军"。这里有两个问题需要讨论。第一,山东河北蒙古军都万户府成立时间较晚。据记载,南宋灭亡后,元朝政府于至元二十一年"罢统军司都元帅府,立蒙古军都万户府"。到大德七年(1303),改为山东河北蒙古军都万户府。天历二年改为大都督府。[3] 因此,至元八年"籍充山东河北蒙古军户"之说明显是不正确的。比较合理的解释是,至元八年间马正式成为蒙古军(探马赤军)的一名士兵,而他所在的队伍,后来是山东河北蒙古军都万户府的组成部分。第二,关于左翊蒙古侍卫亲军问题。左翊蒙古侍卫亲军是元朝中央侍卫亲军的一支,由蒙古侍卫总管府演变而成。"至元十六年前后,设蒙古侍卫总管府,以斡耳那部人相兀速和别速惕部人阿必察为总管,统率由参加攻宋战争蒙古各万户军中抽选入卫的蒙古军。"不久,改名为蒙古侍卫亲军都指挥

---

〔1〕《元史》卷33《文宗纪二》。

〔2〕蒙哥汗时代,南征的蒙古军每到冬天,常在曹州(今山东菏泽)一带休整;曹州在濮州之南,与开州相邻,见《罗天益和〈卫生宝鉴〉》(《文史》第48辑)。

〔3〕《元史》卷86《百官志二》。

使司。大德七年分为左翊、右翊。"蒙古侍卫所统军队,和蒙古军都万户府一样,都是留在中原戍守的探马赤军。"[1]元朝中央侍卫亲军都是由其他军队中抽调的,蒙古侍卫亲军也不例外。《碑铭》说"十六年奉旨选充左翊蒙古侍卫亲军"是不准确的,应是选充蒙古侍卫亲军,这一机构后来才分成左、右二翊蒙古侍卫亲军。潘迪显然对这一演变并不清楚。间马被选充蒙古侍卫亲军后,他的子孙世代相继,都是蒙古侍卫亲军(后来的左翊蒙古侍卫亲军)辖下的军人,这一家也就成了左翊蒙古侍卫亲军军户。侍卫亲军是定期服役的,间马原来所在队伍归入山东河北蒙古军都万户府,前往濮阳一带居住,他们家庭也随之前往,本人则定期前往左翊蒙古侍卫亲军服役。到了崇喜仍充当"左翊侍卫百夫长",可见仍是左翊侍卫的军户。也就是说,唐兀人间马和哈剌鲁人伯颜的祖父,原来都在征南宋的探马赤军中,南宋平定后,他们的队伍归入山东河北蒙古军都万户府,到濮阳一带定居,但间马又被签充左翊蒙古侍卫亲军军人,因而和伯颜一家在隶属关系上已有所不同。这些被签的军人家在濮阳,定期到左翊所在地服役。

顺帝元统元年(癸酉,1333)举行科举考试,右榜(蒙古、色目)及第50人。其中二甲第十名阿虎歹"贯大名路滑州内黄县,左翊蒙古[侍卫军]户"。三甲第六名明安达耳,"贯左翊蒙古侍卫军户,居曹州。唐兀氏"。三甲第十名托本,"贯大名路濮阳县军籍,哈剌鲁人民"。他的曾祖"管军百户",祖"百户",父那海"忠显[校尉]"。三甲第十四名买间,"贯濮州蒙古军户,斡罗台氏"。"曾祖八朗,千户。祖丑妮子,千户。父唐兀台,□□。"[2]以上4人和上述崇喜、伯颜家庭情况可以互相印证。4人之中,托本既是哈剌鲁人,又隶大名路濮阳县军籍,其情况与伯颜完全相同,无疑亦是隶属于山东河北蒙古军都万户府的探马赤军户。阿虎歹族属不明[3],明安达耳是唐兀人,两人都是左翊蒙古

〔1〕史卫民:《元代军事史》,第220~221页。

〔2〕萧启庆:《元统元年进士录校注》,台北《食货》(复刊)13卷第1、2期。

〔3〕钱大昕《元史氏族表》卷1《蒙古》称:"阿虎歹,蒙古侍卫军户,不言氏族,居大名路内黄县(见《元统元年进士录》)。但左翊蒙古侍卫军户不等于蒙古人,钱氏将阿虎歹归入蒙古之列,理由是不够充分的。

侍卫亲军军户,分别居住在与濮阳相邻的曹州(今山东菏泽)与滑州内黄(今河南内黄),他们的情况应与崇喜相同,其祖先原是征南探马赤军军人,后所隶万户归入山东河南蒙古军都万户府,但本人则被抽调入左翊蒙古侍卫亲军。买闾是蒙古族,他居住在濮州,而且祖先都是千户,显然是山东河北蒙古军都万户府下属的高级军官家族。根据以上记载,可以认为,山东河北蒙古军都万户府属下军人分布之地,是今天山东、河北、河南交界处,至少包括当时的开州、滑州和曹州、濮州等地。同时也可看出,左翊蒙古侍卫亲军从山东河北都万户府所属军队中签发了不少军人。或者说,山东河北都万户府所属各万户应是左翊蒙古侍卫亲军的重要来源。

元人虞集作《平江路达鲁花赤黄头公神道碑》,黄头"唐兀氏,别名世雄,世居濮州鄄城县,占籍于塔思火你赤万户之军"[1]。按,塔思火你赤又作塔四火鲁赤、塔思火儿赤,是元初"探马赤官人"之一[2]。其孙忙兀台为万户,率五翼军攻宋[3],是构成山东河北蒙古军都万户府的5万户军之一。唐兀人黄头的先人隶籍于塔思火你赤万户的行列,又居住在后来成为山东河北蒙古军大都督府所在地的濮州鄄城县,显然与前面所说一些家庭的情况一样,也是山东河北蒙古军都万户府(大都督府)属下的探马赤军户。

18.3 探马赤军户定居和生活方式的改变

《笺注》和《略谈》两文认为,唐兀闾马来到濮阳是"解甲屯田","闾马由野战部队变成了屯田部队"。这个说法也是值得商榷的。

蒙古军在出征时,"不以贵贱,多带妻孥而行,自云用以管行李衣服钱物之类"[4]。每遇作战,军人上前线,随军家属和辎重留在后方,

---

〔1〕《道园类稿》卷44。
〔2〕王恽:《秋涧先生大全集》卷81《中堂事记》。
〔3〕《元史》卷131《忙兀台传》。
〔4〕赵珙:《蒙鞑备录》。

·欧·亚·历·史·文·化·文·库·

称为"奥鲁"。"奥鲁者,盖本朝军人族属之名也。"[1]蒙古、探马赤军万户、千户都设有奥鲁,便是为了管理随军家属的需要[2]《碑铭》中说,唐兀台和妻九姐死后,闾马"别无恒产,依所亲营次以居",便是一个比较典型的全家从征的例子。这些探马赤军人长期从征,全家都在军营之中,他们的生活来源,主要依靠军人的战利品。由于长期从事征战,这些军人和家属与原来的部族、居地已经完全失去了联系。这和汉军的情况有很大的区别。汉军只身从军,家属都在原地。为了管理汉军家属,亦设有奥鲁,但都在当地,而且由地方官兼任。汉军家属要负担军人的装备和部分给养。汉军和他的家乡,仍有密不可分的联系。[3]

全国统一以后,大规模战争基本停止,为数庞大的军人及其家属的给养成为必须解决的重大问题。元朝政府的对策是,汉军、新附军实行屯田,蒙古、探马赤军主要分给牧地或农田,也有少数参加屯田。关于屯田,已有不少论述。但对蒙古、探马赤军的牧(土)地分配,由于文献记载的不足,则没有引起足够的重视。《述善集》两篇碑传提供了这方面的资料。

蒙古探马赤军及其家属习惯于游牧生活,所到之处,便将土地变为牧场。早在蒙古国时期,探马赤军将领肖乃台镇戍东平,"朝廷以肖乃台功多",命东平军阀严实为他"分拨牧马草地"。[4] 这是较早的在中原为探马赤分拨牧地的记载。在此以后,大批蒙古、探马赤军携带家属涌入中原,有的由政府拨给草地,有的便自行占据土地作为牧场。史载,探马赤军"金亡之后,散居牧地,多有入民籍者"[5] 可见他们的"牧地"都在中原,与"民"杂居。因此不少地方发生了农牧矛盾。忽必烈即位以后,"南北民户,主客良贱杂糅,蒙古军牧马草地互相占据",

---

〔1〕王利用:《周侯神道碑》,见胡聘之编撰:《山右石刻丛编》卷27。

〔2〕《元史》卷82《选举志二》。

〔3〕参见拙作《元代的军户》,见《元史研究论稿》。

〔4〕《元史》卷120《肖乃台传》。

〔5〕《元史》卷166《石高山传》。

需要官府差断事官"理之,军民各得其所"。[1] 山东滨州(今山东滨县)"田莱多荒,往往为行营军马占为牧地,……差断事官某分拨草地、民地,封土为畔,豪夺不复行"[2]。调整牧地和耕地,成了政府的一项重要工作。忽必烈推行"汉法",鼓励耕作,要求蒙古军从事农业,例如,至元二年正月,"以河南北荒田分给蒙古军耕种";三年五月,诏"凡良田为僧所据者,听蒙古人分垦"。[3] 但是收效不大。全国统一以后,元朝政府对于蒙古、探马赤军的安置,采用多种方法。一种是屯田。元代军屯规模之大,超过前代,"内而各卫,外而行省,皆立屯田,以资军饷"[4]。但军屯主要是由汉军、新附军承担的,蒙古、探马赤军屯田的很少。一种是分给耕地。如至元二十一年闰五月,"给西川蒙古军钞,使备铠仗,耕遂宁沿江旷土以食,四顷以下者免输地税"[5]。"四顷免税"是汉军军户的待遇,显然是将土地直接分给这些蒙古军人,由他们耕种自给。但这种情况似乎也不多。第三种是分给牧地,由他们继续放牧为主。这种现象大概相对要多一些。《述善集》二篇传记所说都是这种情况。《碑铭》说,闾马在全国统一后"遂来开州濮阳县东,拨付草地,与民相参住坐"。《传》说伯颜之祖隶山东河北蒙古军籍,"分赐刍牧地为编民,遂家濮阳南之月城村"。而这些"北方人初至,犹以射猎为俗",可见仍过着游牧的生活。

据记载,成宗大德四年九月,"曹州探马赤军与民讼地百二十顷,诏别以邻近官田如数给之"[6]。前已述及,曹州(今山东菏泽)是山东河北蒙古军都万户府所属探马赤军户的居地,"曹州探马赤军"无疑就是山东河北蒙古军都万户府属下的探马赤军人。他们与当地居民争讼,显然应是牧地、耕地之争。开州有阿术律官人祠,"至元初,散军卫

〔1〕《元史》卷135《塔里赤传》。
〔2〕赵孟頫:《松雪斋文集》卷8《姜公墓志铭》。
〔3〕《元史》卷6《世祖纪三》。
〔4〕《元史》卷100《兵志三·屯田》。
〔5〕《元史》卷13《世祖纪十》。
〔6〕《元史》卷20《成宗纪三》。

于河北,良民多被其虐,公(阿术律——引者)悉绳以法"。此祠明代尚存[1]。这应即指探马赤军人与民间因牧地引起的纠纷而言。阿术律应即元朝征南的大将阿术,他是山东河北蒙古军都万户府的首任都万户。至大四年(1311),"河东、陕西、巩昌、延安、燕南、河北、辽阳、河南、山东诸翼卫探马赤争草地讼者二百余起"[2],其中必然包括山东河北蒙古军都万户府军人在内,可见因分配探马赤军人草地引起的纠纷长期存在。

值得注意的是,从《碑铭》、《传》所述,可以看出,探马赤军户在分得草地以后不久,便逐渐由放牧为生过渡到经营农业。《传》说:"时北方人初至,犹射猎为俗,后渐知耕垦播殖如华人。"《碑铭》中说,闰马在濮阳定居后,"勤于稼穑"。闰马之子达海组织民间会社,规定:"纵放头匹,践蹂田禾,非礼饮酒,失误农业",都要处罚。达海的次子卜兰台"深通农务,晓知水利"。这是一个具有重要意义的转变。这种转变至迟在元代中期业已发生。生活在农业区中的探马赤军人,尽管在起初可以继续他们的游牧生活,但时间一久,不能不受周围环境的影响,由射猎放牧转向耕垦播殖。这是社会经济发展的不依人的意志为转移的必然趋势。这种转变在当时应是相当普遍的,崇喜和伯颜两家便是两个很好的例证。与这种转变相联系的,则是这些探马赤军户中的阶级分化。崇喜一家已经成为颇具规模的地主,占有大量耕地,仅"赡坟地"即有200余亩,荒年出粮赈济,战乱时出粮草赡军。家中"子孙及家人无虑近万指","万指"即千人,其子孙虽盛,人数亦不到百人,"家人"(奴仆)数是很可观的。荒年时"贫不能自存"的"客户"(佃户),即不下于"十余家",总数肯定更多,"田土契券"已被视作"家业之基"。而在探马赤军户中亦有"贫弗能育其子女者",有因贫困"不能袭荫"者。

与定居经营农业相适应,发生了探马赤军户的儒学化趋势。闰马

---

[1]《正德大名府志》卷4《祠祀志》。
[2]《元史》卷132《拔都儿传》。

"厚礼学师,以教子孙。乡人家贫好学者,悉为代其束脩礼"。可见接受儒学已相当普遍。间马长子达海有"子二人,长即崇喜,次卜兰台"。崇喜是"国子上舍生",卜兰台则"攻习儒书及蒙古文字"。间马第三子间儿"性体纯粹,儒史兼优"。第四子当儿的后代中有人是国子生。元代国子生人数有限,最多时不过400人,色目为四分之一。间马一家即有两名国子生。崇喜还创建了崇义书院,其招收的主要应是探马赤军的子弟。[1] 崇喜字象贤,他的13个堂兄弟"因象贤之学类推以为名",分别取字思贤、师贤、齐贤、敬贤等等。[2] 而哈剌鲁人伯颜,更潜心向学,成为当时北方很有名望的理学大师。前已述及,元统元年进士蒙古色目榜中有4人应是出身于山东河北蒙古军都万户府分布地区的探马赤军户,这个比例是很大的。以上种种,说明这一带军户中儒学的影响是相当可观的。

18.4　探马赤军户的婚姻

《碑铭》对崇喜家族的婚姻状况记载颇详,现引述如下:

第1代　唐兀台,妻九姐,族属不详。

第2代　间马,妻哈剌鲁氏。

第3代　男5人:达海娶孙氏,镇花台娶盖氏、王氏,间儿娶王氏,当儿娶马氏、盖氏,买儿娶乃蛮氏。女1人:迈纳,嫁哈剌鲁氏宝童。

第4代　男15人,内1人早死,1人未娶。其余13人中,娶汉姓妇女9人(李氏、袁氏、高氏、彭氏、张氏、孔氏、刘氏、李氏),娶旭申氏2人,娶哈剌鲁氏、乃蛮氏、怯烈氏各1人[3]。女6人,分别嫁哈剌鲁氏(3人)、乃蛮氏、蒙古氏,另1人嫁武卫亲军千户所达鲁花赤长安,族属

---

〔1〕崇义书院"在州东十八郎里"(《嘉靖开州志》卷2《建置志》)。十八郎里即十八郎寨。"相传元设千户屯兵于诸寨,因名"(《嘉靖开州志》卷1《地理志》),亦即间马家族"置庄"之地(《碑铭》)。《碑铭》刻石亦在十八郎村附近发现。这一带原是探马赤军户聚居之地。

〔2〕《述善集》所载,转引自任崇岳、穆朝庆《略谈河南省的西夏遗民》(《宁夏社会科学》1986年第2期)。

〔3〕其中拜住先娶李氏,李氏死后续娶旭申氏。

·欧·亚·历·史·文·化·文·库·

不明,但无疑应为蒙古或色目人。

第五代 男21人,女14人,多数未婚。已婚男性分别娶哈剌鲁氏、高氏、乃蛮氏。已婚女性分别嫁旭申氏、国子生燕山、儒士间间、山东河北蒙古军都万户府左手万户府镇抚宝宝、左翊蒙古侍卫关住。后四人族属不详,但应为蒙古、色目则是没有疑问的。

据《传》载,哈剌鲁人伯颜之妻怯烈氏。

元统元年所取进士中与山东河北蒙古军都万户府有关者4人。阿虎歹母孟氏、生母王氏,娶王氏。明安达耳母秦氏,娶护都伦氏。托本母铁真氏、钦察氏,娶王氏。买间母宋氏,未娶。

综上所述,可以看出,在山东河北蒙古军都万户府所属探马赤军户中间,不同民族之间互相通婚是很普遍的。这种现象的出现,是由探马赤军户这个群体的特殊性导致的。前已指出,探马赤军是由各部族组成的,民族成分复杂。定居以后,仍属同一机构管辖,居地相近,很自然便在彼此之间结成了婚姻关系。这是这个群体的婚姻特点之一。其次,在这些探马赤军户中,与汉人通婚的比例是很高的。以崇喜家族为例,第三代男性5人,内4人所娶为汉人妇女,第四代男性所娶亦以汉人妇女居多。元统元年进士4人,或母亲是汉人,或妻子是汉人,或母、妻均为汉人。为什么与汉人通婚如此频繁,我想也只有从探马赤军的特殊性寻求答案。前已指出,蒙古、探马赤军经常是携带家属行动的,但可以肯定的是,还有很多探马赤军人是没有妻室的单身男子。一旦定居以后,单身军人寻求配偶,在探马赤军内部很难有合适的妇女,便只好求之于地方。于是大量汉族妇女便进入了这个群体,与单身探马赤军人组成家庭。这种情况在定居之初比较普遍,经过一、二代以后,许多探马赤军人都有了自己的子女,男女性别渐趋平衡,与汉人通婚的比例也就逐渐下降了。崇喜家族第四代娶汉人为妻者比例减少,第五代更少,便是很好的例子。这是这个群体婚姻特点之二。《略论》把"与汉人通婚"作为"汉化"的一种表现,不能说没有理由,但似嫌简单化。第三,从崇喜家族来看,男性可以娶汉族女性为妻,但女性出嫁的对象,都是蒙古人或色目人,没有汉人。这种情况并非偶然,正好反映了蒙古探马赤军户中盛行的民族歧视观念:蒙古、色目高贵,汉人、南人低下。在男性为中心的社会里,处于上层的民族,其女性择偶时,一般是不会选择其他民族成员的。这是民族歧视心理的表现。有的论者认为"这说明血缘交流晚于文化交流",似乎没有注意问题的关键所在。山东河北蒙古军都万户府属下探马赤军户的婚姻状况,对于我们认识元代各民族之间的婚姻关系,应该说是有重要参考价值的。

18.5　结语

以上所述,概括起来就是:(1)西夏(唐兀)人崇喜和哈剌鲁人伯颜的先人,都是军人,参与平宋的战争。全国统一以后,元朝将南征的蒙古军,也就是探马赤军,调到中原腹心之地,建立两个都万户府(后改大都督府),以控制四方。崇喜和伯颜的先人隶属于山东河北蒙古军都万户府,因而来到濮阳屯驻(崇喜先人又被抽调入左翊蒙古侍卫亲军,但家在濮阳)。今天山东、河南交界的地区,包括河南的濮阳、内黄,山东的鄄城、菏泽,都是这个都万户府军人屯驻之地。(2)元代一入军籍,便要世代相继,称为军户。这批出征南宋的军队,既称为蒙古军,又称为探马赤军,因而都万户府属下的军户,很自然便是探马赤军户。(3)这批军人初到时,政府分给他们牧地,仍然过着游牧生活,但很快就在环境影响下转而定居经营农业,并导致贫富分化,其中有不少人的子弟攻读诗书,偃武修文。(4)定居的探马赤军户与汉人通婚的现象相当普遍,但以娶汉人女子为主,实际上仍反映了民族歧视的心态。

元代探马赤军是个很复杂的问题。我们的一些看法,是否正确,衷心希望得到指正。

(原载《庆祝何兹全先生九十岁论文集》,北京师范大学出版社2001年版。)

·欧·亚·历·史·文·化·文库·

19　元代新疆和中原汉族地区的经济、文化交流

　　伟大祖国西北的新疆地区,自古以来,一直是我们统一多民族国家的重要而且不可分割的组成部分。生活在新疆地区的各族人民,和中原地区汉族人民之间,有着悠久密切的政治、经济和文化等各方面的联系。

　　元代,随着规模空前的统一多民族中央集权国家的建立,新疆和中原地区的联系有了进一步的发展。这一时期,新疆各兄弟民族和汉族人民之间的友谊得到了前所未有的加强,共同为巩固和发展我们统一多民族的伟大祖国作出了贡献。

　　这里,让我们对这一阶段友好和团结的历史,做一些简单的回顾。

19.1　交通路线

　　元代,在新疆广袤的地面上,主要生活着 3 个兄弟民族。北部阿尔泰山、额敏河一带,是蒙古族游牧的场所。西北部的阿力麻里(伊犁)、海押立(巴尔喀什湖以南)和普剌(今博乐)等地,主要居民是哈剌鲁人[1],当这些地区归附蒙古政权以后,不少蒙古人也迁移到这里。天山南北的其他地区,主要居民是维吾尔族。以哈剌火州(今吐鲁番)和别失八里(今吉木萨尔)为中心的东部地区,原来是高昌回鹘所在地,元代把这一带称为畏兀儿地面,居民则称为畏兀儿人。西南部原为葱岭回鹘,元代这一带地区的居民没有同一的共同体称呼,而是按其所

----

　　[1]哈剌鲁人,即唐代的葛逻禄,是突厥的一部分,在历史上与维吾尔族有着密切关系。关于 13 世纪初期哈剌鲁的情况,见志费尼:《世界征服者史》,何高济译,内蒙古人民出版社 1981 年版,第 86~89 页。

生活的地区分别称为斡端(今和田)人、合失合儿(今喀什)人等。在畏兀儿地面以东,还有一个叫做哈密里的地方,就是今天的哈密,其居民被称为哈密里人[1]。

13 世纪初。成吉思汗建立蒙古政权后不久,畏兀儿和哈剌鲁的首领就先后前来归附。13 世纪 20 年代末蒙古军出征西辽,葱岭东西维吾尔族居住的地区都归于蒙古政权统治之下。成吉思汗死后,新疆地区分封给窝阔台和察合台,但畏兀儿、哈剌鲁以及哈密里等的首领,仍享有统治本部人民的一定权力。蒙哥汗即位后,为了加强中央集权,建立 3 处行尚书省,其中之一称为别失八里等处行尚书省,管辖的范围主要应即是新疆地区。13 世纪中叶,忽必烈在蒙古统治集团内部激烈斗争中取得胜利,登上大汗的宝座。不久,将国号改为大元。此后,元朝政府加强了对新疆地区的管理,先后设立了宣慰司、元帅府、都护府、按察司等行政机构,计亩征税,发行交钞。忽必烈统治后期,察合台系和窝阔台系诸王发动对中央政府的叛乱,控制了新疆大部分地区,与元朝政府对峙。此后双方时战时和。尽管在交战时期,窝阔台系和察合台系诸王仍然承认元朝皇帝是最高统治者,新疆广大地区(包括察合台系和窝阔台系诸王控制的地区在内)与中原地区的政治、经济、文化联系,一直没有断绝过。

元代新疆与中原联系加强的一个重要标志,是交通路线的改进与开辟。

13 世纪上半期,联结新疆和我国其他地区的交通线主要在天山以北,可以称为北道。北道的路线大体是:由中原北上,到漠北和林(原为蒙古国首都,后为元朝岭北行省所在地,位于鄂尔浑河上);由和林西向趋金山(阿尔泰山),折而南下,到别失八里、哈剌火州,然后沿阴山(天山)北麓,到达阿力麻里。由阿力麻里或北上,或南下,一直可以通往欧洲。

---

〔1〕一般著作中常常将畏兀儿人和元代维吾尔族两个概念等同起来,这是不恰当的。畏兀儿人只是元代维吾尔族的一个组成部分。

天山北道在历史上从来就是一条重要的交通路线。但在汉、唐时期,北道主要是由哈剌火州往东,经河西走廊,与中原地区相联系。从别失八里、哈剌火州北上,趋向漠北,这是兄弟民族开辟的路线。唐代后期,回鹘由漠北西徙高昌(吐鲁番)和葱岭(帕米尔高原)东西。辽朝末年,耶律大石西迁,先由中原到漠北,再由漠北经高昌回鹘,直到葱岭以西,可见这在当时已是一条相当重要的交通线。成吉思汗西征时,对这条道路作了修整。原来金山一带,"深谷长坂,车不可行",成吉思汗之子窝阔台出军,"始辟其路"。天池(赛里木湖)附近,山势险要,成吉思汗另一个儿子察合台经过,"始凿石理道,刊木为四十八桥,桥可并车"[1]。原来,"阴山千里横东西","猿猱鸿鹄不敢过",经修整后,"四十八桥横雁行,胜游奇观真非常"[2]。这些整修,保证了这条交通线的畅通。

13世纪上半期的大旅行家邱处机,就是沿着这条道路前往中亚晋见成吉思汗的。他的弟子所写的游记《长春真人西游记》,为我们留下了有关这条交通线及其经过地区情况的详细记录。此后,另一个旅行家常德,奉宪宗蒙哥汗之命前往波斯,也经由这条道路,他的见闻由刘郁加以记录,题名为《西使记》,同样具有很高的价值[3]。13世纪50年代,欧洲传教士鲁不鲁乞奉法兰西国王之命,前往漠北和林附近蒙哥汗驻地。他由伏尔加河畔拔都(成吉思汗长孙,金帐汗国开创者)驻地出发,先后经过海押立、阿力麻里、畏兀儿人地面、乃蛮旧地(乃蛮为蒙古一部,原来游牧在阿尔泰山一带),直至蒙古草原大汗宫帐所在地,可知走的同样是这一条路线[4]。

但是,这条路线虽然得到了修整,实际上仍是相当艰险的,在上述这些旅行家的游记中都有所描述。特别是,它不利于新疆与中原地区的直接交往。当从金朝手里夺取了关中和河西走廊之后,蒙古统治者

[1]李志常:《长春真人西游记》卷上。
[2]耶律楚材:《湛然居士文集》卷2《过阴山和人韵》。
[3]见王恽《秋涧先生大全集》卷94。
[4]《鲁不鲁乞东游记》,见道森编《出使蒙古记》,吕浦译,中国社科出版社1983年版。

很快就着手恢复中原经河西走廊通向新疆地区的道路。负责这个工作的是蒙古族雍古部人按竺迩,他在戊子年(1228)受命镇守删丹州(甘肃山丹)。"置驿张掖、酒泉,至玉关,通道西域",从而大大便利了新疆与中原的交通。[1]

为河西走廊与新疆交通作出贡献的另一个人是畏兀儿人岳璘。他从中原回到畏兀儿地面探亲时,"道出河西,所过榛莽,或时乏水";"为凿井置埭,居民使客,相庆称便"。[2]

忽必烈统治时,十分重视加强中原与新疆的交通,特别注意建立联系中原与新疆的驿站。

至元十八年(1281),元朝政府建立了自太和岭至别失八里的新站三十。[3] 太和岭在山西北部,雁门附近,有直通大都的站道。这样,就把全国政治中心大都和边疆紧紧连接了起来。至元二十二年,又在别失八里置立站赤。[4] 这些驿站的建立,改变了北道的面貌,由别失八里北上经金山到漠北这一路线的重要性逐渐降低了,由别失八里经河西走廊与中原联结的路线日趋重要。

除了北道以外,南道的建设在忽必烈时更取得了显著的成绩。由河西走廊,出哈剌火州,经昆仑山北麓,至葱岭,在历史上也是一条重要的交通线。五代、宋初僧侣西行求法,有的人走的就是这一条路线。12世纪的阿拉伯人麻瓦奇关于到中国路程的记载,列举了从合失合儿(今喀什)到斡端、沙州的日程,可见这条路线在当时已为中外旅行者所熟知。[5]

至元十年,忽必烈遣人到斡端等地采玉,"合用铺马六匹",而且指定"去其瑕璞起运,庶几驿传轻便",说明在此以前,已有中原通向斡端等地的站道。[6] 到了第二年(1274),元朝政府又明令建立"于阗(斡

〔1〕元明善:《雍古公神道碑铭》,见《永乐大典》卷 10888。

〔2〕欧阳玄:《圭斋文集》卷 11《高昌偰氏家传》。

〔3〕《元史》卷 63《地理志六》。

〔4〕《经世大典·站赤》,见《永乐大典》卷 19418。

〔5〕《麻瓦奇论中国、突厥和印度》,米诺尔斯基(V. Minorsky)英译本,第 18 页。

〔6〕《经世大典·站赤》,见《永乐大典》卷 19417。

端的同名异译——引者）、鸦儿看（叶尔羌）两城水驿十三,沙州北水、陆驿二"。[1] 至元十九年和廿一、廿三年（1285—1287）,又先后立罗卜、阇里辉（一作阇鄽）、怯台等处驿站。这些地点,据近人考证,大体上都在塔里木盆地南缘。这样,由中原经河西走廊沿昆仑山北麓到葱岭的交通线,得到了进一步的完善。

著名的欧洲旅行家马可·波罗从波斯到中国内地,就是沿着南道走的。他在越过葱岭以后,经过合失合儿、鸦儿看、斡端、阇里辉、罗卜等地,来到哈剌火州,然后经河西走廊的肃州、甘州等地,到达上都开平（内蒙正蓝旗）。他的旅行,时间正好在至元十一年元朝政府大规模设站之后。忽必烈统治时,还有两个畏兀儿族的景教僧侣,名叫马可和扫马,前往波斯并由波斯去欧洲,他们也是由南道走的。[2]

南、北二道的整修和驿站的建立,大大便利了中原和新疆的交往。元代两处之间频繁的经济、文化交流主要便是通过这两条大动脉进行的。

19.2 民族移民

由于政治联系的密切和交通路线的改进与完善,大量汉族人民移居新疆,新疆各族人民也纷纷内徙中原各地。这种普遍广泛的民族移居状态,是元代新疆与中原联系的一个显著特点。

13 世纪 20 年代,当邱处机经过北道时,在别失八里看到当地从事音乐伎艺的都是"中州人"。在轮台,他还写了一首诗赠给一位来自中原的书生。[3] 过了 40 年,即 13 世纪 50 年代末,常德奉使西行,在别失八里附近看到很多"汉民"。天池附近,"有关曰:铁木儿忏察,守关者皆汉民"。阿力麻里城中,"回纥与汉民杂居"。阿力麻里以南的赤木

---

〔1〕《元史》卷 12《世祖纪九》、卷 13《世祖纪十》、卷 14《世祖纪十一》。

〔2〕《忽必烈汗的僧侣》,威廉·布奇（E. A. Wallis Budge）英译本,1928。

〔3〕李志常:《长春真人西游记》卷上。

儿城,居民很多是从山西并、汾迁来的。[1] 显然,在这两个旅行家先后经过的 40 年间,汉族移居新疆的数量有很大的增加,分布地区也很广。

到了忽必烈统治时期,移居新疆的汉族人民日益增多。他们中间有军队,除了驻防之外,还在别失八里、斡端、哈迷里(即哈密里)、阇鄽(且末)等处屯田,并于别失八里设立冶场,鼓铸农器。有从河西甘、肃等处签发的平民,到新疆后和军队"杂居耕植"。还有为数很多的工匠。元朝政府在新疆设立了忽丹八里局[2]和别失八里局等手工业管理机构,收集当地各兄弟民族的工匠,同时还从内地迁来一批汉族工匠。如河南密县人陈福,在山西平阳入织工籍,后被徙到哈剌火州,在那里劳动了 15 年之久。[3] 近年发现的畏兀儿文契约,其中被买卖的奴隶,有的就是汉族。可见在新疆地区生活的汉族劳动人民,为数是不少的。[4] 各族劳动人民共同劳动,共同遭受统治阶级的压迫,这种状况大大加深了他们之间的兄弟情谊。

这一时期,迁到内地落户的新疆各兄弟民族人民,数量也是很大的,他们的分布几乎遍及中原和东南各地。

大都(今北京)是元代全国的政治中心。新疆各族的许多代表人物,都聚集在这里。他们中间,有在元朝中央机构担任各种职务的畏兀儿、哈剌鲁、斡端、哈密里等的上层人物,有出入宫廷和贵族府第的"高昌僧",有这些兄弟民族的学者、艺人、工匠,还有大批由这些兄弟民族成员组成的军队。元代诗人张昱在描写大都城市生活的《辇下曲》中,专有一首描述高昌即畏兀儿人的风俗和宗教信仰:"高昌之神戴殳首,仗剑骑羊势猛烈;十月十三彼国人,萝卜面饼贺神节。"[5]另一个诗人欧阳玄在分别描写大都十二个月民间生活习俗的《渔家傲南词》中写

---

〔1〕刘郁:《西使记》,见《秋涧先生大全集》卷 94。

〔2〕《元史》卷 85《百官志一》。忽丹应即斡端,元代尚有忽炭、兀端、五端等同名异译,元代蒙语某些词的词首辅音"h"常常会脱落,故有"忽"、"斡(或兀、五)"等两种音译。"八里"是突厥语"城"之意。

〔3〕同恕:《榘庵集》卷 7《陈君墓志铭》。

〔4〕冯家昇等:《回鹘文斌通(善斌)卖身契三种》,载《考古学报》1958 年第 2 期。

〔5〕《张光弼诗集》卷 3。

道:"十月都人家百蓄,……燔獐鹿,高昌家赛羊头福。"〔1〕这两首诗既
说明了大都有大量来自高昌的兄弟民族成员,同时,诗的描写对于我
们了解当时畏兀儿人的宗教生活和风俗习惯也有一定的帮助。〔2〕元
朝中央政府的侍卫亲军中,有哈剌鲁指挥使司,显然其主要成员应来
自新疆各族。大都附近的居庸关北口,就是哈剌鲁军队屯驻的地方,其
首领塔不台,就来自海牙里(即海押立、巴尔喀什湖以南)。〔3〕

在甘肃、陕西屯田的,有来自斡端、合失合儿等地的工匠,数达千余
户。〔4〕陕西凤翔有不少来自"高昌"(畏兀儿)的人在那里落户,他们
带来了自己的宗教信仰,在那里建立了祀奉山神雅腊蛮的庙宇。〔5〕有
一部分斡端工匠先迁到漠北和林,后来又迁到西京(大同,金代称西
京,元代有人也沿用这个称呼),"朝廷设局、院官曹以领之"。〔6〕河南
南阳有屯田的哈剌鲁军,其中有的人后来远徙至浙江。还有不少畏兀
儿人也在南阳屯种。〔7〕云南乌蒙有畏兀儿人和汉军一起屯田。〔8〕陕
西的凤翔、秦、巩和甘肃的甘州等处,都有哈密里人居住。〔9〕无论在大
都还是在其他地区散居的新疆各兄弟民族人民,由于长期和汉族以及
其他民族杂居,彼此联系不断加多,了解加深,互相通婚的现象也很
普遍。

在不断内迁中,数量最大的一次发生在 13 世纪后期。当时西北诸
蒙古藩王叛乱,占领了新疆不少地区,许多当地的居民不愿受其统治,
便纷纷迁入内地。其中最大的一批由畏兀儿人首领亦都护〔10〕率领,在

---

〔1〕《圭斋文集》卷 4。

〔2〕从现有记载来看,元代畏兀儿人主要信奉佛教,也有少数信奉景教和摩尼教。崇拜"戴
殺首""仗剑骑羊"之神,在十月十三日以羊头作祭,萝卜面饼贺节,显然与上述 3 种宗教无关,或
系畏兀儿人本民族原始宗教的残余。这个问题可供进一步研究。

〔3〕黄溍:《金华先生文集》卷 43《太傅文安忠宪公家传》。

〔4〕《元史》卷 15《世祖纪十二》。

〔5〕虞集:《道园学古录》卷 6《诏使祷雨诗序》。

〔6〕朱德润:《存复斋文集》卷 1《中政院使买公世德之碑铭》。

〔7〕《元史》卷 19《成宗纪二》、卷 20《成宗纪三》。

〔8〕《元史》卷 100《兵志三·屯田》。

〔9〕《元史》卷 21《成宗纪四》。

〔10〕亦都护是畏兀儿人首领的称号,义为"圣主",一说"幸福之主"。

甘肃永昌地区落户。传世的刻有两种文字(汉、畏兀儿)的《亦都护高昌王世勋碑》,是畏兀儿人在这一带活动的实物证据[1] 新中国成立后发现的元仁宗延祐三年永昌税务执照[2],应是有关畏兀儿人的文物。执照内容系也的迷失买女。也的迷失显然是畏兀儿人的名字,买女一事反映了畏兀儿人的阶级关系。

新疆各族特别是畏兀儿人和哈密里人内迁数量很大,分布很广。为了便于管理,元朝政府规定:"畏兀儿、哈密里每自己其间里公事有呵,委付来的头目每断者。若与百姓每有相争的公事呵,委付来的头目每与各城子里官人每一同判断者。若无畏兀儿、哈密里头目每呵,管民官依例断者。"[3]这个规定曾多次重申,反映出新疆各族移居内地和民族杂居现象有不断发展的趋势。

元顺帝元统元年(1333),元朝开科举,共取进士百人,新疆少数民族就占了 10 人,其中包括有于阗、哈剌鲁、畏兀儿人。从他们的居地来看,北方有大都、真定(河北正定)、大名(河北大名)等处,南方有杭州、龙兴(江西南昌)、池州(安徽贵池)、临江(江西清江)等处。[4] 这个材料,从一个侧面反映了新疆各族分居内地各处的情况,同时也说明了彼此之间不断发展的文化交流。

19.3　经济、文化交流

元代新疆地区与中原内地有密切的交通联系,新疆各族与汉族人民之间普遍互相杂居,这便为彼此之间进行经济、文化交流创造了极为有利的条件。

原来,阿力麻里地区的居民只会"以瓶取水戴而归",汉族人民带

---

〔1〕此碑对于研究维吾尔历史有重要价值,1933 年在甘肃武威出土,现仅存下半段。

〔2〕现藏中国历史博物馆。

〔3〕《元典章新集·刑部·畏兀儿若无头目管民官断》。按,畏兀儿首领称为"亦都护",哈密里人的首领称为"的勤迷林"。有的著作在引用元代有关处理畏兀儿、哈密里人争端的诏书时,标点成:"在先'易都护'为头,畏吾儿每有'的勤'、'迷林'为头,哈迷里每、……"这就完全弄错了。应是:"在先易都护为头畏吾儿每,的勤迷林为头哈迷里每……"

〔4〕《元统元年进士录》,见《宋元科举三录》。

·欧·亚·历·史·文·化·文·库·

去了内地使用的汲器,他们高兴地说:"桃花石(汉人——引者)诸事皆巧。"[1]近百年来在吐鲁番发现了属于 13 世纪的大量印刷物,有畏兀儿字和其他新疆地区通用的文字,中缝往往有汉字页码或汉族刻工姓名,说明汉族工匠对新疆兄弟民族的印刷事业,有所贡献。敦煌发现有几百个畏兀儿文木活字,都用硬木制作,用刻刀削成,高厚完全一律,和王桢《农书》中关于木刻活字的叙述完全一样,可见是从汉族中间传过去的。这无疑有助于维吾尔族印刷业和文化的发展。[2]

汉族地区古代的纺织原料,主要是丝和麻。宋、元二代,棉花才逐渐传播开来,对我国农业生产和人民生活,都有一定的影响。棉花传入内地有南、北二道,北道就是由新疆地区传入的。元代官修农书《农桑辑要》记载道:

> 苎麻本南方之物,木棉亦西域所产。近岁以来,苎麻艺于河南,木棉种于陕右,滋茂繁盛,与本土无异。二方之民,深荷其利,遂即已试之效,令所在种之。[3]

可见,正是在元初,棉花才由新疆移植到陕西。还应指出的是,在关、陕地区木棉的传播种植上,畏兀儿人起了积极的作用。例如,原来陕西西乡县人民"不知种木棉之利",畏兀儿人燕立帖木儿"自兴元求籽给社户,且教以种之法,至今民得其利,而生理稍裕"[4]。

14 世纪上半期,畏兀儿人鲁明善编纂了农业生产的专门著作《农桑衣食撮要》,按月份叙述农事活动。这本书以介绍汉族农业生产经验为主,同时也吸收了晒干酪、收羊种等显然来自兄弟民族的经验。可以说,它正是新疆兄弟民族和汉族交流生产经验的结果。

由于畏兀儿等族"地与西域接,故其声音文字详于诸国"[5]。元代新疆兄弟民族中间,出现了不少精通两种甚至多种语言文字的学者,对统一民族国家对内对外的政治活动和文化交流,起了积极的作用。

---

[1]李志常:《长春真人西游记》卷上。
[2]参看卡特:《中国印刷术的发明和它的西传》,商务印书馆 1957 年版,第 126、188 页。
[3]卷 2《论苎麻木棉》。
[4]蒲道源:《顺斋闲居丛稿》卷 16《西乡宣差燕立帖木儿遗爱碣》。
[5]袁桷:《清容居士集》卷 27《马公神道碑铭》。

其中著名的有：别失八里人全普庵撒里，他是元朝帝师、蒙古新字创造者八思巴的弟子，"尽通其书，旁达诸国及汉语"[1]。别失八里人安藏，通"孔、释之书"，曾译《尚书·无逸篇》和《贞观政要·申鉴篇》进呈忽必烈，后又奉命译《尚书》、《资治通鉴》、《难经》、《本草》。[2] 畏兀儿人文书奴，曾协助八思巴制订蒙古新字。[3] 畏兀儿人必兰纳失里，是元代最有名的翻译家，"幼熟畏兀儿及西天书（梵文——引者），长能贯通三藏（指佛经——引者）暨诸国语"。他翻译了多种佛教经典，并负责外国文书的翻译工作。[4] 曲先（库车）人盛熙明，是一个杰出的语言文字学家，"工翰墨，亦能通六国书"。[5] 他的著作《法书考》流传至今。全书 8 卷，主要研究汉字书法，同时也对蒙古新字（八思巴字）和梵文作了介绍。[6] 在沟通新疆各兄弟民族和汉族、蒙族之间的文化方面，维吾尔族学者的贡献是不小的。

新疆各族还有不少文人，用汉文从事创作。畏兀儿人贯云石海涯（贯酸斋）在诗歌散曲方面有一定成就，"书法稍取古人而变化，自成一家"[7]。哈剌鲁族诗人遁贤在元代文学史上占有重要地位。遁贤的祖先迁居于浙东庆元。青年时代，他由浙东出发，游历中原各地，直至大都，写下了游记《河朔访古记》和诗集《金台集》，在当时获得了很高声誉。[8] 元朝后期，还涌现了边鲁、伯颜不花的斤等运用汉族传统画法而有一定成就的画家。

近百年来，在新疆吐鲁番等地，发现了大批畏兀儿文字的契约文书。其中一部分可以确定为元代之物，另一部分虽难以确定，但内容与前一部分并无多大区别，大体上也应是元代或此前后的东西。这些文

---

〔1〕赵孟頫：《松雪斋文集》卷 7《全公神道碑铭》。
〔2〕程钜夫：《雪楼集》卷 9《秦国文靖公神道碑》。
〔3〕苏天爵：《滋溪文稿》卷 15《卫吾公神道碑铭》。
〔4〕《元史》卷 202《释老传》。
〔5〕陶宗仪：《书史会要》卷 7。
〔6〕此书有《四部丛刊》本。
〔7〕欧阳玄：《圭斋集》卷 9《贯公神道碑》。
〔8〕《河朔访古记》早已散佚，清代修四库全书时由《永乐大典》重行辑出，但已非完本。其写作经过见刘仁本《河朔访古记序》（《羽庭集》卷 6）。《金台集》有多种刊本。

333

·欧·亚·历·史·文·化·文·库·

书是研究这一时期新疆畏兀儿人社会历史的极为重要的资料。从这些文书的研究中可以看到,每份文书大体上都包括如下内容:日期,买卖(或出租、借贷)的原因、对象,买卖(或出租、借贷)的手续(包括代价、是否付清等项,买卖土地则标明该地段四至),所有权转让的确认,违约的处罚办法,等等。最后是当事人和证人的签字或花押。这种契约的结构形式和中原地区汉族中通行的契约文书样式完全一致。文书中的许多术语和词汇,如"四至"、"代保人"、"等"、"用"之类都来源于汉族。文书中常用的动词"写"(bit-)来源自汉语"笔";常见物品,被用作一般等价物的棉布(böz),来源于汉语"帛",如此等等。从这些文书,可以充分看出当时新疆与中原之间经济、文化的密切交流,或者说,它们正是这种交流的最好物证。[1]

19.4 结 语

交通路线的改进和发展,普遍的民族杂居,以及在此基础上发展起来的大规模经济、文化交流,都说明了元代新疆和中原地区之间的联系,比起前代来,有了进一步的加强。这些无可辩驳的历史事实,再一次证实了一条真理:新疆地区,从来都是我国疆域不可分割的组成部分;新疆各族人民,从来就是我们这个统一多民族大家庭中血肉相连的兄弟成员。

(原载《新疆历史论文集》,新疆人民出版社 1978 年版。)

---

〔1〕这里对畏兀儿文书所作的简单介绍,主要根据我国和日本历史学界的研究成果。日本史学界近年来对畏兀儿文契约做了不少综合的分析研究工作,证明了畏兀儿文契约受到汉族同类文书的很大影响。

20 元代新疆史事杂考

元代新疆的历史,内容丰富多彩,值得认真加以探讨。然而,迄今为止,这一方面的研究工作还存在许多空白点;不少问题,仍有争论,需做进一步的努力。在这篇文章里,我们想就平日接触到的中外文献资料,对若干史事,略做说明。抛砖引玉,请同志们予以指正。

20.1 畏兀儿亦都护的世系

唐代后期,回鹘自漠北西迁,分为 3 支,即河西回鹘、高昌回鹘与葱岭回鹘。高昌回鹘居住在新疆东部,以别失八里(今吉木萨尔)和哈剌火州(今吐鲁番)为中心。元代,高昌回鹘改称畏兀儿人,其居地称为畏兀儿地面。畏兀儿人的首领称为亦都护(idi-qut)。畏兀儿人归附蒙古政权以后,其首领仍保持亦都护称号,世代相袭,直至元朝灭亡。现在吐鲁番附近的高昌故城,迄今还被称为亦都护城。

亦都护一名,在以前的维吾尔历史上没有出现过。清代史学家钱大昕说,亦都护"即叶护之转声也"[1]。叶护是唐代回纥政权中大臣的一种称呼。此说能否成立,还有待进一步研究。13 世纪波斯史家志费尼说,亦都护是"幸福之主"的意思。但英国学者波伊勒根据著名中亚史家巴托尔德的意见,认为其义为"圣主",来自唐代一度活跃于别失八里的突厥拔悉蜜部[2]。与蒙古政权发生关系的亦都护是巴而术阿而忒的斤。巴而术阿而忒的斤之父叫月仙帖木儿,这是名字可考的第

---

〔1〕钱大昕:《廿二史考异》卷 94《元史九》。
〔2〕志费尼:《世界征服者史》,何高济译,第 49～50 页。

一位亦都护[1]。元代中期,虞集奉皇帝之命,"考诸高昌王世家",写成了《亦都护高昌王世勋碑》一文,这是关于元代亦都护世系的最重要的资料,后来《元史》卷122《巴而术阿儿忒的斤传》即以此为本。此文收在虞集的《道园学古录》卷24。刻石时文字稍有改动,原碑已不知去向,拓片尚存。据《道园学古录》所载碑文,巴而术阿儿忒的斤以后的亦都护世系是:

　　巴而术阿儿忒的斤——玉古伦的斤——马木剌的斤——火赤哈儿的斤——纽林的斤——帖睦儿补化(弟)籛吉

碑文刻石为时较晚,已在籛吉死后,故又多出一段文字:"籛吉薨,弟太平奴嗣为亦都护、高昌王。"按,帖睦儿补化系自动让位于其弟籛吉。帖睦儿补化、籛吉、太平奴3人系兄弟相继,太平奴嗣位时,帖睦儿补化尚在元朝政府任职[2]。

上述世系实际上是不完整的。首先,巴而术阿儿忒的斤并非直接传位给玉古伦的斤,而是先由其子乞失马失(kesmes)嗣位。乞失马失不久病死,改由其弟撒连的(salindi)嗣位。撒连的因策划杀害伊斯兰教徒,被人告发,为蒙哥汗处死,改由其弟玉古伦(ögünch)的斤嗣位。撒连的之死,大概与蒙古皇室内部斗争有关。此事在波斯史家的著作中有详细记载[3],但汉文史籍未有提及此事者,显然是有意讳饰。其次是太平奴以后的亦都护。《元史》中对此有两处记载:

　　[至正十二年,四月],是月……命亦都护月鲁帖木儿领畏兀儿人马,同豫王阿剌忒纳失里、知枢密院事老章讨襄阳、南阳、邓州贼。(卷41《顺帝纪五》)

　　[至正十三年,六月],己酉,亦都护、高昌王月鲁帖木儿薨于南阳军中,命其子桑哥袭亦都护、高昌王爵。(卷43《顺帝纪六》)

可知在太平奴之后,又有月鲁帖木儿、桑哥相继为亦都护。但月鲁

---

[1]《元史》卷124《哈剌亦哈赤北鲁传》。

[2]据《亦都护高昌王世勋碑》,纽林的斤只有二子,太平奴可能是帖睦儿补化的堂弟。

[3]志费尼:《世界征服者史》,何高济译,第55~59页。拉施特:《史集》第2卷,余大钧、周建奇译,商务印书馆1985年版,第255页。《多桑蒙古史》即据这两种书述及此事,见多桑著,冯承钧译《多桑蒙古史》,中华书局1961年版,第256~257页。

帖木儿与太平奴之间是什么关系,月鲁帖木儿何时嗣位亦都护,都无史料可证,是不清楚的。钱大昕的《元史氏族表》在月鲁帖木儿条下注明:"未详何人之子",态度是审慎的。而柯劭忞的《新元史》则断言其为太平奴子,未免失之轻率。[1] 桑哥之后,又有和赏:

> 公讳和赏,畏兀氏,世居高昌。曾祖纽怜,事元世祖有功,封高昌王。祖帖木儿不花,中书左丞相,父不答失里,中书平章政事,皆袭王爵。……公性警敏,能知时达变,幼亦绍王,封镇永昌。洪武三年,大兵下兰州,公赍印绶自永昌率府属诣辕门内附,诏授怀远将军、高昌卫同知指挥使司事,世袭其职。[2]

和赏,亦作和尚,是元代最后一个亦都护。[3] 元代中期,由于西北诸王叛乱,畏兀儿人大批内迁,其中多数就居住在甘肃永昌。因此,和赏"幼亦绍王,封镇永昌"。归附明朝后不再有亦都护称号,不久即病死,葬在南京,其后裔至明代中期仍袭职。和赏之祖父帖木儿不花,即上述帖睦儿补化,其父不答失里,"皆袭王爵","嗣亦都护、高昌王"。不答失里还与元朝皇室联姻,尚阿哈也先忽都公主。[4] 这样,在和赏之前,月鲁帖木儿、桑哥之外,还有一个亦都护不答失里。也就是说,太平奴之后,至少有4个亦都护,但是,不答失里何时嗣为亦都护,在月鲁帖木儿之前,或是在桑哥之后,没有资料可以说明。

根据上面所述,元代亦都护世系如下:

[月仙帖木儿]——巴而术阿儿忒的斤——

┌——乞失马失
│   │
├——撒连的
│   │
└——玉古伦的斤——马木剌的斤——火赤哈儿的斤——

〔1〕《新元史》卷116《巴而术阿儿忒的斤传》。
〔2〕宋濂:《宋文宪公全集》卷15《故怀远将军高昌卫同知指挥司事和赏公坟记》。
〔3〕《洪武实录》卷55。
〔4〕叶盛:《水东日记》。

—纽林的斤——帖睦儿补化——不答失里——和赏
|
篯吉
|
太平奴……月鲁帖木儿——桑哥

总起来说,巴而术阿儿忒的斤以下,见于汉文史籍记载的亦都护共 12 世,加上见于波斯史籍的 2 人,共为 14 世。

13 世纪后期,由于察合台系和窝阔台系诸王叛乱,畏兀儿地面成为双方交战争夺之地,畏兀儿亦都护火赤哈儿的斤战死,子纽林的斤嗣为亦都护,率领部分畏兀儿人内迁,居住在甘肃永昌等地。内迁后,历代亦都护都受高官厚禄,与蒙古皇族通婚,置身于贵族行列。在亦都护称号之外,又受封为高昌王。其中以帖睦儿补化声势最为显赫。他积极参与了元文宗继位时统治集团内部的斗争,深得元文宗信任,历任丞相、御史大夫等要职。正是由于自己身居显要,他才会把亦都护、高昌王的爵位让给兄弟。《亦都护高昌王世勋碑》也正是元文宗为了表彰他的功劳而下令修建的。但是,好景不长,元文宗死后,他很快就失势了。文宗为了早日称帝,曾阴谋杀害其兄明宗。临死前他对此事感到内疚,遗言将帝位传给明宗之子。元顺帝妥懽帖睦尔即位后,下诏撤文宗庙主,杀死了文宗妻、子。原来那些文宗的亲信大臣,大都陆续遭到放逐或杀戮。帖睦儿补化就是其中的一个。据当时人杨瑀、陶宗仪的记载,帖睦儿补化为元顺帝手下权臣伯颜所杀[1] 也有记载说,伯颜之侄脱脱"实前丞相高昌王益都忽(即亦都护——引者)……等于死地"。[2] 两种说法虽略有差别,但都可以说明帖睦儿补化死于非命。不仅帖睦儿补化下场悲惨,而且"又以他事论其弟弃市"。"其弟"应是亦都护太平奴。[3] 可见,在元顺帝即位后,亦都护家族遭到了沉重的

---

〔1〕杨瑀:《山居新话》。陶宗仪:《辍耕录》卷 8《岷江绿》。

〔2〕权衡:《庚申外史》卷上。

〔3〕刘基:《诚意伯文集》卷 6《前江淮都转运盐使宋公政绩纪》。按,柯劭忞:"〔脱脱〕又欲杀帖木儿补化弟太平奴,刑部尚书宋文瓒以无谳驳之。始获免。"(《新元史》卷 116《帖木儿补化传》)宋文瓒确曾提出异议,但"获免"云云,是柯氏想当然之词。

打击。这些情况,在官修的《元史》中都没有得到反映,因此,对于太平奴以后的亦都护世系,当然也不可能有清楚的记载。

20.2　哈剌火州的归属

元代的哈剌火州,前代称为高昌,就是今天的吐鲁番。此外又有火州、和绰、和州、火拙、霍州等名,都是一名异译。伯希和在《高昌和州火州哈剌和卓考》一文中,作了一番考证,得出结论说,高昌、和州乃一音之转。[1]　其实,这并不是什么创见,早在元代,欧阳玄已于《高昌偰氏家传》中指出:"和绰本汉言高昌,高之音近和,昌之音近绰,遂为和绰也。"[2]伯希和对欧阳玄之说略而不提,令人不解。火州又称哈剌火州,是因为:"哈剌,黑也,其地有黑山",故以为名。[3]　无论在突厥语中还是在蒙古语中,"哈剌"(qara)都是黑的意思。有的同志提出新解,认为"哈剌火州"可能是"哈力和州",即"旧(老)高昌"之意。[4]　按,在突厥语中,"哈力"(qary),义为"变老"、"渐老"、"变旧"等,如 qary kisi,即老人。[5]　qara 和 qary 第二个音节的元音是不同的,"还很接近"的提法,不一定恰当。在元代,还没有看到将 qary 译为"哈剌"的例子。"哈剌火州"即"旧(老)高昌"之说缺乏足够的文献和语言学的根据,恐怕是难以成立的。

从北宋王延德《使高昌记》来看,高昌回鹘的首府在高昌(即火州),北庭(今新疆吉木萨尔)则是回鹘王夏季避暑的地方。[6]　但到了13世纪初,情况显然发生了变化。长春真人邱处机受成吉思汗之招西行,途经和州(火州),称之为"小城"。又经鳖思马(又译别失八里,突厥语"五城"之意,即北庭),则称之为"大城","王、官、士、庶、僧、道数

---

〔1〕见冯承钧译:《西域南海史地考证译丛》,第7编,商务印书馆1934年版。

〔2〕《圭斋集》卷11。

〔3〕《圭斋集》卷11。

〔4〕《吐鲁番的高昌故城》,载《文物》1962年第7、8期合刊。

〔5〕马洛夫:《古突厥文献》(《Памятник Древнетюркской Письменности》),第411~412页。

〔6〕王明清:《挥麈录》前录,卷4。

·欧·亚·历·史·文·化·文·库·

百,具威仪远迎"〔1〕。可见此时别失八里的地位远比和州重要。也就是说,别失八里应是畏兀儿地面的首府。从波斯史家阿拉丁·术外尼关于13世纪上半叶畏兀儿历史的记载中,可以看得更加清楚。据他说,当成吉思汗西征时,亦都护从别失八里带着军队前去参加。〔2〕后来,成吉思汗进攻西夏,亦都护巴而术又带着军队从别失八里出发去协同作战。成吉思汗死后,他回到别失八里。〔3〕可见,别失八里当时是亦都护巴而术居住的地方。后来,亦都护撒连的计划杀害穆斯林之事,是在别失八里进行的。此事败露之后,撒连的被召至蒙古宫廷,不久即被送回别失八里处死。〔4〕显然,撒连的也是居住在别失八里的。

蒙哥汗继位后,分建3行尚书省(大札鲁忽赤,即断事官),管辖一定的地区,其中之一为别失八里行尚书省。可知别失八里已成为新疆及其邻近地区的政治中心,其重要性进一步提高了。亦都护马木剌的斤从宪宗蒙哥出征四川,返回后死于火州。〔5〕很可能,随着行尚书省的建立,蒙古政权直接控制别失八里,畏兀儿亦都护的居地已由别失八里转移到火州了。忽必烈即位后,察合台系和窝阔台系的蒙古西北诸王发动叛乱,别失八里的地位重要,成为元朝和西北诸王争夺的焦点之一。其最后陷落应在至元二十三年(1286)之后。〔6〕火州也成了前线,地位因此就突出起来了。

至元十二年,西北叛王都哇等围困哈剌火州达6个月之久,然后解去。亦都护火赤哈儿的斤"入朝",不久"还镇火州,屯于州南哈密力之地,兵力尚寡。北方军猝至,大战,力尽遂死之"〔7〕。有的研究著作认为在此以前元朝政府可能已将哈剌火州放弃。其实,火赤哈儿的斤屯居哈密力并不足以证明哈剌火州被放弃,同样,火赤哈儿的斤战死也

〔1〕李志常:《长春真人西游记》卷上。按,别失八里(五城)之所以得名,据说是回鹘西迁在当地建造了5个居住区,故称五城。见志费尼《世界征服者史》,何高济译,第67页。

〔2〕《世界征服者史》,何高济译,第96页。

〔3〕志费尼:《世界征服者史》,何高济译,第49~50页。

〔4〕志费尼:《世界征服者史》,何高济译,第55~59、692~693页。

〔5〕《元史》卷3《宪宗纪》。

〔6〕至元二十三年,元朝还在别失八里屯田,并置元帅府,见《元史》卷14《顺帝纪十一》。

〔7〕《亦都护高昌王世勋碑》。

不能作为哈密力陷落于西北诸王之手的证据。火赤哈儿的斤之死应在至元二十三年之前[1]，而从汉文史籍的记载来看，至元二十三年十月，元朝政府"遣兵千人戍畏吾境"，同时又"赐合迷里贫民及合剌火州民牛、种，给钞万六千二百锭当其价"[2]，说明此时，合迷里和哈剌火州尚在元朝控制之下。此后一段时间内这两个地方的情况，汉文史籍缺乏记载，但波斯史家拉施得丁对于 13 世纪末 14 世纪初哈剌火州有一些叙述，可以帮助我们了解当时这座城市的状况：

其次为畏兀人之城哈剌火州之境。该处有好酒。它在合罕（指忽必烈——引者）和海都的边界之间，他们（畏兀儿人）和双方均保持友好并为双方效劳。[3]

异密阿只吉被他[元成宗铁穆耳]派到了哈剌火州的边境。[4]

都哇则仗恃他已击溃了合罕的军队，感到安然，便从容不迫而行，想回到自己的帐殿去。他把军队派到在哈剌火州境内的阿难答、阿只吉和出伯的关隘和边境上去，袭击他们，使他们惊惶奔逃。[5]

按，阿只吉和出伯是元朝政府派驻西北前线的军事长官。从拉施得丁的记载看来，哈剌火州在元世祖、成宗统治时期，实际上是元朝和西北诸王双方拉锯争夺的地方。正因为如此，亦都护在火州很难安身，所以就带着一部分畏兀儿人移居他处。

元仁宗时，亦都护纽林的斤"领兵火州，复立畏兀儿城池"[6]。显然，元朝政府已经比较牢固地控制了这一带地方。纽林的斤死于延祐五年（1318），其子帖睦儿补化嗣位亦都护、高昌王，"至治中（1321—1323），与喃答失王同领甘肃诸军，且治其部。……泰定中（1324—

〔1〕安部健夫：《西ウイグル国史研究》，京都汇文堂书店 1955 年，第 115～122 页。
〔2〕《元史》卷 14《世祖纪十一》。
〔3〕《史集》，第 2 卷中译本，第 338 页。
〔4〕《史集》，第 2 卷中译本，第 377 页。
〔5〕《史集》，英译本，第 385 页。这里的"合罕"指元成宗铁穆耳。
〔6〕《亦都护高昌王世勋碑》。

1328)召还,与宽彻不花威顺王、买奴宣靖王、阔不花靖安王,分镇襄阳"[1]。柯劭忞《新元史》据此断言:"自此畏兀儿之地入于察合台后王。"[2]屠寄也说:"至泰定以后,畏兀儿全境入答儿麻失里矣。"[3]不少人接受了这一说法,如《维吾尔史料简编》[4]。其实,从元代中期一直到元末,哈剌火州一直在元朝政府控制之下。亦都护们召还,只能说明他不能直接管辖畏兀儿地区,这与畏兀儿地面的归属不是一回事。屠、柯二人仅仅根据亦都护驻地的变动作出上述结论,未免有些武断。请看下面的一记载:

> 至大四年(1311),宣徽院奏准节该,哈剌火拙根底蒲萄酒,这几年交站搬运有,为军情勾当的上头立下的站有,交站运呵不中,交骆驼每般运。又,火拙根底西番地面做官的每、民户每献到蒲萄酒,交自己气力的他每识者,休教铺马里来。[5]

火拙即火州。[6] 至大是元武宗的年号。火州出产美酒,前面引用的拉施得丁《史集》中也提到过。"蒲萄酒"是火州向元朝皇帝进贡的物品,当时仍不断运到大都,而大都到火州的驿站,显然也是畅通的。这些都可以说明火州在元朝政府控制之下。

> 至顺元年(1330),……三月,……西番哈剌火州来贡蒲萄酒。[7]

> 至顺元年,……九月,……复立总管府于哈剌火州。[8]

这一年元朝政府收到来自哈剌火州的贡品,并按内地制度,在当地重建总管府。这足以说明,元朝政府继续管理这一地区。特别值得注意的是"复立"二字,说明以前已经建立过,但是《元史》和其他文献中都不见记载,显然有所脱漏。此时"复立总管府",标志着元朝政府

---

〔1〕《亦都护高昌王世勋碑》。

〔2〕《新元史》卷110《巴而术阿而忒的斤传》。

〔3〕屠寄:《蒙兀儿史记》卷36《巴而术阿而忒的斤亦都护传》。

〔4〕见该书第109页。

〔5〕《成宪纲要·驿站》,见《永乐大典》卷19425。

〔6〕《元史》中也有将"火州"译成"火拙"的例子,见卷11《世祖纪八》。

〔7〕《元史》卷34《文宗纪三》。

〔8〕《元史》卷34《文宗纪三》。

对这一地区的控制进一步加强。此二事发生在"泰定"之后,可以驳斥所谓"泰定中"召还亦都护后畏兀儿地"入于察合台后王"之说。

<blockquote>
至正七年(1347),……十月,……西蕃盗起,凡二百余所,陷哈剌火州,劫供御蒲萄酒,杀使臣。[1]
</blockquote>

至正七年离元朝亡国已经不远。哈剌火州此时"陷"于"盗",可见在此以前仍由元朝管理。

综上所述,我们认为,13 世纪前期,亦即畏兀儿归附蒙古政权之初,亦都护居住在别失八里,这个地方是畏兀儿地面的首府。后来蒙古政权在别失八里分建行尚书省,它的地位更为重要,亦都护则转移到哈剌火州。13 世纪下半期,蒙古西北诸王叛乱,畏兀儿地面成了元朝与西北诸王交战的场所。别失八里在 13 世纪 80 年代陷落,哈剌火州则是双方经常争夺拉锯的焦点。元代中期以后,西北诸王叛乱转入低潮,元朝政府比较牢固地管理着哈剌火州,直到元朝末年。

20.3　哈密里二三事

在《亦都护高昌王世勋碑》中,记述巴而术阿儿忒的斤归附成吉思汗之后,"与者必那颜征罕勉力、锁檀、回回等国"。后又言亦都护火赤哈儿的斤"还镇火州,屯于州南哈密力之地"。清代学者钱大昕已经指出,罕勉力即哈密力,在元代其他文献中,有时也写作哈密里,或哈迷里、柯模里、感木鲁等。元代杂剧《诸葛亮博望烧屯》中,也提到哈密里,可见它已为内地汉族人民所熟悉。在元代以前,这个地方有伊吾庐、伊州等名,从元代起,改称哈密里(力),一直沿用到今天。[2]

有人认为哈密里是畏兀儿亦都护的属地。[3] 这个说法是值得商榷的。巴而术阿儿忒的斤随蒙古军出征罕勉力,这件事就足以表明原

---

〔1〕《元史》卷 41《顺帝纪四》。

〔2〕哈密里(力)的尾音有时可略去,就成了哈密。元代的记载中有时也称为伊州,这大概是文人好古,沿用以前的名称,见危素:《危太仆文续集》卷 2《耶律公神道碑》。

〔3〕安部健夫:《西ウイグル国史研究》,第 511～513 页。

·欧·亚·历·史·文·化·文·库·

来并无统属关系。入元以后,元朝皇帝在大德五年(1301)、皇庆二年(1313)和延祐六年先后发布的 3 个诏令中,都以"亦都护为头畏兀儿每"与"的斤迭林为头哈迷里每"相并列。[1] 可见在元朝政府看来,哈迷里人与畏兀人有别,而哈迷里的首领的斤迭林与畏兀儿的首领亦都护之间是没有相互隶属关系的。看来,在 13 世纪初,哈密里应是一个与畏兀儿地面并存的封建地方政权,后来归附于蒙古;其首领的斤迭林与畏兀儿的首领亦都护一样,仍保持原来的称号。13 世纪中期,西北诸王叛乱,亦都护率领部分畏兀儿人内迁,遭到战火的哈密里,也有不少居民在首领的斤迭林率领下内迁。内迁的哈密里人和畏兀儿人一样,分布在"汉儿(指江淮以北地区——引者)、河西(指河西走廊一带——引者)、蛮子(江淮以南——引者)、哈喇章(云南——引者)"等地[2],与汉族及其他兄弟民族杂居。

　　尽管缺乏明确的记载,但我们完全可以推断,哈密里地区是不大的。元成宗在即位时,"赐亦都护金五百五十两、银七千五百两,合迷里的斤帖林金五十两、银四百五十两"[3]。的斤帖林所得赏赐不及亦都护十分之一。待遇的悬殊,反映出畏兀儿、哈迷里两个地区重要性的差别。内迁的畏兀儿有很多人在元朝政府中做官,有的还担任显要的职务。哈密里人入仕元朝者为数甚少,而且一般都担任中下级职务,例如,在江南行御史台中,先后有"哈密理人"纳纳识礼、阿察雅实礼任经历,别里不花、秃忽鲁、桑哥失里任监察御史,而在同一御史台担任过各种职务的畏兀儿人为数要多得多。[4]

　　这里想说一下塔本的籍贯问题。塔本是 13 世纪上半期政治上相当显赫的人物,《元史》有传。传文一开头就说:"塔本,伊吾庐人。"[5]安部健夫以为伊吾庐是伊州的古名,伊州即哈密里,故塔本应为哈密

---

〔1〕《元典章》卷 53《刑部十九·约会》。《元典章新集·刑部·诉讼》。

〔2〕《元典章》卷 53《刑部十五·约会》。

〔3〕《元史》卷 18《成宗纪一》。

〔4〕张铉:《至正金陵新志》卷 6《官守志·大元统属官制》。

〔5〕《元史》卷 124。

里人.[1] 按,《元史》传纪大都根据各家碑传文字,《塔本传》源自廉惇的《塔本世系状》和神道碑等。廉惇是忽必烈时期名臣廉希宪之子,廉氏家族源出别失八里,系畏兀儿人(一说于阗人)。廉惇有文集《廉文靖公集》,早已散佚,故《塔本世系状》一文历来不为研究者所知。屠寄的《蒙兀儿史记》和柯劭忞的《新元史》都有《塔本传》,内容和《元史》本传可以说没有什么区别。幸运的是,这篇《塔本世系状》竟然在残存的《永乐大典》中保留了下来,尽管中间有脱漏,但仍可以纠正《元史》本传的一些错误.[2] 其中讲塔本家世时说:"公讳塔本,唐之北庭都护别失八里畏吾人也。"这就清楚表明,塔本是别失八里人,与《世系状》作者廉惇同乡里,与哈密里并无关系。

《元史》为什么会将塔本的籍贯写成伊吾庐?想是不明沿革任意篡改之故。元初耶律楚材远游西域,在他的《西游录》中竟以为和州即伊州,可见这种情况并不奇怪。

20.4 关于新疆出土的元代钞币

近百年来,新疆陆续有元代钞币出土。例如,清宣统元年(1909),吐鲁番居民入山砍柴,发现中统元宝交钞两贯文一张,王树枏《新疆访古录》曾予著录。1928 年,黄文弼先生赴新疆作考古调查,在吐鲁番收集到至元通行宝钞两贯文两张,见黄氏《吐鲁番考古记》。

有元一代行钞法。元世祖忽必烈中统元年(1260)十月,发行中统元宝交钞,票面值共 10 等(一说 9 等),最大为两贯文,相当于白银一两。至元二十四年,发行至元宝钞,凡 11 等,票面值最大亦为两贯。至元钞"与中统钞通行,每一贯文当中统钞五贯文"。元代钞法虽屡有变化,但"中统、至元二钞,终元之世,盖常行焉"[3]。

元代的钞,是一种强制流通的国家纸币。"国家的这种强制行动,

---

[1]《西ウイグル国史研究》第 512 页。

[2]《永乐大典》卷 13993"系"字门。

[3]《元史》卷 93《食货一·钞法》。

345

·欧·亚·历·史·文·化·文·库·

只有在一国范围内或国内的流通领域内才有效,也只有在这个领域内,货币才完全执行它的流通手段或铸币的职能,因而才能在纸币形式上取得一种同它的金属实体在外部相脱离的并纯粹是职能的存在形式。"[1]纸币的流通,是国家主权的体现。新疆陆续发现元代的钞,从一个方面说明了这个地区在元朝管辖范围之内,是当时统一皇朝的组成部分。

元代文献中,也有不少关于新疆地区流通纸币的记载,可以和文献相印证。

首先,元朝政府曾在新疆设立发行钞币的专门机构:

[至元十七年,三月],辛未,立畏吾境内交钞提举司。[2]

至元二十年,立畏兀儿四处站及交钞库。[3]

按,忽必烈在颁行中统交钞后,设置交钞库,管理有关钞法流通事宜,秩正五品。至元二十四年发行至元宝钞后,将交钞提举司改为宝钞提举司,升正四品。[4] 新疆畏兀儿地面设司在至元十七年,故为交钞提举司。交钞库是贮藏交钞的库房。

其次,元朝政府以交钞作为新疆驻军及政府机构的经费。例如:

[至元十五年,正月],阿老瓦丁将兵戍斡端(今和田——引者),给米三千石、钞三十锭。[5]

[至元十六年,二月],以斡端境内蒙古军耗乏,并汉军、新附军等,赐马、牛、羊及马、驴价钞。[6]

[至元十七年,正月],命万户綦公直戍别失八里,赐钞一万二千五百锭。[7]

[至元二十二年,别失八里立站],仍与钞六百锭,规运息钱,

---

〔1〕马克思:《资本论》第1卷,见《马克思恩格斯全集》第23卷,第149页。
〔2〕《元史》卷11《世祖纪八》。
〔3〕《元史》卷63《地理志六》。
〔4〕《元史》卷85《百官志一》。
〔5〕《元史》卷10《世祖纪七》。
〔6〕《元史》卷10《世祖纪七》。
〔7〕《元史》卷11《世祖纪八》。

以供后来之费。[1]

第三，元朝政府用钞赈济新疆当地居民，例如：

> [至元二十二年，十月]，合剌禾州民饥，户给牛二头、种二石，
> 更给钞一十一万六千四百锭，粜米六万四百石为四月粮，赈之。[2]

上面这些记载，说明在元世祖忽必烈统治时期，纸币在新疆很多
地方都是广泛流通使用的。那么，在 13 世纪末西北诸王叛乱、占据了
新疆大部分地区之后，纸币是否还在新疆流通呢？请看下面这条记载：

> 师讳舍蓝蓝，高昌人。其地隶北庭。其地好佛，故为苾刍者
> 多，……仁宗之世。师以桑榆晚景，自谓出入宫掖数十余年，凡历
> 四朝，事三后，宠荣兼至，志愿足矣。……于吐蕃五大寺、高昌国旃
> 檀佛寺、京师万安等，皆贮钞币，以给然灯续明之费。[3]

"高昌国"指哈剌火州。可见直到"仁宗之世"（1311—1320），钞币
至少在哈剌火州还是通用的。

近百年来，新疆陆续发现了不少畏兀儿文契约，其中多数已为帝
国主义分子盗去。这些契约主要属于元代，按其性质可分为借贷、出
租、买卖等类文书，是研究畏兀儿人社会生活的珍贵资料。在畏兀儿文
契约中，可以看到，当时畏兀儿人用来作为一般等价物行使的，有金属
货币银子 Kümüs，有实物棉布 böz，也有钞 čau。根据有关学者研究，可
以确定契约中提到的钞（čau）的单位有 Satïr，baqïr 和 yaštur。1 Satïr 等
于 1 两，1 baqïr 等于 1/10 两，而 1 yaštur 则等于 50 Satïr，即 1 锭。元代
钞法，钞 1 锭等于 50 两，1 yaštur 就是 1 锭。钞 1 两即 1 贯，1 baqïr 等于
1/10 两即 100 文。我国学者考释的畏兀儿文书中，有一份买卖葡萄园
文书，代价是中统宝钞（Čundung bau čau）80 锭。有两份奴隶卖身契，
里面记载奴隶买卖的代价是 9 锭钞（toquz yastur čau）。[4] 这些契约中
有关钞币的资料，也说明了它曾在畏兀儿人中间广泛使用。因此，在研

---

〔1〕《经世大典·站赤》，见《永乐大典》卷 19418。按，所谓"规运息钱"，就是政府拨给一部
分经费，由有关机构用这笔钱放高利贷或经营其他事业，用赚来的利息维持该机构的日常开支。

〔2〕《元史》卷 13《世祖纪十》。

〔3〕释念常：《佛祖历代通载》卷 22。

〔4〕冯家昇：《元代畏兀儿文契约二种》，载《历史研究》1954 年第 1 期。

·欧·亚·历·史·文·化·文·库·

究元代畏兀儿以及整个新疆地区的社会经济生活时,对于钞币的流通情况,应该予以足够的重视。

20.5 曲先学者盛熙明

元代,随着统一的多民族国家的形成,新疆与中原地区的经济、文化交流空前加强。新疆各族人民中人才辈出,涌现了不少有成就的作家、学者、诗人和艺术家,对我国的文化发展作出了很大的贡献。盛熙明便是其中之一。这位兄弟民族学者多才多艺,在我国文化史上占有一定的地位。元代新疆各族知名人士中,畏兀儿人居多,斡端(和田)人、合剌鲁人、哈密里人也有一些,曲先人几乎没有,因而,盛熙明的生平活动,也就更值得注意。[1]

盛熙明的简历,见陶宗仪《书史会要》卷7:

> 盛熙明,其先曲鲜人,后居豫章。清修谨饬,笃学多材。工翰墨,亦能通六国书。至正甲申,尝以所编《法书考》八卷进。上览之彻卷,命藏禁中。

元代名作家虞集在一篇文章中,称之为"曲先盛熙明"[2]。曲鲜、曲先是一名异译,就是前代的龟兹,现在的库车。盛熙明在自己的作品中,常常自署"丘兹盛明"[3]。丘兹即龟(qiū)兹。他的著作《法书考》前有揭傒斯序,称其为"曲鲜人";又有欧阳玄序,则称为龟兹人。其实曲先、曲鲜、丘兹、龟兹都是指的同一个地方。[4]

豫章即江西南昌。盛熙明的先世,大概和当时许多新疆兄弟民族的成员一样,迁到内地,与汉族人民共处。盛熙明一方面精通本民族以及其他民族的语言文字,另一方面又受到汉族文化的熏陶,在学术和

---

〔1〕已故著名史学家陈垣在《元西域华化考》卷5中曾对盛熙明作过介绍,但较简略。此后再没有人注意过这位兄弟民族学者。

〔2〕《道园学古录》卷3《题东平王与盛熙明手卷》。

〔3〕见《补陀洛迦山传题辞》(《大正大藏经》卷51《史传部三》)。又,清宫原收藏有元赵孟頫杂书,后题"至正十四年三月望日邱兹盛熙明记",见《石渠宝笈》卷30。

〔4〕元代这个地方还有"苦叉"(《元史》卷63《地理志六·西北地附录》)及"苦先"(危素:《危太仆文续集》卷2《耶律公神道碑》)等译名。

艺术上有很高的修养。他的主要著作有上面提到的《法书考》[1]，还有《图画考》[2]。《法书考》共 8 卷，主要研究汉字书法，同时也对梵文和蒙古新字(八思巴字)作了介绍。《图画考》共 7 卷，将前代有关绘画的论述，分门别类，编辑成书。这两种书对于研究我国的书画，有一定的参考价值。

盛熙明生活在元代后期，他曾"备宿卫"。元代所谓"宿卫"，即指"怯薛"而言。可知他曾在怯薛中担任一定职务。[3] 凡列名怯薛者，通常都是贵族官僚子弟，盛熙明的上代，想必亦有功名。有的记载说他曾"辟奎章阁书史"。[4] 奎章阁学士院是元文宗建立的一个机构，收藏书画宝玩。盛熙明说自己曾"备艺文生"[5]，可能即指此而言。他曾参与编修《经世大典》。[6] 这部篇幅很大的政书，是由奎章阁负责的，这也可作为他任职奎章阁的旁证。《法书考》是在元文宗时编成的，到元顺帝至正四年(甲申，1344)献给皇帝。《图画考》成书在《法书考》之后，也曾"缮写装潢"献给皇帝。

盛熙明晚年定居于浙东。他编《补陀洛迦山传题辞》时说："仆顷因谢病，偶在海滨"，后署"至正辛丑岁四月望，寓四明之盘谷"。辛丑是至正二十一年，四明是浙东庆元(今宁波)。当时浙东一带正为方国珍所占据。方国珍的部属刘仁本与盛熙明往来颇密，他的诗集中有好几首诗，与盛熙明唱和，其中有一首题为《癸卯新正，次盛熙明见寄韵二首》[7]。癸卯是至正二十三年，可知此时他仍在浙东，但此后的情况就不得而知了。

---

〔1〕有《四部丛刊续编》本、《楝亭十二种》本。

〔2〕有《四部丛刊三编》本。此书历来未曾著录，《四库全书总目提要》与《元史艺文志》均未载。

〔3〕《法书考》虞集序。

〔4〕汪砢玉：《珊瑚网》书录卷 12《元贤翰疏剳》，《四库全书》本。

〔5〕《图画考》自序。

〔6〕《法书考》。

〔7〕《羽庭集》卷 4。按，此书有《乾坤正气集》本。有文无诗，不全。我用的是北京图书馆收藏的钞本。

　　盛熙明的思想比较复杂。他曾书写"金字佛书"[1]，为佛教圣地补陀洛迦山修传，确是"学佛能诗"。过去有人指出，"龟兹本佛国，其学佛固不奇也"[2]，也就是说，信佛与他的民族成分不无关系。但是，一些记载表明，他又是一个虔诚的道教徒，自号玄一山人。刘仁本赠他的诗中，有"功名早遂身先退，修炼长生业已成"和"剩写黄庭注内篇"之句[3]，可见他对道教经典和修炼方式是很热衷的。佛、道、儒三位一体，正是元代汉族知识分子中流行的思想，盛熙明受汉族文化熏染很深，因而既信佛，又信道，这是不足为奇的。

（原载《新疆历史论文续集》，新疆人民出版社 1982 年版。）

---

〔1〕《题东平王与盛熙明手卷》。
〔2〕陈垣：《元西域人华化考》卷 5。
〔3〕《寄谢玄一山人盛熙明馈药二首》、《次韵寄熙明》，均见《羽庭集》卷 1。

21　陈垣与元代基督教史研究

陈垣(援庵)先生是 20 世纪我国史学界的大师。他的史学研究,以宗教史和历史文献学为重点。陈垣先生的宗教史研究是极其广泛的,对于中国历史上存在过的比较重要的宗教,诸如道教、基督教、佛教、伊斯兰教、火祆教、摩尼教、一赐乐业教,都有专门的精辟论述,其中很多见解,都是开创性的。可以毫不夸大地说,陈垣先生是 20 世纪我国宗教史研究的奠基人。他在这方面的许多论著,迄今仍是这门学科研究者的必读著作,具有指导意义。

根据我的粗浅领会,陈垣先生的宗教史研究,具有以下几个特点。第一,主要研究宗教的兴衰及其与各时代政治、社会的关系,很少涉及各种宗教的教义。柴德赓先生说,陈先生的宗教史论著"名义上是宗教史著作,而讲的内容却都是政治史,他是通过宗教史形式来讲政治史的"[1]　陈垣先生的宗教史研究,其价值并不限于宗教史领域,对于政治史、社会史亦有很大的启发。第二,陈垣先生重视外来宗教的研究。宗教是一种文化形态,在古代,宗教的传播实际上就是文化的传播与交流,所以"他对于外来宗教史的研究,同时也是他对中外文化交通史研究的主要内容"[2]。他的宗教史研究所取得的许多成就,也正是他对中外文化交流史研究的贡献。第三,陈垣先生的宗教史研究主要利用汉文的文献。他在进行这个领域研究时充分发挥了自己在历史文献学方面的特长,全面、详细占有资料,认真细致地进行考证,因而能发掘出许多人所未道的史实,取得一系列具有极重要价值的成果。

---

〔1〕柴德赓:《陈垣先生的学识》,见《励耘书屋问学记》,三联书店 1982 年版,第 36 页。
〔2〕白寿彝:《要继承这份遗产》,见《励耘书屋问学记》第 4 页。

中国基督教史是陈垣先生宗教史研究的一个重点。陈垣先生将基督教在中国的传播分为 4 个时期,即唐代、元代、明末清初和近代。[1] 他自己研究的范围,集中于第二(元)和第三(明末清初)两个时期。其中元代基督教在中国传播史的研究,是陈垣先生宗教史研究的开端,影响很大。本篇拟以此为题,谈一点自己学习的体会。

21.1 《元也里可温教考》的重大贡献

陈垣先生的元代基督教在中国传播史研究,集中于《元也里可温教考》与《元西域人华化考》两种著作中。在其他论著中,亦有所论及。

官修正史《元史》及其他元代文献中,常见"也里可温"一词。长期以来,人们不得其解。清代杰出的学者钱大昕精研元代史事,但对"也里可温"却说"不知所自出"。[2] 另一位著名学者,《元史新编》的作者魏源,则认为"也里可温"与"达失蛮"二者"盖回教之师也"。他还将"也里可温"与"先生"等同起来。用陈垣先生的话来说,"可谓勇于武断者矣"。[3] 清朝道光二十二年(壬寅,1842),刘文淇受阮元之命,对《嘉定镇江志》及《至顺镇江志》两部方志详加校正,《至顺镇江志》卷 4《户口》的"校勘记"中指出,此卷《户口·侨寓》下有"也里可温"一名,"所谓也里可温者,西洋人也"。下注:"卷九'大兴国寺'条载梁相记云:'薛迷思贤在申原西北十万余里,乃也里可温行教之地。教以礼东方为主,故谓之长生天。十字者,取像人身,因方上下,以是为准。'据此,则薛迷思贤乃西洋之地,而也里可温即天主教矣。"中国学术界论述也里可温即天主教,应自此始。但刘文淇之说,是断定薛迷思贤"乃西洋之地",进而推论"也里可温即天主教",并没有科学的论证。事实上,薛迷思贤即今天中亚乌兹别克斯坦的撒马尔罕,并非"西洋之地"。

---

〔1〕《基督教入华史略》、《基督教入华史》,见《陈垣学术论文集》第 1 集,中华书局 1980 年版,第 83～92、93～106 页。

〔2〕《元史氏族表》卷 2,见《嘉定钱大昕全集》。

〔3〕《元也里可温教考》,见《陈垣学术论文集》第 1 集,第 4 页。

19世纪末,洪钧利用域外史料,作《元史译文证补》,在该书的卷29《元世各教名考》中说:"也里可温,为元之天主教,有镇江北固山下残碑可证。"他又说:"多桑译著《旭烈兀传》,有蒙古人称天主教为阿勒可温一语。始不解所谓,继知阿勒比文、回纥文,也、阿二音,往往互混。阿勒可温,即也里可温,多桑此语非能臆撰,必本于拉施特诸人。"陈垣先生曾请人调查洪钧所谓"镇江北固山下残碑",弄清了两个事实。一是洪钧所说由来。"光绪庚寅,洪文卿在欧洲为《元史译文证补》,于西史中知镇江有十字寺碑,因函询镇江训导汪和卿。汪征其事于周子如先生,……子如检得旧录未完碑文,由汪和卿寄欧,并据子如面称,曾于北固山下见此碑石云云,以告洪使。……其说之由来,即由于此。"二是北固山残碑的内容。"其所录碑文,自'薛迷思贤'句起,至'公世精其法'句止,以《至顺志》大相国寺梁相碑校之,一字不差。"〔1〕洪钧如何"于西史中知镇江有十字寺碑"? 这是因为早在1873年帕拉丢斯教长(Palladius)已经发表了"此书(指《至顺镇江志》——引者)较重要章节的俄译文,接着1875年在《中国纪事月刊》发表了这些章节的英译文"〔2〕。元代镇江有十字寺碑已为欧洲学术界所熟知。洪钧在欧洲研究元代基督教问题,肯定会有人告诉他这一情况,于是便有写信征询之举。至于洪钧说"多桑译著《旭烈兀传》,有蒙古人称天主教为阿勒可温一语",众所周知,洪钧撰《元史译文证补》时,多桑的《蒙古史》是他的重要资料来源。在多桑的这本名著中,也曾征引波斯史家志费尼的《世界征服者传》说"蒙古人名基督教徒曰也里可温"〔3〕,可见洪钧所说确有根据。洪钧还从《元史》和《经世大典·马政篇》中征引了若干与也里可温有关的资料。《元史译文证补》一书刊行后,在中国学术界享有盛誉,他关于"也里可温"的说法也比刘文淇之说更为人们所注意。

1914年,法国著名学者伯希和发表了《唐元时代中亚及东亚之基

---

〔1〕《元也里可温教考》,见《陈垣学术论文集》第1集,第50页。

〔2〕穆尔:《一五五〇年前的中国基督教史》,中华书局1984年版,第166页。

〔3〕《多桑蒙古史》,中华书局1962年版,第254页。

督教徒》。在这篇论文中,伯希和着重论述了蒙古克烈部、汪古部与景教的关系,也提到了在元朝统治下基督教徒的情况。伯希和用西方传教士的文献和汉文史料互相印证,为元代基督教的传播勾画了比较清晰的轮廓。他认为,"这种十三四世纪的东亚基督教,大致可以说不是汉人之基督教,而为阿兰人、突厥人之基督教,或者还有少数真正蒙古人信仰此教,所以在一三六八年时偕元朝而俱亡"。论文结束时,他说,"此项调查距完成之时尚远",还有许多工作要做。这篇重要论文,由冯承钧翻译,收在《西域南海史地考证译丛》中。在伯希和之后,日本学者坪井九马山、田中萃一郎也相继就"也里可温"的语源发表了意见。[1]

陈垣先生在 1917 年发表了《元也里可温考》,后来经过多次修订,并改名为《元也里可温教考》。全文 3 万余字,共分 15 章,各章的标题是:(1)也里可温之解诂;(2)也里可温教士之东来;(3)也里可温之戒律;(4)也里可温人数之推想;(5)也里可温人物之大概;(6)也里可温军籍之停止;(7)也里可温徭役之蠲除;(8)也里可温租税之征免;(9)也里可温马匹之拘刷;(10)政府对于也里可温之尊崇;(11)异教归附也里可温之一斑;(12)也里可温被异教摧残之一证;(13)关于也里可温碑刻之留存;(14)也里可温与异教之异同;(15)总论。从以上标题可以看出,陈垣先生的也里可温研究,与前人大不相同。他没有局限于也里可温一词词源的考证和元代基督教传播的一般情况,而是着眼于也里可温在元代的政治、经济地位,因而在研究中取得远胜前人的突破性成果。例如,文中指出,"元人之用也里可温四字,实含有两种意义,其先所指者为教名,其后乃用以名其国土,与明人之用回回二字同例,既以为教,又以为国也"(第三章)。又如,文中指出,也里可温"又不专指一派",它"含有基督教之各派人在内"(第十三章、十四章)。又如,文中指出,也里可温在元代分布很广,遍及江南、云南、河南、河北、陕西、山西各地,人数众多(第四章、六章、十八章、九章)等等。这些问

---

〔1〕《元也里可温教考》,见《陈垣学术论交集》第 1 集,第 4 ~ 5 页。

题的提出和论证,使人们对元代也里可温的状况有了全面的认识。

陈垣先生在文中提出:"此编宗旨,固在专以汉文资料证明元代基督教历史也"(第五章)。陈先生在使用汉文资料方面,远胜前人。他从《元典章》、《通制条格》和白话碑中找到了大量有关也里可温的资料,为研究工作打开了新的局面。《元典章》内容丰富,"足补《元史》所未备,乃纪昀则讥其兼杂方言俗语,体例瞀乱,屏而不录;魏源则讥其钞集案牍,出于胥吏之手,不经馆阁。不知正为其不经馆阁,备录原文,然后保全者大"(第十五章)。元代白话(严格说应称之为"硬译公牍文体")圣旨碑历来被讥为"文字荒芜,夷语可删",陈垣先生却独具慧眼,从中找出不少有关也里可温的记载。他不无感慨地说:"此风一开,安知今后所得,不更有比此更明确者乎!"(第十三章)正是由于陈垣先生的大力提倡,《元典章》、《通制条格》一类"兼杂方言俗语"的"案牍文字",以及"夷语可删"的白话圣旨碑,受到了研究者愈来愈多的重视,不仅为也里可温研究提供了有价值的新资料,而且为整个元史研究开辟了新的途径。

《元也里可温考》发表以后,在学术界引起了很大的反响。发表的当年,陈垣先生去日本访问,他在一封给友人的信中说:"拙著《也里可温》,此间学者,颇表欢迎,将引起此邦学界之注意。"[1]著名的中西交通史研究者桑原骘藏氏珍藏的《元也里可温考》,应即此时所赠,自此开始了两人的友谊。[2]英国东方学家阿·克·穆尔一直从事中国基督教的研究,早在 1915 年就发表了《至顺镇江志》中有关也里可温记载的译文。1930 年,穆尔出版了他的代表作《一五五○年前的中国基督教史》,其中第六章《蒙古帝国时期的中国基督教徒——根据东方史料》,多处引用了《元也里可温考》。[3]在中国,陈垣先生关于也里可温的论述,被学术界视为定论。柯劭忞的《新元史》刊行于 1922 年,其

〔1〕《寄慕元甫信》(1917.12.8),见《陈垣来往书信集》,上海古籍出版社 1990 年版,第 9 页。
〔2〕竺沙雅章:《陈垣与桑原骘藏》,见《陈垣教授诞生百一十周年纪念文集》,暨南大学出版社 1994 年版,第 215~229 页。
〔3〕中译本,第 245~270 页。

·欧·亚·历·史·文·化·文·库·

《氏族表》部分(卷28、29)以钱大昕《元史氏族表》为蓝本。但钱大昕说"也里可温氏,不知所自出",而《新元史·氏族表》则说:"也里可温,本基督教之称,其徒因以为氏。"[1]屠寄的《蒙兀儿史记》陆续刊行,最后印本出版于1934年。此书的《氏族表》共4卷(卷152~155),与钱大昕的《元史氏族表》颇有不同。其中云:"也里可温,天主教革新派之一也。刱斯教者名尼士陀利(一作聂司托耳),其始盛行于波斯,唐初入中国,译称为景教。其所奉三一化身天元真主曰阿罗诃(意为真主),声转为也里可温者语词(如《元史》奇渥温,《秘史》脱忽剌温之例),拂林人爱薛即其徒。"[2]屠寄认为也里可温是天主教,他将也里可温与景教完全等同,这与陈垣的看法并不相同。但从列举的也里可温人物来看,有爱薛、薛里吉思两个家族,以及失列门、雅古、聂加台、马押忽、马世德、聂只耳、马奥剌忽、太平、斡忽思、奥剌憨驴,均见于《元也里可温考》第五章《也里可温人物之大概》,其受影响是很明显的。"《元也里可温考》是陈垣研究宗教史的处女作,也是提高他作为历史家的名声的作品。"[3]这不仅是作者一生研究宗教史的处女作,也是他全部学术活动的处女作,它的发表,奠定了作者在中国学术界的地位。

21.2 《元西域人华化考》推进了
也里可温的研究

在发表《元也里可温考》后,陈垣先生继续从事元代基督教史的研究。1924年的讲演《基督教入华史略》、1927年的讲演《基督教入华史》,对于元代基督教的情况,都有简要的说明。讲演中考定镇江十字寺碑文中的"忽木剌"即教堂,凤翔长春观碑文中的"也立乔"即"也里可温",都是有价值的发现。[4]"蕃语疑消胡木剌,凤翔碑认太宗朝。可怜未共横山证,奇字空留也立乔。"[5]这是陈垣先生的诗《挽陈横山》。陈

---

〔1〕《新元史》卷29《氏族表下》。
〔2〕《蒙兀儿史记》卷155《色目氏族下》。
〔3〕竺沙雅章:《陈垣与桑原骘藏》。
〔4〕《陈垣学术论文集》第1集,第83~92、93~105页。
〔5〕《陈垣学术论文集》第2集,第373页。

横山即陈庆年,曾协助陈垣先生调查镇江十字寺情况,故引为同道。从诗中可看出,陈垣先生对这两个发现是感到高兴的。就在发表这两个讲演的前后,陈垣先生发表了他的《元西域人华化考》,把元代基督教史研究推进了一步。

"元人著述申所谓西域,其范围亦极广漠,自唐兀、畏兀儿,历西北三藩所封地,以达于东欧皆属焉。质言之,西域人者色目人也。……惟畏兀儿、突厥、波斯、大食、叙利亚等国,本有文字,本有宗教,畏兀儿外,西亚诸国去中国尤远,非东南诸国比。然一旦入居华地,亦改从华俗,且于文章学术有声焉。是其前此所未闻而为元所独也。……是不可以不记。"[1]这就是陈垣先生此项著作的宗旨。"西域人"或"色目人"中,包括了为数甚多的"也里可温"。全书8卷,除《绪论》和《结论》外,分为《儒学》、《佛老》、《文学》、《美术》、《礼俗》、《女学》6篇。

《儒学》篇中有《基督教世家之儒学》一节,着重考证了马祖常和阔里吉思两个信奉基督教家族的历史及其对儒学的兴趣。马祖常出于汪古(雍古)部,阔里吉思则是出于汪古部首领的家族。《佛老》篇有《基督教世家由儒入道》一节,介绍了马节、赵世延两人宗教信仰由基督教转向道教的变化。马节是马祖常的叔父,赵世延亦出于雍古(汪古)部。《文学篇》有《基督教世家之中国诗人》一节,介绍马润、马祖常、马祖德、雅琥4人的文学活动。马润是马祖常之父,马世德是马祖常之叔,3人同属一个家族。雅虎为也里可温氏,其为基督教世家是清楚的。同篇又有《西域之中国文家》一节,涉及"文家"8人,其中有赵世延,马祖常2人。同篇还有《西域之中国曲家》一节,提到"月景辉,金元素名哈剌,及其子文石、武石,也里可温人,乐府皆有名",但未加考订。《美术篇》的《西域之中国书家》一节,收录了也里可温康里不花、金哈剌(元素)。《礼俗篇》、《女学篇》对马祖常、赵世延家族有所论述。在全书的《结论》中,陈先生指出,书中论及"也里可温"共8人。

在《元也里可温考》中,汪古部信奉基督教的历史,没有受到重视,

---

[1]《元西域人华化考》第1、2页,《励耘书屋丛刻》本。

而在伯希和的上述论文中已经讨论了汪古部马氏家族和汪古部首领的信仰。中国学者中最先注意汪古部与基督教关系的是张星烺先生。他在1919年译注《马可波罗游记》时，"举出三证，定马祖常为基督教。一，凡《元史》中雍古部人传，每多基督教之名，祖常为雍古部人。二，马祖常所作其曾祖月合乃神道碑，叙述家世人名，汉式名二十五，蒙古名一，基督徒名十有四。三，月合乃祖名把造马野礼属，此名基督教聂斯脱里派中尤多见之"。张先生说，他最初与陈先生谈及此事时，"垣初以为仅名字相同，不足信。余争以理论未有线索，且一篇之多，竟有十四名之多，事岂偶然"。受此启发，陈先生潜心研究，在《华化考》中，"于张君所举三证之外，发见更有力之证据五"。并得出结论："以此而言，马祖常之为基督教世家，毫无疑义。"[1]西方学者早就认定《马可波罗游记》中天德地方信奉基督教的阔里吉思王就是汪古部首领高唐王阔里吉思，张星烺先生亦有所论及。《华化考》中吸收了这些研究成果，指出其为基督教徒"宜可信也"，并以此出发，探讨阔里吉思"既信基督，又好儒术"的问题。[2]赵世延亦是汪古部（雍古部）人。陈先生说："雍古部为昔年基督教聂斯脱里派流行之地，故《元史》雍古部人多基督教人名，吾友张星烺《马可波罗游记译注》，谓世延之父及子，皆用基督教徒之名，断赵世延为基督教世家，说不诬也。"但陈先生历举资料指出，"世延家学，儒道杂糅，而与基督实不相容"。"然则世延之父及子，虽用基督徒之名，实不过一种基督化惰力耳。"[3]可以认为，就元代基督教研究来说，《华化考》比起《也里可温考》来，不是简单的重复，而是研究的进一步深化。有关汪古部几个家族的论述，便是这种深化的表现。

陈垣先生和张星烺先生，是20世纪我国中西交通史研究的两位重要奠基人。他们两人志趣相投，经常相互切磋学问，保持着很好的友

[1]《元西域人华化考》卷2《儒学篇·基督教世家之儒学》。张星烺《中西交通史料汇编》第1册第5章33《马祖常和赵世延》。
[2]《元西域人华化考》卷2《儒家篇·基督教世家之儒学》。
[3]《元西域人华化考》卷3《佛老篇·基督教世家由儒入道》。

谊。陈先生在《华化考》中几处说明受到张先生的启发,表现出一个学者的虚心和求实的态度。在《华化考》发表以后,两位先生仍然就元代基督教史的一些问题进行讨论。现存张先生致陈垣先生书信 17 封,时间从 1924 年 12 月 14 日至 1926 年 1 月 4 日,大多数信件讨论学术问题,其中与元代基督教史有关的有 5 封。在这些信件中,张先生着重向陈先生介绍了西方史料中有关元代基督教的记载以及西方史家的有关研究。[1] 后来,张星烺先生在他的《中西交通史料汇编》(1930 年出版)之《元代中国与欧洲之交》中说:"陈垣先生有《元也里可温考》一书,至有兴味。所搜材料,远过于吾所摘录区区数条。世有专考也里可温教者,不可不读陈先生之书也。发明也里可温教为基督教,西人虽于五十年前言之,然陈先生之书,仍不失为近代有价值之历史学上研究也。"两位先生在学术上的契合,彼此推重,可以说是学术界的佳话。

在发表《华化考》以后,陈垣先生的兴趣转向明清基督教史和其他历史问题的研究。1938 年发表的《马定先生在内蒙发现之残碑》,可以说是他有关元代基督教史研究的最后一篇作品。此文介绍了内蒙发现的两块残碑,一为王傅德风堂记,一为耶律公神道碑。前者涉及信奉基督教的汪古部首领家族的世系,后者碑文中有"管领也里可温"字样。陈先生根据前一碑文,对汪古部首领(世袭赵王)的世系作了考订,同时指出,残碑"无'十'字及叙利亚文诸标志,……尚无法证明赵王怀都仍奉也里可温也"。对于后碑,陈先生认为,"惟此碑明著为管领也里可温者之墓,又有'十'字及叙利亚文诸标志,其管领也里可温者又为契丹贵族之耶律氏,皆前此所未闻,此所以可贵也"。[2] 可见他仍然关注元代基督教史的研究。

日本学者桑原骘藏在 1924 年为《元西域人华化考》撰写书评,开头便说,在中国史学家中,陈垣"尤为有价值之学者也"。桑原氏认为,以中外关系为对象,是陈垣研究的一大特色。[3] 陈寅恪先生在 1935

---

〔1〕见陈智超编注:《陈垣来往书信集》,第 196~211 页。

〔2〕《陈垣学术论文集》,第 1 集,第 244~248 页。

〔3〕竺沙雅章:《陈垣与桑原骘藏》。

年为《华化考》作序,认为"是书之材料丰实,条理明辨,分析与综合二者俱极其功力"。顾颉刚先生说:"陈垣先生对蒙古史钻研极精,所著有《也里可温考》、《元西域人华化考》、《元典章》。《也里可温考》于耶苏教在元代的传播情况,考证精博,又于也里可温一名的语源,亦有精当的解释。《元西域人华化考》考证回回、畏吾儿、波斯、印度的回教徒、耶教徒、摩尼教徒汉化的状况,弥为精博。"[1]这些大史学家的评价,充分说明了陈垣先生有关元代基督教史研究的价值。

21.3 20世纪下半期元代基督文物的新发现

以上我们简单介绍了陈垣先生的元代基督教史研究。完全可以说,陈垣先生与伯希和先生,是对元代基督教史贡献最大的两位学者。他们的论著,迄今仍然是元史、宗教史、中外关系史学者必读的经典作品。后来的研究者,都是沿着他们开辟的道路前进的。

20世纪以来,特别是最近几十年发现的大量元代基督教文物,为两位先生的论断提供了实物证据,也丰富了研究的内容。这类文物,主要分布在内蒙地区和福建的泉州,此外还有扬州、北京等。

伯希和与陈垣两位先生都曾讨论过蒙古汪古部与景教的关系。汪古部主要居住在内蒙的阴山一带,其中心是今达尔罕茂明安联合旗境内的阿伦苏木古城,当时的汪古部首领赵王王府所在地。在阿伦苏木古城周围地区,分布着许多与汪古部有关的古城墓葬与遗址。20世纪上半期,西方和日本的传教士、学者在内蒙地区发现了不少景教徒的墓顶石、碑刻和十字架等遗物。20世纪下半期,中国考古工作者在这方面做了大量的工作,有许多新的发现。其中有叙利亚文的景教残碑、景教墓顶石、与景教有关的汉文碑刻、景教铜牌以及饰有铁十字架、木十字架的顾姑冠等。这些新的发现使今人断言,"在这个区域内,景教、佛教、道教、回教在元代都得到发展,尤其是景教盛极一时,为我国

---

〔1〕《当代中国史学》,胜利出版公司1947年版,第115页。另,文中所说《元典章》应指陈垣所著《元典章校补》及《元典章校补释例》而言。

当时景教最流行的地区之一"。"这些有关景教的新资料,大大丰富了汪古部景教遗迹的内容,并可以据以纠正过去对汪古部研究工作中的错误观点。"[1]前面提到,陈垣先生曾就内蒙发现的《耶律公神道碑》作过介绍,但因"未得精拓本",未能作进一步研究,只能寄希望于将来,但这一愿望在他生前未能实现。此残碑原在内蒙四王子旗王墓梁耶律氏墓园,现藏内蒙古博物馆,盖山林教授已将残存碑文录出。[2]碑主应是耶律子成,而不是以前认为的耶律于成。子成之兄名子春,盖山林认为他与耶律楚材所记曳剌子春是同一人。碑文中有"寺主管领也里可温"等字,如陈垣先生所说,显然是"也里可温管领之人"。值得注意的是,碑文中说耶律氏即西域帖里薛人,盖氏以为说明这一支"不是契丹皇室之后裔,而是从西域来的回鹘人(即后来所成的汪古部人)"。[3] 这个问题还可以研究。"帖里薛"与"迭屑"显然是同一个词,不过说明耶律氏世代信奉景教而已。就像汪古部的另一家族马氏自称"出西域聂思脱里贵族"一样。[4] 有的研究者以为此碑"足证耶律楚材后人亦有奉景教者"[5]是难以成立的。

20世纪80年代初,内蒙赤峰市元代松州故址出土一块与景教有关的瓷质墓碑,这是很有意义的发现。这块瓷质碑呈长方形,上绘一巨大十字架,架底是一朵盛开的莲花。十字架分割的4个区域,均有文字。上部两处为叙利亚文,下部两处为回鹘文。元代松州属上都路,已不是汪古部的势力范围。这是目前内蒙有景教遗物的最东点,说明当时景教的传播区域,可能比原来认识的要大得多。[6]

福建泉州在宋、元时期是一个重要的国际贸易港,许多国家的商船云集在这里,城市中出现了专供外国侨民居住的区域,很自然地也

〔1〕盖山林:《阴山考古》,内蒙人民出版社1991年版,第270页。

〔2〕盖山林:《阴山考古》,第274～275页。

〔3〕盖山林:《阴山考古》,第276页。

〔4〕黄溍:《金华先生文集》卷43《马氏族谱》。

〔5〕罗香林:《景教入华及其演变与遗物特征》,见《唐元二代之景教》,香港中国学社1966年版,第42页。

〔6〕张松柏等:《赤峰市出土的也里可温瓷质碑》,见《内蒙古文物考古文集》,中国大百科全书出版社1994年版,第672～676页。

就形成了多种宗教并存的局面。由于种种原因,泉州港在明代以后趋于衰落,当年繁荣的景象不再为人所知,因而在 20 世纪初伯希和、陈垣两先生研究元代基督教时,都没有给予泉州以足够的注意。严格来说,泉州海外交通史的研究是 20 世纪 20 年代开始的。各种古代宗教遗物大量出现,其中包括为数相当可观的基督教十字架墓碑、墓顶石、石基构件等,有的还雕刻着叙利亚文、拉丁文、八思巴文和汉文。迄今为止,泉州出土的基督教石刻皆为元代的遗存[1] 1954 年,泉州学者吴文良先生发现一块墓碑,两种文字(汉文、叙利亚文)合璧,其中汉文两行,第一行为"管领江南诸路明教秦教等也里可温马里失里门阿必思古八马里哈昔牙",第二行是"皇庆二年岁在癸丑八月十五日帖迷答扫马等泣血谨志"。这是继内蒙耶律子成碑后发现的第二块有"也里可温"字样的墓碑,曾经引起不少研究者的兴趣。夏鼐先生认为,"明教即摩尼教。秦教为大秦教的简称,也便是景教"。"也里可温是元代蒙古人对基督教的名称,……元人对景教(聂斯脱尔派)和天主教(罗马派)统称'也里可温',碑文的'也里可温'便是指信奉此教的人"。"这位失里门,不仅是江南诸路秦教(聂斯脱尔派基督教,即景教)的主教或教长(阿必思脱八),同时也是江南诸路明教(即摩尼教)等的教长。"[2]夏先生的意见,常为研究者引用,但我觉得似乎还有问题有待进一步研究。此碑的价值,是完全可以肯定的,正如夏先生指出的,"它们的发现表示公元十四世纪泉州一带江南各地有过很多的景教徒"。当然还说明了泉州是江南景教的一个中心。但众所周知的是,元朝政府对于各种宗教原则上均采取设立专门机构分别管理的办法,如以宣政院管理佛教、集贤院管理道教、崇福司管理基督教等等,为何在江南却要将基督教与明教统一管理呢?而且,正如陈垣先生所说:"吾读基督教史,无不诋毁摩尼教。"[3]如何能将两教硬凑在一起呢?再者,碑文中称"管领江南诸路明教秦教等也里可温",则明教(摩尼教)徒亦称也里

---

〔1〕李玉昆等:《泉州外来宗教文化之研究》,载《世界宗教研究》1986 年第 4 期。

〔2〕《两种文字合璧的泉州也里可温(景教)墓碑》,载《考古》1981 年 1 期。

〔3〕《摩尼教入中国考》,见《陈垣学术论文集》第 361 页。

可温,这就太不合情理了。第三,在同碑叙利亚文字中,没有提到"明教"。根据以上理由,我觉得碑文中的"明教"似乎不好与摩尼教等同起来,似应寻求其他解释。

1984 年,泉州又出土了一块有"也里可温"字样的墓碑,内容是:"于我明门,公福荫里,匪佛后身,亦佛弟子,无憾死生,升天堂矣。时大德十年岁次丙午三月朔日记。管领泉州路也里可温掌教官兼住持兴明寺吴按侈呢嗯书。"研究者指出,"明门"即唐代《景教流行中国碑》中的"景门",都是指景教教会而言。景教在中国传播,借用佛教的词汇,是常见的现象。"按侈呢嗯"显然就是安东尼(Antonius)在当时的一种译法。外国人长期侨居中国,常取自己姓氏里某一音节的中文谐音为汉姓,"吴"应是 W 或其他音节的简译。从"吴按侈呢嗯"的头衔可知,在泉州设有也里可温掌教司,这是官方设置的也里可温管理机构[1],并有名为兴明寺的也里可温寺院。关于后者,萧启庆教授在不久前发表的一篇论文中指出,元代也里可温诗人金哈剌有诗题为《寄大兴明寺元明列班》,应即泉州兴明寺,"列班"(nabban)为叙利亚语教师、长老之意,乃景教教士的称号。上述碑文可与金哈剌的诗互相印证[2]。此碑与上述两种文字合璧碑的墓主头衔,说明泉州在元代基督教的传播中地位特殊,当地一定有众多的也里可温。

元代的扬州,也是也里可温比较集中的地区。文献中提到扬州有"也里可温十字寺",有的"也里可温人氏"是"扬州之豪富"[3]。 1981 年在扬州城西发现的一块墓碑,右刻 3 行汉字,左刻叙利亚文拼写的突厥语,上有十字架。墓主是大都祈都妻也里世八,延祐四年(1317)身故[4]。从叙利亚文拼写突厥语来看,墓主很可能是信奉景教的汪古部人。

还应提到的是北京房山的景教遗述。陈垣先生的《元也里可温

---

〔1〕据《元史》记载,"天下也里可温掌教司七十二所",见卷89《百官志五》。

〔2〕《元色目文人金哈剌及其〈南游寓兴诗集〉》,载《内陆亚洲历史文化研究——韩儒林先生纪念文集》,南京大学出版社1996年版。

〔3〕《元典章》卷 36《兵部二十肆站·铺马·铺马歇酒》。

〔4〕王勤金:《元延祐四年也里世八墓碑考释》,载《考古》1989 年第 6 期。

考》发表于 1917 年,过了两年,即 1919 年,有人在北京房山北三盆山麓发现了一座"十字禅林",其中有两块十字架石刻,有一块上面刻有古叙利亚文"仰望他,寄希望于他"。同时还发现两块碑,分别属于辽、元两代。一块名为《三盆山崇圣院碑记》,一块名为《大元敕赐十字寺碑记》。[1] 这一发现引起了研究者的注意,不少著作都加以引用,作为景教流传的重要物证。例如,罗香林先生说,"至于元代内地之景教碑刻,则以房山县三盆山十字至正二十五年(西元一三六五年)所立《敕赐十字寺碑记》,及十余年前于福建泉州晋江所发现之景教徒各墓石为最著"。《敕赐十字寺碑》为主持净善所立,自云:曾于山上见十字发光,因为诗以纪其遇。其诗云:"转来游此山,定中遇神言。十字发光现,此地大有缘。此亦足证当日对十字架之注意也。"[2] 徐苹方先生对此亦有考证。[3] 十字寺的两块十字架石刻应为景教碑刻,论者并无异议,由此推知当地应有景教寺院的存在,并无问题。但对元碑,则有不同看法。陈垣先生说,"又如近年房山发现之十字寺碑,亦徒有'十'字标志,其碑文与也里可温无涉"。[4] 他的意思似指碑文中没有"也里可温"字样,并没有对碑文内容作深入探讨。近来有人指出,《崇圣院碑》和《十字寺碑》可疑之处甚多,都非辽人、元人原作,而是明人"依据传闻,假托古人撰记"。[5] 二碑真伪,有待进一步研究。我们期待在当地能有更多的与景教有关的实物发现。

总之,20 世纪与基督教有关的文物,特别是有"也里可温"字样的碑刻的接连发现,使我们对元代基督教的状况有了更多的了解。当研究者对这些文物进行探讨时,陈垣先生的前述作品,时时会被提到,作为研究的重要参考文献。我们希望今后能有更多的与元代基督教有

〔1〕穆尔:《一五五〇年前的中国基督教史》,第 97~101 页。

〔2〕《景教入华及其演变与遗物特征》,见《唐元二代之景教》,第 42 页。

〔3〕《北京房山十字寺也里可温石刻》,载《中国文化》第 7 期(1993 年)。

〔4〕《马定先生在内蒙发现之残碑》,见《陈垣学术论文集》第 1 集,第 247 页。

〔5〕汤更生:《北京房山十字寺辽元碑质疑》,载《北京图书馆馆刊》1998 年第 1 期。林祥增:《三盆山十字寺的历史沿革》,见《北京石刻艺术博物馆建馆十周年纪念文集》,燕山出版社 1997 年版。

关的文物被发现,从而使元代基督教的研究有更大的进步。

（原载《"七十年来中西交通史研究的回顾与展望——以辅仁大学为中心"学术讨论会论文集》,台北辅仁大学历史学系出版,1990 年。）

参考文献

脱脱,等.元史.点校本.北京:中华书局,1976.

脱脱,等.金史.北京:中华书局,1975.

宋廉,等.宋史.北京:中华书局,1977.

方龄贵,校注.通志条格校注.北京:中华书局,2001.

元典章.台北:故宫博物院刊本.

至正条格校注.首尔:韩国学中央研究院.2007.

王士点,商企翁.秘书监志.高荣盛,点校.杭州:浙江古籍出版社,1992.

经世大典·站赤.《永乐大典》本.

庙学典礼.《四库全书》本.

元统元年进士录.《宋元科举三录》本.

大元仓库记.《广仓学窘丛书》本.

大元官制杂记.《广仓学窘丛书》本.

赵珙.蒙鞑备录.王国维《蒙古史料四种》本.

彭大雅,徐霆.黑鞑事略.王国维《蒙古史料四种》本.

李志常.长春真人西游记.王国维《蒙古史料四种》本.

权衡.庚申外史.《学海类编》本.

苏天爵.元朝名臣事略.姚景安,点校.北京:中华书局,1996.

姚广孝,等.洪武实录.影印本.台北,"中研院"历史语文研究所.

屠寄.蒙兀儿史记.北京:中国书店,1984.

柯绍忞.新元史.北京:中国书店,1988.

释念常.历代佛祖通载.《大正大藏经》本.

释志磐.佛祖统记.《大正新修大藏经》本.

释庆吉祥,等.至元法宝勘同总录.《碛砂藏》本.

释祥迈.至元辨伪录.《北图古籍珍本丛刊》本.

释明本.天目中峰和尚广录.《碛砂藏》本.

释如惺.大明高僧传.《频伽藏》本.

果满.庐山复教集∥杨讷.元代白莲教资料汇编.北京:中华书局,1989.

孛兰肹,等.元一统志.赵万里,辑.北京:中华书局,1965.

冯福京.大德昌国州志.《宋元四明六志》本.

袁桷.延祐四明志.《宋元四明六志》本.

俞希鲁.至顺镇江志.清道光丹徒包氏刊本.

王元恭.至正四明续志.《宋元四明六志》本.

张铉.至正金陵新志.《四库全书》本.

熊梦祥.析津志辑佚.北京:北京古籍出版社,1983.

李好文.长安志图.《经训堂丛书》本.

王鏊,等.姑苏志.明嘉靖增刻本.

唐锦.正德大名府志.《天一阁藏明代地方志选刊》本.

冯汝弼.嘉靖常熟县志.明嘉靖十八年(1539)刻本.

释际祥.净慈寺志.《武林掌故丛编》本.

李翥.慧因寺志.《武林掌故丛编》本.

释广宾.上天竺山志.清顺治刻康熙增修本.

于敏中,等.日下旧闻考.北京:北京古籍出版社,1981.

胡聘之.山右石刻丛编.清光绪辛丑(1901)刊本.

毕沅,等.山左金石志.清嘉庆二年(1797)刻本.

缪荃孙,等.江苏通志金石稿.民国十六年(1927)刊本.

丁敬.武林金石记.西泠印社印本.

方履籛.金石萃编补正.清光绪石印本.

刘喜海.海东金石苑.希古楼刻本.

苏天爵.国朝文类.《四部丛刊》本.

元好问.遗山先生文集.《四部丛刊》本.

·欧·亚·历·史·文·化·文·库·

耶律楚材.湛然居士文集.北京:中华书局,1986.

郝经.陵川文集.《北京图书馆古籍珍本丛刊》本.

杨奂.还山遗稿.《四库全书》本.

王恽.秋涧先生大全集.《四部丛刊》本.

胡祗遹.紫山大全集.《四库全书》本.

姚燧.牧庵集.《四部丛刊》本.

魏初.青崖集.《四库全书》本.

方回.桐江续集.《四库全书》本.

汪元量.增订湖山类稿.孔凡礼,辑校.北京:中华书局,1984.

元淮.金囦集.《涵芬楼秘笈》本.

赵孟頫.赵孟頫集.任道斌,点校.杭州:浙江古籍出版社,1986.

吴澄.吴文正公集.明成化刊本.

揭傒斯.揭傒斯全集.李梦生,标校.上海:上海古籍出版社,1985.

萧㪍.勤斋集.《四库全书》本.

程钜夫.雪楼集.陶氏涉园影洪武本.

刘敏中.中庵集.《北京图书馆古籍珍本丛刊》本.

同恕.榘庵集.《四库全书》本.

任士林.松乡文集.《四库全书》本.

张养浩.归田类稿.元元统刻本.

陈旅.安雅堂集.《四库全书》本.

刘壎.水云村泯稿.清道光刊本.

杨翮.佩玉斋类稿.《四库全书》本.

王结.文忠集.《四库全书》本.

柳贯.柳待制文集.《四部丛刊》本.

袁桷.清容居士集.《四部丛刊》本.

马祖常.石田先生文集.《元四大家集》本.

蒲道源.顺斋闲居丛稿.台北《元代珍本文集丛刊》本.

虞集.道园学古录.《四部备要》本.

虞集.道园类稿.台北《元代珍本文集丛刊》本.

许有壬. 至正集. 河南教育总会石印本.

黄溍. 金华黄先生文集.《四部丛刊》本.

朱德润. 存复斋文集.《四部丛刊续编》.

杨允孚. 滦京杂咏.《知不足斋丛书》本.

萨都剌. 雁门集. 殷孟伦,朱广祁,点校. 上海:上海古籍出版社,1982.

欧阳玄. 圭斋文集.《四部丛刊》本.

苏天爵. 滋溪文稿. 陈高华,孟繁清,点校. 北京:中华书局,1997.

郑元佑. 侨吴集.《北京图书馆古籍珍本丛刊》本.

杨维桢. 东维子文集.《四部丛刊》本.

杨维桢. 杨维桢诗集. 邹志方,点校. 杭州:浙江古籍出版社,1994.

廼贤. 金台集.《元人十种诗》本.

卢琦. 圭峰集.《北京图书馆古籍珍本丛刊》本.

汪士鋐. 近光集.《四库全书》本.

张翥. 蜕庵诗集.《四部丛刊续编》本.

张昱. 张光弼诗集.《四部丛刊续编》本.

释大䜣. 蒲室集.《四库全书》本.

胡助. 纯白斋类稿.《金华丛书》本.

李孝光. 李孝光集校注. 陈增杰,校注. 上海:上海社会科学院出版社,2005.

贡师泰. 玩斋集.《四库全书》本.

危素. 危太朴文续.《嘉业堂丛书》本.

危素. 危太朴续集.《嘉业堂丛书》本.

顾瑛. 草堂雅集. 杨镰,等,整理.《四库全书》本.

刘仁本. 羽庭集.《四库全书》本.

陈基. 夷白斋稿.《四库全书》本.

朱元璋. 明太祖集. 胡士萼,点校. 合肥:黄山书社,1991.

陶安. 陶学士集.《四库全书》本.

乌斯道. 春草斋集.《四明丛书》本.

赵汸. 东山存稿.《四库全书》本.

郑允端. 肃雝集.《涵芬楼秘笈》本.

王逢. 梧溪集.《知不足斋丛书》本.

王祎. 王忠文公集.《四库全书》本.

朱右. 白云稿.《四库全书》本.

徐一夔. 始丰稿.《四库全书》本.

刘基. 诚意伯文集.《四库丛刊》本.

宋濂. 宋文宪公全集.《四部备要》本.

宋僖. 庸安集.《四库全书》本.

高启. 高青丘集. 徐澄宇, 沈北宗, 校点. 上海: 上海古籍出版社,1985.

高明. 高则成集. 张宪文, 胡雪冈, 辑校. 杭州: 浙江古籍出版社,1992.

杨基. 眉庵集.《四部丛刊续编》本.

卢文弨. 抱经堂文集. 北京: 中华书局,1990.

钱大昕. 潜研堂文集.《四部丛刊》本

杨维桢. 西湖竹枝集.《武林掌故丛编》本.

臧晋叔. 元曲选. 北京: 中华书局,1958.

隋树森. 元曲选外编. 北京: 中华书局,1959.

顾嗣立. 元诗选. 北京, 中华书局,1987.

顾嗣立, 席世臣. 元诗选癸集. 吴申扬, 点校. 北京, 中华书局,2001.

李修生. 全元文. 南京: 江苏古籍出版社,2001.

隋树森. 全元散曲. 北京: 中华书局,1981.

唐圭璋. 全金元词. 北京: 中华书局,1979.

傅乐淑. 元宫词百章笺注. 北京: 书目文献出版社,1995.

陈子龙, 等. 明世经文编. 影印明崇贞本. 北京: 中华书局,1976.

司马光. 书仪.《四库全书》本.

元大司农司. 元刻农桑辑要校释. 缪启愉, 校释. 北京: 农业出版社,1988.

王祯.农书.王毓瑚,校.北京:农业出版社,1981.

张光大.救荒活民类要.《北图古籍珍本丛刊》影印明刻本.

张养浩.为政忠告.《四部丛刊》本.

任仁发.水利集.《续修四库全书》影印明钞本.

姚文灏.浙西水利书校注.汪家伦,校注.北京:农业出版社,1984.

陶宗仪.书史会要.武进陶氏逸园景刊明洪武本.

盛熙明.法书考.《四部丛刊续编》本.

盛熙明.图画考.《四部丛刊续编》本.

夏庭芝.青楼集笺注.永崇涛,徐宏图,笺注.北京:中国戏剧出版社,1990.

徐元瑞.吏学指南.杨讷,点校.杭州:浙江古籍出版社,1988.

沈仲伟.刑统赋疏.《枕碧楼丛书》本.

陈元靓.事林广记.元至顺本.

夏文彦.图绘宝鉴.《宸翰楼丛书》本.

杨士奇,马愉,曹鼐,等.文渊阁书目.《四库全书》本.

黄虞稷.千顷堂书目.上海:上海古籍出版社,2001.

永瑢,纪昀,等.四库全书目录.北京:中华书局,1965.

清敕撰.天禄琳琅书目.光绪十年长沙王氏刊本.

王国维.两浙古刊本考.《海宁王静安先生遗书》本.

陈得芝,邱树森,等,辑点.元代奏议集录.杭州:浙江古籍出版社,1998.

洪金富,点校.元代台宪文书汇编.台北:"中研院"历史语言所,2003.

李逸友.黑土城出土文书:汉文文书卷.北京:科学出版社,1991.

冯承钧.元代白话碑.上海:商务印书馆,1931.

蔡美彪.元代白话碑集录.北京:科学出版社,1955.

照那斯图.八思巴字和蒙古语文献.东京:东京大学亚非语言文化研究所,1990.

傅增湘.藏园群书经眼录.北京:中华书局,1983.

谢水顺,李珽.福建古代刻书.福州:福建人民出版社,1997.

史金波,雅森·吾守尔.中国活字印刷术的发明和早期传播.北京:社科文献出版社,2000.

王明清.挥尘录.《四部丛刊续编》本.

四水潜夫.武林旧事.《知不足斋丛书》本.

都城纪胜.《武林掌故丛编》本.

周密.葵辛杂识.北京:中华书局,1988.

吾衍.闲居录.《武林往哲遗着》本.

郭畀.云山日记.《横山草堂丛书》本.

郑元祐.遂昌山人杂录.《读画斋丛书》本.

陶宗仪.辍耕录.北京:中华书局,1959.

孔齐.至正直记.上海:上海古籍出版社,1987.

叶子奇.草木子.北京:中华书局,1959.

陆容.菽园杂记.北京:中华书局,1985.

叶盛.水东日记.北京:中华书局,1959.

田汝成.西湖游览志.上海:上海古籍出版社,1958.

顾炎武.日知录.《四部备要》本.

钱大昕.廿二史考异.《嘉定钱大昕全集》本.

钱大昕.十驾斋养新录.《嘉定钱大昕全集》本.

钱大昕.竹汀先生日记钞.《嘉定钱大昕全集》本.

汪珂玉.珊瑚网.《四库全书》本.

文廷式.纯常子枝语.扬州:广陵书社,1990.

沈曾植.海日楼札丛.钱仲联,辑.上海:上海古籍出版社,2009.

叶德辉.书林清话.北京:中华书局,1957.

陈垣.元西域人华化考.《励耘书屋丛刻》本.

陈垣.南宋初河北新道教考.北京:中华书局,1962.

陈垣.陈垣学术论文集.北京:中华书局,1982.

方龄贵.元史丛考.民族出版社,2004.

韩儒林.穹庐集.上海:上海人民出版社,1982.

王重民. 中国目录学史论丛. 北京：中华书局，1984.

陈得芝. 蒙元史研究丛稿. 北京：人民出版社，2005.

萧启庆. 蒙元史新研. 台北：允晨文化实业股份有限公司，1994.

杨光辉. 萨都剌生平及著作实证研究. 北京：高等教育出版社，2005.

鲍志成. 高丽寺和高丽王子. 杭州：杭州大学出版社，1998.

道布. 道布文集. 上海：上海辞书出版社，2005.

陈高华，史卫民. 中国经济通史·元代经济卷. 北京：中国社会科学出版社，2007.

史卫民. 元代军事史. 北京：军事科学出版社，1998.

陈高华，史卫民. 中国政治制度史·元代. 北京：人民出版社，1996.

邓云特. 中国救荒史. 北京：三联书店，1985.

杨荫浏. 中国古代音乐史稿. 北京：人民音乐出版社，2004.

岑仲勉. 黄河变迁史. 北京：人民出版社，1957.

王钧科，等. 北京历史自然灾害. 北京：中国环境科学出版社，1997.

撷芬集——张正烺先生九十诞纪念文集. 北京：社科文献出版社，2002.

方国瑜. 滇史论丛：第1辑. 上海：上海人民出版社，1984.

王德毅. 元人传记资料索引. 台北：新文丰出版公司，1982.

李富华，何梅. 汉文佛教大藏经研究. 北京：宗教文化出版社，2003.

杨讷. 元代白莲教研究. 上海：上海古籍出版社，2004.

宿白. 藏传佛教寺院考古. 北京：文物出版社，1996.

邓锐龄. 邓锐龄藏族史论文译文集. 北京：中国藏学出版社，2004.

熊文彬. 元代藏汉艺术交流. 石家庄：河北教育出版社，2003.

王尧. 西藏文史考信集. 北京：中国藏学出版社，1994.

史金波. 西夏佛教史略. 银川：宁夏人民出版社，1988.

李际宁. 中国版本文化丛书·佛经版本. 南京：江苏古籍出版社，2002.

景安宁. 元代壁画——神仙赴会图. 北京：北京大学出版社，2002.

·欧·亚·历·史·文·化·文·库·

钱大昕,等.辽金元艺文志.北京:商务印书馆,1958.

李致忠.古代版刻通论.北京:紫禁城出版社,2000.

潘国允,赵坤娟.蒙元版刻综录.呼和浩特:内蒙古大学出版社,1996.

陈洪彦.中国版本文化丛书·元本.南京:江苏古籍出版社,2002.

田建平.元代出版史.石家庄:河北人民出版社,2003.

郑麟趾.高丽史.国书刊行会印本.

李齐贤.益斋集.《粤雅堂丛书》本.

李毂.稼亭集.《韩国历代文集丛书》本.

李穑.牧隐文稿.《韩国历代文集丛书》本.

佚名.朴事通谚解.《奎章阁丛书》本.

术外尼.世界征服者史.何高济,译.呼和浩特:内蒙古人民出版社,1981.

拉施特.史集:第 2 卷.余大钧,周建奇,译.北京:商务印书馆,1985.

道森.出使蒙古记.吕浦,译.北京:中国社会科学出版社,1983.

多桑.多桑蒙古史.冯承钧,译.北京:中华书局,1961.

尼·鲍培.《八思巴字蒙古语碑铭》译补.郝苏民,译;乌思奇,审校.呼和浩特:内蒙古文化出版社,1986.

木宫泰彦.日中文化交流史.胡锡年,译.北京:商务印书馆,1980.

竺沙雅章.宋元佛教文化史研究.日本汲古书院.

安部健夫.西国史研究.京都汇文堂书店,1955.

后　记

　　本书主要收录我近年所写元史的论文,另有几篇则是过去发表的。13世纪初,蒙古族形成以后,迅速走上历史舞台,成为13—14世纪欧亚草原的主角。在欧亚草原上活动的还有其他许多民族。元朝是蒙古族建立的。研究元代社会生活的各个方面,在不同程度上都与蒙古族有关。本书收录的很多论文即是如此。还有一些论文则涉及当时欧亚草原边缘的一些民族,如畏兀儿、党项、高丽等。现在辑成一书,或可供元史和欧亚草原史研究者参考,当然更希望得到指正。欧亚草原史的研究,方兴未艾,是个大有可为的领域。衷心希望有更多的年青学者投身其中。

　　长期以来,余太山先生为中国欧亚学的开展奔走呼号,殚精毕力。这种为学术献身的无私精神,令人至为钦佩。我要特别感谢余先生,没有他的鼓励和督促,我是没有决心编辑此书的。

陈高华

2010年4月

索　引

B

八思巴　132,154,162－166,
178，180，181，235，
291，333，349，362，
371,374

白莲宗　130,131,134,139－
141,168,235

白云宗　124,127,128,130,
131，133，134，145，
146,148,153－156,
159,235

别失八里　324－329,333,335,
339,340,343,
345,346

藏传佛教　127,128,132,133,
152－154,158,
159,167,168,175,
178,180－182,
221,254,373

禅宗　120,121,124,127－132,
134,141,152,158,

159,168

常平仓　78－88,91,94,95

C

《长春真人西游记》(《西游记》)
275,282,283,326,328,331,
339,366

成吉思汗　53,70,96,151,164,
171，175，177，179，
192，214，220，246，
313，325，326，339，
340,343

答失蛮　98,109,147,188,192,
296－298

D

答已　135

大都　21,27,46,47,52,55,59,
63,72,73,76,77,99,
108，114，115，117，119，
120,123,129,130,135－

377

·欧·亚·历·史·文·化·文·库·